番禺 文化发展战略
基础研究

中山大学　中共广州市番禺区委宣传部／编

社会科学文献出版社
SOCIAL SCIENCES ACADEMIC PRESS (CHINA)

各章负责人与执笔人

导　言　负责人与执笔人：陈春声

第一章　负责人：刘志伟

　　　　执笔人：曾惠娟

第二章　负责人：袁奇峰

　　　　执笔人：袁奇峰　陈世栋

第三章　负责人：麻国庆

　　　　执笔人：麻国庆　谭同学

　　　　　　　　朱爱东　牛　冬

第四章　负责人：程美宝

　　　　执笔人：吕子远　程美宝

第五章　负责人：余　志

　　　　执笔人：邓院昌

第六章　负责人与执笔人：张骁鸣

目录 CONTENTS

导　言

　　番禺文化的研究、重构及发展，无疑是一个具有深刻学术意义和重要现代价值的课题。在岭南地域社会的历史发展中，两千多年间番禺一直处于核心的地位。"番禺"一词指的不仅仅是一个地域行政单位，在更重要的意涵上，"番禺"也长期被视为一种文化的象征。这也就是近代以来番禺县（区）的行政版图虽一再被压缩，但时至今日，许许多多祖居此地现已分属其他区县的海外乡亲，仍以"番禺人"作为自我认同标志的缘由所在。

　　毋庸讳言，由于行政地域范围的变迁，也由于30余年来经济社会快速发展所引致的外来居民的大量涌入，更由于历史上从未遭遇过的强大市场力量的介入，番禺文化的传承正面临着严峻的挑战，文史工作者对地方文化传统的解释隐约出现了一丝迷茫，而原居民与新来者之间对本地文化发展的理解与期待，也自觉不自觉地存在着某些差异。正是在这样的情势之下，2012年7月，番禺区委宣传部委托中山大学组建"番禺文化发展战略基础研究"课题组，对番禺文化发展的若干重要问题，开展具有学术积累意义的基础研究。这样的安排，建基于对文化和学术的珍惜与敬畏之上，无疑是富有远见的。

　　在过去一年多时间里，中山大学社会学、人类学、历史学、考古学、地理规划、旅游科学以及理工学科等多学科背景的10多位专家学者，分为6个工作组，在番禺各级宣传文化部门的大力支持下，在地方上许多前辈和年轻志愿者的热诚帮助下，收集文献资料，开展田野调查，考察文化和旅游产业，取得了一些有意义的进展，终于形成这样一份综合性的研究报告，来表达对番禺文化及其未来发展路向的若干理解。

　　我们以为，近期番禺区委、区政府提出打造"魅力独具的岭南文化示范区"的文化发展目标，是一个与时俱进、切合实际、将会产生长远影响的重要举措。我们知道，文化历久而弥新，传统的保护、阐释与继承，实质上也就是文化再造与文化重构的过程。地方文化存在于每个人心中，通过普通民众日常生活的言谈举止而得以表达，就像费孝通先生在《乡土中国》一书中所指出的，"文化本来就是传统，不论哪一个社会，绝不会没有传统的。衣食住行种种最基本的事务，我们并不要事事费心思，那是因为我们托祖宗之福——有着可以遵守的成法。但是在乡土社会中，传统的重要性比现代社会更甚。那是因为在乡土社会里传统的效力更大"。也就是说，文化传统一代一代、自然而然地形塑了我们许多不言而喻的行为法则。这也就意味着，随着世代的交替，特别是在经济社会迅速变迁的年代，文化也会自然而然地随之改变，个人及其群体言谈举止的变化，常常在更本质的层面上，反映出他们对历史记忆的选择和对文化传统的认知发生了转变。每一代岭南人心中，其文化体验和文化认同实际上是很不相同的，从这个意义上说，岭南文化永远都是"魅力独具"的。番禺提出打造"魅力独具的岭南文化示范区"的目标，在某种程度上，反映的正是这样的文化自觉和文化自信。

打造"魅力独具的岭南文化示范区"发展目标的提出，首先表达的是对历史传统的尊重。城市的历史是城市文化的主要内容，一个有"文化"的城市首先应该珍视和爱护自己独特的历史文化传统，并在此基础上审视城市文化的个性和出路。我们知道，自古以来，"番禺"作为广州这个城市的重要名称，一直表达着作为中外文化荟萃之地的意涵，西洋物质文明和精神文明在这里汇聚，并向内地扩散，成为中华大地得风气之先的"南风窗"。因此，我们才再三强调，"番禺"的意义不仅在于其作为一个地方行政区域的具体内容，我们在从事"番禺文化"研究的时候，一定要有更大的胸襟，不能拘泥于现代的行政地域。也正是从这样的视角出发，打造"魅力独具的文化示范区"才真正有其文化上的源头活水，既在学术传承上学有所本，在实践中也更显得大道自然。

我们也知道，对于地方政府来说，提倡珍惜、承继和重构历史文化传统的目的，还是在于提升当代城市文化建设的水准和品位。根据课题组的研究，从各国著名城市当代文化建设的经验看，如下的文化特点或文化标准，对打造"魅力独具的岭南文化示范区"，应该是有参考价值的：

——拥有著名的文化机构，例如著名的博物馆、艺术馆、歌剧院、电影中心等。同时存在鲜活的文化场景或有影响力的文化事件，包括电影节、音乐节甚至是丰富的夜生活、街头表演等。

——拥有有国际影响力的媒体。

——拥有强大的运动社区，拥有举办国际运动赛事的经验。

——拥有世界知名的教育机构，如大学及研究机构。

——拥有有重要历史和文化意义的世界遗址或文化遗产。

——拥有发达的旅游及相关产业，对外来访问者高度友好。

——常常成为艺术、媒体、电视、电影、游戏、音乐和文学等表现的场所和主题。

——具有"榜样效应"，经常成为历史参照、范例。

上述这些特点，往往成为人们衡量城市文化重要性和文化品味的约定俗成的标准。现代"番禺"作为广州这个历史文化名城和国家中心城市的重要组成部分，其城市文化战略也应该包含对上述某些文化特点的追求，在保护历史传统、弘扬历史文化的同时，建立起能与全球化文化语境进行有效对话、发展和建设当代文化的机制。

这是一份与文化发展战略有关的基础研究，我们认为，在《番禺区文化发展规划》编制完成之后，在采取各种行政措施达致打造"魅力独具的岭南文化示范区"相关目标的同时，特别要重视城市文化建设观念的转变。就是要从更宏阔的文化发展脉络出发，重新认识和定位番禺历史文化资源的价值与意义，走出只是从岭南文化的视野出发来定义番禺文化传统的局限。与此同时，又要更清楚地强调坚持本土立场，各种文化建设都应尽力在以我为主的范畴下发展。挪用非本地知识和概念来取代本土概念和知识体系的做法是不足取的。尤其是各种艺术节、文化节的策划，尽量不要盲目模仿和借用非本土的知识。

在打造"魅力独具的岭南文化示范区"的过程中，潜移默化培养民众的文化认同感和现代公民意识是十分重要的。地方的文化品味往往是通过日常生活中普通民众的言谈举止来表达的。也正因为如此，潜移默化地开展公民教育和人文教育，让民众通过文化环境的熏陶，成为更加珍惜地方文化传统、自觉遵守现代生活规则、更加全面发展的文明的现代人，即使对番禺这样有着丰厚文化积累的地方，也是很有必要的。在地方文化建设的过程中，本地居民的认同感和参与度至关重要。"番禺"作为一种整体的、广义的文化象征，有其久远的历史基础；广义的"番禺人"的身份，也得到许多世世代代生活在番禺及其周边地域的居民（包括移居海外者）的广泛认同。要让"番禺"成为本地人的骄傲，必须整体地保住她的生命与性格，不管行政区划如何变化，要让历史与记忆的完整脉络存留于城乡的空间和时间之中，与原居民和新来者的情感紧密联系在一起，让"番禺"成为一个对本地人有意义，且能够让一代一代的后辈倍感亲切和骄傲的文化符号。为此，通过开展博物馆教育、编写乡土历史文化教科书、组织文化夏令营等活动来培养民众的历史文化认同，推动面向民众与社区的非物质文化遗产发展计划等，都是值得借鉴的经验。

要培养民众的文化认同感，一个有效的途径是重视对城乡"文化空间"的保育。"文化空间"是指城乡居民聚集并发生诸多文化交流活动的地方，番禺现存的许多古村落、旧街巷，还有祠堂与传统庙宇，不但是重要的物质文化遗产，更是支撑非物质文化遗产，即本地人认同的日常衣食住行的生活方式的重要基础。这种历史悠久的街区文化一旦遭到破坏，作为文化的主体的人一旦离散，赖以生存的文化便可能失去土壤。在既有城区、街区和乡村的基础上，应以活的社区为单位，尊重居民的主观认同，更加注重对"文化空间"的理解与发掘，更加注重社区间的文化传播与交流。在这个过程中，建设一些与百姓日常生活贴近的文化设施，构筑新的"文化空间"，在日常生活中，在与百姓衣食住行息息相关的细节中，表达一个"文化示范区"应有的文化品味，也是潜移默化培养民众的文化认同感和现代公民意识所必需的。除了不可或缺的博物馆、图书馆、城市中心广场、文化中心这些引人注目的建筑之外，建设更好的社区小图书馆、更多的粤剧粤曲"私伙局"、更便捷的无线上网环境、更多的咖啡厅、更多的名人故居标识等不那么引人注目的设施，可能具有更加重要的意义。一个地方的所谓文化品味，其实是可以通过这类看似无心，实则十分有意的"亲民"的细节营造出来的。在这个过程中，要充分重视微观环境和景观的布局，更多地从人的日常生活体验、感受和社区意识培育的角度去做文化保育和环境营造，尤其是要重视城乡改造和建设中的细节。

  番禺要打造"魅力独具的岭南文化示范区",就要吸引更多优秀的文化人才,而其中一个尚未得以充分利用的有利条件,是广州大学城和"华南板块"的存在。广州大学城及以其为中心的广州国际创新城,集中了全省几乎所有最重要的大学,这成为番禺文化建设的优势所在。好大学的存在对一个地方文化建设的意义是不言而喻的,大学与社区共生共荣、互为促进。好大学与生俱来的明显的人才集聚效应、强大的科研创新能力和对新文化潮流的敏锐感觉,对所在地域的社会文化发展,可发挥不可多得的推动作用。而广州大学城周边的"华南板块",实际上已经成为一大批优秀的学者、科学家、文学家和艺术家聚居的地方,若能努力营造让他们觉得舒适、宽松、资讯丰富、富有挑战性、便于进行思想碰撞的软环境,让他们在心智上和感情上都能更多地融入番禺,自我认同为"番禺人",那么,番禺的文化底蕴和文化软实力自然可以大大丰富和提升。

  番禺要打造"魅力独具的岭南文化示范区",务必以更开阔的胸襟、更广大的视野去拟定自己的文化战略和发展思路,也有必要更多地从外来访问者的视角来理解番禺、定位番禺、传播番禺。同样至关重要的是,要充分发动和鼓励本地广大民众认同并参与"文化示范区"建设,让番禺成为番禺人的骄傲,成为一个对本地人有意义的、在国内国际上有更大声誉的"文化名区"。在本课题研究的过程中,我们深深地感受到番禺民众对自己乡土文化的热爱和珍惜,深深地为前辈学者孜孜不倦守护文化遗产的仁厚之心所感动,而年轻一代文化工作志愿者热情、新锐且合乎规范的文化追求也给人以深刻的印象。这种在其他地方已不常见到的深植于民间的文化意识,无疑是番禺文化建设和文化发展最值得珍惜的财富,也是番禺得以打造"魅力独具的岭南文化示范区"的优势所在。

  从事本课题研究的学者学科背景不同,学术兴趣有别,若仔细阅读本书各个章节,不难发现其间有一些具体论点存在相互冲突的情况,甚至连其背后的学术价值观也不尽一致。这也是一项多学科合作、以学术积累和文化积累为目的的认真的"基础研究"所难免的。我们相互之间反复研讨,但没有强求一致,还是希望这样"求同存异"的工作,对番禺的文化建设能多一些裨益。

第一章 番禺文化的历史定位

要谈"番禺文化",首先须对"文化"进行阐释。在19世纪末,"文化"一词从日本引入中国并迅速流传,且经常与"文明"一词混淆使用。然而,"文化"这个概念显然是充满歧义的。梁启超曾在其1922年撰写的专文《什么是"文化"》中,尝试给文化下定义。他认为:"文化者,人类新能所开积出来之有价值的共业也。"[①]在人类学中,"文化"则被认为是意义、思想、观念、价值和象征的集合物,代表社会最重要的精神与本质。不同的民族具有不同的历史、语言和发展过程,种种因素构成了"文化"。这种文化的定义,在范围上过于宽泛,内容上又颇难把握,以致我们仍然难以理解"文化"的内涵。不过,一旦"文化"被时间和空间的界限所界定,诸如"广东文化""湖南文化""香港文化"之类概念出现后,这种抽象化的概念就变得相对容易掌握,因而被普遍借用。

1940年香港曾举办"广东文物"展览会,虽为期不足10天,到场的观众却达三四万人之多。"广东文物"展览会筹备委员简又文在其《广东文化之研究》一文划定了文化的时空界限,认为"一地域有一地域的文化",提出"广东文化"作为一种实体存在的说法。以此为引,程美宝就"广东文化观"的形成进行了深入研究,[②]认为什么才是文化,或什么才算是"某地文化",都是经过人择取的结果。因此,类似于展览会的文化活动,从其筛选结果即能看到一时一地人的观念与习俗及文化表象后发挥影响的地方普遍认同系统,即所谓的"文化"。创造文化并不是文人的专利,目不识丁的村民

---

① 梁启超:《什么是文化》,《饮冰室合集·文集之三十九》,中华书局,1936,第97~98页。

② 程美宝:《地域文化与国家认同:晚清以来"广东文化观"的形成》,三联书店,2006。

也同样在日常生活中建构了文化。掌握这些地方文化筛选规则的人往往是地方上自称为知识分子的人。通过这些人，我们能够更好地了解这套地方文化观念。

"番禺文化"具有"番禺"的独特性。如果说"番禺"代表了地方的独特性，那么"文化"就是代表共性的。事实上"番禺文化"是否已经作为一种实体存在？这种文化观念何时在历史过程中被建构起来？番禺地域文化观念的具体内涵是什么？这是本章所关注的核心问题。

从历史的角度看，区域文化的观念是多层次的动态观念，这种观念隐含在一个复杂的历史建构过程中。不同区域的人们经历着不同的历史阶段，不同的历史阶段塑造了不同的"历史观"。区域文化的观念在每个历史阶段均发生变动，或增减或改变原有的内容，不断重新形塑。正如题目中所谓"番禺文化"，其实就是人们在历史过程中建构出来的地域文化观念。

他们对于自己历史的表现方式，或有声或无声，或有形或无形，皆展示出区域文化的特殊性。每群人的历史表达均由其所在的文化决定，不同群体对自己的历史有不同的解释。这种对于自己历史的认识，本身就构成了地域文化的核心内涵。本章试图追寻"番禺文化"这一地域文化观念变动与重塑的历史过程。同时，也通过探讨地域文化在地方社会演绎的方式，探讨何谓"番禺文化"的实体内涵。

一 解读"番禺"

（一）史籍中的"番禺"

"番禺"作为一个古老的地名，最早出现于战国时代的《山海经》。《山海经》郭璞注写作"番隅"，其文曰"桂林八树在番隅东"，郭璞注云"番隅今番隅县"。又有写作"贲禺"者，郦道元撰《水经注·浪水篇》曰："浪水东别径番禺，《山海经》谓之贲禺者也。"秦以前，对于岭南一带，有多重称谓。《元和郡县志》"岭南道"下记："广州，春秋百越之地。"春秋时泛称百越，战国时称"扬越"，《史记·南越列传》记载："秦时已并天下，略定扬越，置桂林、南海、象郡。"《战国策》云："吴

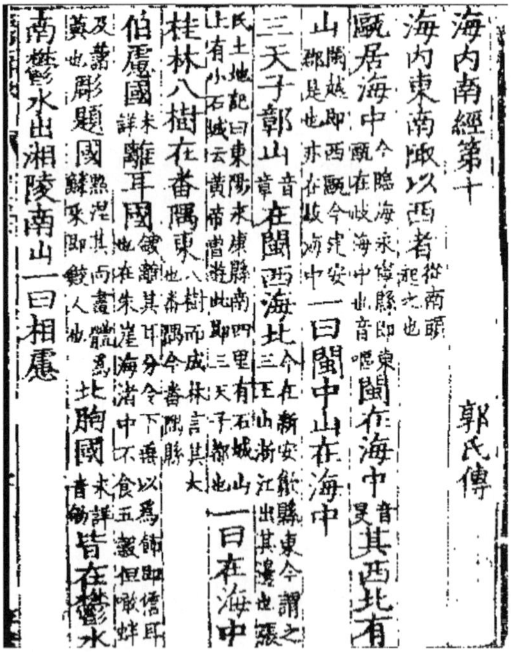
海内南經第十
海内東南陬以西者
甌居海中 閩在海中 其西北有山 一曰閩中山在海中
三天子鄣山在閩西海北 一曰在海中
桂林八樹在番隅東
伯慮國 離耳國 雕題國 北朐國 皆在鬱水南
鬱水出湘陵南山 一曰相慮

图1-1 《山海经》中关于番禺的记载

起为楚收扬越。”战国时代的“扬越”，势力范围大致包括今两广、两湖及江西部分地区。因岭南交通不便、地广人稀，并未纳入楚国的势力范围。秦时认为岭南之人“多处山陆，其性强梁”，故又称岭南为“陆梁”。秦始皇发卒五十万攻南越，为五军，其中一军攻“番禺之都”。近世在广州附近出土的多件文物皆有“番（蕃）禺”字样，也说明番禺是这个地区最主要的名称。到了西汉初年，史料多处提到“番禺”，或亦书作“蕃禺（隅）”，即今广州番禺一带，是当时岭南最为重要的区域中心，亦是广东境内最早见于古史的地名。“番禺”之名的来历，史书中说法不一，主要有以下五种：

一是“二山”说。《后汉书·地理志》、唐《元和郡县志》及《初学记》等，均认为县有番山、禺山，因以为名。明黄佐《广东通志》载：“番禺县治东南一里曰番山，其山多木棉，其下为泮宫；自南联属而北平。”[①]番禺因二山而得名之说，相沿已久。

二是“一山”说，即番山之隅说。郦道元《水经注》载：“今入城东

① （明）郭棐、王学曾、袁昌祚等纂，（清）阮元主修，梁中民校点《广东通志》，广东人民出版社，1994。

南，偏有水坑陵，城倚其上。闻此县人名之为番山，县名番禺，俗谓番山之禺也。汉书所谓浮牂牁下离津同会番禺，盖乘斯水而入越也。"禺，即隅，指附近的地方。

三是"蛮夷之地"说。1953年在广州西村石头岗一号西汉前期墓中出土有烙印"蕃禺"二字的漆盒，1983年广州象岗南越王墓出土铸有"蕃禺"二字的汉式铜鼎。考古学家麦英豪在《广州城始建年代考》中，据出土文物认为，秦至汉初，番禺的"番"，写作"蕃"，与"藩"相通，即番蛮、蛮夷之意。[①]《周礼·秋官》云："九州之外谓之蕃国。"禺，犹隅，指区域、边远之地。秦汉之前。番禺一带僻处一隅，中原文化视之为边远蛮夷之域。

四是"盐村"说。番禺是百越的一支，可译成汉语的"越人"，但如东越（如《越绝书》）古越音则可译为"咸村"，表示番禺为越人濒海聚落，有咸水到达的村社。因《越绝书》记"番"即村，"禺"即"盐"，所谓"朱余盐官也，越人谓盐为余"。

五是"南海神名"说。有学者从古音韵和民俗学的角度，提出番禺为南海神名一说，即认为番禺源于南海神或番禺即盘古，"番禺"乃俚人（黎族人）语，即"盐村"。有学者指出，番禺是南海神的名字，[②]若从此概念出发，尚可推测古番禺的地理概况。据说番禺是伏羲分化出来的，图腾是交蛇。同样，河伯名冯夷，闻一多先生认为即是交豕。雷师屏翳，即伯益，是交鸟。广州市文物管理委员会在三元里瑶台汉墓墓墩上发掘出一个木俑，呈人形，高约50厘米、断发、文身、蹲坐，为雄伟男性，左手握阳具，右手做招呼状。此即番禺神，放在墓上有祈祝子孙繁衍之意。看广州的省、府、县方志，则无论说番东禺西，或禺北番南，都是说两山相连，似交蛇之状，故名为番禺。吴壮达教授认为，从小海（即珠江）上望，此两高地相连，形似交蛇，名之曰番禺，二山实一山也。解释番禺之义，不必强求为嵯峨高耸之大山。明白此名是海上生活的黎族人民所起，从南望北，番禺正是顺序。

以上各说，未有定论。历代省志、府志、县志多持"二山"说。多数学者相承古说，认为番禺是因番山、禺山而得名。不过，近期越来越多的学者

---

① 麦英豪：《广州城始建年代考》，载广州市文化局、广州市文物博物馆学会编《羊城文物博物研究》，广东人民出版社，1993。

② 黄鸿光：《番禺考》，《广州研究》1982年第3期。

倾向于相信"番禺"之名，是蕃人之隅的意思，为古代汉人对蛮夷之地的指称。综合种种说法，我们认为"番禺"作为一个文化符号，包含两重意义，一是士大夫文化的取向，二是土著文化的本土取向，番禺的文化可以从这两个取向的交织角度进行定位。

（二）作为行政单位之"番禺"

现在的番禺区域在秦时多为汪洋，古代番禺则是这片汪洋的陆地和海湾中的海岛。据考古调查，番禺地势较高的山冈台地曾发现有零星的早期夹砂陶片，其年代不晚于商代晚期（约3100年前），说明至少在三四千年之前已有人类在番禺聚居生息。关于南粤古县番禺城的始建年代，有不同看法，一是考古学上认为番禺建县始于秦汉，距今2200多年。南定百越，戍守五岭，在岭南设置桂林、南海、象郡。番禺是秦始皇三十三年（前214）新设南海郡属下的首县，同时也是南海郡治所在地。另一说法的代表则是地理学家曾昭璇，他认为番禺建城有2853年历史，主要根据传说中的南武城开始计算。

番禺在历史上亦曾为南越、南汉、南明的小朝廷都城。西汉初期设立南海郡，秦尉佗兼并桂林、象郡，于公元前204年自立南越王，以番禺为南越国国都，传五世九十三年而亡国。五代十国时期，刘龑于公元917年称帝于番禺，以其为国都，史称南汉，历四主五十五年（一说由刘隐起历五主六十七年）。现在番禺小谷围街北亭乡（又名昌华市）刘王冢就是南汉皇帝陵墓遗址。关于北宋年间的番禺，我们在今番禺化龙潭山村调查时，还在居民家中发现一块城砖。明末，南明绍武帝在广州称帝，仅44天便为清所灭。以上三朝十主，凡148年。番禺县治，向在广州城内，而明末清初学者顾祖禹所著《读史方舆纪要》载："汉平南越，改筑番禺县城于郡南六十里，为南海郡治，今龙湾古坝之间是也。"[①]

但时至今日并未发现这处南迁番禺县城的考古遗迹。据清同治十年《番禺县志》载，唐代县治在广州河南，宋代县治在广州城东紫坭巷，元代复徙至东城内，明代至清代亦然。至民初，广州城分东西两半，分属番禺与南

---

① （清）顾祖禹：《读史方舆纪要》，上海书店，1998。

海，番禺县治设在今广州德政北路。

随着广州正式设市，番禺县治于1933年迁往新造，1945年又迁至市桥镇。1958年12月，番禺、顺德两县合并时，县治所在地改在大良镇，两县恢复后番禺县人民政府仍设在市桥镇。1975年，番禺由佛山地区属县改为广州市郊县。1992年5月20日，番禺撤县设市。2000年5月21日，撤市改区纳入广州市行政区域。现在市桥街为中共番禺区委、区政府所在地。

（三）作为文化符号之"番禺"

番禺作为岭南历史上最为悠久的古邑，久享盛誉于海外。早在秦汉时期，番禺已是华南最重要的港市。据当地的一贯说法，多数大族认为他们是从中原各地移居番禺官民的后裔。因此，随之而来的先进文化艺术与生产技术也就源远流长，历久不衰。提及"番禺"，人们联想到的不仅仅是地理行政单位，还会想到其丰富多彩的文化象征意义。如前文所述，"番禺"一词

图1-2　南汉番禺城砖

本可能出自"南海神名",可见"番禺"已成为一种岭南地域文化的标识。"番禺"所代表的地理和文化范围并不限于今天的番禺,而是整个珠江三角洲。"番禺"也不仅仅是行政地名,其背后蕴含着深厚的文化内涵。

"番禺"一词包含的意义,涵盖了珠江三角洲各地的人才精英与文化精华。番禺人才辈出,代有精英。诸如东汉时期岭南第一位著述、被称为"粤诗始祖"的学者杨孚,南宋探花、被敕封为番禺县开国男的李昂英,明时诗书画俱佳、被称为"牡丹状元"的黎遂球,明末清初被誉为"岭南三大家"之首的屈大均,著名医药学家何其言,广东佛教史大师天然和尚,清代广东诗坛领袖张维屏,"东塾学派"大师陈澧,著名学者陈璞,被誉为"岭南三杰"的画家高剑父、高奇峰,盛世名臣庄有恭,爱国将领邓世昌,广东音乐大家何柳堂、何与年、何少霞等,人民音乐家冼星海,诗、书、画名家叶恭绰、赵少昂、李天马、麦华三、周千秋,现代建筑工程界泰斗罗明燏,地质学家何杰,以及教育家许崇清等。这些以番禺为自己祖籍认同的文化名人,铸就了"番禺"的文化精髓,"番禺"的文化象征意义并未因行政区域的变动而改变。

时至近代,番禺又成为中华民族反帝的前沿和民主革命的重要发源地,鸦片战争中的重大事件大多数发生在番禺,辛亥革命时期,番禺更是革命党人主要的活动地区,番禺籍人士积极投入,如邑人史坚如、朱执信、张蔼蕴、潘达微等追随孙中山先生,为推翻封建统治做出了卓越贡献。高剑父、

图1-3 在南越王墓出土的铭刻有"蕃禺"字样的铜鼎

图1-4　番禺学宫　　　　　　　图1-5　金山番禺昌后堂同乡会合影

高奇峰亦加入了同盟会，用画作宣传革命。

　　大革命时期，番禺成为革命的中心，毛泽东主持的农民运动讲习所就在番禺学宫开办，中国国民党第一次全国代表大会、中国共产党第三次全国代表大会都在番禺召开，孙中山手创的黄埔军校和中山大学也都建在番禺。如此等等，不胜枚举。这些事实都表明，"番禺"以其重要历史角色书写在中国近代历史的壮丽篇章中。

　　番禺作为岭南历史最为悠久的古邑，处处保存着古色古香的岭南文化特色。这里有保存完好的祠堂古庙、村落古巷、亭塔古墓、古采石场和传承发展的广彩、广绣，传统民间艺术如水色、夜色、马色、飘色、醒狮、民谣、民歌等，以及舞狮、舞龙、舞鳌鱼等民间舞蹈，还有表现民田区风土人情及语言特征的"龙舟""木鱼"和沙田区风格独特的"咸水歌"。流传在大岗、灵山、潭州一带的民间故事"梅郎与布娘"被改编为粤剧演出。同时，番禺也是岭南画派、广东音乐的发源地，众多海外侨胞的故乡。这些丰富遗产承载的历史文明，还有番禺在海外各地侨胞心中的故乡地位，造就了番禺民间博大精深的文化底蕴，形成了"番禺"一词丰富的文化内涵，并使番禺得以持续不断地发挥着极其深厚广泛的影响力。

　　（四）番禺外之"番禺"

　　番禺位于南海北岸的中心地带，周边有数条大江河从这里入海，是连接南海与岭南地区最重要的交通中心。在相当长的历史时期，番禺人活跃在江海之上，足迹遍及世界各地。随着近代民族国家的形成，散布世界各地的番禺人长期保留着强烈的番禺认同，这种认同并没有随着番禺行政辖区的改变而改变。目前，旅居海外的数十万番禺人，包括今天已经划归越秀区、海珠区、白云区、天河区、萝岗区、南沙区的乡亲，都仍然以"番禺"为自己的乡籍认同。在世界各地分布着许多番禺华侨团体，包括美国金山番禺昌后堂、澳洲番禺同乡会、多伦多番禺同乡会、旅港番禺会所等。这些团体的成员中，包括了很多其家乡已经划出为广州市各区的华侨，但很多人都仍然把"番禺"作为自己的故乡。例如，2012年11月中旬，番禺海外各地侨胞回到市桥，举行同乡会恳亲大会。这些海外侨胞或其先辈早在禺北、禺东地区尚未被划分出去的时候就已漂洋过海，故心中对故乡留有唯一印象的只有"番禺"。

所以，番禺的概念并不仅仅是当下地理区划的番禺，还是一个在其之外的"大番禺"的象征形象。这些海外侨胞十分热心于故乡的建设，往往捐巨资建设家乡。如果能充分发挥番禺之外之"番禺"的凝聚力作用，将会为今日番禺的发展提供更大的助力与契机。

二 历史变迁中的"番禺"的文化价值

（一）作为珠江三角洲城市母体的"番禺"

番禺在先秦时代已经是岭南地区的一个中心地域单位，秦统一后建县，是岭南地区的行政中心。虽然古番禺县的辖区边界已不可能精确划出，但据史料记载，番禺自秦建县至清代，先后直接或间接地析出了珠江三角洲大部分县市。番禺的历史，同今广州和邻近县市的历史密切相关。[①] 从历代番禺析出的行政单位，我们大致可以知道其原来覆盖的范围包括了清代广州府的大部分地区，也就是狭义的珠江三角洲全部地区，包括今天的两个特别行政区（香港、澳门）、一个国家中心城市（广州）、两个经济特区（深圳、珠海）和三个地级市（佛山、中山、东莞）。

建县之初，境域广阔，北隔洌江与中宿（今清远）相望，东与博罗（今博罗、惠阳一带）相接，西与四会（今四会、鹤山一带）相连，南止于滨

---

① 番禺市地方志编纂委员会办公室编《番禺县志》。

海之地，相当于现县境的十多倍。秦代以后，番禺地域就开始出现变化。据史料记载，东汉建安六年（201），分番禺龙门地和东莞东南地及博罗县部分土地设增城县。三国时期，东吴黄武五年（226）以海东四郡（南海、苍梧、郁林、高凉）设广州，番禺为州治所在地。东吴甘露元年（265），划番禺的香山地归东莞郡。南北朝梁武帝初年（约502），划番禺地置南海县，作为南海郡治。隋开皇十年（590），番禺并入南海县。唐代复置番禺县，长安三年（972）分番禺的顺德地、三水地归南海县。宋开宝五年（972），番禺、南海二县入广州府治，至皇祐三年（1051）又恢复二县，分番禺花县归南海县。明弘治三年（1490）划番禺东北部土地归从化县。清康熙二十五年（1686），划番禺狮岭司地与南海、从化部分土地合置花县。至此，番禺县尚有鹿步司（禺东）、慕德里司（禺北）、茭塘司（禺南）、沙湾司（禺南）和捕属区。

1921年2月15日广州市政厅正式成立，又将番禺捕属地区（广州东半部分）及河南街区划入广州市区。番禺县署于1933年从广州城内迁至禺南新造，1945年迁至市桥。1949年10月23日番禺解放。1958年1月，禺北、禺东一带划为广州郊区，仅余禺南为番禺县。同年12月，番禺与顺德合并为番顺县。半年后，恢复两县建置，并将中山县属的大岗镇、大岗公社、万顷沙公社和珠江农场划属番禺。1959年6月，将中山县所属的大岗、万顷沙、南沙、黄阁、珠江农场划归番禺。1992年5月20日，经国务院批准，撤销番禺县，设立番禺市（省辖县级市，广州市代管）。2000年5月21日，国务院同意广东省撤销番禺，设立广州市番禺区。

2005年4月28日，国务院批准将原番禺区南沙街、万顷沙镇、横沥镇、黄阁镇、灵山镇的庙南村、七一村和庙青村的部分区域，东涌镇庆盛村、沙公堡村、石牌村的各一部分区域划出，设立广州市南沙区。2012年12月，国务院再批准将本隶属于番禺的东涌镇、榄核镇、大岗镇等地一并划入南沙区。至此，番禺已经缩减成为顺德南海以东、狮子洋以西、沙湾水道以北、海珠区以南的529.94平方公里的区域。目前番禺区下辖16个镇（街），有177个村民委员会、84个居民委员会。其中16个镇（街）分别为市桥街、沙头街、东环街、桥南街、大石街、洛浦街、钟村街、大龙街、石壁街、小谷围街以及沙湾镇、石碁镇、南村镇、新造镇、化龙镇、石楼镇。

图1-6　2012年重新划定
的番禺行政范围

　　由于历代行政地域范围的不断变化，番禺的总体面积也随着行政单位的
划定而不断缩减，从而最终形成今日之番禺区。虽然"番禺"在外在形式上
不断收缩，但是"番禺"作为一种文化象征却永不会消失，"番禺"的文化
意义也并没有因为行政区域的缩减而降低。"番禺"在历史上作为珠江三角
洲最古老的城市，历代析出产生了珠江口的众多周边城市，"番禺"已经成
为珠江三角洲文化地域的象征符号，其在历史文化上的重要地位，珠江三角
洲任何一个城市都无法取代。"番禺"在社会文化意义上的范围绝不止于今
日之番禺，而是辐射整个珠江三角洲。

（二）浮生之"番禺"文化

　　如上文所述，"番禺"在行政管辖区域上不断"收缩"，同时也有不断
衍生的新土地，这些往河海衍生的新土地被称为沙田。番禺原来是星罗棋布
的海岛台地，不断冲积的沙田将其联结起来，从而逐渐形成聚落，并发展成
为文化中心。今天番禺的核心地区曾经被称为"大谷围"和"小谷围"，这
种名称体现了番禺的地貌形成过程，而这个形成过程孕育了新的文化特性。

　　根据地理学家的研究，现代珠江三角洲的发育，源于中全新世时期发
生的海侵。距今六七千年前，在今珠江三角洲的地方，形成一个深入内陆达
150公里的河口湾。在这个海湾周围，有多条江河从不同方向流入，而在海
湾中间，又分布着无数大小不一的岛屿。现代珠江三角洲的发育过程，就是

各个河口三角洲逐渐向湾内伸展，各个小三角洲逐渐并拢起来的过程，同时又是由于湾内的岛屿对波浪、潮流的顶冲作用而在周围形成多个沙洲浅滩连起来的过程。这个过程虽然从地貌学的角度看，海湾内岛屿周围的淤积，并没有改变珠江三角洲发育以河口放射状汊道为特色的地貌结构；但从社会历史的角度看，海湾内星罗棋布的岛屿，对珠江三角洲发育形成的地理空间和社会空间结构的影响重大。

在唐宋以前（10世纪前），现在广州以南的多处丘陵台地，还是一些海岛，正所谓"海浩无际，岛屿洲潬，不可胜记"。唐代李吉甫《元和郡县志》载："大海在府城（指广州）正南七十里。"也就是现在的顺德大良和番禺沙湾一带。在番禺，直到今天，沙湾一带的丘陵台地还被称为"小谷围"，沙湾以北由大乌山至莲花山一线的丘陵台地被称为"大谷围"。屈大均《广东新语》卷二《地语》云："下番禺诸村，皆在海岛之中，大村曰大箍围，小曰小箍围，言四环皆水也。"下番禺所指的地区，包括现在番禺的新造、化龙、石楼、石碁、市桥、沙湾、大石、钟村、沙头等镇街。下番禺地处河网地带，四周环水。水道像米桶铁箍，将四乡箍围起来形成岛国。被沙湾水道、新造水道、三山水道包围起来的大石、钟村、南村、化龙、石楼、石碁、市桥、沙湾、沙头、新造（部分）等镇街被称为"大箍围"；新造镇下属被新造水道、黄埔水道包围的原南亭、北亭、沙溪、郭塱、贝岗、

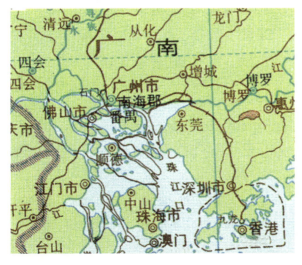

图1-7　古代番禺水陆变迁示意图

穗石、路村、大塱、赤坎、南垾、大涩、诗家山等自然村，形成的小面积海岛，被称为"小箍围"，误读作"谷围"。因下番禺民丰物阜，谷物满屋，将"箍围"称作"谷围"，也顺理成章。于是"大谷围"与"小谷围"的称谓，便约定俗成地被传开来。以上都证明古番禺就是从这些零星的海岛逐步扩展发展起来的。"大谷围"和"小谷围"两个名称是对番禺的形成历史最贴切的描述。

珠江三角洲在古代是一个岛屿星罗棋布的海湾，大量以艇为居的人漂泊在岛屿波涛之间，以渔盐贩运为业，被称为"疍"。宋明以后，在这个海湾上的大小岛屿的周边逐渐淤积出大片不断扩展的陆地，形成了水陆相错的三角洲平原，水上的生计空间日见缩小，而农耕则在沙田开发的基础上迅速发展起来。作为沙田开发和农业经营的主要劳动力，疍民在已经开发成沙田的基围上搭寮居住。随着农业经营规模的发展，上岸改业农耕的疍民沿河涌基围搭建茅寮，并逐渐在一些围涌的出入口或沙田经营的据点（如围馆）聚居。长此以往，逐渐形成了新的聚落社区。

番禺沙田浮露海面的时间，大约在距今1000年前。在珠江三角洲地区，独特的地形条件以及特殊的历史文化过程，使该地区分成两大部分：由多块低丘台地和唐宋以前冲积形成的三角洲平原被称为"民田区"，明清时期冲积形成的三角洲平原被称为"沙田区"。现在的市桥、沙头、钟村、大石、南村、石楼、化龙、新造等均属民田区，化龙东岸沿海及过去隶属番禺的东涌、鱼窝头、灵山、榄核及沙湾的部分地区均属沙田区。

沙田的含义相当广泛，它不仅仅局限于可耕作的冲积田地，凡是一切淤积涨生的田坦均属于沙田范畴，诸如围田、潮田、草坦、水坦、单造咸田等。甚至有人认为，有潮水所到者，即可统谓之"沙田"。沙田的形成主要有四种形式：（1）湾头淤积发育。由于河水受潮水顶托，便在海湾回流形成沙田。（2）沿河岸发育。即在河两岸淤积而成沙田。（3）沿海岛屿、台地发育。围绕海岛和台地而成沙田。（4）两主流线之间发育。一条河流为主流，另一条受潮水的顶托，逐渐形成沙田。

明代初年，大军征服广东之后，在广东沿海设置军屯，广州各卫所的屯田大多分布在市桥台地以南、顺德桂洲、香山小榄到新会江门一带，屯军开垦的土地，大多是在宋元以后西江北江河口伸出，在新会圭峰山经荷塘、均

图1-8　沙田区的条状村落

安、了哥山、顺德、沙湾到市桥一带台地外冲积形成的新生沙坦，由此开始了番禺地区新沙田区大规模开垦的过程。后来在中山冲决三角洲的西海十八沙和东海十六沙、番禺冲决三角洲和新会崖门之内的大片沙田，就是在这以后逐渐形成并被开发成为沃壤的。与此同时，在这个海湾以南的一列以古兜山、崖门、斗门和五桂山组成的海岛，由于海潮和江河冲积的相互作用，也开始逐渐在海岛周围形成浅滩淤积。这两个淤积过程形成了地理学家称为新三角洲的一大片区域，把由崖门到五桂山的一列海岛与大陆连接起来，形成今天珠江三角洲的基本格局。

　　沙田的开垦权主要掌握在民田区的强宗大族手中，由于沙田距垄断沙田业权的大族居住地较远，他们往往以包佃转租制的租佃形式经营沙田，将沙田交给大耕家承包，大耕家再转租出去，承租人又转租或雇用农夫耕种，这样可省却收租上的麻烦。加之沙田本身成片，面积大，一般佃农又无法筹措大量的押金、批头银、预租等，因而包佃转租制成为沙田区租佃制的主要形式。这种形式早在清初就已出现，屈大均在《广东新语》中把包佃者称为"沙头"。包佃者一般雇用"沙夫"管理沙田。这样的沙田经营体系一直是番禺沙田开发的主要形式。

　　新中国成立后，长期属于番禺的南沙地区经过人工开发的沙田将近10万亩，并且通过政府主导下的新形式沙田开发模式，使开发出来的沙田创造了巨大的经济价值。尽管过去番禺南部的榄核、东涌、鱼窝头等沙田地区如今已经纳入南沙区的管辖范围，番禺区的浮生沙田只剩化龙东部沿狮子洋一带。新中国成立后包括南沙地区的番禺，其文化中心也长期在现在的番禺区内，番禺在区域文化上的主导和核心地位并没轻易丧失。这是我们考虑番禺今后的文化发展很重要的出发点。

（三）番禺文化的"乡土"本色

古代番禺的大部分地区都被划出，成为广州市新设的行政区，在广州大都市发展的背景下，番禺已经形成新的空间格局。如今其地理空间北与广州市海珠区相接，与荔湾、黄浦区相邻，东临狮子洋与东莞市相望，西及西南面以陈村水道和洪奇沥为界，与佛山市南山区、顺德区及中山市相邻。当下番禺区已不再是史籍中的"番禺"，因此其所能囊括的文化含义已远不及过去广阔，现今番禺区的行政地域，特别在新中国成立后，其范围跟过去的"番禺"有巨大差别，无法再跟过去的文化地位相比，因此很难再称得上是岭南文化最核心的地区。

我们必须在新的行政区划的背景下，结合以上对"番禺"的历史定位对比分析，总结现在的番禺究竟失去了什么、保留了什么，从而探寻番禺区与周边城市的关系及其在整个珠江三角洲的定位。试图抓准番禺区当下的自身定位，就必须考虑番禺北部的广州大都市圈，也要考虑番禺南部极具水乡特色及作为新兴产业开发区的南沙，在充分结合番禺自身特色的基础上，确立适合当下番禺的文化定位。

第一，番禺区可以成为广州辖区内岭南文化的"栖息地"，承担着"承前继后"的历史文化重任。番禺作为具有两千多年历史的古邑之都，具有其他城市所不能比拟的历史文化厚重感。在历代的地理行政区划当中，番禺被分划出了大部分地域。自1958年1月起，禺北、禺东等划归广州市后，过去广阔的"番禺"就只剩下原来的禺南地区。由于中心城市的迫切发展需要，以及城市规划发展过程中的种种问题，那些被划分出去的地区的传统历史文化遭到严重破坏。虽然广州市历来都宣称在加大力度打造、宣传岭南特色的都市文化，但是城市发展的步伐仍不可避免地使传统文化受到损害。在这样的背景之下，"番禺"应该并可以成为岭南文化的栖息地。同时，番禺作为珠江三角洲各大城市的"母体",在保留和继承岭南文化传统方面,也具有无可取代的优势地位。

第二,番禺应该成为未来传承水乡文化的最佳地域。番禺南部沙田水乡文化亦是珠江三角洲文化当中极具特色的部分。虽然本隶属于番禺的东涌镇、榄核镇、大岗镇等地已划入南沙区,但历史上番禺一直就是沙田开发者的角色,沙田水乡文化与番禺有着千丝万缕的关系,已经成为番禺文化中不可分割的一部分。随着广州南拓的脚步不断迈进,南沙区的沙田水乡将不断演变成为工业或高新技术业发展区域,水乡文化正在逐步消亡当中,面临着前所未有的危机。在这样的情形之下,番禺历代作为沙田水乡文化的代言人,其所保有的沙田水乡文化传统,更具有重要的价值。目前番禺地区所存的沙田水乡,与南沙区以围馆为中心的大片围田文化有所不同。番禺地区的沙田村多为分布较为分散的疍家墩,这些被称为疍家墩的沙田水乡,处于沙田村落发展的不同阶段。这些不同发展阶段的疍家墩村落,是整个珠江三角洲早期形成的历史的缩影。因此,番禺在今后的发展中,仍然有资格成为传承沙田水乡文化的重要地域。

第三,番禺充当连接南北新老经济发展区的重要角色,应发展符合自身乡土特色的城市"社区文化"。番禺位于穗港澳"小三角"的中心位置,地理区位优势十分明显,且由于河网交错,番禺扮演着沟通珠三角地区水上交通的重要角色。一方面,番禺位于珠江三角洲的中心,处于珠江三角洲"人"字发展轴的交点位置;另一方面,番禺紧邻广州,是广州南拓的重点地区,南拓战略的实施可为番禺经济的发展带来较大的活力。因而,番禺在以"乡土文化"为根基的发展道路上,也要兼顾其经济发展的区位优势,在纵横都是中心地带、过渡地带的空间,充当连接南北新老经济发展区的重要角色。

三 当代"番禺文化"之定位

(一)概论

随着时间与空间的迁移与变化,番禺的历史文化定位也在不断变迁。直至清代后期,番禺虽然直接或间接地析出珠江三角洲的大部分州县,其范围不断变化，但是总体而言，其囊括的地理范围仍然非常广阔，特别是因其作为附廓县的地位，番禺县城同时也是府城和省城，番禺当然被看成是南岭百越地区政治、经济、文化、军事的中心。1921年广州市政厅设立后，番禺的东部及北部大片地区归属广州市，构成如今广州的东半部分，而番禺县署也从广州城内迁到城外。因行政范围的大面积缩减和县城外迁，番禺至此时已经失去了原来的中心地角色。但番禺作为珠江三角洲地域上众多市县的母体，在历史文化方面仍具优势，在当时仍是岭南历史文化的重要承载者。

1958年禺东和禺北地区进一步被划割，番禺包括的地理范围只剩下原来的禺南地区。而同年原来归属中山县的大岗、万顷沙等地被划归番禺，又使番禺的文化内涵更为丰富。番禺文化不仅指那些宣称来自中原的民田区居民及其从中原带来的士大夫文化，而且结合了新纳入的大岗与万顷沙等的沙田水乡文化。也就是说，番禺文化同时包含有士大夫文化和珠江三角洲土著文化的成分和内涵，番禺的乡土文化由这两种文化相互交织而成。

改革开放以后，由于番禺紧接广州市区，且毗邻港澳，其角色逐步从城外郊区发展为广州市区的外溢发展区，同时也成为港澳投资的集中地。番禺的房地产业和乡镇企业迅速崛起，在原本番禺乡土文化基础上，番禺文化又增添了一层新含义，那就是新兴的现代城市文化。

因此，如果番禺要寻找准确的自我定位，就必须明确士大夫文化、沙田水乡文化的位置，厘清这两种文化交织而成的乡土文化与新兴现代城市文化的关系。下文将讨论番禺在未来的发展当中，如何根据自身的优势与特点，选择适合自身发展的文化定位。

（二）把番禺建设成为岭南文化的栖息地

在广州城市急速扩展的过程中，由于经济发展对土地的急切需求，广州市区内大部分的老街区及乡村都已经被拆迁改造，原本具有岭南文化特色的众多民间传统保留地大都化为乌有。除了若干大型的古墓、祠堂经过政府部门的修葺而成为旅游景点得以保留以外，留存于乡村民间代表岭南文化的古建筑或文物已所剩无几。所谓的西关风情已经高度商业化，一些乡村经过政府修葺改造为旅游景点后，其岭南文化已经不再有原汁原味，村民已不再居住于乡村，传统乡村的仪式活动也不再举办。乡村常常只剩下人造的外壳，失去了内在的灵魂和传统生命力。在广州岭南文化不断褪色的进程中，番禺承担岭南文化栖息地的历史重任，就显得更为适合。当广州因城市发展日益失去乡土特色时，番禺或许就可成为广州地区岭南文化的最后栖息地。

那么，番禺建设成为岭南文化栖息地的优势何在？本部分将从番禺发展岭南文化的硬实力、软实力和转型优势的现状三方面，结合个案展开分析。

1. 番禺发展岭南文化的"硬实力"

由于政府的极力保护及民间的重视，番禺的民间文物保存较为完整。番禺是一处随处可见历史文物的宝地，如余荫山房、宝墨园、大岭古村、沙湾古镇等，这些古村落和古建筑在广州市区已经极少看到，但在番禺却遍地皆是。这便是番禺文化发展硬实力的重要方面。

在这些古村落和古建筑中，祠堂又是其中最重要的一部分。即使是今天，只要走进番禺的各个乡村小巷内，随处可见的就是各式各样的祠堂，祠堂文化可被认为是番禺文化的标志内容之一。本部分以番禺祠堂的形制与功能变迁为重点，讨论文物建筑的保存与利用现状。

据《番禺县志》记载，新中国成立前番禺除沙田地区以外，各村庄都有按族姓建立的祠堂。始祖称"宗祠"，分支房系的称"×世祠""××公祠""私伙厅"等。虽然有一些辈分子孙众多，自行开宗的祠堂也成"宗祠"，但是全族的大宗祠必定只有一个。倘若同一村内有两个同姓大宗祠，即说明他们的始祖不是同一人。这些大宗祠主要属于居住于民田区的大姓，这些大姓的后代一般都聚族而居。番禺大姓人数较多的主要有沙湾何、石楼陈、员岗崔、南村邬、市桥谢、茭塘黄、沙涌江等姓聚居的大村，这些姓氏人口占所在村落人口的绝大多数。大姓的祠堂规模宏大、装饰华丽。

民国以后，由于政局原因，祠堂破坏非常严重。但改革开放后随着港澳同胞回乡投资，在政府和乡民的共同努力下，番禺又出现了重修祠堂的风潮。据全国第三次文物普查资料，在番禺区的村落中，民田区的每一个村落几乎都有祠堂，每一个村落中每一个大姓都有祠堂，而且同一姓往往有几间祠堂。初步统计，番禺现存比较完整的祠堂仍有数百间，祭祀的对象除家族的祖先外，还包括从自然崇拜的山神、水神、天神、地神到英烈先贤。

（1）传统文物建筑的形制变迁

以祠堂的形制变迁为例。在近几十年，虽然还有不少祠堂处于丢荒状态，但是大量祠堂已经重新开光，但祠堂在改建或扩建过程中，其形制发生了明显变化。

很多村落遗留下来的宗祠数目仍然可观，如谢村的旧祠堂可谓遍地皆是。但是，据当地人称，大部分祠堂都没有得到修葺或重新利用。祠堂的族人没有组织重修工作，政府也还没出台方案对祠堂进行处置或利用。于是，大量的祠堂被丢荒，从紧锁的大门缝隙看进去，里面只有丛生的荒草和杂物。

即便重新修葺的祠堂，也无法保持祠堂原来的风貌，大多只剩下祠堂的主体部分，两侧拱形门廊被拆除或填塞。祠堂周围原来附属性建筑，如社学等保留较少。

祠堂在扩建时，多依据现在祠堂周围的地面建筑分布状况，补建祠堂中已缺部分。南旗陈公祠堂原为三院两进式布局，在"文革"时期及其以后，现主体建筑以东、以西两间主体建筑被毁，其地已为附近居民楼所占。祠堂前的院落、水池等亦已毁坏殆尽。于是，在重修此祠堂时，重新恢复了原来的大体院落，但祠堂内部装修与旧式祠堂显著不同的是，一般祠堂前的水池呈长方形，而此祠堂前重建的水池大体也呈长方形，其左上角处则修成内凸的长方形，且装饰性较强。围绕水池筑有曲尺形廊道，水池上空为亭廊。祠

图1-9 谢村放置杂物的祠堂
（摄于2010年）

图1-10　钟一村陈氏大宗祠（永思堂）前新建的水塘（摄于2010年）

图1-11　设置铁栅、防盗门的宗祠（摄于2011年）

堂正门一般正对祠堂主室，位于祠堂中轴线上，且多只有一门。该祠堂坐北朝南，在南面正中并无正门，在东侧围墙最南端和西侧围墙最北端开有两门，西门为正门。祠堂院落总体并不对称，颇具现代园林式建筑的特征。

祠堂的建筑材料也发生部分变化，开始安装现代灯光照明设施。在许多祠堂的正门外两侧装有方形照明灯，以便于利用祠堂前面的空地。在有些祠堂正门前还安装铁栅栏，在内院两侧的厢房前皆安装有防盗门等，这些变化的出现都源于祠堂功能的变迁。祠堂功能的变化影响了祠堂形制的变化。

（2）传统文物建筑的功能变迁

在新中国成立前，祠堂属于宗族共有的公产，其所有权归属于宗族集体，由族长、值理负责管理，其维修费用均由宗族的收入支付。如今虽然已经没有族长、值理等人员，但是仍然有宗族事务管理的专门族人。祠堂在宗族事务管理理事的组织下，得到亲族的资助，并且重新开光。笔者参与了2012年大石街植村马氏宗祠在重光当日，祠堂的各房乡亲欢聚一堂，在祠堂前摆围餐。重光当天，连植村外的其他各支马氏宗亲村也都参与了表演舞狮。

现在番禺仍然有很多延续旧体制管理的祠堂，但新中国成立后，以国家颁布的《中华人民共和国文物保护法》为背景，各级政府加强了对文物的管理和保护，番禺文物亦由文化局负责管理，许多已经废弃的祠堂开始由国家接管，所有权也归属于国家。在政府力量的介入下，很多祠堂的功能已经发生了很大变化。祠堂在政府的"保护措施"下，出现了多种新功能。

在政府改造与保护后，众多祠堂成为社区娱乐文化中心。以钟一村雷氏宗祠为例。雷氏宗祠又名龙光堂，建于清初，同治、宣统年间经重修。但因雷氏宗族逐渐衰微，其宗祠亦在新中国成立后渐至衰败。又因宗族在"文革"时期完全衰落，祠堂财产完全纳入国有。现今雷氏宗祠经政府拨款修葺，本已破败不堪的龙光堂再次焕发生机，成为全村最大的文化活动中心。祠堂内设有农家书屋、文娱活动室、乒乓球室、露天电影场、曲艺室、民兵之家、醒狮队和老

图1-12　马氏宗祠重光日
（摄于2012年）

图1-13　乡民在祠堂前准备
围餐（摄于2012年）

人活动室等，甚至配备了18台电脑的网络室以及卡拉OK厅。但祖宗之牌位已不再放入该祠堂，祭祀祖先的活动也不在祠堂继续进行。

另外，祠堂内的摆设已不是神主牌，而是国家的政治宣传标语。如雷氏宗祠对联的横批为："扬正气，促和谐"。上联为："朝阳清风满神州，钟一村里紫气盈。喜龙翻腾庆国庆，醒狮飞跃颂升平。丹青绘就小康景，香墨书写幸福心。男女老少皆笑脸，国强民富见麒麟。"下联为："礼炮声声震天下，五星红旗似彩霞。光辉历程世瞩目，神州大地遍地花。改革开放扬起帆，祖国跃上千里马。今日再展战宏图，璀璨前景诗人跨。"在文化室内还挂有"八荣八耻"的宣传牌匾。这同沙湾紫坭村梁氏大宗祠的做法如出一

图1-14　祠堂内设置乡村曲艺社
（摄于2010年）

图1-15　祠堂改造为乒乓球室
（摄于2010年）

图1-16 祠堂管理人与执笔人在卡拉OK
厅外（摄于2010年）

图1-17 钟村镇钟一村雷氏宗祠成为"多
功能厅"（摄于2010年）

辙，我们调查时看到在梁氏大宗祠前新建有升旗台，旗杆上升有国旗。

祠堂归国家所有后，政府成为祠堂的"主人"或主要管理人。据雷氏祠堂的主要管理人称，该祠堂仍然作为婚庆、生日之时的使用场地。从表面上看，似乎仍保留过去的宗族活动，如新妇入族必定要带到太祖面前行拜祭礼以获取合法身份。但是今日的婚庆，已不严格限定于雷氏的媳妇，雷氏祠堂附近的社区居民皆有权利在该祠堂举行婚礼。同时，祠堂的管理权全归于钟一村村委，管理人员的工资、管理维修祠堂的费用等均由村委负责。雷氏祠堂已不仅仅是雷氏宗族的核心，而成为国家体系下的管理单位。由政府雇用专人看管，而该管理人员并非雷氏的宗族成员。此时的祠堂已不再是宣扬宗族传统文化、加强宗族内部聚合的场地。

除上述将祠堂改造为社区文化中心外，有的祠堂还被用作政府办公之地。如石楼镇赤岗村一陈公祠，赤岗村村委会利用了祠堂内部分空间作为该村流动人员服务工作站、计生服务站等。沙湾沙东村以赍思堂作为村委办公室，南圃邬公祠则被用作村治安队的治安站点之一。

祠堂还被发展为旅游景点，所获门票收入多用于祠堂内部设施和建筑物的维护。最典型的为沙湾留耕堂和余荫山房的善言邬公祠。这两处祠堂早在

20世纪80年代就已经被改为旅游观光的场所，吸引了大量游客前来参观，祠堂内的建筑和设施也得到精心维护。但近年祠堂游客大幅减少，当地政府基于此种情况，开始加大对外宣传力度，并不断增加对祠堂的财政补贴，促进祠堂自身的积极运转。

综上所述，笔者试图以祠堂为具体个案说明，相比其他地区，番禺是一个遍地可见历史文物遗产的宝地。物质文化作为一种有形的文化遗产，本身就是"番禺文化"最好的象征符号。当政府试图参与改造这些"文化象征"时，应避免简单地将其改为娱乐场所，而应更多地考虑如何保留"番禺文化"的特色，多让村民参与改造方案的制订，如改造成为乡村历史文化博物馆等，从而让新一代年轻人仍然能够认识到自己乡村的过去，延续这份独特的"番禺文化"。

文物作为文化"硬实力"的一种象征，是番禺发展成为岭南文化栖息地的重要优势之一。这些文物遗产有些仍然以传统的方式继续经营，有些已经完全转交政府管理保护或组织重建。无论各种管理的方式利弊如何，至少有一点是明确的，在广州市范围内，番禺是存留岭南文化特色文物最多的地方

图1-18　祠堂外设立的升旗台（摄于2010年）

之一。番禺一直具有很强的文化保护意识，今后只要更加注重文物保护的细节问题，这些遗存下来的物质型文化遗产应能转化成为当代番禺文化发展的动力之一。

2. 番禺发展岭南文化的"软实力"

番禺要发展成为新岭南文化示范区，除了以上与物质文化遗产有关的"硬实力"外，还有文化的"软实力"。所谓"软实力"，除了指传统民俗工艺等非物质文化遗产外，更宝贵的是存留于村落社会之中的乡村风俗民情及其背后所蕴含的乡村文化传统。经过30多年快速的经济发展，在都市化强大的浪潮之下，广州地域范围内的许多乡村出现了严重的碎裂化倾向，传统的社区内部联系被城市发展的冲击所割裂。相比之下，如今番禺乡村内部和村落之间的传统关系还保持得比较完好，尚未因经济的快速发展而彻底断裂。这些关系和联系通过传统节诞等活动继续维系着，蕴含着浓厚的"乡土情"。番禺有条件成为当代人品味岭南文化"乡土情怀"的首选之地。

（1）番禺丰富多彩的民俗与工艺

非物质文化遗产主要包括传统手工艺技能、唱艺、舞蹈、大型办"飘色"巡游等。这些活动的传承不仅仅需要资金及技术，还需要合适的传承人。特别是蕴含着番禺文化特色的传统手工艺技能，包括龙舟制作、壁画、泥塑艺术、雕塑、刺绣、微型工艺等，也是非常值得珍惜的。虽然由于各种原因，很多传统仪式活动及手工艺制作已经失传，但是番禺现存的非物质文化遗产仍然相当丰富。非物质文化遗产保护的问题也仍然存在很多难题，对此本书第四章将详细讨论，恕不赘述。

（2）番禺的传统社会村落关系网

传统岭南的村落都是聚族成村，村落之间的关系非常紧密。但是，随着城市的发展，广州的"乡村"都已逐渐消失，更不要说乡村之间关系的维系。但是，番禺乡村间的联系仍然通过各种传统活动得以维持。番禺的民间活动存在于普通人日常生活当中，就在人们所生活的社区中进行。乡民们对于这些文化活动还有足够的热情与动力。普通民众是地方文化活动的能动者，这就是番禺文化最具价值之处。

案一 "水"成为村际沟通的脉络

番禺在20世纪60年代以前，仍然是水网密集的农田，村民出行以棹艇为主。我们来到上漖龙船作坊进行田野访谈，由于这里是各个主要河道的交汇点，所以这里在解放前，就是整个番禺甚至珠江三角洲地区制作各类木船的中心地。这里的师傅依靠家族师承，手艺高超，既制作打鱼用的艇，也制作端午节的龙舟。制作龙舟的过程中，原料运送、龙船入水的仪式、龙船运回各村等阶段，都离不开水。这些河道成为一种"文化"得以延续的基础。关于上漖龙船厂的案例，由此引申出来关于非物质文化遗产保护的相关论题，在第四章节有更详细的分析。

端午时节，化龙、石楼各村通过"龙船探亲"的活动联络兄弟村之间的感情。在每年的五月初一至初四日，各主要村落的祠堂大姓都派出自己的龙船，一般这些祠堂都有两至三条属于自己姓氏的龙舟。在笔者参与的"龙船探亲"活动中，当地的青年都非常踊跃地报名参与活动。这些青年在四月三十日先送船下水，并脚踏龙船头及龙船尾，检查龙船的"弹性"。然后，到了五月初一日正式开始"探亲"活动。各个村落大姓的龙船按照一定的次序，到邻村"探亲"。兄弟村会用敲锣的方式邀请其上岸，招呼探亲的龙船到祠堂中"饮茶吃饼"。不同兄弟村之间在"探亲"活动中增进了情感。在每天完成探亲活动的路线后，各个龙船都聚集一处，举办兄弟村间的"赛龙船景"活动，各村乡民都齐聚河涌河岸。在乡民们举办了村落间的"内部"龙船比赛后，他们才参与农历五月初五由政府举办的"莲花杯"龙舟赛。参

图1-19 五月初一"潭山景"的赛龙船活动（摄于2013年）

与"龙船探亲"的村子所涵盖的范围，已经超出化龙、石楼的范围，到达钟村、大石，但是现在由于河道淤塞，所以原本参与的村落也只能从此割断此项联谊传统。因此，河道淤塞带来的不仅仅是环境问题，更是文化传统遗失的问题。

案二 "神诞"是社区沟通的方式之一

除了以"水"作为村际沟通的方式外，神诞出巡活动也成为村际间沟通的纽带，有些地方的神诞活动还成为旧社区与新社区相互融合的策略。番禺现存的神诞活动主要包括康公诞、天后诞、北帝诞、社公诞、龙母诞、侯王诞等。本文为了更好地展示当下番禺乡村社会关系，主要围绕钟村"康公"出巡为例讲述。

康公出会又叫作"正月十八会"，在康公古庙中的崇祯《钟村圣堂庙碑序》中，落款是"十八户事首"，但是碑中并没有关于"十八户"更多的信息。到了清代中后期，钟村地方组织以"十甲"①的形式取代了"十八户"。根据当地学者陈礼滔②言，解放前"十甲"由钟村较大始祖的姓氏编成，一年一甲轮值康公出会。十甲的编列是：一甲彭、元，二甲屈（因屈姓小，故每逢二甲当值，十甲共助，又名二甲同当），三甲陈，四甲卢，五甲彭，六甲黄，七甲区，八甲李，九甲陈，十甲简。按照"十甲"轮值的方式，轮到某一甲，就由那甲负责所有的出会事宜，包括烧铳。铳队由18岁以下的青年组成，他们在出巡前一天晚上就要到各自的祠堂守夜。当康公出巡到每个姓氏祠堂前时，铳队就开始烧炮。康公出会的路线不包括位于西边的隔水相望的疍家墩。虽然他们仍没被列入"十甲"，但是他们却有义务安排40人作为康公出会的义工。

解放后由于政治原因，康公出会一度停办。康公古庙在2001年才得以重修，并于2005年才开始复办"康公出会"。如今"钟村出会"不再是乡联"十甲"，而是由钟村街六个村轮值当甲，六个村分别为钟一村、钟二村、

① "十甲"的姓氏大约开始于清初，广东各地实行图甲制。同治《番禺县志》亦说，钟村下辖三图："七图十甲另甲，又一图十甲另甲，八图十甲另甲。"参见（同治）《番禺县志》卷三《舆地略一》，《广东历代地方志集成》，岭南美术出版社，2006，第19页。

② 陈礼涛为当地学者文人，组织参与康公出会活动多年。曾于2012年第33、34期的《番禺文化》中发表《钟村康公正月十八出会》一文。

钟三村、钟四村、胜石村和汉溪村，其中以钟四村为首甲[1]。关于出会的资金，据当地人言，解放前康公出会是以祠堂公产为资金基础，现在已经全部转为"私产"了。除了六个村委分别出资以外，当地企业公司和商铺也是主要赞助者，他们主要通过"群众签甲"的形式参与。虽然主要通过政府人员维持秩序及组织，但政府并不是康公出会的唯一主角，正如当地人所言，"如果是政府文化中心在组织，没有民间的参与，我们的热情就不会那么高涨！"在康公出会当天，各村大祠堂前同时也举办隆重的迎接活动和围餐聚会。

2013年阴历正月十八，笔者参与了钟村历时两天的"康公出会"。每个村委都要求派两名人员组织出会，早上参与出会人员到康公古庙烧香后，负责当甲的村委代表将康公从古庙中抬出，一人在队伍前带队，一人到康公座驾旁护驾，于早上九点开始出发。今年出会的队伍次序依次为"钟村主帅庙文化中心各村企业捐助"牌匾、香港钟村同乡会旗帜、钟村文化中心旗帜、康公旌旗、"头牌"、八音锣鼓、"康主"灯笼、罗伞、康公座驾、两位真人康公、配乐鼓叉队、钟一村旗帜及舞狮队、男女彩龙、钟二村旗帜及舞狮队、钟三村旗帜及舞狮队、钟四村旗帜及舞狮队、胜石村旗帜、汉溪村旗帜、沙涌鳌鱼队、百家武拳队、祈福新邨仪仗队及花队。仅仅从出会牌匾、旗帜即可知，钟村香港同乡会、钟村文化中心作为两个重要的支持力量，另外还有"钟村主帅庙文化中心各村企业捐助"牌匾上的企业公司老板。在各村排列的队伍中看，汉溪村和胜石村排在钟村四个村的后面。他们的队伍相对钟村四个村的队伍单薄，仅有村旗帜而无自己的舞狮队。

根据康公停留的地点计算，康公第一天出巡的主要路线为：康公古庙—钟四村村委—钟一村村委—永思堂—波兰社（文化中心）—圣王庙—□俭马公公园—钟三村农家店（百越商场）—钟三村村委—五羊茶叶城—金牛汽车维修厂—康公古庙，主要涵盖了钟四、钟三、钟一村的村委、主要祠堂、商业城及商店。第二天出巡的主要路线为：胜石村村委—钟村第二小学—民宅商铺—胜石村酒堂和胜石幼儿园（胜石村的中心）—"海鲜美食"酒家—福盈酒楼—卢琛景公祠（钟二村）—李志锡公祠—钟二村村民委员会—黄崇隐

---

[1] 陈礼涛：《钟村康公正月十八出会》，《番禺文化》2012年总第33、34期，第75页。

图1-20 "康公"回府
（摄于2013年）

图1-21 "康公"出巡至大祠堂
（摄于2013年）

公祠—钟二公园—钟村敬老院—厂房仓库（某石灰粉厂房）—钟村月华食品厂—广州市嘉大利食品有限公司—汉溪村口的关帝庙—粤山简公祠—汉溪村村委—玉虚宫—康公古庙。从康公出会的路线可见，除了六个村村委以及香火仍旧鼎盛的祠堂庙宇以外，就是钟村各个企业及公司。这些公司是康公出会的主要资助人，在康公到来时，他们通过采青、烧炮等各种方式欢迎其到来，表现出十足的热情。

总而言之，康公古庙很可能自明末以来就是钟村地方社会的信仰中心。新中国成立前，每年正月十八，通过"十八户""十甲"的形式组织。新中国成立后复办则通过六个村轮值的形式。从轮值的角色上看，胜石村新中国成立前还是疍家墩，并没有当值的权利，但是到了新中国成立后，随着经济实力的增强，胜石村已经被纳入了轮值的角色范畴。由此可知，"康公"出巡所囊括的社区范围不断扩大。另外，从"康公"出巡的路线上看，途经地点有祠堂、庙宇、村委、企业商店、民宅等各个类别，实际上"康公"出巡的意义已经不仅仅停留在传统仪礼的层次，而成为当下番禺地方社会重新整合的文化机制。钟村通过举办康公出巡的活动，整个区域的村民都参与其中，村落之间的村民沟通了彼此的感情。另外，远在他乡的村民也借此机会回乡探亲，与此同时也就为当地经济发展带来了无限商机。

因此，通过这些信仰活动，各个村落相互合作，从而增进了彼此之间的感情，增强了彼此间的联系，这种在传统仪礼的基础上建立的乡村脉络，不仅作为番禺独特的文化特色而增添了番禺的文化实力，同时也有利于地方经济的发展。番禺现存保留较好的乡村社会关系，是非常宝贵的文化资源。如果番禺在未来发展的过程中能注意到这种文化资源的价值，必定能为番禺的发展做出贡献。

3. 顺应时势的乡土文化转型

改革开放30余年，在经济快速发展的背景之下，为什么番禺的传统文化活动仍然能够保持发展活力？本章以潭山娘妈出巡及钟村"康公诞"为例，试图说明，正因为传统地方社会关系网络依旧存在，传统文化活动即便受到了巨大冲击，也不会就此消失。番禺地方社会的传统文化具有极大的伸缩性，在传统的基础上融入新的发展元素，最后以另一种面貌再次呈现。

（1）旧信仰活动的调适变化——钟村康公出巡的个案

钟村"康公诞"中的种种调整，体现了番禺传统文化在现代发展过程的适应方式。在传统的基础上转变，从而既保留了传统文化，又适应了现代发展的需求。

神灵角色的转变

当笔者问及当地人对康公的认识时，他们只知道康公是在当年兵荒马乱之时，为了逃脱追杀而路过钟村的将领。在本次康公巡游过程所经过的庙宇中，也摆放着"康公"，但他们都有不同的形象。在钟村的圣王庙中，虽然主神是洪圣王，但是门口左侧也有一位"康公"坐镇。此外，在汉溪村的玉虚宫，后堂虽然是北帝等各种神灵，但在门口正对着的却是一尊站立的康公。除了玉虚宫外，汉溪村的关帝庙中关帝左侧也坐着一位手持武器的康公。

据当地人称，解放前的康公神像体形较小，而且红面无须，现在生活水平好了以后，康公的模样都发生了变化。在圣王庙与玉虚宫中的"康公"都面无须髯、头戴平巾帻、腰扎包腰肚、盘领窄袖袍、下穿大口宽裤，这些都是宋制武职将军的服饰特点。这种康公形象与康公在文献上作为宋朝抗辽将军的形象较为吻合。这些"康公"都摆置于门口位置，似乎有门神守卫的含义。当然康公过去被认为是将军，保留着"守护神"的角色似乎也在情理之中。

图1-22　圣王庙正门左侧的康公　　　图1-23　玉虚宫正门的康公

从如今出会的康公以及关帝庙中的康公形象来看，康公形象已经随着地方社会发展的需求进行了再次调整。康公从过去的"将军"变成了"门神"或地方"财神爷"。在关帝庙中的康公开始续须髯且身穿宽袍大袖，更似明朝将军形象。此外，在康公出会时，路过的乡民包括当地人、路边私营老板以及外来务工人员，在积极捐香油钱的同时均以"财神爷"的名称直呼康公，似乎他们从不知道出会的神灵为"康公"。对于"康公"的形象，地方乡民顺应时代的需求，将其想象力发挥到了极致。

神诞出巡范围的调整——新兴村落的融入

解放前，胜石村被当地人称为"疍家墩"，在康公出巡时只作为义工参与其中，而没有轮值的权利。但是，康公出巡复办后，胜石村已经从过去被乡联十甲排除在外，变为如今六甲中的一甲。

在康公出巡结束后，各村自行组织围餐。虽然2013年轮值者为钟三村，但是所有出会人员最后都到达胜石村就餐。胜石村有六百围的围餐，场面非常宏大，除了本村的1000余人外，他们还请了谢村、诜敦、市桥、屏山、石壁街、钟一、钟二等地的周边亲戚前来就餐。在胜石村村委附近

图1-24 康公出会的行宫
（摄于2013年）

搭建了舞台，台上摆放了玉白菜、玉狮子、一排姜锅以及其他饰品等。据
当地村委会主任说，这个舞台没有表演，而是专门为今晚的竞投活动设立
的。台上的工艺品都是竞投的圣物，如果有钱的商人买去祭拜则可以得到
神灵的庇佑。

虽然胜石村在本次康公出会中并不是中心角色，但是从其围餐参与人所
涉及的地域范围以及竞投热情可以看出，胜石已经成功"洗脚上岸"，完全
转变了解放前作为疍家墩的劣势角色。现在当问胜石村的族源时，他们称他
们也是珠玑巷的后裔，胜石村关于珠玑巷的故事为：

> 珠玑巷有很多太公，以前就叫作水流柴，流到哪里就上岸，我
> 们就是从珠玑巷流下来的。当年我们太公在珠玑巷有木船漂流下来，
> 对比那些走路的穷人，我们才是有钱人。有钱人才有船，包一条船下
> 来，船里面能容纳很多实物，他们走路下来的人却是一无所有的。所
> 以我们太公当年是富裕人家，后来不知为何就没落了，反而被走路下
> 来的人占了好位置。

由此可知，随着胜石村经济实力的增强，珠玑巷作为珠江三角洲建立地方认同的故事得到了他们再一次的改编和想象。如今随着广州南站的开发，胜石村成为直接的受益者，高价征收土地使他们在近五年内就得到了飞速的发展。按钟村当地人所言，跟解放前钟村四屯和疍家墩的发展差距相比，胜石村现在是"倒过来还有余"，即胜石村如今的发展程度已远远超越过去的钟村四屯。在解放后的土地改革中，因为胜石村的沙洲滩涂较多，所以比钟村四屯坐落于山地更占优势，分到的土地利用率更高。另外，填埋的河涌又进一步扩大了他们的土地范围。如今他们凭借着广阔的土地，在新的发展进程中占足了优势。过去他们还是茅寮疍艇、生活困苦，现在他们已全部改为小洋楼且道路宽敞。相反，钟村的旧村落还保留着原来的瓦房村屋，道路迂回狭小。

（2）新信仰活动的形成——潭山娘妈诞的个案

据记载，早在清代顺治五年（1648），冈尾社十八乡的乡民就在潭山乡西面的乌石冈乡合建了冈尾洪圣王庙。

光绪《重修冈尾庙碑记》："我十八乡冈尾神庙，创始国初，自顺治戊子，迄今二百余年。"该残碑现存潭山村先锋古庙中。冈尾庙洪圣王出巡的隆重程度仅次于当时每年由省府最高官巡抚亲自主祭的"波罗诞"（黄埔庙头村的南海神庙），故冈尾庙洪圣王诞也被称为"小波罗"。在解放前洪圣王出会中，化龙潭山村的红石房和白石房由于各自财力雄厚，所以在出会中分别轮值一次[①]。但是，洪圣出巡自解放后停办以来再没复办，1985年复办的出会活动却是潭山村本村范围内的"娘妈诞"。潭山村民将放置于天后庙中的神灵称为"娘妈"。在天后庙左翼为万寿宫，正座摆放潭山村本土神灵"许逊真君之神位"。右翼则是先锋古庙，但是先锋古庙的正座却是洪圣大王，洪圣大王右侧才是当地神灵"先锋"，左侧为包公。

旧神迁新庙

关于天后庙"娘妈出会"活动的举办以及如今各庙中神灵摆放的位

---

① 每次出会，巡游队伍都巡遍十八乡，为了便于记忆，当时人们将轮流次序编成歌诀，三哥如今还能倒背如流："戴陈大灵鸟，右西白石溪，官桥红仙草山门左里苏。"即赤山东、赤岗、大岭、灵山（凌边古称）、乌石冈、官桥、潭山红石祠、仙岭、草堂、石子头（石楼古称）、西山、潭山白石祠、明经右里、岳溪、山门、明经左里、方头、苏坑。据说南浦乡由于经费不足，由苏坑补上。

图1-25 潭山村先锋古庙中的"洪圣王"（摄于2013年）

置，应追溯至20世纪80年代。随着改革开放的推行，港澳台同胞在乡村事务中发挥了重要的推动作用。1985年，化龙开展地方文化活动，潭山的舞狮队参与其中。在这个活动上，潭山的香港同胞许浩彬看到他们的狮子十分陈旧，便慷慨解囊资助让他们更换。后来，他得知家乡文化事业不振，所以开始投身于家乡文化事业建设。首先捐资重建了"娘妈庙"，而后赞助建立了"浩明艺社"①。"浩明艺社"的成员就是1985年复办出会活动的主要负责人。此外，在1998年，乡民许银崧跟当地许钜铨商量，愿意出启动金5万元重建冈尾庙。作为潭山本地的文化事务总代理人，许钜铨四处劝捐后筹得13万元捐款。但是，资金仍旧远远不足，而且其中部分捐款来自潭山村村民，他们更希望建立自己的庙。于是，许钜铨面临重重困难，最终无法重建一个囊括十八乡的冈尾庙。虽然当时许银崧已去世，但许钜铨还是通过委曲求全的办法，同时满足许银崧和村民的心愿。在天后庙左侧加建"万寿宫"，而右侧则加建村中原有的"先锋古庙"。同时，将冈尾庙遗留的碑刻转移到先锋古庙中，并且购买新的洪圣王神像放置其中。作为当地神的"先锋"却被转移到了"先锋古庙"正座的右侧。由此可见，曾经作为区域社会信仰中心的冈尾庙已经无法重修，但是"洪圣王"并没有从此消失。

---

① 许浩彬是香港商人，其夫人名中有"明"字，故潭山村的"浩明学社"是从他与夫人的名字中分别取出一字组成。

新旧神灵的交接

"洪圣王"虽然没有消失，但是否仍然具备参与"出巡"的权利就成了新问题，地方社会对于神灵的取舍有自我调适机制。"娘妈诞"自1985年举办后就从未终止。据当地人称，"娘妈诞"复办时，有一位台湾同胞从台湾买了一尊"黑脸娘妈"。潭山村在"娘妈诞"当日，许钜铨等组织者将"白脸娘妈""黑脸娘妈"与"洪圣王"都请出来出会巡游，结果却遇到了狂风暴雨，出会最终无法顺利进行。因此他们认为，"娘妈"与"洪圣王"发生了冲突。"洪圣王"作为该区"旧"的出巡神灵，而娘妈作为"新"的出巡神灵，当两者取舍时，村民还是选择了后者。自此以后，潭山再没有请"洪圣王"参与出会。

在2013年阴历三月二十三日的"娘妈出会"中，"娘妈"出巡所囊括的范围已经无法跟过去的"洪圣王"相比，仅仅局限于潭山村的九个坊内。一些出巡期间的活动，如"投炮""举彩龙"活动都已经出现变化。关于"投炮"活动中的"炮"，如今只是一座镜屏。在出巡活动结束后，各个坊自行举办围餐，在围餐过程中，出价高者能将"炮"抬回家中或厂房供奉，以求神灵保佑。在解放前的冈尾庙十八乡洪圣王出会中，曾经有"投炮"的仪式。当时的"炮"是能够打上天的火炮，大家都蜂拥前来抢炮碎。但是如今出于安全考虑，对"炮"加以限制，所以只能在"娘妈出会"中以镜子、刺绣取代过去的"炮"。此外，在"娘妈出会"中的两条彩龙，过去分为"青年龙"和"中年龙"，分别请村中18岁左右的青年及中年男性担任。但是，如今年轻人由于高中学业紧张而由妇女取代，连"中年龙"也由女性担任了。

在潭山的例子中，"洪圣王"作为传统的地域神灵，虽然已经不再参与出巡活动，但是仍然得到了保留。此外，"黑脸娘妈"的出现，实际上象征着地方社会将新元素融入传统信仰活动，从而增添了传统活动的生命力。最后，传统出巡活动中的元素，如"投炮"及"彩龙"等活动，在发展过程中并没有消失，而是顺应时代的发展作了调整。

以上讲述的乡村仪式，不仅仅是一种民俗活动，还是一种存活于普通人日常生活当中，对村民本身具有意义的文化活动。村民才是乡间文化活动的主体，他们决定着文化的转变方式。或许很多人认为，在当下番禺，大量

图1-26 台湾的"黑脸娘妈"　　　　图1-27 潭山村的"白脸娘妈"
（摄于2013年）

传统文化活动经过村民的"再造"，已经变成与过去大不相同的活动，这就"破坏"了传统文化。其实，根本没有一成不变的文化，文化世代都在变化，只要村民对于他们的文化活动还存在热情，就表明这种文化仍然是"活"的，这是文化得以生存的根本因素。

（三）继续保持水乡文化特色

虽然国务院设立南沙区后，将本隶属于番禺的东涌镇、榄核镇、大岗镇等地一并划入南沙区。但是，历史上番禺一直就是沙田开发者的角色，所以水乡文化也是番禺乡土文化的主要部分之一。即便是在新的行政区划下，番禺现在仍然有很多沙田村落。如沙湾与市桥等河口以及石楼海鸥岛等地，这些地方的沙田村落有不同的发展模式。此外，虽然现在的南沙区才是拥有最大沙田水乡的区域，但是无疑经济发展才是南沙未来发展的主要方向，大量沙田村落直接被大型厂房进驻，在未来的发展道路上，南沙的水乡文化未必能很好地保留下来。此外，番禺的水乡文化与南沙区解放前大片以"围馆"为中心的沙田文化有所不同，番禺很多地方存有"疍家墩"，即位于大族附

图1-28 大涌口村的茅寮与
疍艇（摄于2011年）

近的沙田水乡。这些水乡处于不同的发展阶段，展现了珠江三角洲历史形成
的过程。因此，番禺历来拥有的沙田水乡文化的资源，不会轻易丢失，因此
番禺区很可能是未来水乡文化的传承者。

究竟水乡文化是什么？水乡大部分被认为坐落于沙田区，这些地方通常被
当地大族认为是"疍民"居住的地方，并且被标签为"无文化""无历史"的
地方。在过去的研究中，对于番禺沙田水乡的关注严重不足，对于水乡文化的
信息大多来自生活于其周边的大族。这使得我们对水乡的印象非常刻板，大致
认为水乡就是河流纵横、疍艇和海鲜的景象。如果能真正地去融入水乡村落的
生活当中，体验其中与民田区文化不同却别具特色的社区文化，那么必能找到
水乡文化的价值所在，这也将是我们未来继续研究的方向。

1. 番禺传统沙田村的状况

大涌口村位于沙湾镇东南部，亦即"沙田—民田"界线之南的沙田
区。该村紧依沙湾水道北岸，东连陈涌，西、北面与沙湾南村为邻，南
临沙湾水道的"北斗"海，与榄核镇八村相望，是沙湾的一个沙田自然
村。由于其位于珠江进入沙湾各河汊的河口，且入口处较大，故名大涌
口。大涌口村没有发展特色产业，大部分土地被征用并建立房地产或者
建立厂房。村内的耕地稀少，大部分由于潮水对土壤的影响，都要经过
改造才能种植蔬菜。渔业对于大部分村民来说，只是平日的娱乐活动，
只有少部分村民以捕鱼虾为业。村民主要靠到沙湾打工为生计，白天的

村落都非常安静，因为打工的年轻人要到晚上才回村。实际上，这些传统的沙田村落缺乏关注，村落发展也缺乏有效的规划。传统的村落在房地产和工业化的侵蚀下渐渐消亡。水乡文化没有得到充分发掘，经济发展水平也未能跟上，村民的生活水平仍然较为低下。除了大涌口村外，还有海鸥岛的海心沙村，等等。关于如何发展这类乡村，本书后面的章节将会给予详细讨论。

2. 改造为生态旅游区的沙田村

海傍水乡位于海傍村亚运村西侧，倡导的是一种绿色、健康、低碳的休闲方式，是集餐饮、休闲、娱乐等项目于一身的综合性农庄。根据海傍村的宣传册子，该生态旅游区内的主要项目有海傍水乡自助餐厅、同学会中餐厅、绮梦咖啡厅、红酒俱乐部、耕地体验园、种植园、鱼趣园、垂钓园、果园、农业展厅、高尔夫球练习场、泛舟运河、儿童乐园、野战场等娱乐休闲场所，是情侣、家庭、公司聚会的极佳选择。其主要的服务对象是生活在广州的居民，为他们提供田园式体验生态游，他们可以在这里申请一块自己的农场，定期过来打理，然后在"自己"的农场里摘菜。收成的蔬菜拿到隔壁的农家乐或中餐厅里烹饪，就能尝到"自己种的蔬菜"。在笔者走访村落时，该村由于不在节假日期间，所以显得格外冷清。这种旅游发展模式开发沙田村落，本村居民都全部外迁的模式，其利弊何在？这也是后文将要讨论的问题。

图1-29 大涌口河涌入海口的渔船（摄于2011年）

（四）以"乡土"为根基的城市文化

1. 现代城市的发展步伐

番禺区正以建设广州市现代化新城区为目标，加快转型升级，建设幸福番禺，全力发展广州大学城（国家一流的大学园区，产学研一体化发展的城市化新区）、广州亚运城（以亚运城为启动区，与莲花山地区融合发展的都市新区）、番禺新城（总部经济CBD区、休闲度假区、现代居住区）、广州南站商务区（商务、商业和居住综合发展区，穗港澳现代服务业合作先行先试区）、广州番禺轿车生产研发基地（先进制造业集群区）、广州番禺重大装备制造基地（大型装备制造集聚区）和广州国际商品展贸城（国内最大的商品展贸中心）七大重点区域，着力打造生态型岭南水乡典范，争当全面实现小康社会的示范区和率先实现社会主义现代化的先行地。

自改革开放以后，番禺的经济高速发展，这种发展对当地的人口不可避免地产生了一系列的影响，使得番禺人口构成在近20年来呈现出新特点。番禺总人口在近20年来迅速增长，其主要原因是省内外流动人口的大量涌入。此类外来人口即移民大致可以分为两类，一类为高薪白领，他们主要居住在番禺北部新兴的各大住宅小区中，而另一类为廉价打工劳务人员，他们则主要聚居于各乡村出租屋。这种现象的产生，最近应该追溯到番禺的"撤市设区"。

2000年，经国务院批准，番禺市、花都市通过"撤市设区"成为广州

图1-30　海傍水乡广告牌
（摄于2012年）

图1-31　海傍水乡的度假餐厅（摄于2012年）

市的两个新区。在2005年，经国务院批准，广州市进行了城区调整，原番禺区南部南沙地区变为南沙区。其中"撤市设区"的基本做法就是将大城市周边的县级市或县改为区，纳入大城市行政范围。"撤市设区"在一定程度上有利于广州市利用行政集权的手段整合发展资源，减少矛盾，为广州市及周边地区的统一规划和协调发展创造条件；可壮大中心城市的发展空间和城市规模，增强中心城市的实力；有利于协调中心城市与周边县市的道路、港口、机场等重大基础设施的建设和规划。但是"撤市设区"后，城市的职能发生变化或地方政府职责发生变化，在城市职能、城市功能定位、城市空间范围以及区域空间发展战略的调整下，城市规划往往需要随之进行修编或重编。

番禺在"撤市设区"后，过去12年时间里，番禺城市规划与城市管理产生了一系列的巨大变化。第一，城乡建设用地由过去围绕市桥单中心增长到如今多中心扩展。第二，番禺面临着城区功能外溢与本地惯性扩张并存的局面，同时承担了广州市功能外溢与本地发展的双重责任。第三，番禺作为新移民城市，在近20年发展起来的房地产聚落与本地社区两者之间产生的问题，尤其值得注意。这种格局，是造成目前番禺文化定位模糊的因素，但是，也为番禺发展新的城市文化提供了契机。

在番禺未来的文化发展中，如何在广州城市人口向番禺扩散的态势下，再造城市精英文化的新优势，是一个值得深入研究探讨的问题。从20世纪90

图1-32 番禺是广州南拓的过渡地带

年代开始，随着众多大型房地产项目相继落户番禺，一度形成了番禺楼盘独领广州房地产市场风骚的局面。"华南板块"是指广州番禺市桥—洛溪这段房地产开发的热土，大体上位于市桥、钟村、南村、大石4镇。有一组数据可以说明这里的大型程度：占地约0.67平方公里的星河湾、2.667平方公里的华南新城、2平方公里多的南国奥林匹克花园、2.667平方公里的锦绣香江花园、3.2平方公里的广州雅居乐花园、0.8平方公里的广地花园、0.667平方公里的华南碧桂园、5平方公里的祈福新村，其规模累计相当于一座可居住50万～60万人口的中等城市。

伴随着番禺大片房地产商的开发，为了迎合"新番禺人"各方面的要求，一系列的配套设施也建立起来，如食街、经济商圈、康乐中心、交通接驳线路以及教育方面的"楼盘办校"模式，这些配套设施同时也大大地改变着番禺的面貌。例如，"楼盘办校"的趋势在近20年越来越明显。作为番禺楼市主体的华南板块，地处广州市郊，教育配套设施较为落后。新型房产项

图1-33　番禺新兴的房地产业迅速扩张

目开发以后，新入住居民几乎不能利用原有的教育设施，因此，一方面政府为了保证适龄人群接受教育，通过颁布规定和给予地价优惠等政策，鼓励房地产商建设配套学校。另一方面，为了有效带动楼盘销售，满足业主的需求，一些房地产商也主动接受政府的规定。部分房地产采取与名校联姻的方式，引进了优质教育，实现了政府、业主、开发商、学校多赢的局面。在这一趋势的带动下，新兴的房地产项目中涌现出番禺执信中学、祈福英语实验学校、北京师范大学南奥实验学校。楼盘办校也逐渐成为市场经济下华南板块居住教育设施配置。

　　由于大规模的房地产开发，区域结构已经明显呈现二元化趋势。华南板块楼盘规模大，楼盘景观和谐一致。而在这些规划整齐、景色优美的花园式楼盘周围却是脏、乱、差的农村居民点，且其内部拥挤不堪，还包容了数量不少的外来打工者等文化教育水平较低的群体。所以总体看来，华南板块周边的农村就像国外的"贫民窟"。难怪有人这样形容："（华南板块）要么破破烂烂，要么像个暴发户"。两种格格不入的景观在这里汇集，形成了"村中城"这种新型的区域二元结构。"村"与"城"有围墙、河流、丘陵、道路、工厂等天然和人工界限，二者泾渭分明，各自为政。

　　其实，这种结构上的二元分化，在历史上的番禺也是同样存在的，历史上"上番禺"与"下番禺"之间，就在经济上、文化上存在强烈的差异，如果加上城市中心区与乡村地区的差距，则情况更为突出。因此，认真研究历史上番禺的文化整合与渗透机制，有助于今天发挥这些由新的城市人口扩散形成的城市化社区在番禺文化发展中的作用。在旧的城市社区被割离的现实下，寻找重新把城市精英文化拉回到番禺区域文化体系的路径。在这个方面本项目的其他子课题将提出具体的分析和设想。

建设新城市文化的另一契机，是随着广州南站的建成启用，番禺正在成为广州乃至整个华南地区的交通中心。位于番禺区钟村镇石壁村的广州南站，是中国铁路客运特等站，是一个大型现代化铁路客运站，距离广州市中心17公里，是已经部分建成或正在建设中的京港高铁、贵广高铁、南广高铁、广珠城轨、广佛肇城际轨道交通的交会点，目前是武广客运专线和广深港客运专线的三个始发站之一，也是广珠城际轨道交通的三个始发站之一，另外也建有三眼桥联络线连接既有的广州站、广州东站及广州西站等。广州南站与广州站、广州东站和广州北站共同形成由中国铁道部规划的全国铁路四大客运中心之一——广州铁路客运枢纽。广州南站也是广州市内一个综合交通枢纽，旅客可在站内实现铁路、地铁、公交车、出租车等交通工具的直接换乘。广州地铁2号线、7号线、20号线和佛山轨道交通2号线等地铁路线将在广州南站地底或附近设广州新客站，形成一个集中的换乘中心。虽然番

图1-34　新建的广州南站（摄于2012年）

禺区本身也没有机场，但在60公里半径内，有广州、深圳、香港、珠海、澳门5个国际机场。区内亦设有多家空运代理公司。这一最新的发展，令番禺正在成为中国最大的交通枢纽之一，这对于番禺文化将产生的影响暂时还难以估计，但应该纳入番禺文化发展的战略思考之中。

2. 孕育新型城市文化：勿忘本

番禺作为广州城市发展的外溢部分，近年来房地产业、新兴企业、交通行业都有着突飞猛进的发展。那么，在这个城市发展的过程中，番禺传统的乡土文化如何寻求自身的生存空间？新旧价值观以何种方式相融合？番禺的城市文化应该如何发展？

（1）传统文化与现代理念的抗衡："夜明珠的退幕"

市桥城区灯光夜市是番禺较早开办的灯光夜市，夜市迄今为止是番禺最大的成衣日用品夜市，至今有近30年历史。从2012年8月21日起，番禺将全部停办灯光夜市。在大东商业街的524户经营业户一次性撤销，这是最后一个灯光夜市退出番禺人的视野。

灯光夜市最初的设立是为了解决低收入人群，特别是无固定收入人群的生计问题。除了少量的市场管理费外，免缴纳税款，也不用办理营业执照。

图1-35　番禺在珠江三角洲区域交通网络中的枢纽位置

图1-36 市桥灯光夜市一景

图片来源：番禺社区网。

当年笔者在市桥读书时，晚上来到大东商业街逛灯光夜市，这些档主每到晚上6点钟就开始从各个大街小巷拉出"家当"，纯熟地摆起摊档，各个档主之间非常熟悉，商业气息中弥漫着浓浓的人情味。这里的商品价格较低，除了日用品外，还有专门的小吃街。所以，在这里逛夜市既能买到超值货品，又能吃到地道小吃。但是，如今因为城市发展的需要，灯光夜市占道经营、堵塞交通、噪声扰民以及卫生恶劣，还存在火灾隐患等原因，为了"改善"城市生活环境，灯光夜市最终被取缔。

市桥的灯光夜市对于市桥人来说是一种集体回忆，按照当地人的说法，番禺城区的人可能10个当中有9个都对市桥灯光夜市有印象。对于这种代表着传统生活方式的老街市，应该采取何种策略或发展方式，才能更好地融合传统文化与现代发展的价值观，这也将是后文要详细讨论的问题。

（2）新移民融入本土文化活动：祈福新村的个案

在钟村"康公出巡"的队列中，最后三分之一的队伍属于仪仗队和花队，这些参与者全部来自祈福新村的居民。他们尽心尽力地参与了为期两天

图1-37　商业中心的六百围龙船饭（摄于2013年）

图1-38　龙船饭中的粤曲
表演（摄于2013年）

的"康公出巡"的整个过程。

　　祈福新村作为番禺最早期的房地产之一，其所在地本是钟一村范围。现在祈福新村总裁、地产大亨彭磷基就是钟一村人，其祖父彭寿春早在清末民国就通过外轮生意"番尾渡"而发家，随后他在钟村设立"彭乐善堂"，救济乡民。村民至今仍记得，每年二三月份，他们拿着蟹壳来盛粥的情境。20世纪50年代其父彭国仪赴港，直至80年代才得以返乡。彭磷基跟随父亲回乡祭祖，父亲深感家乡教育水平落后，于是捐资40万兴建钟村育英小学。除此以外，他还大力发展钟村的房地产业和本土企业，这些新兴房地产并没有与传统乡村文化格格不入。

　　参与"康公出巡"的祈福居民当中，有些是钟村本地人，但更多的是来自外地的新移民。虽然新兴的房地产占据了传统村落的空间，看似传统与现代的冲突，但实际上新旧两者还是有契合之处的。新移民通过传统活动被纳入当地社区文化当中，从而融入番禺乡土文化中。反过来，这种乡土文化也可以成为吸引新移民的要素之一。在传统的基础上发展而成的新城市文化，就是番禺非同一般的文化特色。

（3）传统文化在商业中心的延续：大山村西约龙船饭

大石在近30年已经开发出大量的房地产业、旅游度假区。如大山村，其土地被滨江绿园等房地产，香江酒店、味道馆、源源酒家等酒楼征用，村民仅仅剩下小范围居住区。但是，在端午节期间，大山村的西约却仍然每年坚持举办仪式活动，在商业街摆设大型围餐。这些征用了他们土地的企业，都会在传统活动时成为重要的赞助人。

大石大山村的西约"吃龙船饭"包含三部分：村民到江边拜神、晚上全村人齐聚一堂吃围餐、五月初三还要驾着龙舟去天河车陂村"探亲访友"。可见，虽然城市化进程已经迈入乡村，但是传统的乡土文化仍然有其发展的活力，并通过不断调整，寻找到自身发展的空间。

由上文可知，番禺本身所具备的乡土文化气息，正是其他城市所缺乏的历史文化要素。这种"乡土情"在番禺的城市发展过程中，仍然以各种形式延续着，从而给予番禺这座文化名城源源不断的生命力。因此，番禺在今后孕育新型城市文化过程中，应切记"勿忘本"。

* * *

本章的核心内容是何谓"番禺"的问题，而解决这个问题首先要研究何谓"番禺文化"的内涵。本书所指的"番禺文化"，作为一种地域文化观，并不仅仅是指客观意义上的行政单位或地理单位，而且是指人们主观的地域观念。番禺历史文化源远流长，随着时间和空间的变化，"番禺文化"的含义也在不断变化。

在现代城市化过程中，很多地方未能注意其自身文化的内涵，只一味地追求经济利益最大化，最终走向了趋同化的发展路向，原本各具特色的乡村文化失去了自身色彩，出现了统一的城市发展模式。若希望发展出具备自身文化底蕴的地方文化，番禺在今后的发展中，应更有深度地认识和管理可利用的文化资源，努力防止在高速发展的过程中失去自我，准确地寻找到自身的合理定位。一方面，番禺是岭南士大夫文化的栖息地，另一方面，番禺也是岭南水乡文化的传承地之一。这就构成了番禺的乡土文化，而番禺的乡土文化应被视为番禺文化的核心内容，也即番禺文化定位中的根基部分。

随着广州城区发展的外溢，番禺不可避免地步入城市化的进程，但是番禺必须认清自身的特点与优势。一方面，在经济发展程度上，番禺可能不及广州。但广州作为老城区，早已丢失了传统乡村的文化，即便仍然保留了民俗展演，却已经不是人们生活的社区中生动的文化活动，但番禺却仍然保留了这种最宝贵的文化资源。另一方面，如果与番禺以南以高新经济技术开发作为发展特色的南沙新区相比，番禺区无疑具备更久远的历史文化底蕴，更有资格成为岭南文化的代言人之一。

因此，处于旧城区与"新开发区"过渡地段的番禺区，不能简单地以"新老城区过渡经济开发区"为自身定位，片面地以城市化与经济发展为单一发展方向。番禺必须发挥自身文化特色，在本土文化保护与发展的根基上发展城市文化。这种城市文化就是存在于人们日常生活当中的文化，并且只有在人们生活所在的社区当中运作，才能真正存活。这种以本土乡民为能动者的文化活动，在珠江三角洲其他地区已经越来越少，因此，这也将会成为番禺文化中最值得珍惜的地方。

第二章　番禺城市化的冲击与文化调适

一　从乡村文明到城市文明

番禺地处珠江三角洲的核心区，从来都是南海郡和广州府首县，[①]也是自秦代在岭南设建置以来最古老的县之一，[②]清至民国前期，番禺与南海县县治同在广州府城内。

1932年，番禺县政府迁至新造镇，抗日战争期间番禺沦陷，县政府先后流亡至钟村、灵山、三水、沙坪、韶关等地；1945年光复后，县治才迁至市桥。[③]

现在的番禺行政区只是明清番禺县南部的农业地区（旧称下番禺或者南番禺之部分），由一系列的海岛组成，较大的有小谷围岛与市桥台地（大谷围）。明清以来，随着北方移民的增多，珠三角通过围海造田开辟了大量沙田，[④]沙湾水道以南地区（包括现南沙区）就是主要的沙田区。虽然商品农业的发展促进了南番禺市镇蓬勃发展，[⑤]但其人口结构中，以农业人口为主。新中国成立后至改革开放前，番禺地区地处国防前沿，在闭关锁国政策

---

① 参考清同治《番禺县志》。首县是指中国古代州、府、行省、布政使司等高于县级行政单位治所所在的县。

② 秦南海郡六县包括"番禺、四会、博罗、龙川、浈江、揭阳"六县。

③ 参考梁莎《明清到民国时期番禺县治的迁徙与原因分析》，《中国市场》2010年第14期。

④ 参考2011年广东省情调查报告《气候变暖背景下珠江三角洲地区海岸线演化及其对策研究》。

⑤ 参考叶先知《明清时期珠江三角洲城镇形态研究》，华南理工大学硕士论文，2011。

下，也以发展农业为主。所以，1978年前，番禺是珠江三角洲一个典型的农业县。农业时代的番禺县，城市传统是缺失的。

（一）1980年代，农村工业化起步

1990年代，番禺县农村工业化起步并蓬勃发展。全社会总产值从1978年的26117万元增长至1991年的125181万元，1980—1991年工业产值年均约递增25%。1991年三大产业比例为30∶43∶27，第二产业逐渐成为主导产业。

20世纪80年代，番禺抓住香港劳动密集型产业向珠三角转移的契机，利用位于珠三角核心区、交通便利以及毗邻港澳、华侨众多的优势，积极引进"三来一补"企业，参与国际产业分工，在90年代初基本实现了从农业向工业经济的转型，进而带动了城市化的发展。

1. 村镇工业崛起

（1）人口向城镇集聚

1978年以后，番禺总人口保持稳步增长，从1982年的67.54万人增长至1991年的78.26万人。人口密度从1982年的510人/平方公里增长至1990年的598人/平方公里。民田区（沙湾水道以北）的人口密度是沙田区（沙湾水道以南）的两倍：民田区的市桥、沙头、钟村、大石、石碁、石楼、莲花山、南村、新造、化龙10个镇，1990年平均人口密度903人/平方公里；沙田地区有大岗、沙湾、鱼窝头、潭洲、榄核、灵山、东涌、黄阁、珠江华侨农场、横沥、万顷沙、南沙、新垦13个镇（场），1990年平均人口密度459人/平方公里，仅为民田区的一半。

番禺人口整体呈北密南疏、北多南少的特征。从空间分布来看，主要集中于市桥、石碁、沙湾等传统城镇；从增量来看，市桥和石碁的人口增长明显大于其他镇街；从密度来看，市桥镇和大岗镇的人口密度远远高于其他镇街。这一阶段，市桥、石碁的极化作用大为增加，筑起了番禺经济发展的基础。

（2）村镇工业迅速崛起

20世纪80年代初，农村实行的"包产到户"政策解放了生产力，但政策的效用在80年代中期已经基本释放完毕。[①] 由于小农经济长期的"内卷

---

① 详见林毅夫《制度、技术与中国农业发展》，上海三联书店、上海人民出版社，2008。

图2-1 1949—1991年番禺人口规模演变

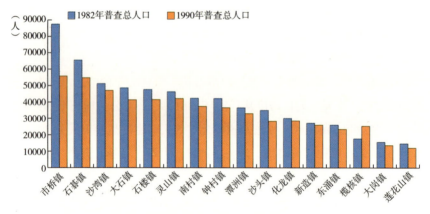

图2-2 1982年及1990年番禺各镇街人口分布

化"，[1]农村大量剩余劳动力受制于严格的户籍制度无法向城市转移。

20世纪80年代中期，番禺各乡镇通过银行信贷等多渠道筹集资金，积极推动镇村企业的发展。至1991年，镇办工业企业共220户，村办及个人办工业企业2718户，村镇企业职工10多万人，产值28亿元。

1975年，国营工业占比曾经高达56.7%，乡镇工业乃是由乡村副业发展而来，以支援农业生产为目的，[2]以农副产品加工、农机制造、砖石制造

---

① 农业"内卷化"指农业发展陷入规模报酬递减的状态，这一概念由黄宗智首先提出。

② 潘必胜：《乡镇企业中的家族经营问题——兼论家族企业在中国的历史命运》，《中国农村观察》1998年第1期。

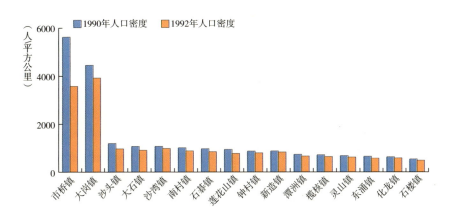

图2-3 20世纪90年代初番禺各镇街人口密度

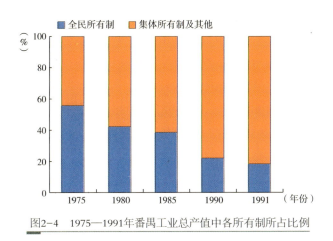

图2-4 1975—1991年番禺工业总产值中各所有制所占比例

等小五工业为主。1991年镇村办工业和"三资"企业共1374户，从业人员10多万人，产值25.57亿元，占全县工业产值的50.4%，此时国营工业只占19.1%。

（3）三资企业初步发展

外资的正式进入，得益于20世纪80年代中后期番禺县政府制订的以外向型经济为导向的经济发展方针。在政策上，番禺县外贸部门积极扶持社队（镇、村）发展轻纺和服装业，持续提供外汇贷款、专项外贸贷款，以帮助企业发展出口商品生产。在城市建设上，县政府投入数亿元改善交通、能源、电信、供水等基础设施，特别是1988年洛溪大桥建成

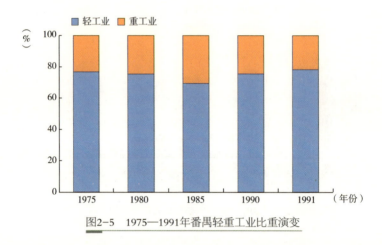

图2-5　1975—1991年番禺轻重工业比重演变

通车和莲花山客货运口岸投入使用,使番禺处于穗港澳大三角中心的地理优势得以发挥,促进了外向型经济的发展。1979—1984年,番禺县利用外资兴办的"三资"企业项目只有6个,合同利用外资170万美元,实际利用外资仅为100万美元;而1985—1988年,短短四年间番禺县兴办的"三资"企业就达到86户,合同利用外资1.5亿美元,实际利用外资达到7600万美元。

（4）轻工业及劳动密集型企业主导

1991年,轻工业在工业总产值中所占比例高达78%。1991年重工业

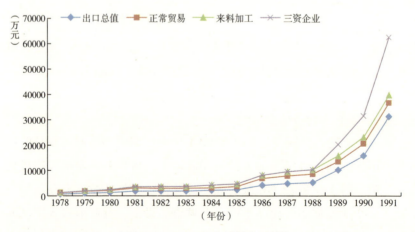

图2-6　1978—1991年番禺出口总值

年增长率为12.6%，远低于当年轻工业总产值38.0%的高增长率。从1991年产值前十名的工业行业产值来看，以劳动密集型企业为主，尤其以制糖、服装制造、电气器材、玩具、皮革制品等部门所占比重最大（见表2-1）。

■ 表2-1　番禺1991年工业产值前十位的部门

位　　序	行　　业	年工业产值（单位：万元）
1	服装制造	61560
2	制糖	42000
3	电气器材	29036
4	玩具	29014
5	皮毛及皮制品	28892
6	机械	23600
7	糖果糕点	18579
8	纺织	18390
9	橡胶制品	17656
10	化工制品	16471

2. 县域空间极化

（1）县域空间趋向极化

改革开放前，番禺一直是广州的农业郊县，城镇体系呈现扁平化结构。随着农村工业化的起步，市桥凭借其政治、经济、文化中心的地位，较快地拉动经济要素的集聚，大量人口往市桥及周边地区集聚，成为该时期极化发展的核心。城镇等级规模结构呈金字塔形，中心极化作用明显。1982年至1990年，市桥的人口首位度从1.02上升到1.34。1990年，过5万人口乡镇有市桥、石碁、沙湾三镇。

受到城乡二元体制的影响，番禺县域城镇总体发育缓慢，加之水网纵横，交通不畅，城镇分布基本为农业地区"中心地"模式，[①]呈现"中

---

① 详见〔德〕克里斯塔勒1933年在《德国南部中心地原理》一书提出的相关观点。

心放射"格局：以市桥为中心，沿着市广路、市莲路、市新路发展强度递减，形成以市桥为最高级中心，各乡镇为次一级中心的空间体系（见表2-2）。

■ 表2-2　番禺县时期的空间等级体系（1990年）

中心地级别	名称	人口数（人）
一级中心地（8万人以上）	市桥镇	86664
二级中心地（5万~8万人）	石碁镇	64553
	沙湾镇	50073
三级中心地（3万~5万人）	大石镇	47694
	石楼镇	46068
	灵山镇	44960
	南村镇	41221
	钟村镇	40948
	潭洲镇	35268
	沙头镇	33634
	鱼窝头镇	32235
	黄阁镇	31446
四级中心地（3万人以下）	化龙镇	29108
	万顷沙镇	26631
	南沙镇	26230
	新造镇	25975
	东涌镇	24739
	珠江华侨农场	19661
	横沥镇	18978
	榄核镇	16334
	大岗镇	14032
	莲花山镇	13273
	新垦镇	5811

（2）路桥建设获得突破

改革开放初期，番禺的基础设施底子薄弱，由于县域水网密布，陆路交通不便，严重阻碍了番禺工业经济的发展。

霍英东等港商在番禺基础设施建设上扮演了重要角色，他提出的"贷款修路，收费还贷"模式，为基建资金的回收提出了新思路，推动了广东交通建设融资机制的改革，实现了资金筹集方式多样化。1978—1991年，番禺新建公路229.3公里，改造和扩宽原有公路248公里。其中新建二级公路70.5公里，改建三级公路40.4公里，新建桥梁46座。1984年大石大桥建成通车，1988年洛溪大桥落成，基本形成了以市桥为中心的"环形+放射"状路网。

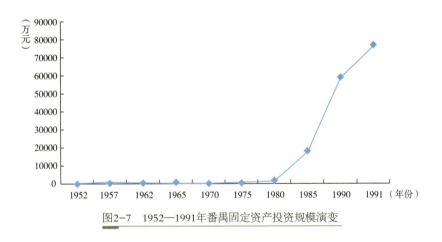

图2-7　1952—1991年番禺固定资产投资规模演变

大规模路桥建设，加强了番禺与广州的联系，促进了产业的发展。番禺工业发展迎来了1985—1996年的黄金时期，并且带动了番禺早期房地产的开发。1989年5月，番禺洛溪新城地产有限公司开始了在沙溪岛的房地产开发，至1991年，建筑面积已达22万平方米。房地产开发拉动广州居民居住外迁，县政府也获得了"土地换资金，用空间换发展"的发展动力。

（二）20世纪90年代，工业引领城镇发展

1992年番禺撤县设市，成为广州市代管的县级市，土地审批和财政权限有所扩大。非农人口占比从1992年43.1%上升到2000年的53.6%。

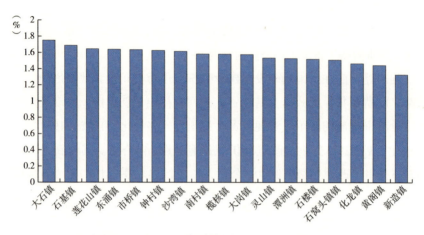

图2-8　1990—2000年番禺各镇人口平均年增长率

1. 镇域经济形成

（1）镇域经济形态形成

乡镇工业的飞速发展带动了各乡镇的要素集聚。人口增长最快的是大石镇、石碁镇、莲花山镇，其后才是中心城区市桥。大量外来务工人员涌入，外来人口急速增长。以市桥为例，2000年户籍人口为14.7万人，外来流动人口则超过10万人。

此时广州还处于要素集聚阶段，土地财政初起，部分工业开始外迁。在105国道广州到番禺段的大石、钟村等工业城镇兴起。靠近广州的番禺大石镇利用交通区位优势，开始承接了广州的居住功能外溢，房地产业也得到快速发展。

（2）外向型经济特征明显

由于"三来一补"企业大多为加工型企业，番禺生产的大量产品是外销型产品，经济表现出典型的外向型特征。外贸持续高速增长，1993—1998年间出口总额年均增长35%。实际利用外资总体保持在较高水平，1995年达到40932万美元的峰值，1997—1998年间受金融危机及国家宏观调控影响有所回落，2000年又回复到31037万美元，见图2-9、图2-10。

（3）三资企业及私营企业占据主导地位

1992—2000年，番禺外资蓬勃发展。"三资企业"及个体私营企业在工

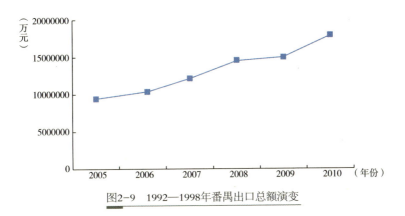

图2-9 1992—1998年番禺出口总额演变

图2-10 1992—2005年番禺实际利用外资额

业总产值中所占的比重大幅提升，外资工业和私营个体工业成为经济结构中最重要的组成部分。1991年到2000年，"三资"工业企业由73家增至479家，增长5.6倍，工业产值由12亿元增至282亿元，增长22.5倍；个体私营工业企业由1444户增至4044户，增长1.8倍，产值由1.9亿元增至150多亿元，增长了78倍。

（4）外资集中在制造业和房地产业

外商投资项目大多集中在13大类，其中最为突出的两个行业为制造业与房地产业。在制造业中，服装及其他纤维制品制造业、金属制造业、电子及通信设备制造业、电气机械及器材制造业和塑料制造业分列前五位。

2. 土地利用粗放

（1）"L"形的城镇空间格局

这一阶段自下而上的农村社区工业化在空间上造成了"村村点火"的格局，大量工业用地是集体建设用地，与村庄居住用地交错布局，城镇建设用地呈现无序的蔓延式发展。

20世纪90年代，受广州中心城区功能外溢的影响，城乡格局出现较大变化：广州城区居住人口扩散至大石镇北部形成了洛溪新城；同时，广州的大型国企开始迁往番禺。莲花山港作为国家一类口岸，结合保税区的发展，也形成了一个发展极核。市桥的行政、文化中心地位使其自然地成为传统发展极核。在这三大极核之间，沿着市广路、迎宾路、市莲路等道路在沙湾水道以北呈现"L"形的城镇密集区。

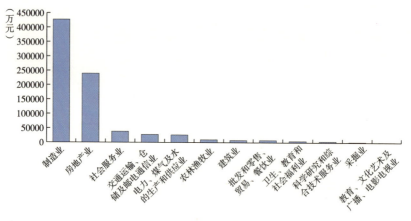

图2-11 2000年番禺外商投资规模行业分布

沙湾水道以南地区仍然分布着大片农业用地，城镇则均匀分布其中，建设用地多沿水道分布。

（2）城镇建设用地快速扩张

城镇居住用地和工业用地以前所未有的速度增长，集中在市桥及西北部大石镇、南村镇，1995—1999年建设用地年均增长率分别达到9.2%和10.9%。

20世纪90年代面向广州市场的房地产开发渐入高潮，相继开发了新世纪

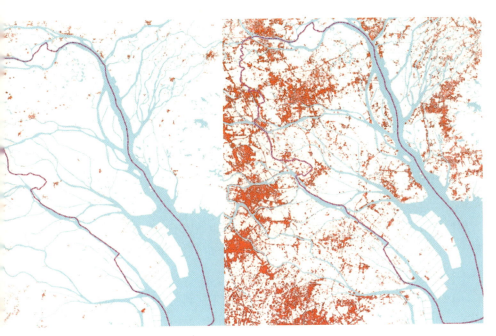

图2-12　1980—1990年番禺建设用地分布示意图（图中红色为建设用地）

图片来源：作者自绘。

花园、江南新村、祈福新村等居住区，洛溪新城住宅区逐渐走向成熟，但是
公共服务设施的配套则大大落后于土地开发。

　　这时期的企业以劳动密集型企业为主，总体规模较小，单位土地产值
低，无序蔓延导致土地利用效率低下。2000年5936家工业企业中，规模以
下（年产值小于500万元）企业有4971家，占总数的83.7%，而产值仅占
22.0%。但是工业用地规模明显偏大，1995—2000年工业用地的扩展速度竟
然也高达105%（见表2-3、表2-4）。

■　表2-3　1995—2000年番禺各类城市用地扩展速度（不包括南沙区）

单位：%

居住用地	其中：1.城镇居住用地	2.农村居住用地	工业用地	交通用地
65	231	22	105	46

资料来源：张志强《基于制度影响的大都市郊县城市空间演变研究》，中国建筑工业出版社，2012。

■ 表2-4 番禺建设用地总面积（不包括南沙区）

单位：平方公里，%

年份	1988	1995	1999	2003	2008
城镇建设用地面积	55.26	98.98	134.59	200.67	255.59
西北部地区建设用地面积	7.53	17.18	24.39	39.15	49.41
年均增长率		18.3	10.9	14.6	5.2

资料来源：张志强《基于制度影响的大都市郊县城市空间演变研究》。

　　番禺作为由广州市代管的县级市，虽然番禺市政府在土地审批和财政上都拥有一定自主权，但是招商引资的主体仍然是各镇，甚至各行政村。这种发展模式极大地激发了地方的发展动力，但是也造成了城市发展决策权的分散，使得工业用地分布向着阻力最小的地方发展，形成了自下而上工业化地区"村村点火，户户冒烟"的典型景观。

　　1999年开始，番禺市政府开始反思以往的土地利用模式，谋划将村及村以下企业向镇区集中，以镇为单位建立工业园区。但到2000年，番禺各镇上报的150个工业园区，大多数仍然以村为主体。

　　（3）房地产"大盘"开发

　　20世纪90年代后期，番禺房地产开发进入"大盘"时代，"华南板块"开始崛起。"大盘"是指开发面积较大的开发项目，一般是指占地50公顷以上，大的占地甚至超过四平方公里；而"板块"实指较多房地产"大盘"开发项目在一定的地理范围内扎堆开发所组成的"块状片区"见图2-13。

　　20世纪90年代初，祁福新村（1991年）和丽江花园（1992年）的开盘，并未立即引起地产界的广泛关注。但随着1998年广地花园的开盘，番禺"撤市设区"的酝酿，华南快速干线的建成，以及2000年的《广州总体发展战略规划》"东进、西联、南拓、北优"八字方针，致使这片介于广州和原番禺市北部之间的未开发区域，迅速为市场嗅觉敏锐的房地产开发商相中，两万多亩地一下子瓜分完毕，"华南板块"开始崛起。

　　番禺市西北部的"大盘"房地产模式有其形成的时代背景：首先是20世纪90年代末广州中心城区人口增长迅速，居住功能大量外溢。番禺西北部地区环境较好，与广州之间的交通联系得到改善。其次是90年代末期，广州市行政区划调整在即，由于担心原属市的一级财政管理权可能会因"撤市改

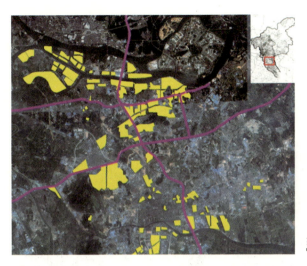

图2-13 番禺西北部地区大盘的分布

区"而"上收",番禺市政府利用政策尚未明确的时机,通过协议方式将番禺北部地区大量城市建设用地,以极低的价格"突击"转让给开发商,在短时间内为县级市财政争得了巨额土地出让收益。

番禺市用于房地产开发的大规模出让土地主要通过两种方式获得指标:第一,广东省是全国建设用地指标统筹市场试点,可到省内经济相对落后地区如湛江、云浮等地,通过支付荒地开垦费等方式购买建设用地指标。因此,番禺本来准备作为产业用地的这些指标基本全数集中投放在北部地区,转为房地产开发用地。第二,通过省国土厅以建设经济适用房名义,直接向国土资源部申请划拨用地指标,虽然实际开发的并不是经济适用房。

因此,原番禺市政府"处心积虑"储备的建设用地,本想为产业发展腾挪更多空间,但在行政区划"突然"即将变更的情形下,为争取自身利益最大化而主导的"突击"卖地,可以说是一种"情绪化反抗"。广州市政府无法预计和及时控制这种"透支"卖地的局面,反映了在行政区划调整过渡期间,县级市政府与广州市政府之间的利益博弈关系。这是"华南板块"得以快速浮现的真正原因。

1998年华南快速干线与迎宾路的开通,掀起了沿线房地产开发的热潮,这股热潮一直持续到2003年左右,开启了华南新城、华南碧桂园、星河湾、雅居乐花园、锦绣香江的等楼盘为代表的"大盘"时代。

图2-14 华南板块某一大型楼盘实景

（三）2000年后，纳入广州战略拓展区

2000年行政区划调整，番禺撤市改区。广州在城市发展战略"东进、西联、南拓、北优"指导下，番禺不再是以往相对独立的发展主体，必须承担广州城市空间"南拓"战略的责任。作为广州市"多中心网络型"城市结构的一部分，广州市政府在番禺的东部地区建设轨道交通四号线、南沙港快线、广珠高速东线等客货运交通干线，布局了广州大学城、广州新城、南沙深水港区等功能组团，成为安排新兴产业和港口工业用地的广州城市"南拓轴"的一部分。

同时为保证不再重蹈番禺北部地区华南板块"市—区"博弈的覆辙，广州市政府通过了《番禺片区规划》，将原番禺分割为由市政府主导开发的城市"重点发展区"和由区政府主导的"调整完善区""农业产业区"。将新南拓轴上的广州大学城、广州新城、南沙经济技术开发区、龙穴岛深水港区全部土地划为"重点发展区"，作为战略性空间资源置于市政府的直接管制之下。

2003年广州大学城于小谷围岛开始动工建设，开启了广州城市南拓的序幕。随后，广州南站、亚运城、南沙港区等也开始选址建设。番禺区的空间结构呈现了多元拼贴的格局，既有农村社区工业化发展留下的半城半乡格局，也有大型房地产开发带来的大型居住区，还有广州大型项目的布局。

1. 城市功能嵌入

（1）转向后工业化时代

2000—2004年，番禺的GDP增速明显放缓，但还维持在11%—14%的水平。值得一提的是，仅2004年一年，得益于大学城的开工建设，GDP的增速就达到了20.9%。2005—2010年，番禺GDP增长再一次提速。在一产比例缓慢下降的同时，工业的增速慢于GDP的增速，在撤市设区初期，由于城市功能的调整，番禺区的工业总产值增长率只有7%。

2000—2004年，工业增加值占GDP的比重基本维持在46%左右，番禺的工业进入调整阶段，产业结构呈现出"二三一"的形态。2005年南沙设区后，番禺工业占GDP的比重在持续下降。2007年，番禺的三产结构由原来的"二三一"转变为"三二一"，2010年工业比重降至35%，表明工业不再是

图2-15 2010年番禺各镇街GDP分布

推动经济快速发展的引擎，这一结构性转变预示着行政区划调整加快了番禺进入后工业化时代的步伐（见图2-16、图2-17）。

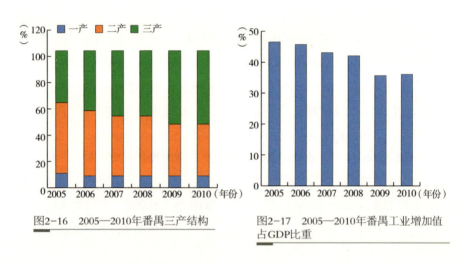

图2-16　2005—2010年番禺三产结构　　　图2-17　2005—2010年番禺工业增加值占GDP比重

（2）大型项目带动城市发展

2000年以后，番禺区的固定资产投资额快速增长，尤其是2002—2003年间，房地产的建设，使得番禺的固定资产投资额基本翻了一番。在2005行政区划调整前，大型项目投资拉动的社会固定资产投资对番禺经济发展贡献很高，成为这时期拉动番禺经济增长的首要动力。2005年南沙区从番禺分离出去后，2006年番禺的社会固定资产投资掉进了谷底，此后缓慢回升，固定资产投资再次保持快速增长的态势，依然是番禺经济增长的主要动力（见表2-5、图2-18）。

■ 表2-5　番禺大型项目目录

项目名称	规划面积（公顷）	投资（亿元）	定位	备注
万博中心	58	420	面向国际的南中国总部经济和IT产业基地	二期
大学城	9500		广州未来"信息港"和华南地区的"智力中心"	二期

■ 续表

项目名称	规划面积 （公顷）	投资 （亿元）	定位	备注
广州南站	244		全国四大铁路客运中心之一	
亚运城	270	41		
广州大型装备 产业基地	4500			
广汽集团汽车研发 生产基地	390	38.5	发展广州自主品牌汽车和先进汽车 配件产业	
广州国家生物产业 基地番禺园区	217	16.8 首期	广州市重要医药产业基地	
数字家庭产业园	280			
番禺星力动漫游戏 产业园	19	5	国家网络游戏动漫产业发展基地广 州基地的一个重要园区	
广日工业园	28			
清华科技园广州 创新基地	85			
番禺新城商贸区	1470		广州现代服务业平台	
广州国际商品展贸城	320	145	"永不落幕的交易会"	
广州南站商贸区				
市桥居住、商贸 服务中心			广州南部重要的综合性服务中心、 商品流通中心、文化教育 中心和交通枢纽	
莲花大桥		30		

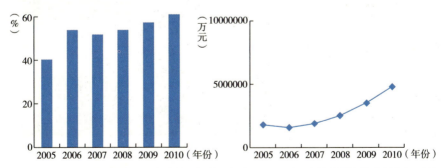

图2-18　2005—2010年番禺社会消费品零售总额占GDP比重及全社会固定资产投资额（按项目所在地分）规模演变

（3）进入消费型社会

撤市设区后，番禺城市职能发生重大变化的另一个反映是社会消费的快速增长。2000年以来，社会消费品零售总额增长快速，前期增速基本与GDP增速持平，而在2003—2004年间其增速突然加快，达到82.6%。

2005年的行政区划调整使得番禺的产业结构从"二三一"转变为"三二一"后，这一结构性的转变也带来了社会的转型，表明番禺逐渐从传统的生产型社会过渡到消费型社会。2005—2010年间，番禺社会消费品零售总额持续快速增长，其中2010年增长率高达28.5%，社会消费逐渐取代工业生产成为拉动番禺经济增长的主要动力。

2. 功能组团分治

（1）多元拼贴的城市空间

番禺整体上仍然保留了以沙湾水道为界的南北差异，沙湾水道以北的城市化水平高，空间上体现为集中连片密集式的城镇建设区。沙湾水道以南的城市化水平较低，仍然保持以城镇为中心的"中心放射式"空间结构。

2000年后，大型项目尤其是城市大型基础设施的落地带来了"自上而下"的城市化模式，丰富了番禺的城镇化动力。番禺既保留着村镇主导的"自下而上"的城市化模式，也有城市政府主导的"自上而下"模式，整体上呈现出建设用地迅速增加、功能组团嵌入以及基础设施全面开花的局面。

（2）新城市职能嵌入

2000年番禺成为广州市辖区后，大量大型交通基础设施的建设首先

图2-19 蔓延式发展空间格局

说明：图中为东环街番禺大道两侧实景

图2-20 嵌入式发展空间格局

说明：图中为广州南站地区实景

图2-21 组团式发展空间格局

说明：图中为石楼镇广州新城地区实景。

为城市空间发展搭建了骨架。纵贯南北的京珠高速、南沙快速、新光快速、东新高速，贯穿东西的珠三角环城高速南环段、广明高速路，这6条交通大动脉成为番禺融入广州、融入珠三角、融入国家发展的重要基础设施。在铁路建设上，广州南站有3条城际铁路、5条高铁线以及地铁2号线交会。现有地铁2号线接广州南站，地铁3号线接番禺市桥，地铁4号线从大学城到南沙。

以重大交通设施为基础的城市骨架的搭建，引导了广州城市功能在番禺的布局。此时，广州城市的拓展以大型项目的形式自上而下地"嵌入"到番禺内部，其中最为重要的功能节点是大学城、亚运城、广州南站。以此带动周边地区的发展，最终形成番禺结构的新版图。

（3）行政区划再调整

广州市在"撤市设区"时曾提出过构建"两级政府、三级管理"的设想，承诺在三年过渡期内各区基本保留原有的管理权限。由于广州城市战略

图2-22　番禺远景城市空间结构

资料来源：《番禺区城乡总体规划（2010~2020年）》。

南拓的大量市级财政项目都落在番禺境内——大学城、南沙新港区、亚运村等，亟须统筹，广州市政府没等够三年，就将原番禺市的审批权（如土地审批、项目审批）、决策权、财政权等上收了。更因为华南板块的历史原因，对番禺建设用地审批实行特别严格的控制。在组织架构方面，市政府对区政府的部分职能部门还实行了垂直管理。[①]

2005年，广州再次进行了行政区划调整后，实际上从行政区划上肯定了2000年广州战略规划实施后所形成的城市空间结构。这一次广州区划调整与2000年番禺、花都"撤市改区"，扩大市级行政区域的不同之处是，这次行政区划调整更像是内部盘点，目的是对处于不同发展时期和阶段的城市地区进行分类指导和管理，以便各行政区政府可以有所侧重，各司其职。2012年，把沙湾水道以南三镇划入南沙。南沙切块设区后，番禺全区土地总面积从1313.8平方公里减少为529.94平方公里，番禺彻底成为广州都会区[②]的一部分。

（四）番禺城市化的动力机制

1. 制度变迁与全球产业转移的耦合作用

从番禺的城市化历程来看，制度变迁下的改革开放及全球产业向亚太地区转移是番禺早期城市化的主要动力。

番禺利用改革开放，引进外资的机会，以富裕的空间资源、低廉的人力成本和民间密切的海外联系，承接了香港劳动密集型产业，发展起了外向型经济。同时，由于户籍制度将农村富余劳动力锁定在农村，加上政府鼓励乡镇企业发展的政策，几者相结合，番禺走上了外向型的农村社区工业化的道路，这种发展模式最终导致了建设用地的蔓延与空间景观的破碎化；1984年户籍制度改革，允许农村人口通过办理自理口粮的方式进入城镇从事服务业和工业，加上政府对乡镇企业的鼓励，小城镇因此得以进一步发展壮大。

1992年之后，番禺撤县设市，路桥的建设初步打通了番禺与周边地区的联系，加上行政自主权的扩大，为番禺迎接新一轮的国际产业转移打下坚实

---

① 李开宇等：《从区的视角对"撤市设区"的绩效研究——以广州市番禺区为例》，《人文地理》2007年第4期。

② 详见《广州市城市发展总体规划（2011~2020）》中划定的广州都会区范围。

的基础。番禺走上了新一轮快速的工业化与城市化道路。

制度变迁下，乡镇企业发展与全球产业转移的耦合作用，是番禺2000年撤市设县之前城市化的主要动力。

2. 广州的扩张带来自上而下的动力

2000年以后，在珠三角区域一体化[①]与广州城市区域化[②]的进程下，番禺撤市设区，融入了广州大都市体系之中。番禺传统的自下而上的发展模式转变为自上而下的统筹于广州整体框架之内的发展模式。

番禺与广州之间各阶段关系的演变对番禺城市化具有深刻影响。1978—1992年，番禺县时期，从职能上看，番禺县是广州郊区的农业县，主要以发展农业为主，以农副产品支持广州的发展，同时也是广州工业品的销售地，但农村工业化使得以发展农业为主的职能出现了偏离。这个时期，广州与番禺尽管城市级别不同，但是两个相对独立发展的主体。

在番禺市时期，番禺市属于县级市，尽管由广东省政府委托广州市代管，但番禺依然有独立的财权和行政审批权等，这个时期番禺和广州之间依然是较为独立的两个发展主体，但是，广州市中心区的居住功能外拓开始影响着番禺城市化的进程，其中华南板块的开发形成了番禺首创的房地产"大盘模式"。与此同时，番禺也主动寻求与广州市的衔接，主要体现在路桥修建等基础设施对接的愿望非常强烈。

进入2000年后，由于广州希望拉开城市结构，疏散旧城，广州在市域范围内进行了行政区划调整，番禺和花都由原来的县级市变为广州的市辖区（见图2-23）。为了平稳过渡，广州市承诺给予番禺3年的过渡时期，允许番禺在2000—2003年间保有设区之前的一切权限。2003年，未待3年期满，广州市政府即收回了番禺的部分权限，开始在番禺着力部署项目，以实现广州城市的南拓策略，2003年的大学城建设就是例证。2005年，广州又进行了行政区划调整，在原番禺区范围内又划出了南沙区，南沙区承担起了广州的港口和重工业功能。2012年，沙湾水道以南三镇又划归南沙，随着一系列重大项目的选址，番禺（指沙湾水道以北）彻底成为广州市区的一部分，由此番禺

---

① 林耿、许学强：《大珠三角区域经济一体化研究》，《经济地理》2005年第5期。

② 仝德、刘涛、李贵才：《外生拉动的城市化困境及出路——以珠江三角洲地区为例》，《城市发展研究》2013年第6期。

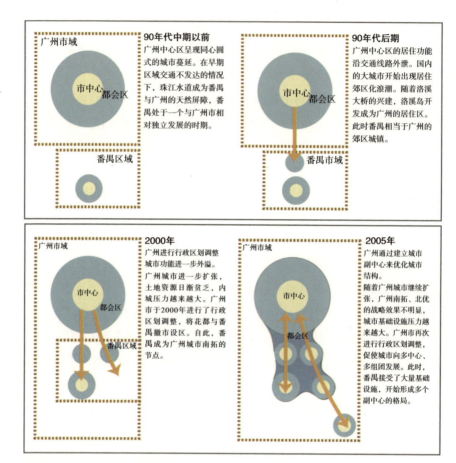

图2-23　广州空间拓展下的番禺

的都市化进程起步。番禺实现了由广州郊区转变为广州市区的一部分，也实现了从乡村文明走向了城市文明。

改革开放初期在短缺经济背景下，珠三角地区将人民公社时期的副业①发展壮大，走上了农村社区工业化道路，这是沿海的苏南、浙南、闽南和岭南在改革开放初期共有的特征，之后由于地区的差异，农村社区工业化地区的具体模式也出现了分异，如南海以民营经济为主导，顺德以改制后的镇级企业为主导，番禺则以三资企业为主导，但它们的发展动力都是来

---

① 副业指农村中农业以外的产业，在1978年之前亦被称为"社队经济"，即1978年后乡镇企业的前称。

自村镇一级。

　　1984年之后，番禺利用毗邻香港的地区优势，外资大举进入。由于20世纪八九十年代的外资企业具有规模小和劳动密集型特征，由于劳动力和土地成本承担能力比较小，外资更倾向于与乡镇企业结合，以减少交易成本[①]，地区的发展模式演变为乡镇企业加外资的出口导向型。

　　进入2000年后，中国大都市区的发展普遍都经历了由中心极化到功能外拓时期，番禺的区位决定了其必然成为广州功能外拓的主要承接地，早在20世纪90年代，广州居住外溢至番禺西北部的大石镇时，已说明市场早已"预知"番禺未来必然成为广州功能外拓的主要场所。所以，以广州功能南拓为内因，以行政区划调整为手段的自上而下型城市化成为番禺发展的主要动力。大量广州市层面的大型项目先后被植入番禺，是这个阶段番禺经济和空间的主要特征，总而言之，快速城市化把番禺由农村文明带进了工业文明，又过渡到了城市文明。

二　快速城市化的冲击

（一）经济发展尚在转型

1. 工业发展难以为继

　　2000年6月，国务院批准番禺和花都"撤市改区"，随着这一行政区划的变化。广州以"山、城、田、海"的自然格局为基础，提出"北优、南拓、东进、西联"的空间发展战略，沿珠江水系发展的多中心组团式网络型城市结构，并确定南部、东部为都会区发展的主要方向。

　　"南拓"战略凝聚了未来大量基于知识经济和信息社会发展的新兴产业，从天河区的奥体中心到海珠区的会展中心、生物岛，再到番禺的广州大学城、广州新城、南沙新区等功能组团构成了"南拓轴"（见图2-24）。

　　2005年设立南沙区后，2007年编制的《广州2020：城市总体发展战略》再将市域划分为七个分区：主中心分区、花都分区、番禺分区、东部分区、南沙分区、从化分区、增城分区。番禺区定位为"具有区域物流、

---

① 交易成本指除了生产成本外的一切成本。

图2-24 2010年番禺工业用地分布

图例
- 其他用地
- M1
- M1/C2
- M1/R3
- M2
- M2/C2
- M2/R3
- M3
- W1
- W2
- W3

商贸、生活服务、工业制造等多种职能，承接中心城区人口疏解的市级综合性服务中心"。

另外，撤县设区后，番禺的管理体制也发生了很大的改变。其财政、税收、行政审批、空间发展权等权限被广州市政府上收，部分职能部门被广州垂直管理，作为广州市城市南拓的重点区域，建设用地指标向广州市级的大型项目倾斜。

番禺已经难以延续以往的大规模发展工业的思路。番禺支柱产业目前仍集中在电气机械、通用设备、金属制品、电子设备、皮革、橡胶等传统制造业，但通过区位商比较发现，支柱产业中的电子设备、化工、交通设备等产业在广州市和广东省并不占优势地位。这表明目前番禺的工业规模总量上与周边的佛山顺德、南海等地区差距逐渐拉大的同时，支柱产业仍呈现低端锁定状态（见图2-25）。

20世纪八九十年代，番禺工业园区数量最多的时候有150多个，由"区—镇街—行政村"三级主体各自开发。2010年，石碁镇、石楼镇、东涌

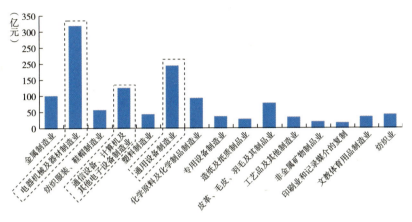

图2-25　2010年番禺制造业内部结构

镇、钟村镇、南村镇、大岗镇、沙湾镇、榄核镇8个镇街的工业仓储用地规模达5341.94公顷，占全区工业仓储用地的90.6%，全区31个工业集聚区中27个工业园区集中于这8个镇街。

工业生产总值在2000年行政区划调整后，出现一次低谷，增长率只有7%。2000—2004年间，工业增加值占GDP的比重维持在46%左右，工业进入巩固和调整阶段。2007年，番禺三产结构发生结构性的改变，呈现出"三二一"的结构，尽管工业依然保持较快的增长速度，但工业的占比呈现逐年下降的态势，2010年工业比重已下降至35%，表明工业不再是推动经济快速发展的引擎。

番禺在经历了工业用地和房地产用地快速增长后，政府开始对原有的粗放而无序的土地利用方式进行反思与调控，主要表现为对存量建设用地控制和增量建设用地的安排两方面。在存量建设用地方面，政府一方面对工业用地实施工业进园政策，促进工业用地集聚发展，另一方面是上缴建设用地出让审批权，改变以往以村镇为主体的建设用地出让方式。政府行政力量的介入在一定程度上推进了工业用地的集聚发展和房地产项目的有序与合理开发。

2. 第三产业发展滞后

作为广州城市功能区的一部分，番禺产业发展逐渐转向第三产业。但是目前番禺的第三产业发展水平与广州老八区相比，存在一定差距。尽管撤市

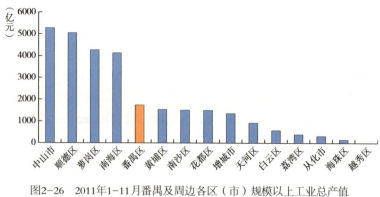

图2-26　2011年1-11月番禺及周边各区（市）规模以上工业总产值

改区以来，番禺的产业结构出现了深度的调整，经济发展呈现了投资及消费拉动的特征，但是生产性服务业由于邻近广州而受到抑制，同时，本地生活性服务业发展不足，导致大量居民消费流回到广州老城区。

据2007统计数据，广州市区人均GDP达9986美元，而番禺区的人均GDP为8686美元。三大产业结构，广州市区为1.58：37.97：60.45，番禺区为5.51：47.57：46.92。《广州总规划纲要》定位番禺北部地区为"发展总部经济为主的现代服务业"，番禺区在未来发展要进一步缩小与主城区的差距，就要调整产业结构，提高第三产业的比重，特别是提高服务业的发展水平（见图2-27）。

固定资产投资成为推动番禺经济发展的首要动力。2000—2004年，社会固定资产投资额增长较快，尤其是2002—2003年间，固定资产投资额基

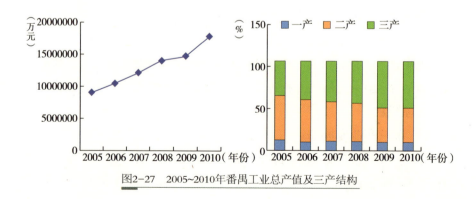

图2-27　2005~2010年番禺工业总产值及三产结构

本翻了一番，固定投资额占GDP的比重不断快速增长。社会固定资产投资相对于2005年前的大起大落，2005年行政区划调整后明显平缓下来，但依然保持快速增长。自2005年回落后，2007—2010年保持着持续增长的态势，这段时期固定投资依然是拉动番禺经济发展的主要动力。

社会消费对GDP的拉动作用逐步显现。2000—2004年，社会消费品零售总额增长与GDP增速相近，表明这段时期内消费对拉动GDP增长的作用逐步显现。2005—2010年间，番禺区社会消费品零售总额快速增长，2010年增长率高达28.5%，社会消费品零售总额占GDP的比重较2005年前有大幅度的上升，表明社会消费开始成为拉动番禺经济发展的主要动力（见图2-28）。

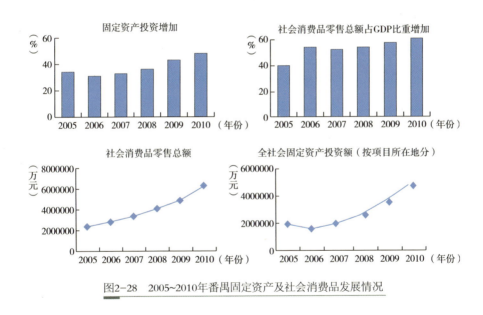

图2-28　2005~2010年番禺固定资产及社会消费品发展情况

目前番禺区的公共设施、居民服务和文化、体育和娱乐业等公益性服务设施的人均用地面积都远低于旧城区，金融和商务服务业也发展落后。番禺第三产业发展速度较快。第三产业增加值虽然超过第二产业，但是传统产业多，重点不突出，产业发展前瞻性不强，现代物流、金融、信息技术等现代服务业还处在初步发展阶段。此外，文化、教育、卫生等事业还有待进一步发展。

服务业仍然是以从事批发零售业、交通运输仓储和邮政业、居民服务等传统服务业为主。由于工业缺乏规模和聚集效应，对生产性服务业的带动效应较差，金融、保险、信息等现代服务业发展受限。工业类型层次偏低，现代服务业发展受限，直接表现为番禺区地均GDP偏低，2007年番禺区地均GDP为2.32亿元/平方公里，仅为天河区（12.35亿元/平方公里）的1/6，约为海珠区（6.68亿元/平方公里）的1/3，严重制约了土地节约集约利用水平和效益提升。

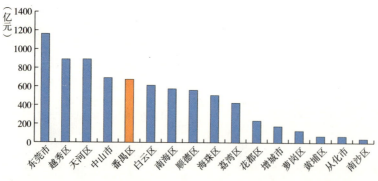

图2-29　2011年1-11月番禺与周边各区（市）社会消费品零售总额比较

3. 过度依赖房地产业

房地产业的蓬勃发展是20世纪90年代以来番禺经济的特点之一。从2011年按行业分的社会固定资产投资在三大产业中的分布可以看出，接近80%的固定资产投资投放于第三产业，而按性质划分的固定资产投资中，42.60%投放于房地产业，说明番禺房地产业仍在蓬勃发展。在巨大的刚需和发展惯性下，番禺的大型楼盘仍在繁荣（见图2-30）。

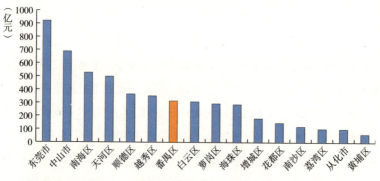

图2-30　2011年1-11月番禺与周边各区（市）固定资产投资额比较

　　番禺房地产业的发展有着深刻的历史渊源。"华南板块"的开发源于20世纪80年代珠江三角洲大规模工业化开始启动，城市之间的发展竞争激烈，政府要加快经济建设，急需大量资金改善基础设施，通过推进城市化获得土地财政改善基础设施，以支持招商财政就成为大都市周边地区发展的共同选择。

　　20世纪八九十年代的番禺县政府及番禺市政府为争取资金建设路桥，打通与广州的陆上联系，就采用了"以土地换资金，用空间换发展"的模式，在紧邻广州市区的洛溪岛和南浦岛启动了面向广州市民的"洛溪新城""丽江花园"等楼盘开发，再加上主要面对香港客户群的祈福新村等，构成了番禺北部地区早期的房地产开发格局。促使"华南板块"真正涌现的是2000年前后数年内。番禺北部地区"华南板块"之所以短期内快速浮现，与番禺"撤市设区"以及广州的"南拓"方案有着重要的联系。

　　总之，撤市改区以来，番禺的经济发展方式发生了巨大的改变。原自下而上工业化的道路由于与城市功能定位相悖而走不通，而第三产业的发展由于缺乏第二产业规模带动而滞后；由于城市传统的缺失而导致产业发展基础不深厚；高端的生产性服务业受到广州老城区的虹吸，还未真正形成城市经济形态；在传统的发展惯性下房地产业作为支柱性产业发展的模式仍在继续。番禺正处于撤市设区以来经济发展的迷茫期（见图2-31、图2-32）。

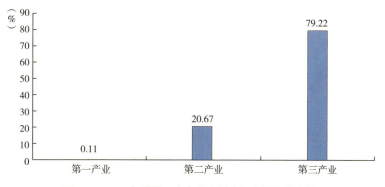

图2-31　2011年番禺三大产业中固定资产投资的比例

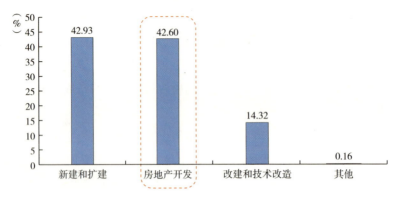

图2-32　2011年番禺固定资产投资中房地产占比

（二）社会发展的失序

1. 外来务工人员大量涌入

2009年，番禺的常住人口184.85万人，其中外来人口84.92万人，占据番禺总人口近半的规模，另据相关报道，2012年，番禺区实际居住的人口已经达到300万人，[①]而根据《广州市统计年鉴（2011）》，2010年广州各区的外来人口数量中，番禺占全广州外来人口的17.19%，仅排在白云区之后（见图2-33）。

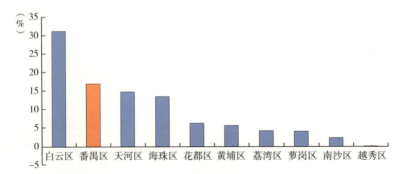

图2-33　2010年番禺外来人口数量排在广州各区第二位

---

① 《今后番禺容纳人口将达500万》，《广州日报》2012年3月26日，A2版，http://gzdaily. dayoo.com/html/2012-03-26/content_1654051.htm。

　　1992年番禺撤县改市时户籍人口80.34万人，1995—1999年外来人口基本稳定在30万人的水平；2000—2003年，也就是番禺撤市设区后的三年过渡期中，外来人口规模从原来的30万人左右迅速增长至68.3万人，约增长141.8%；2004—2009年，得益于重大基础设施拉动，人口集聚速度加快，广州新城、地铁三号、大学城及周边地区、广州铁路新客站周边地区等市级重大建设项目建设产生了巨大的带动效应，加快了人口的空间集聚，外来人口则增长至84.92万人，在2000—2009年的十年间，外来人口增长了2.83倍，年均增长18.31%。而外来人口在空间分布非常不均匀，主要集聚于工业城镇和大型房地产项目开发的镇街，如石碁镇、南村镇、大石街、钟村镇等（见表2-6）。

■　表2-6　2009年番禺各镇街人口分布

单位：万人

镇（街）	户籍人口	暂住人口	本年合计
市桥街	14.39	5.49	19.88
沙头街	2.01	4.51	6.52
东环街	1.65	4.36	6.01
桥南街	2.88	2.29	5.17
小谷围街	8.95	0.59	9.54
大石街	5.39	6.78	12.17
洛浦街	6.16	4.06	10.22
南村镇	5.57	6.47	12.04
新造镇	1.48	0.79	2.27
化龙镇	3.21	2.16	5.37
石楼镇	6.64	4.1	10.74
东涌镇	7.38	6.79	14.17
大岗镇	7.97	4.24	12.21
榄核镇	5.17	3.4	8.57
沙湾镇	5.24	3.85	9.09
钟村镇	6.45	5.93	12.38
石碁镇	9.39	19.11	28.5
全区合计	99.93	84.92	184.85

根据相关研究，番禺外来人口主要是因务工而引起的暂住。外来人口暂住事由分为务工、服务、经商等12类，[①]其中"暂住事由"中从事"务工"外来人口规模最大，也是最有可能居住番禺时间超过6个月的外来人群，持其他各类暂住事由的外来人口一般逗留番禺的时间会少于6个月。截至2009年6月，番禺外来人口中以务工为暂住事由的87.41万，占外来人口总规模的82.94%。可见，番禺的绝大多数外来人口都是务工人员（见图2-34）。

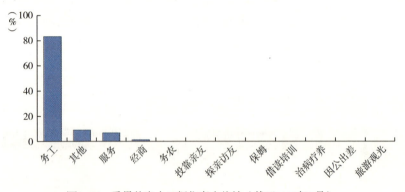

图2-34　番禺外来人口暂住事由统计（截至2009年7月）

各镇街外来人口的素质结构不一致。将番禺2008年外来人口学历结构分为大学及以上、高中（中专及中技）和初中及以下三类，初中及以下学历外来人口是绝对主体，占街镇总人口比例的66%—91%；大学及以上外来人口所占比例较低，只有小谷围和洛浦街大学及大学以上学历外来人口占外来人口总规模比例超过9%，说明番禺外来人口素质总体不高，制约了番禺整体的创新能力及地区的转型升级（见图2-35）。

2. 广州市民的迁入及其困境

华南板块的发展源于广州市民的居住郊区化，其居民基本上是中产阶级。自2000年以来新移民大量涌入，到2010年，华南板块各小区入住居民总人数大约在40万[②]。华南板块的业主70%以上属于年轻白领，环境优美、房

---

① 详见《广州市番禺区城乡总体规划（2010~2020）》专题研究之三《番禺区城市人口与用地规模研究》。

② 2010年4月14日搜房网相关报道，http://yajulehuayuangz.soufun.com/bbs/2811025013~-1~528/66244417_66244417.htm。

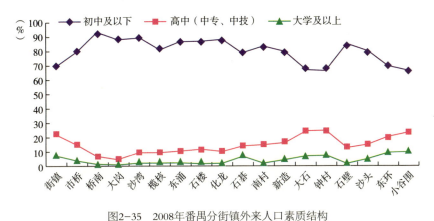

图2-35　2008年番禺分街镇外来人口素质结构

价相对广州市区较低是其置业番禺的两大主要原因。

另据报纸媒体对华南板块居民的调查，[1]通过连续一周多对华南板块业主的广泛调查，对近600份有效回复的梳理统计，结果表明：在华南板块入住的业主中，主要由两大人群组成，一是占25%的中年二次置业者，二是占70%的青年一次置业者，还有约占5%的极少数本土市民二次置业。近年来青年一次置业者增加的比例明显提速，尤其是外省来广州发展并定居的新业主增加较快。调查中，二次置业的业主比一次性置业的年轻业主信心指数要高出几乎一半，表明这部分业主对广州和番禺的认同度更强。

中产阶级的迁入对番禺公共设施和消费空间产生了巨大的需求，但是，由于华南板块地区的公共设施建设相对滞后，并不能留住区域消费力。据相关研究[2]，华南板块居民认为存在的最主要的问题：一是缺乏城市级服务设施，二是缺少公园及游憩场所，三是缺乏就业岗位，四是体育设施不完善，五是路网不畅，六是城乡发展不协调。从华南板块居民所购买服务的来源地来看，购买大宗商品、文化艺术活动、看病等在广州购买服务的人数达到总人数的45%以上，即使一般娱乐休闲在广州的购买也达到了35%。说明，华南板块的公共服务严重不足（见图2-36）。

① 根据网易相关专题报道《番禺新移民之困调查篇：为什么选择番禺？》整理。
② 详见袁奇峰、魏成《从"大盘"到"新城"——广州"华南板块"重构》，《城市与区域规划研究》2011年第2期。

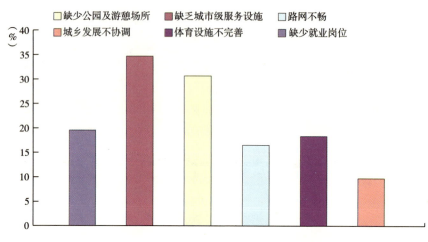

图2-36　华南板块居民认为存在的主要问题

资料来源：袁奇峰、魏成《从"大盘"到"新城"——广州城市发展战略视野下的"华南板块"重构》，2010年中国城市规划年会论文集。

市民居住于番禺却不在番禺消费的原因是：广州市区设施水平较高、覆盖密度较大，对华南板块居民有较大的吸引力；但更主要原因还是华南板块崛起于一片农田之间，开放之初没有城市规划指导和管理，公共财政投入不足造成公共设施的配给不足。也正因为如此，华南板块房地产开发多采取了"大盘"形式，由开发商"办社会"，将许多准公共服务设施内部化。但是由于开发商追求经济效益最大化的本性，建设了大量高价的经营性服务设施。又由于政府对配套的公共服务设施建设的监督和约束力不高，开发商延迟公共服务设施项目建设，诱发了一系列业主和开发商之间的矛盾并酿成了公共事件。

3．原番禺人的城市化之困

（1）租赁经济下食利阶层转型阵痛

番禺在20世纪八九十年代快速工业化下，本地许多农村社区变成了城市社区或者城中村，部分居民身份也由农民变成了城市居民，这种转变往往是伴随着农村的转型而发生的。本地农民利用土地区位价值显化和公共基础设施建设带来地租水平上升的机会，通过村集体组织出租土地和自家出租住房分享了城市化红利，从而形成了农村的租赁经济。本地村民长期依靠租赁经济生活，被学界形象地称为"食利阶层"。

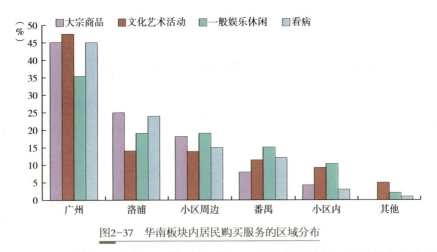

图2-37 华南板块内居民购买服务的区域分布

资料来源：袁奇峰、魏成《从"大盘"到"新城"——广州城市发展战略视野下的"华南板块"重构》，2010年中国城市规划年会论文集。

　　租赁经济的发展得益于外来投资，但其负外部性非常强，抗风险的能力较弱。2009年以来国际金融危机及人民币升值，促使番禺大量劳动密集型产业转移，以寻找低成本区位。工厂的外迁和外来劳动力的减少，使得村民的物业租金和集体分红受到影响，"食利阶层"经济利益开始受到极大冲击。"食利阶层"在竞争激烈、科技迅猛发展的时代面前，已逐渐丧失了参与现代经济的竞争能力，源源不断的租金收入也消磨了其创业激情和就业意识，在思想认识和精神领域，他们同样距离现代社会的公民要求甚远。

　　2000年后，由于土地批租权力上收，广州市政府收紧了工业用地的批租，加上多年来蔓延式的发展导致空间资源面临紧约束，番禺农村普遍面临粗放式物业经济发展的停滞乃至退步。其结果之一是近年番禺农民的人均收入水平与城市居民的年均工资水平的差距在逐步拉大。这似乎成为番禺转型当中的最大难题之一。

　　租赁经济已经成为当地村民的基本谋生方式，"没有什么比寻租更保险、更舒适的谋利渠道了，要把农民从寻租方式中转入劳动状态并不容易"。其实，除了出租房子，也有部分得到了"第一桶金"的番禺村民，进入实业发展，最初是从事生活服务业，比如开发廊、开饮食店。直至20世纪90年代，他们开始进入酒店业和房地产业。随着经济与社会的深入转型，对

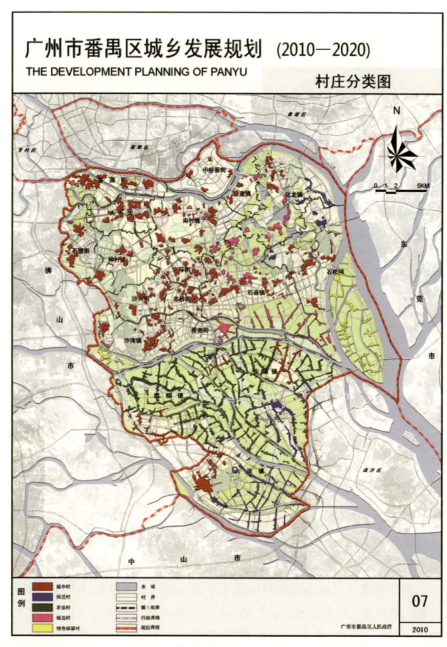

图2-38　番禺村庄分类（2010年）

于村民来说，快速农村工业化带来的"红利"将东风不再，迎来的也许就是"青壮年不分红、不就业者不分红"。

而"三旧"改造中的"两旧"（旧厂、旧村）改造也让村民依靠租金过日子的情况发生着深刻的变化。村民要摆脱租赁经济的路径依赖，需要重新学习现代商业的经验，运用手中的资本开始第二次创业。尤其是番禺的青年一代不应该成为"新食利者"。政府也开始积极地鼓励当地人充分就业，鼓励二次创业。而当地媒体也极力宣传"番禺人新变化，激情不减要工作"。番禺本地人也在努力寻求转型，出租车、保安、环卫、酒店服务业等这些此前本地人很少介入的行业，都开始有了番禺当地人的身影。

在番禺社会经济转型的过程中，原番禺人也需要转型，而人口素质的提升比经济的转型更难，这是租赁经济和"食利阶层"转型必须经历的阵痛。

（2）失地农民的就业和保障

随着快速城市化的推进，重大项目的建设需要征地，导致番禺出现大量失地农民。在市场经济条件下，征地安置就业策略往往失效；失地农民的生产技能很难满足企业的需求，而农民相对于租赁收入较低的劳动密集型产业工资收入也不感兴趣。因此，快速城市化进程往往伴随着一定的隐形失业，这一点在番禺尤为明显。即使政府大量投入资金对其进行就业培训，也往往因被农民的知识水平或传统生活习惯所抵触而半途而废。

由于重大项目的规划建设，2000年后番禺的"农转非"人口有了较为明显的增长。根据相关研究，2004年"农转非"人口达到创纪录的27869人，其中征地人口为15753人，超过过去十多年的总和。[①] 自上而下的城市化进程正日益改变着番禺的城乡人口结构。其结果是番禺村民委员会的数量近年来开始减少（由2004年的305个减少到2005年的247个），而居民委员会则持续增加（由1990年的67个增加到2004年的98个），但人口的素质提升却相对滞后。

对于失地农民而言，"在城市化的进程中，大城市的本地居民往往逃不开两种命运，一是一夜暴富，二是逐渐被边缘化"。前者得益于拆迁补偿或

---

① 根据中山大学课题组的《番禺社会主义新农村发展策略研究》，2007。

是房产升值；而后者意味着，当大型商务区拔地而起，小型服务业的生存空间被挤压时，若本地人无法实现自身能力的跃升，那么，只能被"踢"走。事实上，很多本地居民会选择前者，尤其当一大笔拆迁款入手，或者房价大幅升值时，他们更愿意选择安逸的生活。受区域发展影响，本地居民从房产增值中受益，其实是土地价值显化和基础设施建设带来的地租提升后的租值溢出，从这个角度来讲，番禺本地居民的房产增值与被边缘化是同一个问题的两个方面。

以上问题是番禺农村遇到的较普遍性的问题，但番禺村落众多，村与村之间不仅存在明显的地理差异（如沙田区和明田区），且存在明显的发展水平差异、发展机遇差异和约束条件差异。

4. 不同人群之间的冲突

（1）番禺社会阶层演变

快速城市化下，大量务工人员及市民群体，在人口总量迅速扩张的同时也带来了社会结构的更新。目前，番禺的社会结构和中国总体的社会结构走向相似，即由改革开放之初的刚性结构走向弹性结构，但是由于存在制度障碍和缺乏引导，而出现了刚性减少的同时弹性缺失。

弹性缺失的原因有两大方面：一是自上而下重大项目的空降和市场主导的华南板块的嵌入导致了异质性空间增多，同时却由于异质性斑块之间缺乏融合的通道和机制，导致不同空间上人群的疏离；二是现有的制度障碍，如户籍制度导致城市用工制度及社会福利制度的不公平，引发不同社会阶层之间的隔阂，从而导致了社会弹性缺失。

改革开放初期，番禺的社会结构与其他农业地区一样，也是刚性的。社会结构基本延续改革开放前的模式，社会成员向上的通道基本是静止的，社会成员的地位由先赋性因素决定。目前，随着社会阶层的多样化，社会结构逐步趋向弹性，但由于本地阶层快速的分化和外来阶层的迁入，在缺乏本地认同感的情况下出现了社会冲突，如"官民冲突""警民冲突""本地人与外地人冲突"等，空间上的表现为社会制度制约下的空间使用不公平等，这些问题急需解决。

番禺的社会阶层也正在逐渐趋向丰富。明代中前期番禺阶层构成如下：一是农民（佃农），二是地主和考取功名者组合而成的乡绅阶层，三是官僚阶层，四是小商贩如坐商和行商，五是手工业者，六是生活于江河湖海之中靠水生活的疍民。

明中后期的景泰年间后，随着农业专业化和农业商品化的兴起，社会阶层较前代大为丰富，民田区的农村则分化出了兼业农民，也就是从事桑基鱼塘的部分人口，他们既从事农业生产，也从事纺织和市场交换等活动，所以被称为兼业农民；广州长时间作为全国唯一的对外通商口岸的功能也催生了外贸从业者阶层，他们既有官方的买办阶层也有民间的代理，如行商阶层。此外，还有城市小商业者阶层，这是在中国历史时期"第三次城市发展浪潮"中出现的一个阶层，社会长期的稳定及商业化催生了这个阶层。①

民国时期的城市阶层则更加丰富，原来的地主阶层则分化出了民族资产阶层，官僚阶层分化出了官僚资产阶层，还有引进工业生产方式之后的工人阶层，这些新的阶层是社会多元化的代表。

新中国成立后，阶级斗争使得全国的社会阶层逐渐收缩，社会分化被人为阻止。在计划经济下，产品统购统销，从事商业的阶层消失了；由于长期的闭关锁国，从事外贸及相关事业者也消失了；资产阶级在成为专政对象后也基本消失，流民被人口政策限制于农村，工人阶层则壮大起来，所以，1949—1978年，全国的社会阶层基本可以分为工人阶层、农民阶层、干部阶层和被专政阶层。番禺同样如此，这个时期，社会结构较为僵化，各阶层上升通道有限，阶层之间身份的转换渠道也有限，农民只有通过参军和上大学两条途径可以转化为工人或者干部，"文革"期间，甚至于上大学这一通道也并非固定的，也需要组织的推荐，所以，大量的农业剩余人口长期滞留于农村，农村长期处于社会经济的内卷化状态之中。

改革开放以来，番禺的社会阶层逐渐趋向丰富，社会结构由刚性结构走向弹性结构，但是社会阶层相互转化的渠道依然不够畅通，如农民工阶层在城乡教育、医疗保障缺乏基本平等的情况下，或者基本的教育和医疗设施存在巨大的城乡差异的情况下，农民工和农民阶层的上升通道非常有限，直至1984年，户籍制度才有所松动，农村人口获得了进入城市的制度机会。

① 施坚雅：《中华帝国晚期的城市》，中华书局，2000。中国历史时期的"第三次城市发展浪潮"是指元代大量毁城后，明清时期因社会稳定和经济发展而复建并新建大量城市，推动城市文化的发展。

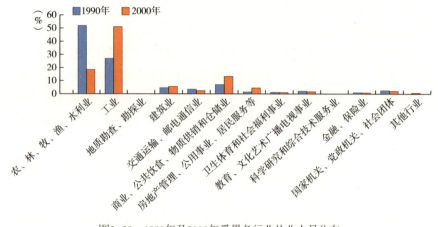

图2-39　1990年及2000年番禺各行业从业人员分布

农民工的代际变化。第一代农民工所受教育水平难以与城市户籍居民相比，他们的上升通道有限，但是第二代、第三代农民工由于长期在城市生活，他们所受教育水平也比第一代农民工高，他们比父辈更加渴望城市生活，但是在户籍制度的制约下，他们融入城市社会的难度较大，在社会要素流动加快的背景下，制度禁锢了社会的流动性，流动性的缺失则导致社会僵化和社会问题的发生。因此，必须构建弹性的社会结构和宽松的社会制度，促进社会各阶层的分化，使番禺的社会结构由三角形走向橄榄形。

（2）不同人群之间的冲突

如前所述，番禺正在经历前所未有的社会更新，但是，番禺各社会阶层从其地域属性来看，主要分为四大主体，分别为原番禺人、居住于工厂和城中村中的外来务工者、大学城的知识群体、大型居住区中的中产阶级等（见图2-40）。这些主体人群融入社会的程度不一，中产阶级和原番禺人由于具有较高的收入水平，或者对本地文化的认同度较高，他们融入社会不成问题，而外来务工者及部分本地农民因为就业层次较低，收入少，受到不公平待遇的机会相对较多，他们缺乏对本地的认同。因此，他们融入社会的难度较大，需要公共部门加强引导。我们称这些阶层为不稳定阶层，他们主要为"产业工人阶层""农业劳动者阶层"及城市发展过程中的失地农民和弱势群体。这些阶层分属于不稳定阶层和"摇摆"阶层，缺乏对本地文化的

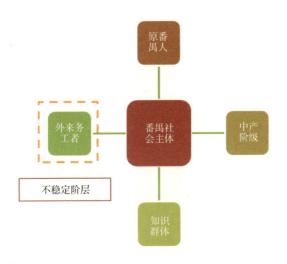

图2-40　番禺主体人群划分

认同，容易受到刺激。外来务工者为这一阶层的主体，主要分布在南村、钟村、石壁等农村社区工业化地区的工厂和城中村。他们更有可能在社会刺激因素的诱导下，如受到不公平待遇而被煽动，从而导致群体性事件的发生。

外来中产阶层及本地中产阶级因为对现状较为满意，属于稳定群体，相对农民工阶层而言，他们的民主渴望、社会事务参与、公共社会需求较高。弱势阶层由于话语权较小，属于"麻木"群体，知识群体中由于大部分是大学城中的大学生，由于尚未参与社会分工，因而也属于麻木群体。外来务工人员和农民等属于不稳定群体和摇摆群体。

番禺近年社会不同阶层的冲突比较频繁，并导致了群体性事件的发生。近年来，番禺的群体性事件涉及的几大主体人群，从类型上看，分别为城市新移民公权意识抗争、外来务工者与本地人的冲突、城市开发与基层社区民主政治的冲突等，这些冲突具有演化为官民冲突、警民冲突、不同区域的文化冲突等趋势。

类型一：新移民公权抗争意识的觉醒

①祈福新村居民反对规划道路穿越大型居住区

祈福新村是早期的郊外大盘，原来规划已经预留好市政道路通道，2005年为配合高速铁路车站建设，政府准备按规划修建市政道路，结果周边居民举行大规模游行示威,抗议政府修路的决定,迫使建设计划暂时搁置。问题是,广州郊区的这些大型居住社区少则几十公顷大则几平方公里,不可能没有市政通道,以往城市道路建设,无论通过旧城还是村庄,都未曾遭遇到这样大的压力。这就迫切需要建立一个制度框架:首先,要推行阳光规划,让老百姓在买房时能够有地方充分了解城市规划信息,避免开发商误导消费者。其次,遇到矛盾要建立包容多方的共同讨论平台——通过专门的"委员会"来协商和决策,对利益受到损害者视责任轻重由政府和开发商给以适当补偿。最后,如果对委员会的裁决还有争议,还可以交由法院裁定。

②丽江花园优惠措施回归成本经营导致业主示威

丽江花园也是广州开发较早的一个郊外大型社区,因此也较早接近销售完成,于是开发商逐渐取消售楼时的许多优惠措施,将各项服务回归到成本经营,结果是每一次调整都会导致业主们上街游行一次,丽江花园似乎已经成为广州民间社区维权运动的学校。楼盘未开发完毕前,发展商为促销还能通过增加新房售价作一些补贴;一旦开发完毕,所有优惠措施都是没有经济根基的,都不可能持续。

③垃圾焚烧厂选址引起抗议

2009年11月,广州市选址番禺区大石街会江村建垃圾焚烧厂,新建垃圾焚烧发电厂的消息传出后,周边10公里范围内的30万居民发起了反对活动。为此,广州市和番禺区两级政府先后召开媒体通报会,反复承诺:广州市政府将依法依规推进焚烧发电项目建设,环评不通过绝不开工;积极推进垃圾分类,减少居民生活垃圾的排放。[①]

祈福新村道路市政化、丽江花园道路拓宽案、大石垃圾场选址案,既是一次次邻避设施之争,更是番禺本地意识的觉醒、动员与崛起。在这些抗争中,捍卫物业价值的门禁社区居民中的中产阶级是主力,但是得到了广泛的地方支持,并实现了广泛的动员。番禺新人群中隐藏着社区建设的巨大原动力,问题是把这股力量引导向积极的社会共治之路还是走向与地方政府的对抗。

---

① 详见《南方日报》2009年11月25日。

类型二：外来务工人员与本地人的冲突

2009年10月30日石碁镇旧水坑村发生了一起外来务工者与本地人的冲突，并随着警方的介入而升级为外来务工人员与警方的冲突，事件导致9辆警车被砸、警察被打和30人被控制。事件起因是外来务工人员因不满派出所对来自贵州正安县的张燕霞夫妇与本地人发生冲突事件的处理，大量外来务工人员情绪失控，导致6辆警用摩托车被砸毁，3辆警车被砸坏。事态恶化后，数百名防暴警察和保安迅速介入，并将涉事的30余人带走调查。

旧水坑是番禺最富裕的村庄之一，主要以电子产品生产和五金加工为主，知名的企业有SUMIDA（胜美达）、牛尾电子（sony、sanyo等日本品牌的代工工厂）、卡西欧、番禺五金总厂等。正安县早在20世纪80年代曾与番禺签订劳务输出协议，旧水坑又是番禺较早的工业园区。所以在旧水坑的正安人较为集中，2009年有8000～10000人，最高峰时人数超2万人。在这一大群人中，除了工人外，还有数量庞大的以旧水坑为中心，在周边区域"混社会"的正安人。①

这起本地人与"外省人"（外来工）的冲突是增城新塘大墩村事件（611事件）和中山沙溪冲突（626事件）的预演。外来工阶层融入本地社会是一个更加严峻的问题，村民、村组织与外来人员的冲突，往往引发外来工同乡的大规模集聚，从而引发治安失控。对于一个外来工大量集聚的地区，如何构筑一个更有包容性的社会治理框架，真正做到司法面前人人平等，既是法制问题更是文化问题。

类型三：家长式管理与基层公共利益冲突

2005年7—10月，广州市番禺区鱼窝头镇太石村发生了一起冲突事件。村民根据《中华人民共和国村民委员会组织法》第16条规定，以"大量耕地被征用""征地补偿款不能落实到位"和"村级财务不够透明"为由，试图通过合法程序将村主任陈进生罢免。村民组织起草了"罢免动议"，签名或按上手印的村民达到800人。但是随后引发的冲突导致"番禺区公安分局出动63辆警车、近千名防暴警察与治安队员维稳，警方使用消防车的高压水喉

① 详见《广东番禺数十外省民工与警方冲突打砸9辆警用车辆》，《新快报》2009年11月1日，http://news.hsw.cn/system/2009/11/01/050347780.shtml。

喷射守护财会室的数十名村民，现场抓捕了48人，并将村财会室的保险柜搬走审查"等。

最终由于核定的签名人数超过太石村合法选民的1/5，根据《中华人民共和国村民委员会组织法》，达到了罢免所需要的法定人数，鱼窝头镇政府发布公告同意了太石村村民罢免村官动议。不久，村民通过投票方式，自行决定现任村主任的"下野"并选出新的村主任。"太石罢免村官具有代表性，这是珠三角农村村民自治的一个典范。"①

乡村权力长期为少数人把持，在集体经济发达地区，面临经济分红、土地征用等重大利益冲突时，农村社区问题就往往演变成为社会问题。农村家长式的管理模式与习惯，让村民自治法都难以真正落实。这基本上就是2011年汕尾乌坎事件（"9·21"事件）的预演。

（三）空间生产的混乱

空间生产理论由列斐伏尔提出，其意义就在于促使空间使用者思考和探索空间生产的社会原因，并形成了城市空间研究的政治经济学分析框架。他提出空间作为社会产物，并不是指某种特定的产品，而是一种关系，是一个政治过程，列斐伏尔说，"空间是政治的、意识形态的。它真正是一种充斥着各种意识形态的产物"。②因而，空间的形成不是一个自然而然的过程，它是一个各种利益奋力角逐的产物，受到各种利益群体的制约与平衡。

2000年以来，多重主体博弈使得番禺空间生产机制混乱，空间上的表现是不同主体和多重力量的耦合作用下空间结构的强烈变动。撤市设区后，来自广州市层面和广东省层面的重大项目空降番禺，是番禺空间产生混乱的主要原因。自上而下的力量打破了番禺设区之前相对独立的空间体系，广州的功能植入增加了番禺空间的异质性和扰动度。目前，番禺空间存在多元格局：既有市场力量主导的华南板块，也有自上而下"园区化"重大项目嵌

---

① 详见《论太石村村民"罢"村官》，《人民日报》2005年7月31日，http://gb.cri.cn/8606/2005/09/16/1385@704510.htm。

② 叶超、柴彦威、张小林：《"空间的生产"理论、研究进展及其对中国城市研究的启示》，《经济地理》2011年第3期。

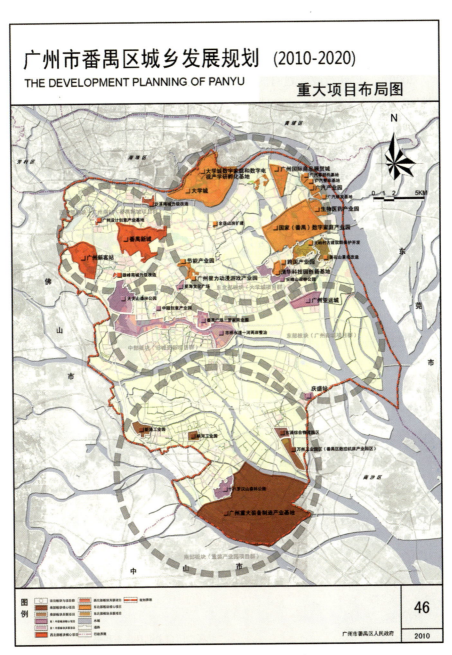

图2-41　番禺大型项目布局（2010年）

入，还有番禺自身发展的遗留。总之，多重主体导致了番禺空间生产机制的混乱，造成了番禺空间的剧烈扰动。

1. 广州城市功能嵌入及多头管理

2000年，广州行政区划调整，番禺撤市设区，变成广州市辖区。同年，广州城市发展战略制定，广州提出构建"多中心、多组团"的城市格局和"东进、西联、南拓、北优"的发展战略，确定了番禺地区为广州城市功能南拓的主要承接地。大量具有内部均质性而与番禺传统空间有别的"园区"开始自上而下嵌入番禺。在这些"园区"嵌入番禺的同时，其开发和管理权限却并不完全属于番禺区政府。

（1）广州大学城的开工建设拉开了大型项目入驻番禺的序幕。广州大学城是广州南拓轴上的重要节点，是广州信息港的重要组成部分，是华南地区高级人才培养基地、科学研究和交流中心。同时，作为广州国际创新城的一部分，联合南村规划中部快线以东的地区和新造、化龙镇，辐射总土地面积约100平方公里，将有大量的生活服务从业人员和高科技人员在此聚集。但从管理体制上来看，广州大学城由广州市政府规划建设，目前其社会管理事务由番禺区政府统一负责（见表2-7）。

■ 表2-7 番禺大型项目目录

项目名称	规划面积（公顷）	投资（亿元）	定位	备注
万博中心	58	420	面向国际的南中国总部经济和IT产业基地	二期
大学城	9500		广州未来"信息港"和华南地区的"智力中心"	二期
广州南站	244		全国四大铁路客运中心之一	
亚运城	270	41		
广州大型装备产业基地	4500			
广汽集团汽车研发生产基地	390	38.05	发展广州自主品牌汽车和先进汽车配件产业	
广州国家生物产业基地番禺园区	217	16.8首期	广州市重要医药产业基地	

■ 续表

项目名称	规划面积（公顷）	投资（亿元）	定位	备注
数字家庭产业园	280			
番禺星力动漫游戏产业园	19	5	国家网络游戏动漫产业发展基地广州基地的一个重要园区	
广日工业园	28			
清华科技园广州创新基地	85			
番禺新城商贸区	1470		广州现代服务业平台	
广州国际商品展贸城	320	145	"永不落幕的交易会"	
广州南站商贸区				
市桥居住、商贸服务中心			广州南部重要的综合性服务中心、商品流通中心、文化教育中心和交通枢纽	
莲花大桥		30		接东莞

（2）广州新客运站的建设整合了以市桥为中心的周边地区的资源，联合南海、顺德，以及规划中的广州新城，形成一条东西方向的区域发展增强轴，促进区域间人流、物流、资金流、信息流的集聚，带动外来人口的增长。以交通设施为主体的基础设施的完善，预计将带来4万—8万人口的聚集规模。但从管理体制上来看，广州南站的管理统一由"广州南站地区管理委员会"进行统筹，番禺区政府并无管理权限。

（3）广州新城是广州南拓轴上的核心节点，是集控制、管理、服务等新型技术产业为主导的生态型新城市中心，亚运体育场馆设施建设将吸引众多外来人口集中在市桥和石楼沿线一带，预计吸引各类居住人口和相关服务人员10万—17万人。但是广州新城却由广州市土地开发中心进行开发管理。

（4）依托于"汉溪—长隆—万博"商贸旅游圈而建设的番禺新城是连接广州市中心、广州铁路新客站、番禺其他组团的城市中心。以大型商业、休闲旅游、餐饮美食等功能为主，能带动该片区第三产业人口增长。目前，番禺新城还未成形，还未形成统一的管理机制。

综上所述，2000年至今番禺的发展呈现出自上而下统筹力度加强的过程，在满足广州功能南拓的要求下，番禺大量的空间由大型项目取代，形成了有别于番禺原来空间的异质性空间，并且，管理上也出现了多个"园区管委会"式的主体，造成了番禺空间和管理体制上的异质和破碎。原番禺空间被切割，完全由番禺管辖的空间日益狭小。

2. 门禁社区对空间的分割

20世纪80年代末期，番禺西北部的洛浦、大石地区首先出现了大型居住区，随后扩展到番禺整个西北部地区。

居住郊区化现象源于美国，是20世纪50年代以后欧美国家城市发展的显著特征。[①]大批城郊低密度住宅的发展，使许多人都搬到城外居住，白天回城就业，晚上城市变成空城，这也就是发达国家城市化发展已经经历的"城市空心化"现象，[②]它是城市经济繁荣，交通及通信网络发达，基础设施完善以及人们追求回归自然、人性化生活的必然结果。已有研究表明，我国住宅郊区化自80年代出现后，以北京、广州、上海、深圳、南京等城市发展最快。[③]从这些城市来看，目前的郊区住宅主要有三种类型：一是政府为照顾低收入者而兴建的经济适用房；二是大型成片社区，主要是面对城市高级白领；三是高档别墅，居住者常是城市或当地具有雄厚经济实力的小群体。

番禺的大型楼盘大多集中于市桥—洛溪地段华南快速干线及番禺迎宾路两侧，大体上位于市桥、钟村、南村、大石四镇街。这一地区大型楼盘的集中区域又被称为"华南板块"，是全国"大盘开发"最典型的区域之一。主要有占地148.6公顷的华南碧桂园、约150公顷的洛溪新城、65.75公顷的星河湾、67.74公顷的华南新城、303.42公顷的广州雅居乐花园、67.74公顷的锦绣香江花园、77.1公顷的丽江花园、67.74公顷的南国奥林匹克花园、430公

---

① 张晓莲：《美国城市郊区化与都市区发展》，《城市问题》2001年第4期。

② 参考景方、杜德生等《城市发展的复杂适应性分析》，《哈尔滨工业大学学报》2003年第1期。

③ 参考周一星、孟延春《中国大城市的郊区化趋势》，《城市规划汇刊》1998年第3期。

顷的祈福新村等。这些楼盘的累积建设规模超过1900万平方米，规划居住人口约37万。其中大量楼盘仍然在建设当中。

在番禺已有的大型房地产项目中，土地面积大于1公顷的已建、在建或已办征地手续而未建设的房地产项目数已超过120个。这些大型房地产项目主要集中在大石、南村、钟村等镇街。其中南村镇房地产总用地最大，已超过12平方公里，而房地产项目数则以大石街为最，已达30个。临近广州的大石、南村、钟村等镇街的房地产项目基本上已建或在建（见表2-8）。

■ 表2-8　番禺区主要房地产项目征地统计表

序号	镇（街）名	项目数量（个）	征地面积(公顷)
1	大石街	30	935.8
2	南村镇	11	1243.82
3	钟村街	5	521.99
4	新造镇	3	264.98
5	市桥街	18	174.08
6	石碁镇	9	310.89
7	石楼镇	1	24.24
8	沙湾镇	10	293.49
合计		87	3769.29

大石街地区优越的区位和良好的投资环境，引致大量的房地产开发。开发规模较大的项目有富丽家园、洛溪新城、丽江花园、星河湾、锦绣银湾、广州碧桂园、南天名苑以及广州奥林匹克花园等；规模相对较小的有新月明珠、滨江绿园、富庭华园、海滨花园、绿岛花园、莱茵花园、金城花园等。这些房地产项目开发较早，已初具规模。人口规模已超过15万人。

华南快线的建成引发了沿线房地产的开发热潮，主要集中在南村镇，如华南新城、华南碧桂园、星河湾（原名锦绣天河）、雅居乐花园、锦绣香江、广地花园和海怡花园等，这些项目大都用地数千亩。广地花园、海怡花园开发时间稍长，基本已建成，星河湾、锦绣香江、华南新城已部分建成，按目前已经取得土地的项目来计算，开发土地总面积已超过10平方公里，居住人口可达到15万~20万人。

钟村镇的祈福新村占地约430公顷（6500亩），是番禺区目前最大的房地产项目，也是开发建设较早、设施较完善的大型社区。南国奥林匹克花园是钟村镇另一主要房地产项目。

这些门禁社区由于面积较大，又是较为均质化的空间斑块，对番禺空间整体性造成极大的影响。主要体现在：

（1）自下而上的自发性的房地产开发没有统筹考虑区域性、大型公共服务设施的配套建设。房地产开发往往占用沿江、山林等环境较好地带，开发只注重内部环境的培育，而周边的环境得不到改善，向公众开放的公共绿地严重缺乏，区域整体环境质量下降。由于房地产项目用地主要是以村、镇为单位出让的，市政基础设施的配套建设也各自为政，缺乏统一规划和协调，随着开发规模的增加，水、电、气的供给、污水处理、生态环境保护等问题将日益突出。

（2）大型封闭社区，影响交通及管理。许多大型房地产项目用地超过1000亩，内部功能相对完善，但没有统筹考虑区域市政路的发展建设，区域交通的可达性、城市功能组织等受到影响。

（3）同质化社区，加剧空间分异。大部分房地产项目采用封闭式开发管理模式，人为割裂了与城市的整体联系，而且易引起社会隔离、分化等社会问题。

（4）功能单一，职住不平衡。华南板块主要以居住功能为主，缺乏就业配套，如洛溪新城，大部分就业通过中心城区提供，造成了职住分离和较大的通勤量，交通压力较大（见图2-42）。

新加坡国立大学朱介鸣教授认为，番禺大型门禁社区的发展与番禺西北部地区作为城乡接合部混乱的土地开发与集体土地产权结构有关，也揭示了城市化过程中公共管治的缺乏。[1]受到新兴中产阶级追求体面住宅和良好居住环境需求的推动，大型门禁商品房社区在广州郊区出现。因为土

① 朱介鸣：《制度不确定性下的城市化过程中的土地开发》，《公共行政评论》2011年第1期。

图2-42 拥挤村庄外在性外溢而影响良好规划的商品房小区

资料来源：朱介鸣《制度不确定性下的城市化过程中的土地开发》，《公共行政评论》
2011年第1期。

地供给限制，大型门禁商品房社区大都远离城区（见图2-43）。事实上，
首创开发大型门禁商品房社区的市场风险相当高，一方面，因为郊区生活
还不被认同为优良的生活方式，乡村地区的基础设施和生活设施远不如城
区。另一方面，随着经济发展，对良好居住环境的需求很大，而城乡结合
区域所提供的居住环境不尽如人意。市场需求规模和公共管治缺乏促使开
发商承担风险，提出大型门禁商品房社区，通过规模经济提供集体共享
的、其他地区不具备的居住设施。有效的市场管治机制取代了低效的公共
管治。

　　广州最大的门禁商品房社区占地大约400公顷，有5万个住宅单位，社
区内有学校（中小学、国际学校）、私立医院、连接社区和广州市区的巴士
交通等。开发商似乎成为这个将近15万居住人口小"城市"的"市长"，条
件是"城市"居民必须是能够买得起商品房的中产阶级顾客。此类自发的市
场管治有效地遏制了城乡结合地区多见的土地租金散失和环境质量恶化的现

图2-43　番禺的门禁社区分布

说明：1. 黑色和灰色色块代表门禁社区。 2. 数字色块代表大盘门禁社区。

资料来源：朱介鸣《制度不确定性下的城市化过程中的土地开发》，《公共行政评论》2011年第1期。

象，但是也强化了社会阶层在空间上的隔离，所谓贫富差距的空间化。不可否认，是土地开发市场化下公共管治缺乏造成了这个局面。

3. 本地社区的城中村化

番禺快速城市化的结果之一是番禺农村普遍面临着城市化的巨大冲击。从总体上来说，番禺农村当前的发展形势表现为两类：一类农村正处于由农村社区向城市社区转型的发展阶段，另一类农村正处于由旧农村社区向新农村社区转型阶段。

但是番禺农村发展普遍面临空间转型、产业（经济）转型、社会转型和管理转型等方面的难题。这些村庄又可分为两大类：一类是发展较为成熟的城中村，另一类是正在受快速城市化影响而即将形成的城中村。

成熟性城中村是指城市规划发展区内转型中的居民点，其基本界定是：一是处于广州市番禺区重点控制区（指广州新城核心控制区、大学城核心控制区、新火车站核心控制区、洛溪岛控制区）的，村庄建设用地将全部转化为城市建设用地；二是处于城市规划发展区的，村庄建设用地已经或即将被城市用地所包围；三是在经济、社会、土地利用、建设景观等方面处于明显的"乡—城"转型过程中，既具有较高程度的城市化特征，又保留有一定的农村社区特征。

正在受快速城市化影响的城中村：是指毗邻一般城镇的边缘地带，或者位于农村城市化地区（如石楼、石碁、大岗、东涌等镇内或附近地区的农村）。此类农村一般经历比较长期的城市化进程，在镇区建设拓展的辐射带动下，其城市特征正逐步突显，多已形成规模化的工业和第三产业，表现为城市用地以工业或仓储形式开始楔入。但相比第一类城中村，此类农村的非农经济规模较小，城乡空间差异尚不明显；村建设用地部分或者即将全面转为经济发展用地；村域部分被城市用地所包围或与之接壤；在经济、社会、土地利用、建设景观等方面处于由农村向城市转型的特殊发展阶段，既具有一定程度的城市化特征，又保留了浓厚的农村社区特征（见图2-44）。

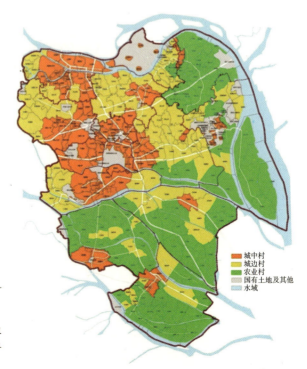

图2-44 番禺农村分类
（2010年）

资料来源：中山大学课题组
《番禺社会主义新农村发展
策略研究》，2007。

■ 表2-9　城中村分类

类别	数目	街道	村名
已经形成的城中村	83	市桥	钟二、钟四、钟一、钟三、胜石、诜敦、屏二、汉溪
		东环	北郊、丹山、东郊、黄编、沙二、沙一、西郊、云星
		沙头	蔡二、蔡三、蔡一、东沙、甘棠、榄塘、龙美、左边
		沙湾	小罗、大罗、小平、汀根、沙头、榄山、横江、大平、南双玉
		桥南	福涌、涌口、沙坑、沙北、沙南、沙西、沙东、龙岐
		洛浦	陈涌、南郊
		大石	沙溪、东乡、上教、厦滘、洛溪、桔树
		钟村	北联、东联、诜村、大维、猛涌、河村、山西、大兴、植村、涌口、大山、礼村
		小谷围	穗石、南亭、贝岗、北亭
		南村	罗边、新基、板桥、南村
		石碁	旧水坑、石西、竹山、傍西、傍东、塱边、罗家、石东、莲塘
		石楼	石一、石二、赤山东、赤岗
		大岗	客家
正在形成的城中村	85	沙湾	高沙、庙贝、鸭利、维毓、东流、马前、灵山
		桥南	下泥、九比、人民、新涌、榄核
		洛浦	莘汀、东南、水门、塘头
		大石	东导、鱼窝头、官坦、南涌、太石、石基、大同、东涌
		钟村	秀发、思贤、农场、南约、东西庄、崇德、曾边
		南村	联围、岳溪、南派、茭西、茭东、官桥
		石碁	永善、新水坑、新桥、小龙、文边、沙涌、桥山、南涌、凌边、金山、大龙、茶东、石碁、
		石楼	海傍
		新造	市头、里仁洞、坑头、草堂、梅山、员岗、塘西、塘东、江南、官堂、陈边、樟边
		东涌	石四、大洲、谢村、石一、石二、韦涌、石三、都那、屏一
		大岗	会江、官坑
		榄核	西一、西三、西二
		化龙	古西、古东、紫坭、三善、新洲、龙湾

4. 多元镶嵌的社区

（1）被切割的社区

番禺整体空间上出现了异质性的空间嵌入，除去这些异质性空间外，"剩下的"部分镇街为番禺区政府"有效管理"的镇街。但是，这些镇街由于改革开放初期，在分权体制下利用"自下而上的工业化"模式迅速工业化，镇成为经济社会发展的主体，形成独具特色的"镇域经济"。在分权竞争以促发展的背景下，镇域经济发展迅速，正是各个镇街经济的强大才造就了今天的番禺。

番禺是传统的农村社区工业化地区，是广东四小虎之一，20世纪80年代和90年代的农村社区工业化的分散发展使得全番禺产生了150多个工业园区，它们曾是番禺经济发展的主要动力。但这些工业园区基本上是以镇、村为主导发展的，其招商模式是"毫无选择的引进所有项目，并基本上按投资者的意愿建在他们认为合适的地方"，因此，工业园区不仅布局分散，而且工业园与工业园之间，工业园区内企业与企业之间缺乏必要的分工与联系。

这种发展模式的缺点是显而易见的。这些工业园区是当时主体多元导致分散发展的产物。目前，部分镇街在一定程度上还延续着传统的发展路径，即通过做大空间增量来谋求进一步发展，在这样的情况下，每个镇街都是一个发展主体，甚至于每个传统的行政村都是一个发展主体，有权招商引资，但是，村庄增长空间非常有限，这种模式已经不可持续。如何有效协调整体的统筹与各镇街各自发展之间的矛盾，有效管辖好"剩下"的有限空间是番禺必须解决的课题。

（2）租赁经济不可持续

首先，番禺农村的非农产业普遍以物业为主，集体经济较少兴办实业。由于历史遗留问题，现有出租物业大多存在产权不清和手续不全等问题，包括以下情况：部分建筑物残旧，若要更新改建，会遇到只能拆不能建的情况；部分客户以产权不清为由，拖欠租金；在法律观念越来越强的当今社会，产权不清和手续不全的物业，在租金收取方面会遇到障碍，在租金价格方面会低于一般市场价格，不利于村集体经济的进一步发展。

其次，对于村民而言，物业经济的发达带来了租金收入，创造了经济收益，但也带来了一些不良的影响：利益驱动下造成大量违章建筑；存在地下房屋租赁交易，冲击了正常的房地产市场；在一定程度上鼓励了村民不劳而获，不利于农村的城市化与现代化；管理难度大，治安等问题较突出。

最后，因土地和房屋出租，形成了大量"租赁经济"，结构复杂以致畸形，以发廊、小商店为主，也有一些饮食、中介、培训等，非正规经济、违章以致违法经营现象突出，大多为无证经营。随着快速城市化的推进，番禺出现了大量的失地农民（如大学城的南亭、北亭、贝岗、穗石等四个村）。在市场经济条件下，征地安置就业策略往往无法成功；失地农民的生存技能很难满足企业的需求，而农民对现代产业的生产管理制度也往往表现得无所适从。因此，快速城市化进程往往伴随着人量的隐形失业，这一点在番禺也较明显。即使地方政府大量投入进行就业培训，也往往由于农民的知识水平或传统的生活习惯而流于半途而废。所以，在快速城市化下的租赁经济不可持续，租赁经济下的"食利阶层"不利于城市化质量的提高。

（3）破碎的治理

外来务工人员主要分布于工业较为发达的城镇。由于城中村满足了外来务工人员成本节约的要求，又满足其就近居住和方便生活的要求，因此城中村成为外来务工人员居住的必然选择。目前，城中村和城边村主要分布于沙湾水道以北，是番禺传统经济较为发达的地区。

这类城中村多数建筑密集、布局混乱、居住环境差：村内多为3至5层低层住宅建筑，密度高、间距小，被称为"握手楼""一线天"等。尽管部分村民有对建筑的自我更新能力，其建筑环境仍表现为"室内现代化室外脏乱差"。加上道路狭窄、弯曲，更是难以满足消防要求，留有诸多安全隐患。此外，城市用地与农村用地、非农业用地与农业用地互相交错、界线模糊，空间关系复杂；村内厂房、仓库，甚至危险品仓库与农居交错盘结，导致自发的、混乱的空间布局。由于城中村改造所需资金庞大，政策涉及面广，涉及人群较多，利益分配复杂，而且这些村庄外来人口流动性大，品流复杂，存在地下经济、治安、吸毒、色情等社会问题，因此造成了管理上的困难，甚至成了犯罪分子的温床。

总之，在沙湾水道以北有限的空间上，自2000年来出现了剧烈的重构过程，主导这一过程的既有自上而下来自广州的力量，也有市场的力量，还有番禺区及各镇街的力量。多个空间生产主体之间的博弈导致了番禺空间出现了搅动，空间被切割，空间日渐异质化、离散化和破碎化，这种自上而下的功能植入导致的离散和破碎与自下而上农村社区工业化导致半城半乡的破碎不一样，后者是均质性的破碎，前者是缺乏统筹而导致的破碎。

（四）快速城市化导致城市文化形态变动

如前所述，在快速城市化下，番禺无论从经济、社会还是城市空间结构等方面，都发生了剧烈的变化。快速城市化改变了番禺的社会文化形态。

明清时期，珠三角在沙田逐渐淤积的情况下，奠定了现代珠三角的地理格局，同时，在长达500多年的社会稳定期内，人口繁衍加速，催生了农业专业化，当时的东莞"石龙"是著名的"水果之乡"；南海的"龙江"和"九江"是鱼花之乡，顺德县的"陈村"是花卉之乡，这个时期，农业的发展方式已由民田区的耕作农业变成"果基鱼塘"和"桑基鱼塘"，土地利用效率得以大为提高；广州在长达150年的时间内作为全国唯一的通商口岸，则催生了珠三角农业商品化的发展。进入清末民初，民族工业起步带动了工业化的初步发展，番禺进入了工业化的起步期，中华人民共和国成立后，作为海防前沿的番禺受"闭关锁国"政策的影响，发展趋于停滞。

番禺真正的工业化得益于改革开放后"三来一补"企业及外资企业的发展，2000年后，在广州大都市扩展的带动下，番禺进入了"城市番禺"阶段。改革开放以来，番禺内外社会经济要素大规模集聚，番禺文化呈现多元化的格局，相比于明清时期长期稳定的社会文化形态，现阶段处于快速城市化中的番禺尚需重新思考现代文化的建设。

番禺现阶段的社会治理模式还在延续新中国成立以来的模式，但社会阶层却由改革开放前的"三阶层一阶级"正在变得逐渐丰富起来。大量的外来人口涌入，带来了不同地区的文化，同时，社会阶层也进一步分化：原番禺人分化为农业生产者、小商业者、产业工人、城中村的食利阶层、中产阶层及管理阶层等；外来人口主要为产业工人、大型居住区中的中产阶层、大学城的知识阶层等，逐渐丰富的社会阶层衍生出了多重的社会需求，但相对单一的体制机制难以应对城市化、全球化及信息化发展带来的社会变革，快速城市化带来多元文化的碰撞也衍生出了许多社会问题，而体制改革（户籍制度、土地使用制度、外来人口管理等制度）相对滞后，各种城乡二元、内外二元的体制难以应对社会的剧烈变化。面对后工业化社会的来临，番禺需要构建多元文化的融合机制及社会共治制度，以迎接市民社会的到来。

三　城市文化的调适

文化由价值观、制度与习俗、器物形态构成。城市、建筑等器物形态是社会与经济制度的外在表现，反映着一个地区的社会价值观。番禺空间结构生产的混乱实际上反映了社会生态及经济形态的剧烈变动和强烈的交互作用，多元冲突而缺乏包容的文化形态是社会经济秩序失序的结果。番禺要从社会冲突走向和谐，从工业经济走向城市经济，文化由变动走向稳定健康可以从多个面向入手。推动空间从混乱到有序，理顺空间秩序，也可以影响到文化的调适。

面对快速城市化的冲击，在新型城市化背景下，应以文化建设引领城市建设。新型城市化是对于"人的城市化"，也就是突破以往城市化中往往只注意物质空间的城市化，而忽视了人的城市化水平的提高，而城市化真正的难点却是"人的城市化"，传统城市化的问题体现在以下两个方面：一是在内外二元体制下，进城务工人员难以留驻城市，难以获得城市的认同，城市的用工制度、福利制度等都在一定程度上体现了内外有别，新型城市化要在这方面取得一定的突破。二是在城乡二元体制下，农村居民素质得不到提高。在快速城市化下，农村要素向城市流动加剧，往往注重城市的建设而缺少对乡村的建设，导致了乡村空心化、留守儿童和留守老人长期得不到应有照顾。加强城市的文化建设是破解上述问题的应有之举。在新形势下，番禺应以文化建设引领新型城市化的发展。新型城市化包括社会、经济和空间等方面，所以，番禺的文化调适也应从这几个方面入手。

具体而言，番禺文化的调适首先要保护传统文化，并激活其在番禺现代文化建设中的作用。其次，在城市发展战略层面理顺经济形态与城市发展定位不一致的情况，通过打造城市经济发展新的空间载体去调适经济形态。再次，在公共产品供给层面，要针对番禺社会阶层多元但缺乏包容的现状，在基本公共设施均等化的前提下培育公共领域，通过公共空间的供给，促进社会各阶层的交流和融合，并进一步促进市民社会的形成。最终，通过公共参与实现城市治理，在多元文化和社会背景下形成地缘共同体，并形成社会各层级对番禺城市文化的整体认同。

（一）保护番禺传统文化基质

1. 保护历史街区和名村

番禺的历史文化空间载体包括历史文化名镇、历史街区和历史文化名村。通过保护历史性文化空间载体的原真性来延续传统文脉。

（1）历史保护街区

番禺的历史保护街区有安宁街区、车陂街、青云大街、康衢大街、前锋大街、先锋大街6处。根据相关规划，要保护三处历史文化保护区，包括莲花山历史文化保护区、大岭村历史文化保护区、鳌山古庙群历史文化保护区。加快历史文化街区、名村的普查、划定、编制和公布保护规划。加强历史建筑的保护和再利用，保护传统街巷空间。采取历史环境保护和有机更新方式，逐步改善历史文化街区、名村的生活条件。逐步整治、改建或拆除不符合保护控制要求的建构筑物（见表2-10）。

■ 表2-10 历史保护街区

序号	名称	年代	地点	公布时间	概况
1	安宁街区	清代	沙湾镇西村清水井以西	2000年12月公布为广州市内部控制历史文化保护区	街道长205米，南北范围约50米。
2	车陂街	清代—民国	沙湾镇北村亚中坊以南		街道长约250米，南至车陂街，北至鹤鸣巷，有祠堂5间，民居20间。
3	青云大街	清代	小谷围街北亭村		街道长约55米，宽3米，共有古民居11间
4	康衢大街	清代—民国	小谷围街贝岗村		街道长40米，宽2.5米，有祠堂3间，古民居2间，门楼2座
5	前锋大街	清代—民国	市桥街市桥光明中路		街道长约600米，宽约2.5米，共有民居15间
6	先锋大街	清代—民国	市桥街市桥大西路以北		街道长800米，宽2.2—4米，共有民居9间

资料来源：《沙湾历史文化名镇规划》等资料。

（2）历史文化名村

番禺区石楼镇大岭村于2007年由国家建设部、国家文物局共同评审通过成为第三批中国历史文化名村，成为广州地区唯一一个入选中国历史文化名村的村。大岭村有800多年的历史，有古塔、祠堂、蚝壳墙等众多文物古迹，并因出了1个探花、34个进士、53个举人和100多个九品以上的官员而闻名。

历史文化名村与历史文化街区更新重点，是对历史建筑和历史街区合理利用，提升生活质量，使其在保持历史文化特征和传承历史文脉的前提下，融入当代经济与社会，让市民既能感受到传统文化的厚重积淀，又能享受到现代文明带来的优良生活环境和优质生活条件。

在具体措施上，首先要保护整体风貌，保护建筑物、路面、院墙、街道小品、河道、古桥、古井、古树等构成历史风貌的各种因素。其次考虑采取逐步整治的做法，对重点风貌建筑和文物古迹要按原样维修整饰，对不合理改造的地方，可恢复其原貌，对不符合整体风貌的建筑要予以适当改造。历史文化名村是一个发展的有机体，城区建设改造、发展商贸经济是现代化城市发展的必然趋势。所以历史文化资源保护的关键在于处理好保护与建设、保护与发展的关系。

2. 保护非物质文化遗产

番禺拥有许多独具特色的风土人情与节日风俗等非物质文化遗产（非遗）。非遗是番禺文化的重要组成部分，是历史的见证和历史文化的重要载体。保护和利用好番禺的非遗，对于继承和发扬岭南与广府优秀文化传统、促进快速城市化下番禺社会各阶层的团结和凝聚力、促进番禺整体现代文化的形成意义深远。

番禺非遗主要有民间美术、传统手工技艺、民间信俗、传统舞蹈、民间音乐、民间文学、传统医药、传统消费习俗等类型。其中，民间美术主要有传统建筑中的"三雕一塑"及传统壁画等；传统手工技艺主要有广绣、广彩、香云纱、乞巧工艺等；民俗主要包括各种迎神赛会以及活动中的各类飘色巡游、各地的龙舟习俗等；传统舞蹈主要有龙舞、狮舞、鳌鱼舞等类目；民间音乐有沙湾广东音乐等；传统医药有神医简公佛等；民间文学有大夫山的传说等；传统消费习俗有沙湾姜撞奶等。目前列入非遗保护名录的包括国家级的舞狮、广彩瓷烧制技艺、潘高寿传统中药文化3个，省级的鳌鱼舞、砖雕、沙湾飘色3个，市级的番禺水色1个以及区级的沙亭龙船鳇1个。

对于番禺非物质文化遗产的保护，应当坚持以下三个原则：一是以"保护为主、抢救第一、合理利用、传承发展"的方针，发掘、整理与传承并重的原则，重点注意对非遗的传承，使其生命力得以延续。二是重视历史环境的保护，保护非遗原生地的自然和人文环境，实现物质和非物质文化遗产的协同保护。三是专业人员培训与公众参与相结合的原则，引导多种力量参与非物质文化遗产保护。具体保护措施应从以下几个方面着手：①加大对非遗的普查力度，挖掘尚未列入保护名录的遗产项目。②通过政府引导、市场为主的方式，资助传统人才培养和演出、展示活动，引导与市场经营结合，增强生命力和竞争力，确保有效传承和发展。③保护传统展示空间、利用历史建筑作为专项博物馆等多种形式，实现文化遗产的整体保护。④将非遗保护与社区性文化娱乐活动结合起来，通过节庆活动宣传和推广，扩大群众基础，实现传统文化保护和现代文化发展的有机结合。

3. 活化历史传统

番禺历史文化具有重要的地域认同价值。但是，在多元交融及快速变迁的背景下，面对番禺重构城市文化的历史使命，传统文化应该通过价值活化来进一步发挥凝聚力，通过历史文化体验、历史文化旅游、举办各种民俗活动等来增加社会各阶层对番禺历史文化核心价值的了解和认同，增强番禺各阶层特别是"外来务工阶层"对于番禺的"在地感"。

（1）历史文化游

番禺拥有历史古村、古镇、古园等丰富的历史人文资源，可通过建设宝墨园、南粤苑、余荫山房、沙湾古镇、大岭村、蔡边村、留耕堂以及番禺博物馆人文景点来发展番禺的历史文化游。宝墨园二期的南粤苑丰富了岭南文化和水乡文化的内涵，是反映岭南文化的一大亮点。沙湾古镇作为中国历史文化名镇，古迹、文物丰富，但资源比较分散，旅游配套水平滞后。未来应重点对沙湾古镇及其周边地区的历史资源进行整合，完善配套设施，改造提升环境。将南粤苑、宝墨园、沙湾古镇、留耕堂、三稔厅等岭南文化内涵融为一体，形成以宝墨园、南粤苑为中心，以沙湾历史名镇文化为依托的岭南文化旅游度假区。余荫山房作为岭南四大名园之一，早已家喻户晓。应加强传统园林的保护和配套建设，并在此基础上规划余荫山房旅游区，以岭南园林为切入点，推广岭南文化艺术，丰富其内涵。

石楼大岭村有近900年的建村历史，2008年被评为中国历史文化名村，具有丰厚的文化底蕴。市桥北郊的蔡边村大约在800多年前立村，其中的日月泉更是家喻户晓的两眼常年不断流的泉水。大岭村和蔡边村应保护现有岭南风格古建筑群和古街古巷，改造周边环境，积极开展推广工作，使之成为番禺区文化旅游品牌的新亮点。

（2）民俗文化游

做好番禺民俗文化的保护与推广，开展石楼龙舟民俗节，以节庆赛事带动民俗旅游的发展，吸引更多游客。建设位于化龙镇的飘色艺术文化园，以取得"山花奖"的谭山飘色为主题，集中展示番禺乃至全国的民间文化艺术表演，同时配套岭南画派艺术馆、书画展示、艺术村等，全面推广发展番禺民间文化，打造民俗文化旅游的品牌。结合大学城南部的岭南印象园及大学城的特点，通过"岭南文化节"或者"广府文化节"等节庆活动向中外学子开展文化普及活动，展现原生的岭南文化和乡土民俗风情。以文艺演出、讲座、论坛等形式提升番禺历史文化的知名度，并以此为依托，促进民俗文化游的发展。

（3）乡村生态文化游

重点建设"一村四岛"（海鸥岛、观龙岛、大刀沙岛、紫坭岛）岭南水乡风情乡村旅游区。以城乡一体化发展为基础，结合乡村改造建设，发展成为集观光度假、水乡风情、农家休闲、艺术文化、影视拍摄、亲子教育等于一体的生态旅游区。此外，紫坭岛同时也是宝墨园和南粤苑的所在，可考虑将其打造为集岭南文化、生态农业观光、水乡古村为一体的文化生态旅游岛。发展乡村旅游的同时注重对当地自然环境和乡土风情的保护，保护林地及湿地，保护历史河道格局。

（4）自然生态游

以现有莲花山风景名胜区为基础，改善交通环境及现有旅游住宿条件，发展自然生态游。丰富古采石场的文化内涵和完善现有景点的设施，提升其观赏性和可游性。结合周边的亚运会场馆，丰富莲花山风景区的旅游产品类型，建设世界著名花卉主题公园、莲花山体育公园、莲花山渔人码头（莲花山渔港经济区）。完善各项配套，打造以莲花山风景名胜区为核心的高级休闲度假胜地。同时继续完善大夫山、滴水岩。保护现有林地和湿地，发展高端生态休闲旅游定位，使上述相关地区成为著名的休闲运动旅游区（见图2-45）。

番禺历史悠久，文化积淀深厚，文化资源丰富，应把传统的文化资源在妥善保护的前提下产业化和产品化。通过价值活化的形式，促进对传统文化的保护，并促使传统文化融进现代文化的血液里，构建番禺文化的基础。

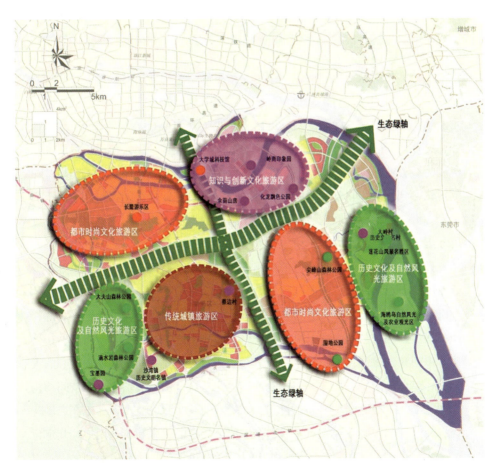

图2-45 番禺旅游资源分布示意图

（二）主动嵌入广州城市战略拓展

对于城市空间的培育需要考虑城市经济的需要，因而需要以生产性服务业带动经济形态整体的高级化，需要加强对高端服务型经济的培育，借助大学城及亚运城的基础，打造广州国际创新城和广州新城，作为番禺未来承接广州都市核心区功能的载体。

在区域交通设施优化的背景下，依托交通枢纽打造城市商业集聚区，培育土地价值和繁荣城市商业经济。另外，考虑到华南板块内存在巨量的职住分离和中产阶级的消费外溢，番禺需要整合西北部的现有资源，以新城建设整合华南板块，目的是整合区域内的资源要素，减少华南板块的职住分离和截留中产阶级消费力，从而实现地区经济形态的高级化。

1. 构建新平台，更新城市发展血液

目前，番禺缺乏成熟的现代服务业集聚区，番禺的高端服务业空间规划在过去一段时间内没有得到重视，缺乏系统的规划研究，导致服务业空间基本上处于无序发展的状态，与都市核心区的功能不匹配。

此外，新客站、番禺新城、大学城和展贸城等多个重大建设项目所在地区成为服务业的发展热点地区，番禺在服务业空间发展方面形成了遍地开花的现状，到目前为止却没有形成一个明显的、具有较强空间辐射能力的中心区，各大热点地区之间也没有进行系统的功能划分，如缺乏规划引导未来则可能出现同质性的竞争。

作为广州战略性发展地区的广州国际创新城和广州新城，同样也是服务业发展的热点地区。广州国际创新城北至仓头水道，东、南至金山大道、西至南沙港快速，面积73平方公里。位于广州市都会区中部，番禺区东北部，距离珠江新城17公里、白云机场43公里、南沙中心约30公里、广州南站10公里、中新知识城25公里。整个广州国际创新城包括北翼的生物岛、核心的大学城和南翼的南岸起步区、南村地区、化龙地区、国际展贸城，在空间结构上形成了"一核两翼"格局。目前，大学城已基本建成，生物岛正在启动建设，而南岸起步区发展相对滞后，仍保留了较多的村庄和工业用地。其定位为国家现代服务业国际创新园，广州市"2+3+9"战略性发展平台之一；以高教研发、科技服务、创新产业为主导功能；国际科技产业孵化基地、全球

图2-46　广州国际创新城组团(左)及广州新城组团（右）

科技人才创新创业基地、国家一流的高等教育集聚区。

广州新城位于广佛都市区东部产业发展轴上，番禺沙湾水道以北地区被纳入了广佛同城的主中心城区范围。由此可见，广州新城规划面积为228平方公里，其定位为"广州落实国家中心城市职能，参与珠三角.环湾发展.的战略支点，区域交通枢纽和生产性服务中心、番禺新中心"。作为服务型新城，兼具运动会、会议、展览等功能。

番禺可以依托广州国际创新城和广州新城的建设来培育创新经济，促进番禺整体功能的提升，整体融入广州都市区（见图2-46）。

2. 打造南站新城

针对番禺商业设施缺乏的现实，利用番禺大型枢纽性交通及公共交通系统优化的时机，依托交通站点，打造南站新城。广州铁路新客运站周边地区，建设布局大型商贸、物流集聚区、房地产及配套生活服务区、生态旅游区等，整合休闲度假资源，打造现代旅游产业；南部地区的服务业则根据该地区城镇建设和建设社会主义新农村所产生的市场需求扩大及服务质量要求上升，对服务业的内容和空间布局作调整优化，同时根据服务业必须沿规模化和专业化经营的需求，作适应性调整优化，不断提升其服务水平。以广州南站为中心，形成以区域性商务商贸为主的高端服务业集聚区。其中，广州南站发展现代物流业和商贸服务业，钟村培育区域生产性服务业。

3. 以番禺新城整理华南板块

由于番禺的职住分离，特别是华南板块居民大部分居住在番禺，工作在广州老城区，这造成了大尺度的"职住分离"效应。对于大规模的通勤而造成的社会扰动，需要城市规划进行主动干预。可通过空间结构的调整和重构，建设"截流中心"和"反磁力中心"，推动多网络化城市结构的形成，进而疏导中心城区功能、缓解"外溢回波"效应，从而达到提升城市品质和城市竞争力的总体发展目标。即在市域层面积极培育远郊新城"反磁力中心"，在城市中心区外围建设市级副中心，构筑"多极提升"的反磁力体系。而广州南部"截流中心"较好的选址，即是聚居大量城市人口的"华南板块"所在地的番禺北部地区。

针对"华南板块"这一相对单一的居住功能及其大盘割据所衍生的公建配套及服务设施问题，随着城市空间的不断发展已引起从政府到学界的普遍关注。而轨道交通的开通、新光快速路的建设以及客运火车站的建设与投入使用，正在促进"华南板块"的转型。在市场推力作用下，华南板块大盘周边逐步涌现了针对区域消费市场的各类大型商贸与购物中心，据不完全统计，目前华南板块上已建成和在建的商业物业面积已突破400万平方米。这些综合性的城市级商业服务中心的出现，为华南板块的重构带来转机。番禺区政府于2008年顺势提出建设"番禺新城"的设想，目的是将华南板块定位于"商贸区+CBD区+公共服务配套区"，区域空间从原来的"万博—长隆—汉溪"，扩展到"大石—洛溪—南浦—钟村—南村"等地，将其重构为集"总部经济CBD、商贸区、休闲度假区、交通中心、现代居住区于一体的新城功能区（见图2-47）。

4. 提振市桥沙湾

市桥组团是番禺传统的城区，是从番禺县、番禺市、番禺区各时期乃至到现在的行政、经济和文化中心，鉴于未来作为广州大都市区的一个组团，市桥组团应优化传统优势服务业，利用"三旧"改造等方式推进产业的"退二进三"；积极发展现代服务业，强化城市综合服务功能，建设成为广州南部重要的市级公共服务中心和商贸流通、休闲娱乐与文化教育中心（见图2-48）。

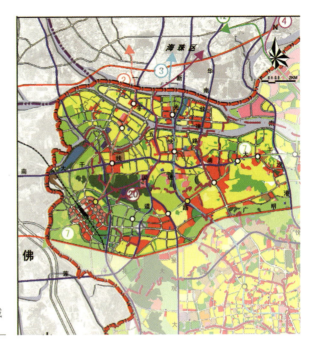

图2-47 北部（番禺）新城
组团规划图（2010年）

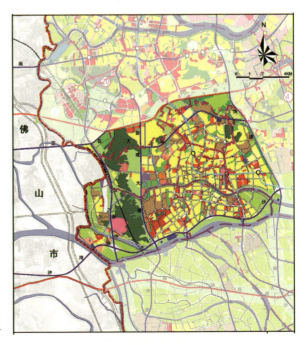

图2-48 市桥组团

（三）以基本公共服务均等化促进社会融合

1. 基于片区功能的基本公共服务设施配套

基于片区功能的公共服务设施配套，就是要根据番禺不同功能分区所承载的城市功能，确立相应的设施布局策略。根据《番禺片区发展规划》，番禺片区在空间结构上分为"三大区"，其中将现番禺辖区划为"广州南部都会区"，空间范围是以广州新城、广州铁路新客站、广州大学城、市桥中心城区、汉溪长隆万博地区为核心的都会区，主要功能是打造广州市南部重要的商贸旅游服务中心、商品流通中心、文化教育中心、交通枢纽，也是以信息技术为主导的创新技术产业基地。而且要以汉溪长隆万博地区、市桥中心城区为核心，依托商贸、生活服务基础，加强地区间的联系，形成生活服务发展轴。

基于不同片区的发展功能，差异化配置公共服务设施。在北部都会区，根据功能差异，又细分为"广州新城发展区""大学城发展区""东部创新产业发展区""市桥调整完善区""新客站发展区"和"长隆万博发展区"。对于广州新城的开发是要提高整个番禺区的综合服务功能，因此要高水平、很完善的配置公共服务设施，或预留公共服务设施用地，商业金融、教育、文化娱乐是公共服务设施配置的重点；大学城发展区是番禺创新发展轴和知识发展轴的起点，主要功能是知识创新和传播，其城市公共服务设施配置重在教育设施、商业服务及文化娱乐设施。

2. 基于社会群体特征的公共服务设施配套

在快速城市化下番禺社会阶层正在逐渐多元化，而公共服务设施的供给必须考虑社会阶层多元化的现实。不同社会群体对公共服务设施需求及利用频次有较大差异。白领、工商业经营者和学生等群体对于体育馆、影剧院、图书馆、高档餐饮、酒吧咖啡厅和KTV等文体休闲设施的需求突出；离退休群体对于医疗保健、社区服务中心的需求突出；在商业设施方面，高素质白领、经营者群体相对更多地利用大型超市，而较少利用百货商场，蓝领群体和无工作群体对社区便利店和农贸市场似乎相对更为重视一些；体育设施方面，蓝领阶层、无工作群体对日常健身场所更加强调。

作为南拓轴上重点发展地区，番禺未来有更多机会承接广州人口和产业扩散，产业人口和居住人口将构成番禺人口规模主体。番禺未来重点发展的6大高科技产业园区，也会聚集大量高素质产业人口。同时由于大学城的存在，大学生群体也将是番禺人口总量的重要组成部分。因此番禺未来人口主要有居住人口、产业人口（包括白领、蓝领及部分经营者群体）和大学生群体三部分构成。所以番禺人口未来对体育设施、文化休闲设施及高档商业设施有着较大需求。但由于大部分蓝领工人及大学生的消费能力有限，对高档次文体及商业设施的利用能力不足，因此要保持公共服务设施供给的多元化、多层次性。从人口年龄结构上看，沙湾水道以北的产业人口和居住人口以年轻人为主，学龄人口阶段性高峰，需要考虑教育设施的阶段性灵活配置，以及妇幼医疗服务和社区医疗中心提出的更高要求。在小谷围，由于高校师生比较多，需要加强适应年轻大学生群体的文化娱乐体育设施。

3. 构建市民社会

在公共空间公共使用的基础上促进社会的融合，而社会融合的目标指向是构建基于公共文化的市民社会。番禺市民社会建设的核心内容是构建地区以公共性为基础的公共文化，番禺的公共文化体现在如下几个方面，①公共价值观；②公共理性（也即民主的公共决策程序）；③公共空间，也即公共设施。而公共性具有以下几个特点：①价值范围的广泛性和开放性；②目的的公益性与公平性；③过程的公开性与民主性。

番禺现状在空间拼贴的基础上形成了文化的孤岛，如大型楼盘、工业区、大学城等，由于这些功能区在内部的均质性和缺乏对外交流，导致了文化孤岛的产生。这些空间的区隔暗示了城市社会空间的差异，社区隔离表现了社会阶层分化；公共权力机关自我隔离，反映了权力崇拜、权力与大众的距离；公共教育文化机构远离公众，等等，城市被一道道有形无形的"墙"分成相互独立的"孤岛"。市民社会的构建需要培育基层的自治团体。所以，市民社会构建的重点在于两大方面，首先是设施的使用促进社会的公平与融合，其次是促进各行业协会、NGO组织以及基层自治团体的建立，共同参与社会共治。

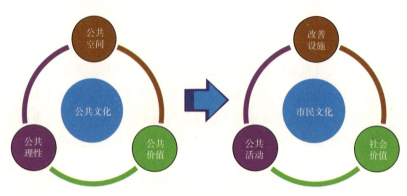

图2-49　公共文化的构成及市民社会的构成

（1）设立各类文化协会

鼓励设立各类行业协会，增强行业的力量，繁荣社会。如"文化娱乐协会""网络文化协会""音像协会"等。伴随着番禺市民消费力的上升，文化市场也将日益繁荣，必须通过协会的形式整合社会资源扩大受众，加大文化经营力度，并通过开展公益性活动，通过助学、扶贫、帮困、赈灾等多种形式，承担社会责任，树立文化经营行业良好形象。协会在提供政策咨询、加强行业自律、促进行业发展、维护文化企业合法权益等方面发挥作用。文化行业协会在经济社会活动中发挥着政府和企业都不可替代的重要作用，并已经成为一支促进社会稳定、推动社会融合和经济建设的不容忽视的社会力量。

（2）发展社区文化，促进社会和谐

社区是城市化的基本单元，社区文化也是番禺文化的基本单元，只有繁荣的社区文化才有番禺文化的整体繁荣。但是，番禺如何构建丰富多彩的社区文化呢？番禺应根据不同类型的社区而培育不同的社区文化，并在不同的社区文化之上构建一个和谐共荣的机制，从而促进多种文化的融合。如前面分析，在快速城市化下，番禺出现了多种的社区，既有以原番禺人为主的本地社区，也有大型楼盘之中的中产阶级社区，还有以外来人口为主的城中村社区等，发展不同的社区文化需要分析不同社区的人群文化特征和文化需求的特点。具体措施如下：

首先，要建立和完善必要的文化设施，同时文化设施要注意注入番禺传统的文化特征。如设施的造型、设施的转型、设施的使用方式等，都可结合番禺传统文化而设计，从而通过日常使用，增加对番禺传统文化的认知度和认同感。

其次，举行多样的社区文化活动。社区文化活动注意扶持自发式的社区文化活动，如棋类比赛、传统曲目咸水歌、粤剧传统表演等；成立舞蹈基地、文学创作基地、美术基地等社区文化组织。同时，对其加以引导和组织，使这种自发形成的文化活动更有秩序，能吸引更多的群众参加。如能定期请一些专业人员进行辅导，则可出现新的面貌，使这类文化活动提高到一个新的水平，使社区文化活动不仅丰富群众的文化生活，增加群众特别是外来人员对本地社区的认同感，形成社区文化繁荣的内生机制。

最后，设立社区文化基金和社区文化专职人员。通过每年拨付定额的社区文化基金，支持社区的文化活动，同时设立社区文化活动的奖励机制，激励社区居民对相关活动的参与度，这方面可借鉴香港社区文化构建的案例。另外，通过专职人员的组织和带动，促进相关活动的开展。总之，繁荣的社区文化既有利于促进各阶层对番禺文化的认知和认同，也有利于促进社区居民的交往和沟通，从而增进社会和谐。

（3）培育市民组织，参与社会共治

随着城乡社区服务需求的不断涌现，政府公共服务政策改革以及打破公益资源垄断已经成为必然趋势，企业社会责任的兴起、民间志愿精神的发扬等因素已渐渐形成一股合力，使得中国的公益事业处于大发展的前夜，本着为社会服务的初衷，以其敏锐的嗅觉为公众寻找最好的公益伙伴和公益项目，并凭借自身整合资源的能力为这些草根公益组织插上一双翅膀，实现他们为公众提供服务、为社会解决问题的愿望。

社会组织孵化器项目，将向社会组织提供免费办公场地和资金支持。目前，番禺还没有一家社会组织在非营利组织的协助下完成孵化，社区居民的辅导、环境保护、残疾人关爱等方面的服务项目均较为缺乏。

广州市番禺区正阳社会工作服务中心成立于2011年11月，是经番禺区民政局扶持注册的首批本土民办专业社工服务机构，主要提供专业社工服务，开展社工课题研究、宣传和学术交流，提供咨询、辅导、心理咨询及给社会工作者推荐各类社工服务，以及承接政府有关部门委托的各类社工服务项目和其他任务。正阳亦是一家跨地区发展的民间专业社工服务机构。

设立社工组织，加强社区服务。随着社会的发展，北京、上海、广州、深圳等城市均成立了社工站，由政府购买社工服务，给社区居民提供各类服务。番禺区也于2010年积极筹备建立社工站，市桥街东片社工站、西片社工站目前挂牌成立，标志着政府购买社工服务在我区迈出了关键一步。社工服务工作是我区社会工作人才队伍建设工作的一个项目，区民政局委托团区委以市桥街东片社区、西片社区为试点，开展为期一年的服务工作，并称之为社区"青年地带"。"青年地带"以政府购买服务的形式，委托专业社会工作服务机构（简称NGO）对社区内的青少年开展服务工作。服务对象主要为上述辖区内13～30岁的番禺户籍青少年，服务内容包括学习辅导、心理辅导、就业指导、人际交往、家庭教育等与青少年密切相关的内容。去年，团区委、区民政局前往广州学习社工站建设情况并多次深入社区调研，选定市桥街东片、西片社区作为试点。

通过推进街道社区"五个一"（一个家庭服务中心、一个小公园、一个群众娱乐场所、一个卫生服务机构和一个治安视频监控中心）工程建设，做好社区家庭服务中心建设。积极推广政府购买社会服务，引进社会组织或者企业承接社区综合服务，寻求把政府购买服务和社会组织建设有机结合起来的有效途径。大力培育和发展各类社区服务组织，加快社工人才队伍专业化建设，不断增强社区的凝聚力，形成共建共享幸福社区的生动局面。

（四）以城乡统筹促番禺整体繁荣

针对目前自上而下大型项目的嵌入对番禺空间造成的扰动，多头管理造成的空间离散的现象，番禺应加强整体性空间的治理。同时，由于存在大量各类型村庄（传统农村、城边村、城中村、园边村、园中村），应加强对村庄地区的统合，促使番禺走向整体繁荣。

1. 发展都市农业，促进都市区生态环境优化

当前的番禺，城乡整体空间碎化严重并出现城乡之间的多种差异。目

前，番禺区的城市化水平已经超过50%，处于城市文明向乡村地区迅速普及的发展阶段。如果按照美国著名城市学者弗里德曼（J. Friedmann）对城市化发展阶段的划分方法，番禺大部分农村已经基本完成了城市生产方式转变的阶段，即将进入城市化Ⅱ的发展阶段。番禺目前仍处在一个半城镇化发展的阶段，仍需要继续通过集聚发展，继续推进城镇化，才能够达到城乡一体化的最终目标需求。

番禺目前"西城东乡"的整体空间差异明显。长期以来在自然条件以及经济格局差异直接影响下，番禺城乡空间也呈现出明显的东西差异。在西部地区，主要存在面临深度城市化和因大型项目带动而导致的快速城市化。已经深度城市化的地区如市桥、沙湾等，经过长期的城市建设和发展基本已经具备了较好的城市发展基础。而面临快速城市化的农村，政府则自上而下投入较多的财政支出，原本的乡村面貌和空间格局迅速向城市转变，如小谷围岛、新造镇、化龙镇等。因此西部地区总体呈现出城市的风貌特征，东部地区的村落由于经济基础发展较差，尽管有广州国际创新城、广州新城等大型项目的带动，但是这些地区还是传统的农业地区和生态保护地区，基础比较薄，因此部分依然保持着传统的农村风貌和空间形态。

番禺东部地区传统的农村风貌和农业景观是都市区不可多得的生态斑块。而城乡一体化需要通过对生态斑块（现状主要为农业地区）的维育来达到都市区整体环境的优化。为此，番禺应协调城市用地开发利用和生态环境保护之间的矛盾。在传统的农业地区，农业景观在快速城市化下面临着被侵蚀的危险，同时，由于产权的障碍，尽管已经存在农业高效化发展的正外部性，但农业效率依然低下，农地转建设用地的地租剩余预期直接导致政府、市场、村集体、农民等各层级主体对生态用地的侵蚀。因此，应加大都市区生态用地制度的供地，从制度上杜绝各层级主体对生态用地的寻租预期，同时，对传统农业的升级换代，将生态农业、高附加值农产品种植与农业旅游开发相结合，发展高端农业生产、农业教育科研、体验娱乐、休闲健身、疗养度假等现代高效农业形态，发展契合都市市民需求的农业，从而将农业的地位从农民的农业上升为都市区市民的农业和都市生态保护下的农业。农业地位的改变和价值的提升将有利于都市生态的维育和都市整体空间的优化。

2. 提升都市农业效率，促进乡村繁荣

快速城市化，导致城乡收入水平差异逐渐拉大。对相关统计数据的分析可知，虽然农民的收入由2005年的8861元上升到2008年的11070元，城镇居民收入也由2005年的18122上升到2008年的23108元，但是城乡居民之间的收入差距却从2005年的9261元扩大到2008年12038元，这意味着城乡居民收入进一步扩大。

在城乡差距逐渐拉大的背景下，番禺面对众多市级投资和规划意向（重大项目、新城等）及现实城乡空间类型多样化的发展状况，应构建城乡空间聚落体系、明确发展定位，这是番禺城乡一体化发展过程中亟须解决的重大任务。

番禺城乡差距的消除主要应从以下四个方面实现土地和人口关系的转化。重点在于落实社会保障、补偿政策、就业培训等政策保障体系，实施新型城市化的发展路径。包括：①新增分户和征地失地农民通过住宅集聚，将安置土地纳入城市建设集中开发，同时将农村人口直接转化为城市人口管理。②以城中村更新改造为手段，统一建设住宅小区集中安置村民，并将土地纳入城市建设用地，同时将安置村民转为城市人口管理。③以都市农业产业化为契机，引导农业剩余农民入城就业，逐步转为城市人口管理。④针对农村新出生的人口，直接纳入城市人口管理。

（五）形成"城市番禺"的文化认同

如前所述，城市物质空间形式是城市文化的空间投影，那么在尊重历史文化的基础上，对空间及社会的调适，最终将提升番禺文化的内涵，构筑基于多个社会阶层的"番禺文化共同体"，形成社会的整体认同感，最终目的是构建多元包容的城市文化。

快速的城市化下，番禺社会要素流动性加大，各要素间相互作用的力度也逐渐加大，呈现多种文化并置的局面。要素的快速流动对传统文化造成了扰动，保护传统文化是构建番禺面向未来的城市文化的基础，之后应考虑在现行社会制度下，通过设施公平和制度创新同时并进，构建一个多元文化融合、社会各阶层和谐共处的家园，而要构建这样的社会，必须加强番禺的公

共文化建设，加强社会各阶层对番禺文化的认同，在形成番禺文化共同体的基础上，形成番禺社会的共同精神家园。

在各种社会要素集聚的同时，也由于制度的阻隔和设施的分隔，增加了社会各阶层的分离、重视经济增长而忽视传统文化的提升和保护、现代经济空间对传统空间的替代，使得番禺这一广府文化核心地区之一的社会融合度有待提高，各阶层缺乏对番禺的整体认同，所以，番禺文化重构的核心理念是构建番禺社会各阶层的"共同精神家园"。

虽然随着广州的战略南拓，番禺的区位价值显化，广州自上而下的功能植入使得番禺现代化进程得以加快，设施建设也明显加快。但是，由于空间上形成了多功能拼贴的状态，政府仍需加强统筹，整合空间，通过空间的整合来促进社会的融合，在此基础上政府仍需加强体制机制的建设。

如何把大型住宅区封闭的公共空间、外来务工人员寄居的城中村中有限的公共空间、大学城知识群体封闭的公共空间等整合，使得公共服务设施基本覆盖城乡和各阶层，同时培育社会消费力，并形成共同的治理机制，在此基础上促进社会的融合与市民社会的培育，在民主共治的背景下形成共同家园，在现行制度框架内，通过公共服务设施的建设与整合，来构建公共文化空间，并在加强社会各阶层对公共空间使用的基础上促进社会的融合，促使番禺形成较为发展的现代城市文化。

从文化区域的构成上来讲，番禺文化将出现以下特征较为明显的城市文化分区。广州南部商业文化区：以番禺新城地区为空间载体，发展成为广州南部的商业高地，形成浓厚的商业文化。珠三角商务港文化区：以广州南站为依托，通过高效和密集的交通流，发展成为面向珠三角的商务港文化区。大学城文化区：以大学城的知识群体及小谷围岛为依托，发展成为华南地区的大学文化区、高端知识集聚区。国际创新城文化区：通过对文化创意产业的扶持及高度服务业的发展，以新造镇周边地区为依托，发展成为创新文化区。两个历史及都市休闲文化区：分别以沙湾历史文化名镇、大夫山及滴水岩等山水资源为依托，发展番禺西部历史及都市休闲文化区。而东部则以石楼镇的大岭村历史文化名村、莲花山及海鸥岛等自然旅游资源为依托，发展成为东部历史及都市休闲文化区。亚运及高尚居住文化区：以广州新城及2010年亚运会期间建设的亚运城为依托，发展成为面向广州都会区、配套南山区的运动、休闲及高端居住社区。农业文化区：以番禺东南部、沙湾水道以北地区为依托，发展面向都市中产阶级及市民的都市农业、休闲观光农业区。行政文化区：以市桥及周边为依托，发展成为传统的行政文化区、体现番禺的传统城镇文化特色。总之，以传统文化、自然生态为基础，根据番禺不同区块的文化特征，分别发展各具特色的发展区，整体上形成番禺的城市文化基础（见图2-50至图2-52）。

图2-50　番禺文化重构路径

图2-51　番禺各区域文化特征

图2-52 番禺现代城市文化区

　　总之，通过保护历史文化，活化历史文化价值，并培育番禺新型高端服务化经济，提升空间质量、厚实社会资本，并通过基本公共服务的供给，达到社会的公平与公正，从而促进社会各阶层的融合。而社会阶层的进一步融合又有利于形成多阶层的社会共治，构建起市民社会，并加强番禺的文化凝聚力，从而在新型城市化背景下，形成番禺城市文化的整体认同。

第三章 番禺乡村文化与传统村落之保护与提升

　　"乡村"是基于地区的特征、境况，用来描述非城市地区的一个相关术语。乡村意味着具有广阔的空间、植物和自然物质特性的风景、大片的耕地、相对低的房产和基础设施建设。从自然和人文两种特性来看，"乡村"更加贴近自然形成，而城市更加亲近人工构建。在现实中，有很多的"田园风光"存在于不同国家、区域，并呈现出不同的特征，如多样性的物质条件、自然资源的馈赠、收入、雇用、进入机会、迁移率的减弱、社会规则、习惯和偏好、文化追求、政治系统和农村部门的生活质量等各个方面。因此，乡村文化远非"资源""环境""历史"等单个词语描述可以概括。

　　在古拉丁文与英文中，中文译为"文化"的"culture"一词兼有"耕作"与"栽培"之意。而中文译为"农业"的"agriculture"一词的前缀意为"耕地"，后半个单词意为"文化"，可见"农业"和"文化"之间的密切联系。农业是文化模式中最基本的要素，而农业又以占用各种地貌资源为基础。这种资源利用尤其是土地资源的利用所形成的文化景观是人类最基本和最大量的文化景观。"文化景观"是1992年作为"人与自然的共同作品"项目被纳入《世界遗产名录》中的，是继自然遗产、文化遗产、自然与文化复合遗产之后的另一项世界遗产。一般来说，文化景观有以下类型：①由人类有意设计和建筑的景观；②有机进化的景观（包括化石景观和持续性景观）；③关联性文化景观。① 从文化景观的各类型出发可发现"文化景

---

① 关于"文化景观"的具体分类和表述可见于《世界遗产公约》。1992年12月，联合国教科文组织（UNESCO）世界遗产委员会第16届大会将《世界遗产公约》中的第一条——作为"人与自然的共同作品"的"文化景观"纳入了《世界文化遗产名录》，从此"文化景观"作为世界遗产的重要类型而受到关注。

观"是结合历史、文化、居民、生态、宗教、政治、经济和艺术等元素的地景(landscape)，是人类活动在自然生态环境中的空间记忆。番禺农业文化景观经过千余年的化育与积累，聚合了农业生产生活的全部资料，包括田野、园林、祠堂、屋舍、门坊、石板路、石碑、墓葬、文物、作坊、饮食、节庆、表演艺术、宗族关系、家谱等，它们都成为"番禺"这一具体的时空记忆中的一部分。确实，农业文化景观曾为番禺留下一份丰富而独特的乡村文化遗产。但时至今日，番禺农村地区与市场息息相关，要么是大量的劳动力进入市场化潮流中去，要么是大量的工厂、公司进驻农村，就地生产。相对于全国其他地区来说，番禺农村最先在改革开放的背景下与市场经济亲密接触，土地、房屋、河流、农产品以及农村宗族的集体公产，被迅速且全面地拉入市场大潮。番禺的农业文化景观是否真的会成为番禺子孙后代只有在书本上才能找到的回忆,还取决于多领域、多方面、多学科、多因素的参与、博弈与配合。

相较"乡村文化"，"传统村落"这一概念则更显得具体，它是对特定自然生态景观、历史文化价值、审美价值及游憩价值的人类聚落的指代和涵括，它超越了"古村落"一词对时间的限定，将村落保护的时间下限拓展至民国时期甚至是"文革"及之前的历史时期。传统村落保护以农业文化景观保护为核心，包括物质文化遗产方面，囊括村落整体空间形态、传统街道格局、建筑风格、古代文化遗址、古树名木等，和非物质文化遗产方面的村落传统技艺、戏剧、民俗节日、生计模式等主要内容。工业化、市场化的推进，改变了番禺村落的村貌布局，不仅如此，土地、劳动力、农业产品等生产要素也发生着结构性的转型。近几十年来市场化潮流下的番禺村落，已经找不到上述"传统村落"的最完整原型。但是亡羊补牢，目前对现在保存较为完整的传统村落的保护、提升和转型依然是值得的。

综上所述，"乡村文化"和"传统村落"两个概念在指涉内容方面互有交叉和重叠。从"乡村文化"到"农业文化景观"是对"乡村文化"的最好释义，而"农业文化景观"又是"传统村落"保护的核心内容。二者对"番禺"的存在和发展都非常重要。番禺今天的乡村，昔日的容颜已退去，增添了更多时尚、现代的鲜亮颜色。面对"广州市现代化新城区、珠三角现代产业基地、岭南休闲旅游和生态宜居城区"的城市发展定位,关于番禺乡村文化与传统村落的保护其实是要回答关乎乡村命运的时代命题,即不管是已经城市化的村落,还是正在纳入城市化的村落,还是相对传统的村落,都将不得不面对城市化进程带来的持续冲击,当它们最终成为城市的一部分时,又该如何保护、提升并促成其转型。

近年来,国内关于城市中的传统村落和古村落的保护、提升与转型的理论研究及实践工作已经在大范围内展开,并形成了不同的方法路径。在技术层面,讨论旧城改造过程中历史遗存的保护办法,讨论传统村落景观格局的政策和技术,"愈合"传统村落风貌,将传统村落当作历史地标、再生民俗场景。在利用层面,则对旅游开发、地物产权、土地利用进行了较多的分析。①然而,这些研究更多地偏重村落的物质形态,对传统村落中"非物质"层面的形态认识还不够深入;这些研究过多地强调对村中建筑、风俗、艺术的描述和阐释,却没有将视野聚焦于村落中村民的生活。这些对村民关注的缺失导致研究所呈现出的村落似乎是凝滞的、静态的、死去的。因此本章更多地对这些方法路径进行了借鉴,将"非物质文化遗产"纳入传统村落整体中加以考量,将村民视作传统村落保护的主体加以确认,并在此基础上将它们纳入现存的"名录制"框架中展开反思,最终强调、倡导对"社区营造"概念的重视。

一 番禺乡村文化与传统村落保护的目标与定位

(一)历史背景:番禺区历史沿革

历史是已经过去的事情,但是它却会被广泛地用于满足现代需求。其重要功能之一便是形塑社会文化上的地域认同。它满足我们个人层面和社会层面的心理需求,它一边提供休闲,成为各种经济活动的基础,一边也支持了特殊的社会和政治结构。因此,漫长的历史和丰富的历史记忆为传统村落的

---

① 李禹辰、罗述龙、赵品明:《论都市古村落保护与再生——以深圳市宝安区古村落为例》,《中国名城》2011年第5期。

保护提供了赖以生存的土壤和精神家园。

番禺秦代建制。从秦始皇三十三年(前214)在岭南设桂林郡、象郡、南海郡，番禺为南海郡郡治所在地，到最近的2012年10月10日，广东省政府、国家发改委正式发布《广州南沙新区发展规划》，番禺的东涌、榄核、大岗三镇并入南沙新区。历史上曾幅员广阔的"番禺"经过历代政区调整，辖区范围缩至海珠区以南、沙湾水道以北的区域，面积529.94平方公里。行政区域调整作为历代政府的顶层设计手段之一，多数会从总体、区域协调发展的战略角度出发，在一次政区调整之后尽量不再变更，以免因机构人员调整、各种利益再分配而造成社会、经济动荡。而番禺从1949年解放至今，已经经历了十余次政区调整。频繁的政区调整反映出国家、省、市各级政府对珠三角地区发展的重视，以图规划出更加满足珠三角各时期发展战略要求的政区格局。但是也造成一定的消极影响。

政区划分和变更具有极强的历史继承性，这种历史继承性的背后是数以代计生活在此地的居民所共享的地区认同，这种地区认同根植于记忆之中，因存在天经地义的优越感和归属感，以至于离开故乡身处异乡的人总有"客"的感觉，其根本多由其本身的记忆与客居之地无天然联系所致。归属感与认同感在距离故乡越远时才越发显得强烈。以身处海外的番禺侨胞来说，如若自己的故乡已经不属于"番禺"，那维系其海外身份和番禺记忆的联系就不具有合理性了，这样，他们对番禺的归属感和认同感就会减弱乃至消失。

纵观历史沿革，可以发现由于政区调整，番禺所辖面积呈现向东南方向不断减少缩进的趋势，但无论政区如何调整，这里在历史上相当长的一段时间内都是广府文化的核心地带。现在，虽然"番禺"一词的文化整体性被迅速打破，但是其政区内依然保留了数目众多的物质文化遗产和非物质文化遗产，它们中的很多是以传统村落的形式存在着。因此"番禺"二字，不仅仅是一种行政空间的限定，它已经超越了一个地名的意义，成为一种无形的记忆载体，维系着番禺以外的人与其历史记忆之间的联系，赋予人们以归属感、认同感和历史感。"番禺"本身已经成为一个具有厚重时间积淀的文化品牌，一个岭南社会历史进步与繁荣的象征。以上是番禺乡村文化与传统村落保护的历史背景。

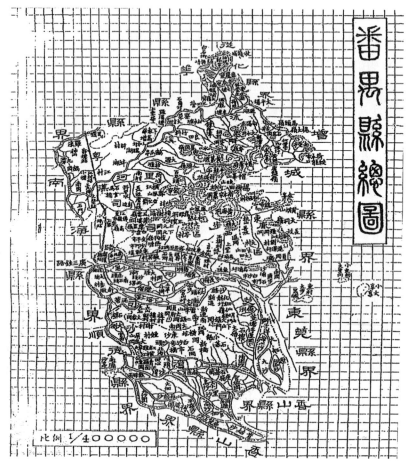

图3-1　民国番禺县总图

资料来源：（民国）梁鼎芬、卢维庆修民国《番禺县续志》卷1《舆地志一·舆地》，《中国方志丛刊》第49册，台北：成文出版社，1967，第23页。

（二）现实因素：番禺区发展现状①

现在的番禺区地处广东省中南部，位于穗港澳地区的地理中心位置，北与广州市海珠区相接，东邻狮子洋与东莞市相望，西与南海、顺德、中山市（区）相邻，南滨珠江口，与南沙区接壤。全区总面积529.94平方公里，辖10个街道、6个镇，共计177个行政村、2207个村民小组和84个居委会。全区

---

① 统计数字引自广州市番禺区统计局、国家统计局番禺调查队《番禺统计年鉴2012》。

图3-2　番禺区位置示意图

说明：此图为调查者绘制。

户籍人口8.6万人，登记在册的外来人口113万人。[①]

　　2011年番禺区的生产总值达1235.78亿元，比上年增长13.1%。第一、二、三产业占生产总值的比重分别为4.01%、40.79%、55.20%，人均地区生产总值69761元。在农业用地方面，粮食种植面积为10.01万亩，甘蔗、蔬菜、水果和花卉种植面积共计51.57万亩。在工业产值和建筑业发展方面，番禺的工业总产值及内部各所有制类型企业均以17%以上比率高速增长，建筑业总产值的增长速度高达21%，施工面积达201.69万平方米，同比增长32.4%。据120户农村住房调查得出农村居民人均住房建筑面积60.79平方米。区域环境噪声平均55.0分贝。文化领域，2011年番禺成功举办了第七届"星海艺术节"、第13届"莲花杯""禺山杯"龙舟赛等大型活动，举办了辛亥革命100周年系列活动、纪念第十六届广州亚运会成功举办一周年活

---

① 数据引自广州市番禺区政府门户网站，http://www.panyu.gov.cn/portal/site/site/portal/panyu/gkMultiContent.portal?categoryId=3NPFJRQ9UVF7Q7IA4H80N1BKZYBCB9WE。

动。现有专业艺术表演团体1个、文化馆1间、公共图书馆1间、博物馆1个、广播电台1座、电视台1座。

从以上统计数据可以看出，目前，番禺产业以第二、三产业为主导，农业比重低且以经济作物为主要生产类型。这里需要考虑一个背景条件，番禺区境处于珠江出海口，因潮汐洋流的作用，境内会不断生长出新的滩涂，从而使可用耕地增加。番禺现在的耕地绝大多数由1000多年来珠三角的泥沙冲积而成，新中国成立后因国家建设需要，新围垦的耕地亦近10万亩。但是就目前而言，番禺区的总农业用地面积却只有61.58万亩，可见大量农业用地类型已经转为工业及其他用地类型。番禺区区域环境噪声平均55.0分贝，已经处于"城市5类环境噪声标准"的1类与2类之间的临界区间，而2类（55～60分贝）标准主要适用于居住、商业和工业混杂区。综上所述，若考虑第二、三产业在生产总值中的比重和其对城市化的驱动效应，历史中形成的沙田农业特色正在逐渐消失，番禺区本身的城市化水平正在进入更高阶段；同时文化领域的成绩更多地体现了番禺区整体文化形象和政府的强大推动作用，而以传统村落为主体，形成以单个村落的品牌文化活动还没有充分崭露头角。这是番禺乡村文化与传统村落保护的现实状况。

（三）外部环境：番禺区在广州市总体发展规划中的位置

在《广州市城市总体规划（2010—2020年）前期研究报告》中，广州市所辖十区被划为中心组团（包括除了番禺区和花都区的其他八个区）、番禺组团和花都组团。规划确定番禺组团的发展性质为：广州市21世纪的重点发展地区，沿南拓轴将建设成为基于知识经济和信息技术、服务于珠江三角洲、华南地区乃至全国的教育中心；集以控制、管理、服务等新型技术产业为主导的生态型文化旅游产业、国际化商务办公、现代物流、居住于一体的，全面提升广州国际化区域中心城市地位的信息化生态型的新城市中心；区域服务业核心区、临港产业区，将成为21世纪新的广州市科教资讯产业中心和航运中心。发展策略包括：①积极控制策略性的重点发展区，调整完善现状建成区，保护结构性生态绿地和农业发展区；②城市化以村镇经济为主要动力，在保证村镇经济适度发展的前提下，大力实现地区集约建设。

在《广州城市总体规划（2010—2020年）纲要文本（送审稿）》中，在"市域城乡统筹规划"部分，番禺区的发展策略规划为：优化人口结构，加强社会公共服务、住房保障体系建设与城市安全；沿革保护区域绿地和生态廊道；营造岭南城市风貌；从产业、公共服务、基础设施建设等方面积极推进城乡一体化发展。

空间结构规划为：构建"两轴两带六组团多中心"的空间结构；形成高新技术与先进制造产业带以及知识创新发展轴和生活服务发展轴等两条南北发展轴；形成商贸旅游文化发展带和城市功能强化带等两条东西发展带，其中"六组团"包括"广州南站—汉溪组团"、"大学城—高科技产业组团"、"市桥组团"、"广州新城组团"、"都市农业组团"和"重装基地组团"。

产业发展方面规划为：实现从单纯加工制造向先进制造和技术创新转变，从分散开发向产业集聚和产业链延伸转变，从制造与服务各自发展向融合发展和服务型制造转变，由独自发展向区域协调和提升区域竞合能力转变。

宜居建设方面规划为：结合产业发展和人口持续增长的需求，有限配置公共设施，优化城市空间结构，强化城市南部重要的综合服务中心职能的发挥，构建以广州南站、广州新城为区域性中心，市桥中心为番禺城区主中心，东北高科技产业中心为城区副中心，并配合大石、大学城、石碁、东涌、榄核等组团级中心的公共服务中心体系。

与周边地区协调方面：围绕广州南站—番禺新城、广州大学城—数字产业园—东部高新技术产业带、广州新城等重点发展区域，加强与周边地区的协调发展；加强广州南站地区与南海三山、林岳片区的协调发展，以发展物流、商贸、会展等产业为主，增强该地区的辐射力；加强大岗地区与顺德五沙、广州南沙的产业协调发展，发展大型装备制造业为主的先进制造业，积极构建相关上下游产业链；加强莲花山—海鸥岛地区与东莞麻涌地区的协调发展，加快推进临港产业区的建设，积极促进生态旅游的联动发展。

在"乡村地区发展策略"部分，明确提出了"三转型"和以"城镇化"

引导村庄建设布局的发展策略，即实现农村居民向城市居民转变、农村社区向城市社区管理体制转变、村庄形态向城市形态转变。

城市规划作为一项系统性、科学性、区域性和政策性都很强的工作，涉及合理利用城市土地、协调城市空间布局和各项建设的综合部署及具体安排，起到指导发展，预见城市未来发展方向、规模和布局的重要意义。从《广州市城市总体规划（2010—2020年）前期研究报告》到《送审稿》的出炉，我们可以发现番禺区在广州城市发展中的定位变化。其中"生态型文化旅游产业"被"商贸旅游文化发展带"的概念取代，"保护结构性生态绿地和农业发展区""保证村镇经济适度发展"被全新的空间结构设想和产业结构规划所替换。最终的规划较为集中地体现了番禺"高""新""商"的发展定位，对乡村建设的引导和乡村历史文化规划板块的缺失所更能反映的其实是"城市化"的整体要求。"城乡一体化"和"城市化"内涵有本质区别，前者是把城市和乡村作为一个相互依存、相互促进的统一体，通过城乡资源及生产要素自由流动，充分发挥城市和乡村各自的优势和作用，协调发展，达到城乡之间在经济、社会、文化、生态上协调发展的过程。而后者则是在人类社会经济发展过程中，伴随着工业化的形成而出现的人口及非农业从农业中分离出来，逐渐向不同于乡村外貌景观的城市集聚，城市规模日益扩大和城市数量逐渐增多的过程，其着重点在城市，强调城市人口密度的增加，城市空间规模的扩展，非农产业比重的增大，居民点的物质景观和生活方式由农村型向城市型转化。① 这些差别在上述的"三转型"发展策略中体现得尤为明显，并没有达到《送审稿》中所提到的"城乡一体化"的要求。从以上番禺区在广州市总体发展规划的定位可以看出，鉴于广州市整体规划发展的需求，在番禺实行大面积连片恢复和维持传统村落的原貌的方式是行不通的。顺着这条思路，番禺整体上确实处于快速城市化的过程中。正如有学者基于全球的关键空间过程做出的判断："我们正快速走向一个城市化的世界，我们将跨越一个决定性的门槛：这个星球即将有一半的人生活在城市里，可靠的预测是到21世纪中叶的时候，世界三分之二到

---

① 陈晓红、李诚固：《我国城市化与城乡一体化研究》，《城市发展研究》2004年第2期。

四分之三的人都将生活在某种类型的城市聚落里，关键问题是：以何种形式？确实正如我们现在所知，我们将不会生活在乡村，我们可能生活在城市化的村庄里，这是快速城市化的最重要形式之一，特别是在发展中国家。城市化的过程在新型的大都市区不均衡地加速集中。这些城市零星分散于广阔的区域，（形成）大都市地带。它们是城市、乡村、中心、边缘的混合——它们并不是一个城市连续传统必然的部分……（它）通过空间大规模扩张，把大量的人和行动功能性地连接起来，那种空间通过信息、交通和远程通信体系的转型而不断被重构。"[①] 番禺的定位刚好顺应了城市化的发展趋势，其结果必然使得番禺也成为未来珠三角都市地带网络社会中的重要节点。而网络又是什么？它是一个去中心化的概念。网络中的任何一个节点对于网络整体而言都具有同质的功能，因此它们对于周边节点来说都是中心。从这个角度出发，番禺未来也可是广州、珠三角，甚至是中国南方的都市中心。以上是在番禺乡村文化与传统村落保护方面不得不考虑的外部环境。

（四）番禺乡村文化与传统村落保护的目标定位分析

基于上述几方面的因素，可对番禺乡村文化与传统村落的保护目标定位做出如下分析。

1. 沙田农业、桑基鱼塘与延续"番禺"历史文脉

任何文化景观都包含着许多文脉，如时间的（历史的）、空间的（地理的）和社会的，如果文化景观脱离了这些文脉，就会失去其存在意义和重要性。任何物件都不可能单独存在，所以不能将它们看成相互孤立的个体。因此，在讨论番禺的乡村文化和传统村落的保护时，绝对不可以撇开其所包含的文脉。就番禺传统村落而言，其所在的地理空间是绝对的，其所在的社会脉络处于不断变动之中，唯有具有时间跨度的历史文脉可以被重新整理、发掘、重塑。如果将番禺和广州作一个区分，番禺置县可从秦始皇三十三年（前214）开始，比广州建置（226）还早四百多年。在漫长历史时期，虽然王朝更替使"番禺"的地理指向存在差别，但是基本上都包含着今天番禺区

---

① 曼纽尔·卡斯特尔：《地方与全球：网络社会里的城市》，叶涯剑译，载孙逊、杨建龙主编《网络社会与城市环境》，上海三联书店，2010。

的大部或者全部。尤其是在对现存的村落景观产生直接影响的明清时期，大量沙田的生成以及由此形成的沙田农业和桑基鱼塘特色构成了现在可捕捉的也是最易捕捉的历史文脉的主线。

现在的番禺实际上属于明清时的"下番禺"——"下番禺，诸村皆在海岛中，分为大小箍围，俗亦称大小古围。号之曰箍围者，盖其地既低，耕者类皆筑土作围以绕其田，故也。……下番禺之田滨江海者，或数年，或数十年则有浮生，虽不如东、顺、香之多，然大致相类。浮生之田曰沙田"。①明清时期，珠江三角洲的开发加快，河道不断淤积，新生沙坦不断露出水面，番禺人将沙坦用土围绕，使得可利用的耕地面积迅速扩大。作为人为改变自然环境的一种方式，沙田的开发虽然对珠三角生态环境产生了负面影响，但是置于当时的历史情境，番禺的沙田开发对番禺、广东的发展乃至在中国近代史都有重要意义。首先，沙田开发使得粮食产量得以增加，一定程度上缓解了明清，尤其是清代乾隆以来不断增加的人口压力；其次，如屈大均《广东新语》所言"凡粤之田，近海者虞潦，则有基围……故凶荒之患常少"，起到了防洪保收的作用。最后，番禺人在修建堤围、营造沙田的同时发展了"桑基鱼塘"等新型生态农业，发展了商品性经济作物，促进了珠江三角洲商品经济的发展。②沙田的连片分布使得所谓"沙田区"形成，"沙田区和民田区的区分，并不简单地只是土地自然形态的差别，实际上是在地方社会历史的过程中形成的一种经济关系、一种地方政治格局、一种身份的区分，甚至是一种.族群.认同的标记"。③然而，时至民国时期，沙田区的村落还是不存在的。"解放前，沙田地区的疍民在陆上并没有合法的居住权，从而使他们极少连续几代人在固定一地繁衍、生活。对于疍民而言，茅寮居住地并不是长久稳定的。因此，他们难以发展成为严格意义上以世代乡族血统为基础的村庄。但是，由于农业劳作的需要，他们常常在涌边搭建茅寮，从而已经形成了共同聚居和生

---

① （民国）梁鼎芬、卢维庆修（民国）《番禺县续志》卷12《实业志·农业》，《中国方志丛刊》第49册，台北：成文出版社，1967，第170页。

② 冼剑民、王丽娃：《明清珠江三角洲的围海造田与生态环境的变迁》，《学术论坛》2005年第1期。

③ 刘志伟：《地域空间中的国家秩序——珠江三角洲"沙田—民田"格局的形成》，《清史研究》1999年第2期。

活的场所。"①因此可以说，沙田区这种由水上居民——疍民主导的沙田村落是一种有别于珠三角民田区村落中以世系宗族体系为根基的特殊村落形态，它是在岭南水乡这种特殊的自然、社会情境中形成的。

"桑基鱼塘"曾经在珠三角分布很广，并在农业经济中占有最为重要的地位。它起源于珠三角的低洼平原，它的形成必须具有两个最基本的条件。一是必须具有排、灌、防潦兼备的水利系统，田地必须是围田类型。二是种植业和水产养殖业的结合。这两个条件在明清时期都已经具备，并且逐步完善。然而到了20世纪90年代，蚕桑业已经完全退出，现在基塘区已经没有桑基鱼塘的芳踪。而在珠三角桑基鱼塘衰落的同时，这一古老的生态农业模式却受到了联合国教科文组织的高度重视。该组织在80年代资助华南农业大学建立了研究机构。其实自20世纪五六十年代开始，广东的学者一直没有停止过对桑基鱼塘的研究，联合国教科文组织的资助更推动了这一方面的研究。世纪之交，基塘农业一直是生态农业研究中的热门话题。基塘农业经过现代科学的改造，新的面貌出现了。

如果非要说沙田农业围海造田"破坏"了生态，那么"桑基鱼塘"就是名符其实的生态农业了。作为传统农业技术中最有生命力的类型，它能够最大限度地协调人与自然、环境之间的关系，能够很好地协调发展经济和保护环境这一对矛盾，它符合中国古代"天人合一"的哲学思想，更深深扎根于古农学"天、地、人"的农学理论的深厚土壤之中。因此不要仅仅将它作为一种农业技术，而是应将它作为有着深刻哲学内涵的历史文化资源来开发，这样生态农业就走出了农学的范畴，而显示出它的审美价值和教育价值。

把握了沙田农业和桑基鱼塘的历史绵延及其精髓，也就尽可能地捕捉到了番禺历史文脉延续的主线。

2. 文化自觉与增强身份认同

"文化自觉"是我国著名社会学家、人类学家费孝通提出的一个概念，是指生活在一定文化中的人对其文化有"自知之明"，明白它的来历、形成的过程、所具有的特色和它发展的趋势。自知之明是为了加强文

---

① 曾慧娟：《"散沙"之凝聚力及其变迁史——民国至今番禺大云村疍民之实力》，中山大学本科毕业论文。

化转型的自主能力，取得适应新环境、新时代文化选择的自主地位。^① 没有对自身文化的感知和领悟，保护文化就无从谈起。一直以来，不管在保护文化遗产领域，还是非物质文化遗产领域，现在乃至乡村文化和传统村落，都在奉行以国家为行动主体的保护原则，依靠制定相关法律、法规和政策进行约束，由国家财政进行经费投入。这种保护方式虽然贡献极大，但是相对于被保护对象来说，只能说是外部力量，在保护乡村文化和传统村落方面这一点就尤为明显。在番禺调研期间，有村民告诉调查者，他们不愿意国家文物部门将他们居住的建筑评为"文保单位"，这样会影响他们拆除后营造新建筑。

显然，村民目前还并未认识到他们现在所居住的建筑对于文化绵延、村落发展的重要性，这就是文化"不自觉"的表现。因此政府在这里更应该发挥引导的力量，使得番禺区的民众，尤其是居住于传统村落中的村民，认知到其村落所绵延的文化的价值与珠三角其他地区的文化的价值的差异，而最终觉察到自身村落的文化特色。而民众也能将文化自觉提升到实践自觉的新高度，把自身也纳入保护自身文化的行动主体中去；在这一过程中也要满足利益相关者的需求，在保护乡村文化和传统村落的过程中尽量减少削弱他们已经获得或者潜在获得的利益的程度。

认同（identity）也有"身份"之意，心理学将其解释为一种心理机制，个人据此有意或者无意地将另外一个人或者群体的特征归属于自己。在人类学的层面，则更加强调由"认同"所产生的人群之间的边界。特定的文化认同是个人或者群体界定自我、区别他者，使得个人与个人之间、个人与群体之间、群体与群体之间内聚并拥有内部的文化一致性的标志。联合国教科文组织《保护非物质文化遗产公约》指出，认同是确立和保护非物质文化遗产的一个关键。认同的关键是身份认同，意指一个人对自己的一套行动模式、价值观的认同，非物质文化的因素具有重要意义，个体、群体或团体之所以把某种文化视作自己的遗产加以传承与保护，最根本的出发点就是它能满足身份确认的需求。^② 以居住在番禺，而工作在广州中心区的"番禺人"

---

① 费孝通：《经济全球化和中国"三级两跳"中的文化思考》，《中国文化研究》2001年第1期。

② 宋俊华：《非物质文化遗产中的和谐基因》，《学术研究》2006年第11期。

为例，2007年，广州现代国际市场研究公司曾对这个群体进行了抽样问卷调研，调查结果显示，他们对"广州居民"的认可度虽远不及"小区人"（指番禺的大小楼盘），但也明显高于对番禺区居民的身份认同。接近三成的受访者对"广州人"的身份"非常认可"，但对"番禺人"表示"非常认可"和"比较认可"的分别仅占13%和15%。甚至有多达15%的受访者对"番禺人"的身份表示"非常不认可"。调查还发现，以前居住的区域对居民身份认同的塑造有着重要影响，原来就居住在番禺的受访者对于番禺人的认同相对较强（超过一半），而原来住在老广州市区的受访者大部分对番禺人的身份表示不认同。①可见，"我是番禺人"这一身份认同可以与"番禺"这一地域被赋予的历史感相连接，番禺乡村文化和传统村落的保护，还应寄希望于番禺区全体民众对其文化的自觉和认同。

3. 魅力城区与平衡经济功能

一个城区之所以吸引人，令人关注和向往，往往最直接地体现在这个城区街区、村落及其建筑风格。再往后便是生活在这里的人的精神面貌和所体现的修养、品位和素质。城区与人就如同一个联动体，人就如城市的一个标签，个人所展现的风貌可以成为一个城市所具有的文化特征的最为集中的体现。番禺300多个村落几乎村村都有祠堂，每个村落中每个姓氏也都有其各自的祠堂，番禺现存比较完整的祠堂有368间。②祠堂曾是家族议事、供奉祖先、继承传统、团结家族的重要场所。随着岁月的流逝，祠堂的这些职能渐渐退出了历史舞台，但这不等于祠堂已经失去了它们的功能。祠堂的营建往往集全宗族的心血，它们是宗族文化结晶的明证。近年来珠三角地区的宗族传统以新的面貌有所复兴，祠堂更多地体现出去除神圣性后功能性空间的一面。如番禺村落的很多"敬老节"和红白喜事就在祠堂举办。调查者发现近年来番禺区一些祠堂中放置了书架，有的还设置了科普图片展和麻将桌，这些都是祠堂新功能的体现。但祠堂的这些功能在番禺历史及村民记忆中是不存在的，虽然它在一定程度上可以满足村民日益增长的对知识和文化的迫切需求，然而是从保存传统村落场景完整性的角度来说，这些新功能本身是对

---

① 叶平生、刘新宇、程维：《番禺新居民：我是"小区人"》，《广州日报》2007年3月27日。

② 余传文：《古老祠堂焕发新魅力》，《人民日报》2009年8月21日，第8版。

原有乡村文化的破坏和颠覆。

番禺不仅有古祠堂，还有各个历史时期为数众多的遗址、旧址、墓葬、纪念碑、古庙、古塔、名人故居、府邸民宅、牌坊雕刻等，只有在保留原貌、修旧如旧的原则下保存、修复它们，人们才能在身临其境时感受到其本身所发挥的丰富的文化与教育功能，提高个人修养和品位，丰富村民的乡村生活。

北京从1953年起，开始拆除那些"阻碍交通的破败的"城墙。2012年北京文物部门又决定斥资重建6处北京城标志性历史建筑。这其实就是走了保护历史建筑的弯路，而这样的弯路，番禺可以不必再走。番禺区的建筑不仅代表逝去的番禺人的智慧，更是现在番禺人的珍贵财产，它所表达的沙田文化、岭南水乡的生活理想和精神世界，更是中国人乃至全人类文化记忆的存照。城市化和全球化的浪潮终有一日平静，那时若身边已经再也找不到那些富有历史感的番禺建筑，番禺人的精神和信仰将有多么迷失。在着眼经济发展、提高物质生活水平的同时，是否可以考虑重新规划打造以乡村文化和传统村落为依托的"魅力城区"？唯有这样，才能抓住机遇，迎来番禺人、广州人乃至中国人对"岭南水乡"的精神回归。

番禺乡村文化与传统村落保护的目标定位深刻地和上述三点因素连接在一起。番禺作为岭南首邑，当之无愧是广府文化和岭南文化最重要的发祥地和孕育地之一。在广州市培育世界文化名城的契机之下，番禺本身的定位不仅仅要基于历史背景，还要基于当前环境。番禺天然地且必须是广州"世界文化名城"的有机组成部分，从这一点出发，番禺乡村文化与传统村落保护的目标定位和广州市对自身的定位总体上是一致的。

以番禺的历史背景、所具有的现实因素和外部条件为出发点，便可预知番禺在未来几年、几十年里，随着城市化水平的不断提高，村庄必将遭受到比现在程度更强的猛烈冲击，而已经深入人心的"现代化"观念必将在长时段的积累之后突显出其后发威力，此种情况必将促成"现代"与"传统"之间更加激烈的对立，因此也更加考验番禺人民及相关者的视域、境界和格局。我们认为，番禺只有不断延续文脉、加强身份认同和平衡经济—文化功能，才能处理好城市与村落之间的二元关系，实现番禺在未来的和谐的整体的发展。

二 番禺乡村文化与传统村落保护现状描述及利益相关者分析

（一）番禺村落分类

一般来说，时间历经久远的村落一般分布于如下区域：古代乡村经济文化相对发达，但近现代交通重心发生偏移的地区；区域环境相对偏僻独立的地区；小环境相对独立的地形险要处。[①]可见，偏远险要和交通不便的地理环境和交通条件在一定程度上延缓了村落社会在一定时间内的变迁速度。按照不同的标准，传统（古）村落可分为不同的类型。如按照功能特征划分为防御型、农耕型、山水型等；按所处地理位置可以划分为山地型、平原型、山麓型、临水型等；按照成因可以划分为原始定居型、地区开发型、民族迁徙型、避世迁居型、历时嵌入型等。[②]这些关于村落的分类办法各有侧重，各有所长。我们以为，基于解决番禺乡村文化与传统村落的保护问题的考虑，对番禺村落的分类应更加侧重目前番禺本身的社会发展进程的阶段性特征。如前文所述，历史上的番禺河涌密布，是地道的岭南水乡，但是近现代以来广东开发的历史背景及改革开放后的历史潮流又使水乡以非常快的速度融入城市化的进程中，这些村落的变迁过程并非同质同速的，番禺内部的地理位置，宗族力量的强弱，历史文化、传统建筑、传统生计方式的保存情况，使得村落与村落之间在发展进程和形态方面产生了明显的差异。这样，可将番禺行政区范围内的村落按照城市化进程的程度不同划分为已经城市化的村落、正在纳入城市化的村落和相对传统的村落三种类型。

已经城市化的村落。一直以来处于交通要道或枢纽位置，经济实力强大；传统的地方权力结构已经被国家政治力量取代，但是宗族等地方传统权力仍然具有一定的影响力；虽然具有悠久的历史和特殊的文化景观，但是在城市化过程中，某些非物质文化已经消失。位于番禺市桥街旧城区中心地域

---

① 刘沛林：《古村落：和谐的人聚空间》，上海三联书店，1997，第5页。

② 刘沛林：《古村落：和谐的人聚空间》，第56~81页。

的先锋社区（居委会）就是一个典型的已经城市化的村落。先锋社区东至大北路，毗邻桥东社区；南至大东路和大西路，毗邻大市社区；西至光明南路，毗邻田心社区；北至禺山大道，毗邻禺秀社区。占地面积155646平方米，绿化面积798平方米，共有居民住宅楼79座，大街5条，巷44条，横巷15条，55个居民小组，常住户2168户，常住人口5876人，出租屋409户，外来暂住人口2063人。①调查期间，我们的第一感受就是这个社区的卫生情况是非常良好的，高耸的墙壁之间的条条巷道看不到任何垃圾堆，甚至没有半片废纸，这些都可以从侧面说明先锋社区居民的素质和管理水平。此外，我们还发现先锋社区中保留了较好的民国时期的建筑，他们多数为当地归侨所建，这些建筑的主人和营建这些建筑的人具有亲属关系，一些老人还能回忆起祖辈的生活经历。归侨后裔生活的区域很少能看到门前墙壁或者角落上的岭南村落、社区中常见的土地门神和香炉。除了民国时期那些亦中亦洋的建筑，社区中较好地保留了具有典型岭南建筑风格的建筑，那些高大的锅耳风火墙、灰塑砖雕都给行走于社区之中的人强烈的视觉冲击和乡土感受。比较有特色的建筑当属蚝壳屋。如先锋六巷巷口的蚝壳屋，据居民讲，蚝壳屋冬暖夏凉，不积水，不蛀虫，内墙抹灰，外墙蚝壳露出，这里以前经常遭遇洪水而蚝壳屋却经水淹而屹立不倒。现在的先锋社区，其社区周边已经看不出还有村落之感，但是身处其中，却能从那些不同时期风格的建筑、村民习俗等方面感知出岭南村落的韵味。这就是我们将已经城市化的村落纳入传统村落保护讨论范围之内的原因。

正在纳入城市化的村落。处于城市化发展的边缘阶段，集体经济具有很广泛的使用范围，人们不满足被束缚在土地上，而向城市寻求更大的发展空间；宗族权力具有广泛的基础，与国家权力之间联系比较紧；悠久的历史和文化，独特的地域文化特点，比较好地保存了地方的人文景观，但是也出现了传统建筑与现代建筑混杂的形式，村民倾向于居住在新式的建筑中，而传统建筑主要出租给外来的民工居住。位于广州大学城（小谷围岛）的北亭村就是这样一个正在被纳入城市化的典型村落。从2001年始，一个进出需要轮渡、生计靠农耕的世外桃源逐渐融入一个规划超前、设施

---

① 统计数据见广州市番禺区市桥街道信息网，http://www.shiqiao.gov.cn/district-24.html。

先进、环境优美的新城区。2003年，小谷围岛上还有居民13658人，但随后按照大学城建设规划，练溪、郭廊两村5600余人迁出，北亭、南亭、穗石、贝岗四个人口相对集中的村落则原地保留，进行改造。如今的北亭村交通便捷，由大学城中环西路、大学城西五路、大学城外环西路和南沙港快速路所环绕，村落周边村中居民以大学城的学生为消费对象建立了许多店面。北亭村已经在快速城市化的过程中呈现出城中村的诸多特征，但直至2008年大学城建设教师公寓工作拉动，"城中村"改造工作才正式开始。北亭村不仅是番禺快速城市化过程中的一个缩影，也是珠三角迅速城市化的一个缩影，其发展变化具有我国城市化进程的一般特点，其未来发展也可能像城市化进程中的其他村落一样。北亭村的外部区域无疑为其转变为城市形态奠定了物质基础。然而，人口和非农产业的集中只是物化了的城市化，北亭村在其变迁过程中除了产业结构，也更多地表现在村中开始重视高等教育、扩大交往范围、增强法律观念、广泛使用先进通信工具等方面。

值得注意的是，番禺的三处国家级重点文物保护单位之一南汉二陵就位于北亭村。其出土之初便入选"2004年中国十大考古新发现"，目前经过多年的研究和规划，将进入建立博物馆、遗址保护、小谷围文化保护开发、最

图3-3　先锋社区中的蚝壳屋（摄于2012年）

图3-4　先锋社区中的民国
建筑（摄于2012年）

终开放参观的实操阶段。南汉二陵的开发必将给正在变迁中的北亭村带来新
一波的冲击和变革。

　　相对传统村落。从番禺的城市化进程来看，在番禺已经很难按照我们
之前所设定的传统村落的标志去寻找一个人迹罕至、遗世孤立的村落，因此
只能按照相对程度来寻找这样的村落。传统农业保存相对完整，在地方的经
济中占据重要地位，但是人们正在努力寻找一条适合村落发展的新道路；国
家的政治权利在村落中发挥着重要作用，但是传统宗族等力量具有很大的影
响力，是脱离于国家权利之外的另外一种体系，而且，这种传统的力量在社
会经济的发展过程中发挥了重要的作用。这些村落往往保留了大量的传统民
居。石楼镇大岭村、沙湾镇是番禺保存较为完整的传统村落，我们将在下文
对其进行单独介绍。

　　（二）番禺乡村文化与传统村落保护现状

　　众所周知，传统村落不等于古建筑，"村落是人群居住的空间，是生产

方式和生活方式的统一体，不能将村落的物质文化形态与非物质文化形态割裂开来，这是基本的常识"。[①]村落有形的物质文化形态和无形的非物质文化形态犹如"一个硬币的两面"，相互之间有着"皮之不存毛将焉附"的道理。然而，在描述村落的保护现状时，为了操作方便，我们必须将村落以物质文化遗产与非物质文化遗产的形式分类、量化。

1. 番禺区乡村文化与传统村落的历史资源现状描述

物质文化遗产方面。番禺区现有各级文物保护单位66处，其中国家级文物保护单位3处，广东省级文物保护单位6处，广州市级文物保护单位37处，广州市登记文物保护单位24处。[②]此外还有区级文物保护单位19处，区级登记保护文物单位600多处。[③]从图3-5可得知，番禺区市登记级以上文保单位以明、清和民国为主，占文保单位总数的88%，考虑到番禺区级文物保护单位和区级登记保护文物单位也以明清时期为主，番禺物质文化遗产明清以来的特征就显得尤为显著。

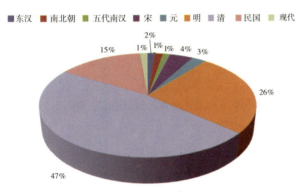

■东汉 ■南北朝 ■五代南汉 ■宋 ■元 ■明 ■清 ■民国 ■现代

2%
1% 1%1% 4% 3%
15%
26%
47%

图3-5 市登记级以上文物保护单位时代分布

① 乌丙安：《民俗学原理》，辽宁教育出版社，2001。

② 番禺区文物管理委员会办公室编印《番禺区文物保护文件汇编》，2011年4月。该资料显示"广州市级文物保护单位共有32处"，考虑到东涌镇和大岗镇已经并入南沙区，减少2处；广州市第八批文物保护单位已经公布，增加7处。

③ 番禺区文物管理委员会办公室编印《番禺区文物保护文件汇编》。该资料显示"番禺区级文物保护单位20处"，现在其中的蒋氏宗祠已经被公布为广州市级文物保护单位，故现为19处。

图3-6　番禺区物质文化遗产类型分布

在物质文化遗产类型方面，如图3-6，番禺区物质文化遗产类型涉及府宅、故居、门楼、遗址、墓葬、纪念碑等诸多方面，类别分布广泛，具有整体性风貌，所有类别中，尤以祠堂和府宅、故居、门楼数量居多。

在物质文化遗产分布地点方面（见图3-7），结合榄核镇、东涌镇和大岗镇未划出之间的番禺行政区划，可以发现市登记级以上文保单位以沙湾镇为界，主要分布在沙湾镇及其以北的街道村镇，其中以沙湾镇、小谷围街、石楼镇相对集中，行政区划变动对番禺物质文化遗产数量的影响并不显著。

非物质文化遗产方面。番禺区现有市级以上非物质文化遗产项目7项。

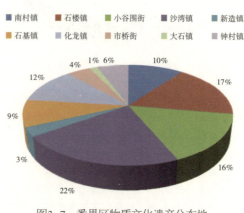

图3-7　番禺区物质文化遗产分布地

有国家级非物质文化遗产3项，省级非物质文化遗产7项，市级非物质文化遗产12项，[①]除此以外还有区级非物质文化遗产25项（包括市级以上名录12项、区级名录13项），[②]且其遗产类别内容丰富。涉及"民俗""传统技艺""传统舞蹈""传统音乐""传统美术""传统体育、游艺与杂技"和"传统医药"7个类别。传统非物质文化遗产各类别中，以"民俗"项目数为最多，其次是"传统技艺"和"传统舞蹈"。如图3-8所示。

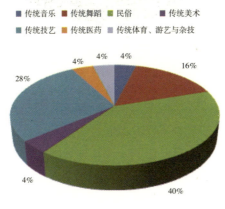

图3-8　番禺区非物质文化遗产类别分布

在物质文化遗产分布地点方面（见图3-9），结合番禺行政区划，可以发现非物质文化遗产项目分布地点大致和物质文化遗产分布地点相吻合，仍以沙湾镇为最多，但是并未如物质文化遗产一样，项目数量在各镇之间产生明显差距，这可能和区域文化的整体性、番禺区非物质文化遗产评选刚刚兴起有关。

除上述的物质文化遗产和非物质文化遗产外，番禺区还有广州市历史文化保护区1处——莲花山；广州市内部控制历史文化保护区3处：安宁西街、大岭村和鳌山古庙群。[③]

① 国家级非物质文化遗产项目同时也属于省级和市级项目，省级项目同时也属于市级项目。

② 以上数据由番禺区文物馆相关负责人提供。

③ 广州市规划局编《广州市内文保单位、历史文化名城及保护区保护规划、骑楼保护规划、近现代优秀建筑、工业遗产名录》，2010年1月。

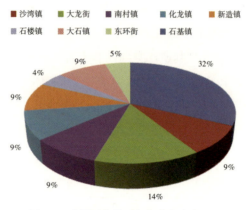

图3-9 番禺区非物质文化遗产分布地

大岭村同时是广州市唯一的国家级历史文化名村和广东省旅游特色村；沙湾镇是广州市唯一的国家级历史文化名镇。

2. 典型传统村落介绍——石楼镇大岭村、沙湾镇

大岭村位于广州市番禺区石楼镇西北部。开村于北宋宣和元年（1119），至今已有800多年历史，2000年被广州市定为第一批历史文化保护区，2007年5月成功入选由中国国家建设部、中国国家文物局共同组织评选的第三批"中国历史文化名村"，2012年12月入选第一批"中国传统村落名录"。村所在地原为莲花山西南海湾中的孤岛，后由于泥沙淤积，形成背山向水，整个村落随着菩山和玉带河呈西北—东南方向延伸的村落空间形态。由集义门入许地街、文明街、山祠堂街、中兴街、升平街、龙津街、繁华东路、菩山第一泉也大体形成东南—西北走向，因此大部分里巷与大街形成了"梳式"街道布局。大岭村由5个自然村——中约、西约、上村、社围、龙漱（又名荔枝岗）构成，自然环境良好，村域建设发展格局清晰，文化遗产得到较好保存，市登记保护文物单位4处——贞寿之门、龙津桥、大魁阁塔和陈捷云墓。此外还有古祠堂如两塘公祠、显宗祠（陈氏祠堂）、善元庄公祠、朝列大夫祠（失修）、陈氏大宗祠（1999年重修），府第名宅如永思堂和树龄过百年的菩提树等种种富含历史记忆的人文景观和自然景观。中国传统村落"人之居处，宜以大地山河为主"的空间理念在这里得到很好体现。历史上，大岭村是番禺科举文化的兴盛之地，曾出过状元、进士、举

人及为数众多的官员。大岭村的"黑白双桡"龙舟在民国年间到新中国成立后都是番禺的名牌龙船,参加市、县、区等各种赛事均有出色表现,屡获殊荣,是番禺有名的"快船",也是石楼"中国龙舟文化之乡"的品牌,龙舟文化在大岭村得到很好的演绎。经相关专家学者考证,大岭村是省港"黄大仙信仰"的发源地。大岭村的秀才陈启东于1897年在大岭村家中联同族人一起创立了"普济坛",教务发展到广州花地(现芳村),传至西樵、香港。其"普济劝善"的宗旨奠定了"黄大仙信仰"的发展方向,在现今香港"黄大仙信仰"中得到光大传扬。但是也存在一个重要问题:像岭南众多传统村落一样,大岭村一直以来对新式建筑并没有有意识地进行控制,所以高十几米的新式楼房随处可见,使人产生一种历史古建筑被"包围"的感觉,村落景观整体性被破坏,很难和作为世界文化遗产的徽州西递传统村落相比。

沙湾镇位于番禺区中部,北临市桥河、南临沙湾水道,西为青萝嶂,东南面为泥沙冲积形成的沙田平原,已经有800多年的历史。据史书记载,这里原是渔人聚居的渔村,到宋代时,沙湾西北部经历代移民围海造田,沙田面积不断扩张。南宋绍定六年(1233)何氏祖先德明从内地来此,在沙湾购买了大量山地和沙田,繁衍子孙,最终富甲一方。目前的沙湾镇是广州市唯一的国家级历史文化名镇,同时也拥有"中国民间艺术之乡""广东音乐之乡""广东醒狮之乡""广州市首批中心镇试点""广东省中心镇"头衔。镇内有广州市登记保护文物单位级别以上单位15处——何氏大宗祠(留耕堂)、何少霞故居、何柳堂故居、何与年故居、仁让公局、惠岩祠、三稔厅、何子霆夫妇墓、广游二支队独立中队队部(陈氏祖祠)、鳌山古庙群、李忠简祠、何树享住宅、鉴湖张大夫家庙、永锡堂("文学流芳"牌坊)和清水井。其中何氏大宗祠(留耕堂)为广东省级文物保护单位,广游二支队独立中队队部(陈氏祖祠)、鳌山古庙群、鉴湖张大夫家庙、永锡堂("文学流芳"牌坊)、李忠简祠5处为广州市级文物保护单位,何少霞故居、仁让公局、惠岩祠、三稔厅、何树享住宅5处为广州市登记文物保护单位。同时有番禺区级以上非物质文化遗产6项——沙湾何氏姑嫂坟崇拜、水牛奶传统小食制作工艺(番禺沙湾)、广州砖雕、广东醒狮(番禺沙湾)、沙湾飘色、广东音乐。沙湾镇旧城区(以沙湾东村、西村、南村、北村以及沙坑村为主)形成了以重点文物古建(如留耕堂、三稔厅、李忠简祠)带动,由古建及普通民居形成的巷道（如安宁西街、车陂街）连接村落整体的村庄格局。不同历史时期的传统建筑群、以祖先坟墓和祠堂建筑为代表的宗族文化、类别众多的非物质文化遗产项目和科举文人辈出的历史底蕴使得沙湾镇成为番禺，乃至岭南传统乡镇的典型代表。值得注意的是，就在本文形成期间，国家住房和城乡建设部办公厅结束了第二批"中国传统村落名录"的公示，番禺区沙湾镇沙湾北村位列其中，这意味着沙湾北村成为继番禺区石楼镇大岭村之后第二个被列入"中国传统村落名录"的村落。[①]

（三）番禺乡村文化与传统村落保护的利益相关者情况分析

从遗产保护角度来看，乡村文化与传统村落不仅是社会准公共产品，更是一种可以被全社会共享的社会资源。社会上各利益团体不仅可以对它研究，还可以施以具体行动对其产生影响，这些团体和机构被称为利益相关者（stake holder）。就番禺来说，其乡村文化与传统村落的利益相关者便是能够影响其保护和管理目的实现的团体和个人，他们包括：各村村民、村集体与民间组织（如宗族会、老人会）、各级政府和区镇文化部门、旅游者、研究者、相关NGO组织和广州市民等其他人群。

1. 村民

村民是乡村文化与传统村落的传承者和原则上的保护主体，会因保护而吸引的旅游活动直接获益，但是同时其生产生活活动也受到相关保护办法的限制，如村中种植植物的种类、房屋高度和样式、房屋翻新、修路取土等。在这种条件下，被保护村落中村民的生活质量会受到一定程度影响。广义的"村民"还包括居住在番禺村落中的租客，他们和本村的联系较弱，在宗族情感和村落历史记忆方面无法很好地衔接，但保护乡村文化和传统村落也需要得到他们的支持。总之，只有当地村民真正从旅游发展中受益，生活得到改善，他们才会提高自觉保护资源的积极性。

2. 村集体和民间组织

村集体和民间组织是村民的代表，在一定时期内可以影响甚至决定村落的发展走向。传统村落的古朴纯美风格之所以能够长期保持，很重要的因素是村

---

① 《住房城乡建设部办公厅关于对拟作为第二批列入中国传统村落名录的村落名单进行公示的通知》，2013年8月5日。

落中存在既有的乡规民约，以及具体的宗族观念、风水观念和民间信仰等非物质性的精神内涵。物质与非物质（日文称"有形"和"无形"，从日文翻译成英文又翻译成中文的过程中，"有形"被翻译成了"物质"，"无形"被翻译成了"非物质"）不能简单地截然分开，就如同一个钱币的正反两面，它们还是在一个整体上。城市化进程中，村民可能更接受更加物质性的利己主义，使得传统村落中一些传统空间如祠堂易被挪作他用。一旦宗族观念、风水观念、民间信仰等所依赖的物质外衣——传统空间被损毁，传统乡村同样面临失去精神内涵、难以保留其面貌的风险，这可以说是村落传统文化在物质层面的"空心化"。村集体和各类民间组织可以有效地督促乡规民约执行。因此村集体和民间组织对村庄认同和共享价值观念的推进与维护是极其重要的。

3. 各级政府和区镇文化部门

就目前情况而言，政府主导是我国乡村文化与传统村落保护的主要模式，政府发挥着在财政、金融、营销、规划和管理等方面的主导作用。各级政府和番禺区镇文化部门的决策会直接影响番禺乡村文化变迁和传统村落保护进程，他们不仅是现在最强力的相关管理者、投资者和受益者，同时也是村落保护、研究、提升、转型的主要负责人，负担着对各项文化遗产的维护、管理和监测工作。

4. 旅游者

如前文所述，番禺乡村文化和传统村落囊括了内容丰富的物质文化和非物质文化，除此以外还有广州长隆野生动物世界、广州长隆水上世界、大夫山森林公园等旅游景点，这在总体上形成了空间上的旅游集群优势。乡村文化和传统村落在开发初期对游客的吸引是有限的，但随着村落整体状况的改善和知名度的提高，番禺的游客量和旅游收入都在大幅增加。值得注意的是，2011年番禺区全年接待旅游总人数达1960.15万人次，增长25.1%，实现旅游总收入89.58亿元，同比增长17.8%。[1]有人认为"以游兴村，以游保村"是传统村落古民居旅游的生命力所在。[2]

---

① 广州市番禺区统计局、国家统计局番禺调查队：《番禺统计年鉴2012》。

② 王敏、吴攀升：《传统村落旅游发展策略探讨：以浙江金华传统村落为例》，《桂林旅游高等专科学校学报》2006年第2期。但是因旅游所带来的自然生态和人文生态的破坏也应引起人们的警惕。

5. 其他人群（研究者、媒体、相关NGO组织和广州市民等）

研究者、相关NGO组织和广州市民等是潜在的利益相关者，他们和番禺乡村文化与传统村落保护的关系具有不确定性。他们的关注程度会在特定时间和情境转换为具体行动，对番禺乡村文化和传统村落施加影响。

利益相关者构成了番禺乡村文化与传统村落保护的基础要素，各自发力便可织就一幅岭南乡村文化与传统村落"复兴"的盛景。以番禺龙舟活动为例。在我国传统的龙舟领域存在"游"与"赛"两大流派，前者强调外观和表演，后者强调速度和实战，然而无论是龙舟表演还是龙舟竞渡，多数在大江大河中举行，而番禺龙舟则多在乡间河涌中举行，实为一大特色。每逢端午节，番禺各镇各村，或举行竞赛，或划船互相访问，这表面上是节庆娱乐，实则更多地体现着村民对番禺水乡文化和各自村落记忆的认同，这也是新中国成立后虽经历"文革"，龙舟竞渡被斥为"封建迷信"，却在改革开放后迅速恢复的主要原因。这里，村民作为保护文化遗产的主体的作用被充分凸显出来。

单个村民的力量是弱小的，在组织村民方面，村集体和各村的"龙船会"起到了协调和领导作用。以大石龙舟为例，热闹非凡的龙舟竞渡的各个环节其实是由端午节前的一个临时筹备组织——龙船会推动的。龙舟竞渡中的一个重要内容是吃"龙舟饭"，"村民各家各户居住分散，为了能在这些日子中使参加龙船活动的健儿招之即来，各地的龙船会都会组织临时的饭堂，实行集体吃饭"。①

村集体和民间组织的力量依然弱小，要想将"番禺龙舟"做大做强还需中央、省、市、区各级政府文化、体育部门的财政、金融、营销、规划、管理和宣传支持。"莲花杯""禺山杯"龙舟赛等大型活动得以成功运作，并吸引港澳同胞、海外侨胞和驻广州的外国领事馆人员来助兴，皆得益于政府在这些领域所起到的主导作用。

我们通过网络检索发现，描述番禺龙舟竞渡盛景的多为非番禺本地的游客、学者等人群。他们对龙舟活动的参与，一方面给番禺带来了一定的旅游收入对番禺龙舟文化起到了一定的宣传作用，同时也昭示了一种事实——番

---

① 大石街提供的《话说大石龙舟》文字材料。

禺龙舟不仅属于番禺人，也属于所有中国人，乃至是全人类的共同财富。

偏远险要和交通不便的区位环境会延缓村落与周边社会的互动和信息交换进程，从一定程度上来说有利于传统村落的保护。但是近现代以来广东开发的历史背景及改革开放后的历史潮流，使得番禺这个曾经的岭南水乡高速融入城市化的进程中。城市化程度决定了村落传统因素保存的程度，而城市化的程度又取决于利益相关者的博弈。因此番禺乡村文化与传统村落保护的精髓就在于能否协调各方利益，调动作为主体的村民的积极性。

三 番禺乡村文化与传统村落保护的建议

（一）反思："后名录时代"的传统村落保护

如我们在"番禺乡村文化与传统村落保护现状"部分所述，目前，国内各级政府为了对遗产资源进行描述和保护，建立了关于分类、量化、分级保护的制度——"名录制"。"名录制"，即依据一定的评价标准，将那些被认为有保护价值的村落纳入保护名录。各级名录一经生成，就成为政府制定相关政策，确定保护、发展框架时不得不参考的依据。因此，名录对于区域内相关文化遗产的保护起到举足轻重的作用。

不过，众多最具保护价值的传统村落经过申报和评选进入名录后也遇到一些问题，如重申报轻保护、随意改建、过度开发、保护的可持续性问题等，一如申遗成功后许多非物质文化遗产代表作的遭遇。有专家学者认为非物质文化遗产保护开始进入"后非遗时代"，如何进行申遗成功后的保护值得关注与研究。我们认为，传统村落保护也到了同样关键的阶段，番禺的传统村落保护也面临类似的问题。我们在此提出"后名录时代"的传统村落保护问题主要有两个目的：其一，希望人们注意传统村落入选后的可持续性保护。其二，引起大家对"名录制"传统村落保护模式本身的反思。在此，将主要的问题和建议列举如下。

1. 协调与整合不同"名录"体系的目标和资源

目前，我国关于传统村落保护或与此相关的保护名录主要有：历史文化名镇名村名录、传统村落名录、景观村落名录、生态文明村名录、文物保护单位名录、历史建筑名录、非物质文化遗产名录等。此外，还有一些乡村评比、建设名录，如名镇名村名录、美丽乡村名录等，因为它们实际上与传统村落保护有关，所以，也可以作为"名录制"保护模式的一部分。它们可能是国家级的，也可能是省、市、县级的。其组织者和制定者归属不同部门或组织，有文物局、住建部、农业部、财政部、政协、文联、民间文艺家协会、国土经济学会传统村落保护委员会等。

首先，这些复杂的名录体系因为关注乡村的侧重点、目标和评价标准有所不同，难免在实施中相互形成干扰，有时甚至彼此抵牾，如名村建设中的大拆大建，对高速高效的追求，有些不利于传统村落的保护，也在一定程度上反映了发展与保护的矛盾。其次，条件较好的村落往往入选多个名录，多项名誉头衔集于一身，如上文中提到的沙湾镇、大岭村。一方面，面对多种评选标准和建设规划，有时难免会顾此失彼；另一方面，资金投入过于集中，不但不利于资金的平衡分配使用，有时还会带来些意想不到的后果，如过度开发、过度保护等问题。

2. 切实加强对传统村落非物质文化遗产的保护、活化与传承

在正式的文本中和公开的表述中，村落文化由村落物质空间和村落非物质文化构成。但从以往的传统村落评价指标体系来看，人们更看重村落文化的物质空间层面。以国家名镇名村评价指标为例，村落价值特色共9个指标，占70分，其中，属于物质文化层面的有7个，占59分，包括：①村庄建成区文物等级与数量；②村庄建成区历史建筑数量；③反映重要职能与特色的历史建筑保存完好情况；④村庄建成区文物保护单位与历史建筑规模；⑤保存有体现村镇传统特色和典型特征的历史环境要素数量；⑥历史街巷（河道）规模；⑦核心保护区风貌完整性、历史真实性、空间格局特色功能。而属于非物质文化遗产的仅1项，占6分，这种心态在传统村落保护实践中亦十分常见。如上文所述，村落物质文化和非物质文化相互之间其实是"一个硬币的两面"，是相互承载、相互依托的关系。这样的评价标准和做法当然不利于传统村落的整体保护与活化保护，传统村落保护中"空壳村"的出现即是这种偏差的结果。

3. 纠正对传统村落属性和传统村落保护主体的认知偏差

传统村落具有多元属性。但在传统村落保护的各类文件和具体实践中，

表现出对传统村落的文化属性关注较多、对其社会属性关注较少的倾向。人们更多地从文物、文化遗产、聚落、景观的角度评价传统村落，对传统村落也是承载村民日常生活的社区、祖祖辈辈生活的家园强调不够。关于传统村落保护的价值，人们从传承中华农业文明、民族精神和地域文化等方面给予热切的高度赞扬，但对传统村落保护之于增加村落共同体认同和凝聚社区意识的作用未能给予应有的重视。这种认知上的偏差直接影响到传统村落保护实践中村民作为主体的缺失，也使得传统村落保护中的整体性原则、活化原则和可持续原则难以得到切实贯彻。有学者尖锐指出，因为离开文化主体的需要和态度，许多保护项目变成了一厢情愿。

4. 转变传统村落保护工作的重心

在讨论"后非遗时代"的保护工作时，有专家提出，知识分子应该将工作重心转向科学保护、广泛传播、利用弘扬和学术研究四个方面。其实，这个提议也可以作为政府调整"后名录时代"传统村落保护工作重心的思路。其中，科学研究尤其重要。目前许多相关学科对传统村落保护工作的参与更多的是在具体应用层面，特别是建筑学、规划学、旅游学等，而地理学、历史学、人类学、社会学、民俗学所做的基础性学术研究之于传统村落保护的重要意义还有待社会各界的认识。

5. 理性申报，科学保护，审慎建设

"后名录时代"并非意味着申报保护名录工作的停止。我国传统村落保护工作真正开始只有十年的时间，还有其他各种传统村落保护规划或与传统村落保护密切相关的乡村建设工作在陆续展开。而且，鉴于村落保护价值的差异和保护资金的限制，"名录制"重点保护模式亦是必要的选择。对于番禺传统村落保护来说，目前，最需要认真对待的工作有两个：一个是国家四部委（住建部、文化部、国家文物局和财政部）组织的全国传统村落评审。另一个是广东省名镇名村示范村建设工程。就传统村落保护而言，这是两类不同性质的工作。

第一类是以传统村落保护为目标的项目。这些不同类型、级别的传统村落保护项目，均有详细的评价认定指标，有的还制定有传统村落保护与监督条例，以及传统村落保护与发展规划，可以成为传统村落保护的指导性标准。同时，名录所带来的荣誉和资金也可以促进传统村落的保护。四

部委组织的全国传统村落评审之所以值得特别关注，其中一个重要原因是四部委所编制的《传统村落评价认定指标体系（试行）》。首先，其评价指标体系中特别增加了非物质文化遗产的分量。该评价体系由村落传统建筑评价指标体系、村落选址和格局评价指标体系、村落承载的非物质文化遗产评价指标体系三个部分构成，每个部分均占100分的分值。而以往的评价体系中一直以物质空间为主。对传统村落保护而言，这是个值得肯定的方向。其次，评价指标详细。例如，关于村落传统建筑的价值，依久远度、稀缺度、规模、比例、丰富度五个指标进行定量评估；依完整性、工艺美学价值、传统营造工艺传承三个指标进行定性评估。关于村落选址与格局的评价，主要根据久远度、丰富性、完整度、协调性以及村落选址、规划、营造所反映的科学、文化、历史、考古价值。关于村落非物质文化遗产价值的评估则设定了稀缺度、丰富度、连续性、规模、传承人、活态性、依存度七个指标。对于番禺传统村落保护工作来说，这份详细的评价指标相当具有实用意义。第一，用来指导保护规划的编制；第二，使传统村落保护目标更加具体化，更具有可操作性；第三，有助于我们建立详细的传统村落信息数据库；第四，可以借此建立和完善地方传统村落保护名录制度，甚至乡镇级的保护名录，扩大保护范围，促进传统村落保护的制度化、体系化和科学化。

第二类是与传统村落保护密切相关的乡村建设工作。据省政府印发的《关于打造名镇名村示范村带动农村宜居建设的意见》（粤府〔2011〕68号），为在推进城镇化上实现重大突破，政府希望集中力量打造一批名镇名村，确保一年出成效、两年实现目标；要求"十二五"期间全省10%的镇和行政村完成名镇名村建设，30%的行政村完成示范村建设。这项工作已在番禺区全面铺开。名镇名村示范村的选择势必与传统村落有相当大的重合。在此，如何对待保护与发展的关系是个需要审慎处理的问题。

（二）超越"保护名录"的传统村落培育

1. 加强对名录外传统村落的培育

"名录制"下，所有的村落可以被简单划分为两大类：入名录的村落和未入名录的村落。我们认为，关注名录外的村落并从实践上探索一些制度性的做法将具有特殊的意义。

首先，对那些暂时未能进入名录但又具有保护价值的村落进行培育，使其成为未来的传统村落之"星"。番禺区有村落300多个，入选历史文化名村、广东传统村落、生态文明村等名录的只有石楼镇大岭村、南村镇坑头村等几个，且多是重复入选。而实际上，番禺值得保护的传统村落还有很多。番禺的传统农耕、沙田文化非常成熟，传统村落绝大多数形成于宋代，宗族文化发达，保存较完整的村落祠堂有近400座。这些建筑主要分布在与广州接壤的民田区，以清代风格为主，兼有少许明代建筑材料，具有特殊的历史价值。这些村落的形成与宗族发展和沙田开发同步。保护这些传统村落也是对珠江三角洲开发史的保护。同理，对于那些历史本身不是很久远，但是却能突出展示历史某个时期的风貌的村落也应该具有前瞻性地加以重视，如那些保留有"文革"时期建筑的村落。

其次，保护少部分、"放任"大部分的做法不可取。能够进入保护名录并得到特别保护的传统村落毕竟只是少数，尽管各级名录都在逐批增加名额，如国家级的"中国历史文化名村"名录，第一批12个，广东省占2个①；第二批24个，广东省占3个②；第五批61个，广东省占4个。又比如省级的"广东省历史文化名村"，2008年为5个，2009年是15个，2012年达到了36个。虽然大幅度提高了名录覆盖面，但能够获得认可和保护资助的传统村落仍然极其有限。据四部委新近公布的全国传统村落调查部分结果，31个省、自治区、直辖市共登记上报了11567个村落信息。登记上报300个以上传统村落的省份有16个，上报1000个以上的省有3个。广东省拟上报100多个。那么，上报的比例如何呢？以上报传统村落数位列前三名的贵州为例。该省约有1.7万个行政村，50户以上的自然村落近6万个，此次上报传统村落1095个，所占自然村总数的比例只有1.8%。各省市的保护名录也不令人乐观。广东省已公布的传统村落数只有100多个。

如果我们忽视了对名录外占绝大多数这部分村落的传统村落文化的挖掘和培育，失去了整体文化氛围，入选的传统村落最终会成为一座座文化上的

①　分别是广东省佛山市三水区乐平镇大旗头村和广东省深圳市龙岗区大鹏镇鹏城村。

②　分别是广东省东莞市茶山镇南社村、广东省开平市塘口镇自力村和广东省佛山市顺德区北滘镇碧江村。

孤岛，留下的只能是没有灵魂的"躯壳"。

2. 突破较单一的"名录制"传统村落保护模式

有学者将传统村落的保护和发展概括为以下四种模式：第一种，国家力量积极介入，包括国家各级行政单位政策、法律法规、制度等的制定以及授予相关荣誉和奖励。第二种，利用经济杠杆驱动对传统村落进行保护和开发。第三种，民间、国家、资本三者相互利用渗透的多重模式组合下的经营方式。第四种，主要依赖村民自身的力量无为而治。其实，前三种都是"名录制"保护模式的主要做法。单一的"名录制"外，最需要的是类似第四种的模式：以村民为主体，发动社会力量，政府扮演引导、辅助的角色，而非任其无奈的自我生存。在政府人力、财力有限的客观情况下，对于名录外的庞大的村落群体，这种保护模式恐怕是最可行的。下文提到的"社区营造"就是值得我们探索与试验的。不过，提倡"社区营造"还有其他目的。

（三）"社区营造"理念下的传统村落保护之转型

传统村落保护存在的问题以及中国社会未来的发展趋势，要求对目前的保护模式进行必要的改革。我们认为，在诸多改革目标中，重新确立传统村落保护的主体至关重要。"名录制"保护模式是政府主导的、自上而下的保护行动，特点是能够集中力量，短期见效。不足之处前文已有论及，如忽略了村落的社区属性和村落共同体的作用，村民很多时候是被动的，参与程度有限；而且，政府也并非是全能的；这些问题不可避免地影响到传统村落的整体保护和文化传承等。为非物质文化遗产和传统村落保护积极奔走呼吁、贡献甚大的作家冯骥才先生便一再强调："我们必须清醒地认识到，民众才是文化遗产的真正主人，而我们——无论是政府、商界还是专家学者，都应该以局外人的身份参与到文化遗产保护工作当中。这其中，政府的定位是统筹管理，学术界是科学指导，而商界则是在科学保护基础之上进行适度参与，政府、学界、商界，任何一方的过度参与，都会对非物质文化遗产的自主传承造成不必要的伤害。"可以说，"民众参与""自主参与"及类似的表述在传统村落保护领域并不少见，问题是如何将理念付诸实践，而"社区营造"是个值得学习和探索的模式。

所谓"社区营造"（community building, community development,

community planning），在此主要指从20世纪始发于日本、中国台湾和香港以及欧美的地方社会，由居民主导的社区建设活动或运动。它们名称不一，发生时代不一，但都有着相似的背景、理念和做法，对我们非常具有启发和借鉴意义。现择其要列举如下：

- 强调社区意识和共同体意识
- 通过发掘传统文化的潜质，保持社区文化特质
- 营造舒适的居住空间和理想的人际关系
- 培养家园情感
- 秉持社区所有者、使用者的视角
- 持续分享传统社区改造和复兴过程中的收益
- 公众自主参与、自下而上的行动模式
- 民众成为社区的规划者和保护者
- 成立各种类型的组织和俱乐部
- 鼓励公民意识和社区自治
- 发现地方价值，保持地域多样性

中国有自己特殊的国情，关于实施"社区营造"的可行性可以从以下几个方面看。

首先，中国乡村目前的社会状况与社区营造运动发生的背景和遭遇的问题具有一定的相似性：工业化、城市化带来的压力，快速社会变迁带来的传统文化的破坏，居住环境恶化，人与人之间、人与自然之间关系的疏离等。不同的是，中国的公民意识较弱，而这一点是社区营造运动发生的重要条件之一。

其次，社区营造运动的宗旨与中国保护传统文化、建设新农村的目标是一致的。

最后，社区营造离不开民间组织和社会力量的推动。珠三角地区在这方面基础较好。一方面，该地区历史上宗族文化兴盛，宗族等传统民间组织较发达，许多宗族组织至今还在村落公共事务中发挥作用，传统村落保护中便有他们的身影。另一方面，公民意识开始苏醒，各种NGO组织的活动正在促进公民社会的形成。

关于具体实施操作问题，社区营造运动在保护传统文化，特别是

传统街区营造方面已经积累了许多成功的案例，可以为我们在乡村推行社区营造计划提供经验与范本。例如，社区营造并非是庞大的社区建设工程，而是针对不同社区议题的具体行动。日本学者将这些议题分为"人""文""地""产""景"五大类。它们与传统村落保护与利用所关心的问题极其贴切，非常具有指导意义，具体如下：

"人"：指社区居民需求的满足、人际关系的经营和生活福祉的创造；

"文"：指社区共同历史文化的延续、艺文活动的经营以及终身学习等；

"地"：指地理环境的保育与特色发扬，在地性①的延续；

"产"：指在地产业与经济活动的集体经营，地产的创发与行销等；

"景"：指社区公共空间的营造、生活环境的永续经营、独特景观的创造、居民自力营造等。

有些社区营造行动我们可以直接移植过来进行模仿。例如，台湾的"参与式村史"写作计划。让村民参与撰写村史，通过对建筑、人物、风物等的描述和叙事，发掘村落的价值，"重新凝视祖先的生活轨迹和自己的生活场景，建立村落共同体的认同和生活意义"。

社区营造中民间组织的活跃和重要性也非常值得我们学习。比如，日本社区营造中的各个组织或俱乐部多拥有自己的宣言，其中某个设计团队的宣言是：我们感受，思考，行动，创造，交流，感动。反映和强调了该组织的追求、活动内容和工作方式。

总之，"社区营造"理念的引入为传统村落保护带来全新的视野和思路。传统村落保护不仅仅是个文化保护行为，还可以促进基层社会治理，并且在推动公民社会的建设上有所作为。

* * *

乡村文化和传统村落保护问题从被提出的那天起，便时时处处陷于两难的境地：发展与保护、现代与传统、城市与乡村、工业与农业、经济与文化、新与旧等。保护工作的关键就是认识和平衡上述各种看似对立的关系，

---

① 在地性（site-specific）是指事物置于一个特定的地域空间，通常是具有历史延续或者通常所说的"文脉"，从而使得该事物具有"非此地不可"的意义。也就是说，如果一个事物放在另一个社区或者另一个场景之中，其原有意义可能就没有了，而产生一种全新的意义。

探索建立传统村落保护中的平衡机制。

作为广州市现代化新城区和珠三角现代产业基地，番禺的区位特征和城区职能定位必然使传统农业生产和乡村社会持续面对城市化造成的冲击，番禺的村落必将处于城市之中。所以，应该从村落与城市的关系角度定位与推动番禺传统村落的保护。番禺乡村文化和传统村落保护还需要处理好以下几个问题：其一，面对快速的城市化做好传统村落的抢救和保护。其二，探索新型的城乡关系和城乡一体化的发展道路，将传统村落保护与番禺岭南休闲旅游和生态宜居城区建设相结合，使乡村成为城市人寻找传统文化、获得心灵抚慰的精神家园，也借此营造出不同类型的传统村落。其三，探索发展都市高新农业、生态观光型农业的同时，如何使现代农业文化与传统农业文化相融合。

在我们看来，乡村文化和传统村落保护应该被提高到这样的高度：它与人类文明发展道路的选择密切相关。它其实是现代社会重新评估农业文明价值、向一个古老文明类型致敬的开始，它与人类文明类型的平衡和发展方向密切相关。面对工业文明、现代化、城市化的洪流，农业、农民和乡村之于我们意义的重要性并未得到普遍的、清醒的认识。可以说，乡村文化和传统村落保护就是为人类社会在某种意义上向农业文明的"回归"储藏种子、保育土壤，同时也是对全球化下保护文化多样性的最切实的实践。

第四章　非物质文化遗产保护工作调查

联合国教科文组织在2003年的会员大会上通过了《保护非物质文化遗产公约》，号召保护非物质文化遗产（以下或简称"非遗"），确保有关社区、群体和个人的非物质文化遗产受到尊重，在地方、国家和国际层面提高对非物质文化遗产的重要性及确保其相互欣赏的意识，以及开展国际合作和提供国际援助。《公约》在2006年正式生效，为各国制定非物质文化遗产相关法规提供了国际性的法律依据。

中国不仅积极推动《公约》的通过，亦积极推动本国非物质文化遗产的保护。2004年，全国人大常委会做出批准《公约》的决定。2005年，国务院下发《关于加强文化遗产保护的通知》。随着《公约》的实施，中国非物质文化遗产保护中心于2006年9月14日挂牌成立，承担全国非物质文化遗产保护的有关具体工作，履行非物质文化遗产保护工作的政策咨询；组织全国范围普查工作的开展；指导保护计划的实施；进行非物质文化遗产保护的理论研究；举办学术、展览（演）及公益活动，交流、推介、宣传保护工作的成果和经验；组织实施研究成果的发表和人才培训等工作职能。2006年和2008年，国务院陆续公布第一、第二批国家级非物质文化遗产名录。2011年，第十一届全国人大常委会第十九次会议通过《中华人民共和国非物质文化遗产法》并于是年6月实施。非遗法的出台，将政府保护非遗上升为法律责任。

为积极推动非物质文化遗产保护工作，2006年广东省非物质文化遗产保护中心挂牌成立，并于是年公布省第一批非物质文化遗产名录。2007年2月13日，广州市非物质文化遗产保护中心挂牌成立。[①]

2006年底，番禺区非物质文化遗产保护中心挂牌成立，并于2008年公布

[①]　广州市非物质文化遗产保护中心网站，http://www.ichgz.com/。

了第一批区级非物质文化遗产名录，2012年公布了第二批非遗名录，并重新核定了第一批区级名录。2012年7月1日，《番禺日报》在A3版登出大篇幅报道《番禺区形成国家、省、市、区四级非遗保护体系》。可以说，在关于非遗的法规制定和机构设置方面，中国紧跟联合国的步伐，而番禺区也几乎与省市同步，在极短的时间内成立了保护中心，配备了一定数量的人员与顾问，在资源有限的情况下，做了不少有益的工作，值得肯定。

本次受番禺区委宣传部委托进行的调查，旨在了解区内非遗发掘和保护工作的进展、局限与困难，以及非遗与社区生活、地方建设与治理的关系，从而提出一些相关的文化发展战略，供区委宣传部及其他部门参考。

一　调研方法与进程

本调查的研究方法主要包括以下几点：

1. 收集文献资料；
2. 与番禺区及部分镇、街文体中心人员座谈；
3. 观察纳入非遗名录或与之相关但未纳入名录的活动，并访问有关人士；
4. 与个别参与非遗保护工作的人员深度交谈。

自我们承接番禺区文化战略研究项目后，即着手非物质文化遗产保护工作调查的前期准备，广泛收集和阅读相关资料，依据番禺第一、第二批非物质文化遗产名录大致梳理。2012年8月起，我们正式开展番禺非遗的调研工作，分赴市桥、化龙、大龙、沙湾、大石镇街进行调研，与番禺区委宣传部、区文化广播新闻出版局（以下简称区文广新局）、区文化馆、各镇街文体中心干部和工作人员座谈交流，并重点选取潭山、上漖、凌边等地的传统文化活动做定点调查。

（一）区文化馆座谈

2012年8月14日，我们应邀参与在区文化馆举行的"番禺区文化发展战略研究——非遗调研座谈会"。区文广新局、各镇街文体中心对此次会议非常重视。区文广新局副局长曾芸，区文广新局业务科科长孙智慧，区文化馆馆长、区非遗中心主任李坚光，区非遗中心顾问梁谋、屈九、张珠、何世良，沙湾镇文体中心主任陈健鹏，化龙镇文体中心负责人李维倩，大龙街文体中心主任梁燕颜，区文化馆副馆长王霞，南村镇文体中心办公室主任林智雄，区文化馆副馆长、区非遗中心副主任谭若锋，区非遗中心业务指导朱光文等出席了此次会议。

会上，区文广新局副局长曾芸指示各镇街积极配合好调研工作。我们向与会人员提出了许多问题，包括：（1）非遗名录的选取标准。（2）有何保护措施，是否得以落实？（3）非遗得到怎样的发掘和保护，才算是"成功"？（4）他们认为目前的非遗发掘和保护工作，有什么未尽如人意之处？等等。座谈会气氛热烈，区文化馆馆长李坚光和各镇街文体中心主任分别从区和各镇街的角度分享了非遗保护的工作经验以及所遇到的一些困难，就如何改善和提高非遗工作进行了深入的分析和讨论，对我们提出的问题一一细心解答。区非遗中心四位老顾问结合自身对地方文化的了解，提出各自的看法和宝贵的意见。番禺区非遗中心亦向我们提供了许多关于非遗保护的资料和最新研究专著，为调研工作的顺利开展提供了不少便利。

（二）潭山、沙涌、沙湾座谈

2012年8月21日，在区文广新局和区非遗中心安排下，我们先后前往化龙镇潭山村、大龙街沙涌村、沙湾镇进行座谈和调研。在潭山，我们与潭山村党支部书记许润强、镇文体中心负责人李维倩、非遗传承人许冠其、民间艺术传人许钜泉在村民委员会会议室进行座谈。会上，村支书许润强先生向我们介绍了潭山村历史文化资源的基本情况，许冠其、许钜泉两位先生向我们讲述了潭山村娘妈诞与飘色、乞巧工艺的发展过程及现状。是日2012潭山乞巧文化节举行，我们前往潭山村许氏大宗祠参观了文化节的乞巧工艺作品，收获颇多。

当日中午，我们前往大龙街沙涌村广琚江公祠的鳌鱼文化展示室了解沙涌鳌鱼舞项目保护情况，并访问传承人江炳贤先生。江先生从事乡政工作多年，熟知地方文化，积极推进传统鳌鱼舞的研究改进，使我们对鳌鱼舞近年发展情况有了具体的了解。

下午，我们前往沙湾镇文化中心参加"番禺区文化发展战略研究——非

图4-1 访问非遗传承人江炳贤先生（吕子远摄）

遗沙湾调研座谈会"。会议由番禺区文化馆副馆长谭若锋主持。沙湾镇对此次座谈非常重视，出席此次会议的人员有：区文广新局业务科科长孙智慧，区文化馆馆长、区非遗中心主任李坚光，番禺区沙湾飘色协会会长何穗强，市级传承人黎汉明（现为省级传承人），市级传承人何达权，省级传承人、番禺区沙湾龙狮协会会长周镇隆，区级传承人周伟强，广东音乐爱好者、民乐培训班老师周智强，沙湾翠园乐社社长韩继基等。会上交流了沙湾最具特色的非遗保护项目飘色、广东音乐等的保护状况，就非遗传承问题进行了深入的讨论交流。

会后，我们在镇文化中心参观了在广东音乐宗师何少霞故居发现的手稿等文物。何氏家族在广东音乐发展史上地位举足轻重，何少霞手稿文物更是广东音乐史前所未有的一次重大发现，对于弘扬番禺地区优秀的历史文化传统，呈现广东音乐史的重要环节，具有不可取代的价值和意义。然而由于年代久远，这批文物亟须进行专业性的保护、整理，为此我们以中山大学历史人类学研究中心的名义，发函沙湾镇政府，呼吁共同对何少霞手稿文物进行保护整理。该项目可作为"番禺区文化发展战略研究"课题的附属项目,课题负责人中山大学党委常务副书记兼副校长陈春声教授已表示会大力支持,并将积极与番禺区政府及广东省政府沟通,推进计划的进展。其后,中山大学历史人类学研究中心在番禺区沙湾镇文体中心的委托下,在2012~2014年已将此批文物初步清点和整理。

(三)潭山、凌边观摩乞巧节

2012年8月22日(农历七月初六),我们再度前往潭山村调研,以乞巧文化节作为个案进行深入探访,跟踪潭山七夕举办全过程,与传承人许冠其、许钜泉深入访谈,对潭山村社区及传统节庆情况进行全面了解。我们在许钜泉的引领下访遍潭山的庙坛祠宇,对潭山历史风物有了整体了解,这对掌握潭山乞巧、飘色与传统社区的关系有所帮助。

8月23日为农历七月初七乞巧正日,我们前往番禺石碁镇凌边村,观摩"相约番禺·我们的节日——2012年石碁镇凌边乞巧文化节"。凌边乞巧并没有列入区第一、第二批非遗名录,亦没有代表性传承人,其乞巧展示采取了有别于潭山的形式,乞巧艺术品既有主展场,也有分展场,村中每个生产队都在自己队的祠堂中摆设乞巧工艺品。乞巧当日,凌氏子弟纷纷返乡聚餐,平常安静的村子一时热闹欢腾。凌边与潭山的个案有助于我们了解"乞巧"作为一项传统工艺在非遗领域以及作为一项民间传统活动之间的差异。

(四)上漖龙船厂及沙滘中学调研

2012年10月16日,我们与区文化馆副馆长、区非遗中心副主任谭若锋,区文化馆馆员、非遗中心业务指导朱光文一同往上漖龙舟制作基地调研。船厂集中分布于三支香水道上漖涌沿岸,均为临水而建。我们与广州上漖陈汉慧龙舟造船厂的易文师傅、上漖船厂的卢载洵等龙舟厂主人及龙舟手艺人进行访谈。其后前往被誉为"龙舟文化传承基地"的番禺洛浦沙滘中学参观其校园文化建设成果,并与该校老师交流,了解到有关龙舟文化课题研究及龙舟活动在学校传承的情况。据悉,上漖船厂以龙船工艺闻名省港澳,是珠三角地区龙舟制作生产的中心,订单远至湖南、浙江。上漖龙舟制作工艺世代相传，订单应接不暇，却因各种原因不肯申报非遗项目，处境尴尬。本报告将以上漖龙船厂为个案对非遗保护与地方利益的关系以及在文化传承的过程中有可能出现的异化情况作逐一探讨。

（五）与参加非遗发掘和保护的工作人员恳谈

在整个调研过程中，我们利用各种机会与参加非遗发掘和保护工作的人员恳谈。他们从事番禺区非遗保护工作多年，熟谙各镇街非遗项目和历史文化情况，能结合亲身经验，向我们讲述番禺区非遗保护取得的成绩，亦毫无保留地表达了他们遇到的困境与难题。

二 番禺区非遗保护工作现状

（一）概况

番禺历史悠久，古迹繁多，传统文化资源丰富。近年来，区委区政府高度重视非物质文化遗产保护工作，促进了各项非遗工作和传承工作的开展。在社会各界的共同努力下，番禺区非遗保护工作取得了显著的成效。

2006年底，番禺区非物质文化遗产保护中心成立。发展至今，非遗中心主任和副主任分别由区文化馆馆长李坚光及副馆长谭若锋兼任，并由文化馆馆员朱光文担任中心业务指导。朱光文原任教于番禺某中学，对乡邦文化素有研究。四位中心顾问梁谋、屈九、张珠、何世良，都是对番禺历史传统有深厚认识的文史工作者和民间艺人。另外，非遗中心又专门邀请一位大学毕业生来充实队伍。

中心成立后，积极开展全区非遗资源普查，组织各镇街上报的非遗线索有1000多条、项目139个，先后被评为省、市非遗普查先进集体。2008年，番禺区公布了18个项目列入第一批区级非遗代表性名录。2011年以来，区非遗中心再次组织了有关专家，对各镇（街）和项目保护单位推荐的第二批区级代表性名录和第一批区级代表性传承人申报材料进行了甄别、审核、确认，经区级专家评审小组评审、社会公示和复核，提交上级部门核定公布。

详情参见表4-1。

■ 表4-1　番禺区第一批非物质文化遗产代表性传承人

分类（代码）	序号	项目名称	传承人资料				级别
			姓名	出生年月	性别	所在镇（街）	
传统音乐（Ⅱ）	1	广东音乐	何崇健	1953/7	男	沙湾镇	区级
	2	广州咸水歌	郭桂连	1943/1	女	榄核镇	区级已划归南沙区
传统舞蹈（Ⅲ）	3	广东醒狮	周镇隆	1944/10	男	沙湾镇	省级
	4		周珠仔	1945/5	男	大龙街	区级
	5		蒋冠华	1947/5	男	南村镇	区级
	6		周伟强	1981/4	男	沙湾镇	区级
	7		周锐东	1978/8	男	沙湾镇	区级
	8	鳌鱼舞（沙涌）	江炳贤	1943/4	男	大龙街	区级
民俗（Ⅹ）	9	沙湾飘色	黎汉明	1946/9	男	沙湾镇	省级
	10		何达权	1938	男	沙湾镇	市级
民俗（Ⅹ）	11	潭山乞巧	许冠其	1931	男	化龙镇	区级
	12	沙亭龙船鲥崇拜	屈伟甜	1960/12	男	化龙镇	区级
传统美术（Ⅶ）	13	广绣	梁秀玲	1974/1	女	新造镇	区级
	14		梁雪珍	1950/10	女	新造镇	区级
	15	广彩瓷烧制技艺	余培锡	1929/11	男	石楼镇	国家级
	16		陈文敏	1961/2	男	石楼镇	国家级
	17	广州砖雕	何世良	1970/2	男	沙湾镇	省级
传统技艺（Ⅷ）	18	员岗飘色	崔仲兴	1952/4	男	南村镇	区级
	19	龙船头尾雕刻工艺	梁镇洪	1944	男	南村镇	区级
	20	疍家传统小食制作工艺	郭彩	1938/6	女	东涌镇	区级，已划归南沙区
	21	大石灯芯草制作工艺	梁强	1946/5	男	大石街	区级

■ 续表

分类（代码）	序号	项目名称	传承人资料				级别
			姓名	出生年月	性别	所在镇（街）	
传统医药（Ⅸ）	22	潘高寿传统中药文化	区欲想	1933/4	男	东环街	国家级
	23		卢其福	1967/8	男	东环街	省级
传统体育、游艺与杂技（Ⅵ）	24	黄啸侠拳法	黄健波	1965/9	男	石碁镇	区级

2011年11月30日，区文广新局核定公布了第一批区级代表性传承人24名，其中，包括国家级传承人3名，省级传承人4名，市级传承人1名，区级传承人16名。按性别区分，传承人中男性20人，女性4人；按出生年代区分，20年代1人（余培锡，已作古），30年代4人，40年代8人，50年代3人，60年代4人，70年代3人，80年代1人；按年龄计算，年过六旬者16人，年过五十者2人，年过四十者3人，年过三十者3人，年过六旬者占传承人的67%。

2012年3月8日，区政府将"潘高寿传统中药文化"等14个项目列入区第二批非遗代表性名录。其中，新入选名录12项，扩展项目2项，当中包括：传统技艺（Ⅷ）6项，民俗（Ⅹ）5项，传统舞蹈（Ⅲ）2项，传统医药（Ⅸ）1项。同时，根据《非遗法》的规定以及番禺区近两年镇街行政区域调整等情况，重新核定公布番禺区第一批非遗代表性名录，数目由18项调整为15项，其中传统技艺3项、传统美术1项、传统舞蹈2项、民俗5项、传统音乐2项、民间文学1项、传统体育1项。两批区级代表性名录合计共29个。其中名目相同者，广绣2项、飘色4项、舞狮3项（见表4-2）。

■ 表4-2 番禺区第一、二批非物质文化遗产代表性项目名录

序号	分类（代码）	项目名称	保护级别
1	民俗（Ⅹ）	沙湾飘色	省级
2	民俗（Ⅹ）	番禺水色	省级
3	民俗（Ⅹ）	沙亭龙船鳓崇拜	市级

序号	分类（代码）	项目名称	保护级别
4	民俗（X）	潭山乞巧	区级
5	民俗（X）	简公佛诞	区级
6	传统技艺（VIII）	广彩瓷烧制技艺	国家级
7	传统技艺（VIII）	香云纱（薯莨布）染制工艺	区级，已划归南沙区
8	传统技艺（VIII）	沙湾姜埋奶制作工艺	区级
9	传统舞蹈（III）	广东醒狮（沙湾）	国家级
10	传统舞蹈（III）	沙涌鳌鱼舞	省级
11	传统音乐（II）	咸水歌（榄核）	区级，已划归南沙区
12	传统音乐（II）	广东音乐（沙湾）	市级
13	传统美术（VII）	广州砖雕（沙湾）	省级
14	传统体育、游艺与杂技（VI）	黄啸侠拳法	区级
15	民间文学（I）	梅郎与布娘传说	区级，已划归南沙区
16	民俗（X）	员岗飘色	区级
17	民俗（X）	潭山飘色	区级
18	民俗（X）	关帝十乡会	区级
19	民俗（X）	谢村方帅诞	区级
20	民俗（X）	沙湾何氏姑嫂坟崇拜	区级
21	传统技艺（VIII）	龙船头尾雕刻工艺	区级
22	传统技艺（VIII）	疍家传统小食制作工艺	区级，已划归南沙区
23	传统技艺（VIII）	大石灯芯草制作工艺	区级
24	传统技艺（VIII）	广绣（南粤）	市级
25	传统技艺（VIII）	广绣（新造）	区级
26	传统技艺（VIII）	沙湾水牛奶传统小食制作工艺	市级
27	传统舞蹈（III）	广东醒狮（新桥）	区级扩展项目
28	传统舞蹈（III）	广东醒狮（市桥）	区级扩展项目
29	传统医药（IX）	潘高寿传统中药文化	国家级

至2012年，番禺区的非遗项目拥有国家级名录3个，省级名录4个，市级名录4个，区级名录18个，共计29个；在传承人方面，被命名为国家级传承人的2名、省级4名、市级2名、区级16名，共计24名。据悉，区政府和文化部门还将继续核定公布第三批区级名录和第二批区级传承人。

非遗保护工作的专项经费，在番禺区委区政府的重视和番禺区文化部门的努力下，终于得到落实。2012年7月，区财政拨官帑补助区非遗项目名录中的项目和传承人，并举行颁牌仪式，分别向第一、第二批的保护单位及第一批传承人颁发牌匾和证书。保护单位获补助2000元，传承人获补助1500元。据悉，项目单位与传承人对区政府的补助反映积极。可见，适度的财政资助，多少表达了政府对非遗的重视以及对传承人的尊重。

据了解，非遗中心一方面积极申报非遗及传承人名录，另一方面，十分注重资源材料的积累，并举办各种普及和传承的活动。中心的日常工作，一是就番禺区活态传承项目进行文字和音像记录，开展非遗历史文化的口述史料调查、采访和记录；二是开展非遗项目历史演变的整合和研究；三是做好各级代表性名录和代表性传承人的申报、推荐工作；四是组织传承人和相关专家开展非遗进校园等"四进"活动。自2009年始，区非遗中心每年定期举办"寻找禺山的记忆"的番禺区非遗进校园活动，将区各项非物质文化遗产项目带进现场展示、讲解，通过问答和讲座的形式，向区内中小学生展示非物质文化遗产的成果，让新一代人了解本土文化。非物质文化遗产普查成果的宣传覆盖全区300多间小学，通过巡展的形式进行。区非遗中心还将非遗的宣传伸延到社区、农村、企业，受到广大市民的热烈欢迎，不少单位主动邀请非遗中心展示非遗的普查成果。最近，非遗中心又筹备开设广绣、古筝培训班，据悉报名情况非常好。

同时，区文化馆积极将非遗项目重新包装打造。如沙涌的鳌鱼舞，在区文化馆的推动下，将鳌鱼舞进行重新设计。据文化部门领导介绍，该举措初时遭到乡人反对，后经思想工作，劝之以传承发展的理念，历时一年完成了对鳌鱼舞的重新设计。鳌鱼舞在"九艺节"获得展映奖，在岭南舞蹈大赛获得一等奖。区文化馆和非遗中心还积极推动传统项目走向国际。2012年，鳌鱼舞还参加了韩国的丽水世博会，表演很成功，得到省文化厅发函致谢。此外，番禺区潭山飘色、沙湾飘色，先后获得全国民间最高水平的山花奖；广彩和沙涌鳌鱼舞先后在中韩世博会上展示；广绣、广彩、广东音乐、乞巧工艺、狮子扎作工艺远赴德国耶拿市展示。

区文广新局、区文化馆、区非遗中心也十分注意经验总结，联合出版了《番禺文化遗产研究》一书，系统梳理了番禺历史文化遗产及收录相关研究。区文广新局在其主办的《番禺文化》上专门以两期刊载番禺政府及社会各界关于科举与民俗的研究论述。

总的来说，我们认为区非遗中心在研究、发掘、申报、保护、普及、传承本区各种非遗项目的工作，当属不遗余力。设立业务指导一职，作为专责的研究岗位，反映了区文广新局相关领导目光长远，明白发掘和保护非遗工作不能一曝十寒，而须建立在细水长流的研究基础之上。在番禺非遗保护体系方面，我们认为应趁此时机进行更为深入的批判性思考，比如说代表性名录和传承人该如何选定？保护等级是否越高越好？衡量非遗工作成功与否又该据何种标准？更重要的是，非遗中心和其他部门为非遗作出的努力，到底对本地社区起着什么作用和影响？本地居民如何看非遗？借着在乡村的现场考察，我们尝试聆听一下居民的声音。

（二）乞巧案例：潭山村乞巧与凌边乞巧

1. 潭山乞巧：工艺精湛、仪式庄重

潭山村位于番禺东部化龙镇。据该村支书许润强先生介绍，潭山村人口3900多人，流动人口16000多人，年收入800多万元。潭山村历史文化底蕴深厚，飘色、乞巧、曲艺、舞龙舞狮、龙舟闻名遐迩。村内古迹文物被列入区文物保护单位的总共有15处，其中12处是古迹文物，3处是古墓。2010年，村民集资600多万元，修缮许氏大宗祠。2011年竣工，乡人正积极将祠堂申报为市级文物保护单位。

潭山村历史文化遗迹丰富，除许氏大宗祠（敦源堂）外，经眼所见的祠堂还有竹溪公祠（赡菜堂）、寅轩公祠、南波公祠（潭山会堂）等；庙宇则有万寿宫、天后宫、先锋古庙（村民叫娘妈庙，主神是娘妈）、蟾蜍庙等；寺庵有圣慧庵（村人叫师姑寺）；门楼有耀庚门（有清代碑刻数枚）。

2012年8月21日，我们到潭山村向村支书及诸位民间艺人交流学习。适

逢乞巧文化节举办，而潭山乞巧工艺在区第二批非遗名录中榜上有名。我们借此机会，一连两天全程考察该村的乞巧活动。潭山村所在的化龙镇，乞巧工艺历史悠久，《化龙风物志》记载在1949年前已经多次举办乞巧活动。2001年在镇委镇政府、港澳同胞和社会各界人士的支持下，潭山乡人重新恢复了乞巧工艺展览。

潭山飘色和乞巧活动的举办与传承，有赖于"浩明艺社"这个村民组织。村委书记说："改革开放后，将宣传队队伍壮大，成立了浩明艺社，包括曲艺、飘色、乞巧、舞龙舞狮，皆以艺社为中心进行操作。"漫步村中，询问村叟村妇关于乞巧、飘色之事，或者参观祠宇所见楹联题额，"其哥"（许冠其）、"三哥"（许钜泉）之名不绝于耳。其哥、三哥是浩明艺社的核心人物，前者更是乞巧的代表性传承人。

（1）非遗传承人

潭山乞巧的代表性传承人许冠其，潭山乡人，1931年生。少时念过私塾，年轻时因酷爱粤剧而加入该村宣传队。20世纪40年代初，因在街上捡猪

图4-2 潭山村乞巧节摆设的手作工艺品（吕子远摄）

粪碰见本村一位叫容婶的自梳女做乞巧布偶，为之吸引，遂向其请教做针线活和乞巧人偶的基本手艺。80年代，许冠其又多次到凌边、珠村等地学习取经，经过多年心摹手追，自成一套七夕乞巧工艺的制作技艺。

许老先生的乞巧技艺以"小""巧"称著。其乞巧人偶每个高度一般为25厘米，再配以布景、人物的排位、动作的造型等，每板乞巧主题鲜明、手工灵巧、形神俱备、精湛独到。一台百余件完整的"七夕"贡案，在许冠其带领下，与一批爱好者以纯手工的制作工艺共同完成。其选材独具匠心，"夕阳芳草寻常物"，皆可用作创作的材料，如用米粒拼成二寸多高的贡塔，用花生米、绿豆、黄豆做成的"五谷丰登"，用鸡蛋壳雕成的宫灯，用开心果壳做成的菠萝，用木头削成不足两厘米、色彩绚丽的"木屐"，用一颗颗芝麻粘成的"喜烛"。

潭山乞巧工艺还充分利用生活中的废弃品，融合传统手工和现代工艺，与时俱进，不断推陈出新。如2007年许冠其主持制作的《七姐下凡》在东莞望牛墩镇举行的广东省首届民间乞巧赛艺会中，以栩栩如生的画面重现了牛郎织女"鹊桥相会"的经典场景；而时装贡案《红军二万五千里长征——强渡大渡河》，以红军长征故事为主题，展现了36位红军战士和两位船夫在湍急的大渡河上猛进鸷击的场景，一洗传统乞巧柔美纤巧的风格，彰显出军人的十足英气，成为赛艺会上的一个新亮点。又如2008年制作的乞巧板色《岭南文化名人屈大均》，大胆尝试新材料，利用插花泥、

图4-3　潭山村乞巧摆设的手作工艺品（吕子远摄）

黏土、橡皮泥、旧报纸等环保材料进行制作，并将活水、活鱼融合到板中。新的制作材料和设计理念为乞巧工艺注入了灵气。2010年制作的《长生殿》乞巧板色也充分体现出以传统故事和现代工艺相结合的制作理念。

许老先生乞巧工艺获奖无数，屡创佳绩。2006年参加首届广州市农村文化欢乐节，荣获广州市优秀农村民间文艺家称号；2007年制作的《七姐下凡》乞巧板色在广东省首届民间乞巧赛艺会中荣获金奖；2008年再获广东省民间文化杰出传承人称号；2010年5月被评为飘色专业农村技师；2010年6月任广东省民间文艺家协会成员；2010年11月任中国民间文艺家协会成员；2010年入选"传承广州文化的100双手"；2010年，其主持制作的乞巧板色《长生殿》在参加全国七夕女红手工艺大赛中荣获金奖，并入围山花奖。

近年来，许冠其为了传承手艺，收村中子弟为徒，首批从游者十余人，至今共培养出三批学徒共20多人，如梁巧京、李燕崧、潘少芬、赖美静、潘肖冰、黄玉英、陈十妹等一批心灵手巧且有兴趣致力于乞巧工艺制作的妇女。初六当晚，我们访问了"亚十"（陈十妹）和另一位人称"芳姨"的妇女，她们均表示这批乞巧工艺品是平日在家慢工细作的成果。

潭山村另一传承非遗的灵魂人物是许钜泉。许钜泉亦是本村人，1967年生，是操持村中各种传统习俗仪式的核心人物，是筹办乞巧文化节的主力。

图4-4　传承人许冠其（中）、许钜泉先生（右）（吕子远摄）

（2）潭山"乞巧文化节"情况

潭山"乞巧文化节"在许氏大宗祠举行。仪式当日，祠前立一红纸黑字"欢迎各界人士莅临参观指导——潭山浩明艺社同人"水牌。祠堂头门外墙贴满喷画，介绍牛郎织女的爱情故事。2011年许祠重修竣工，祠内摆设一新。二进匾额栉比，胪列古今许族人功职荣誉，从"孝廉方正""光禄大夫"，到"荣誉市民""警务处长"一并立匾。三进则供奉历代祖先木主。

祠堂二进前置有香案。案上铺红纸一张，题为"奉请天姬七姐神威领鉴"，下列捐助者姓名，捐款三元至数十元不等。人名多许姓，从名字可辨捐钱者多为女性，末尾写到"众信男女求福求寿"。香案中奉观音，两旁衬以乞巧玩偶，皆为穿着华丽戏服的刀马旦。像前摆满鲜花贡品，水果饼干垒成塔状，而鲜花则插在一些白色小瓶中。贡品前置有两碟新采摘的白兰花，又有若干只酱油碟，摆放指头大小的手制鞋靴，玲珑巧致，工艺难能，来客见此，无不啧啧称奇。

乞巧节前后来参观祈福的村民游客，步入祠堂皆由当地妇女指示，拈香行礼，进献香油毕，方才周览乞巧作品。是日观者如云，不仅本村和邻近居民纷至，还有特地从市桥等地赶来祈福的游客，他们多为携孙带儿的中年妇女。入夜后祠堂张灯结彩，一套音箱摆在祠堂头门，播放各种节庆音乐，仿

图4-5　潭山村乞巧节期间在贡案上摆设的手作工艺品（吕子远摄）

若过年。数名男性村民，扶长梯而上，点亮大宗祠门外两盏大灯笼，一面红色大字写着"许"，一面写着"五凤世家"。七八点钟，游者接踵而至，不少年轻人、附近务工的外地人等皆来游瞩，不少媒体记者也到场采访。

（3）乞巧作品摆设

2012年潭山乞巧文化节的手工艺作品分为四大类，包括传统掌故类、爱情故事类、乡风民俗类、爱国宣传类。大部分乞巧作品为常设展品，每年村民只会新制一板新品，今年因应时事，新增一板《威震海疆》。曾在全国七夕女红手工艺大赛中荣获金奖，并入围山花奖的作品《长生殿》居最中央，史诗式的《红军二万五千里长征——强渡大渡河》《沙家浜》《威震海疆》则是展览的重要组成部分，而传统爱情和历史故事题材以及反映潭山村历史题材的作品亦能在旁平分秋色。展示的主要内容有：

①传统掌故类

《六国封相》

《唐僧取经》

图4-6　许氏大宗祠内的乞巧摆设（吕子远摄）

②爱情故事类

《花园对枪》

《万花楼》

《七姐下凡》

《长生殿》

③乡风民俗类

《水乡之家》

《自梳女》

《南沙天后宫》

④爱国宣传类

《红军二万五千里长征——强渡大渡河》

《威震海疆》

在各板工艺作品中，最贴题者当属《七姐下凡》。据介绍，该作品"从民间故事的演绎中讴歌天仙神女与凡夫俗子的悲欢离合"，表达了"为追求真爱，敢于冒犯天规戒律而相爱相亲的不屈不挠的精神"，曾获广东省2007年大赛金奖。

许多作品都呈现了既恢宏又细致的场景，人物造型和面部表情亦栩栩如生，这必须归功于传承人许冠其先生的一双巧手。许先生年轻时是村里宣传队粤剧团的中坚分子，晓谙戏曲故事、场景、人物形象、道具和舞台布景制作。故其作品《六国大封相》有84个人物，高矮胖瘦，表情服饰各不相同；以唐明皇和杨贵妃爱情故事为创作背景的《长生殿》，贡案长4.3米、宽3.4米、高3米，仅人物造型就有68个、鸡蛋灯20多个、丝袜花10多盆。作品里建造了一个后花园，有活灵活现的喷泉和水雾，让本是静态的色板有了动感。村民们还特意培育出禾苗，制成贡品；贡案里的"长生殿"是照潭山村口的牌坊制作的。该作品在全国七夕女红手工艺大赛中荣获金奖，入围山花奖。以长征为背景、获广东省2007年乞巧大赛银奖的《红军二万五千里长征——强渡大渡河》，之所以能够刻画出红军不畏远征难的场面，莫不体现

图4-7 获奖作品《长生殿》（吕子远摄）

了许冠其的匠心所在。据许先生自己介绍，仅头部的选材，便已屡经挑选，包括蜡和石膏，最终选定玻璃钢，而一个人偶的头部，须经过13道工序而后成形。《花园对枪》中的枪，本可使用成品，但规格不符，于是自己动手，历时8天，经过32道工序而就。①

展品题材既表达了乡民对本地风俗的亲身体验，对番禺新兴事物的认识理解，也抒发了他们的爱国情怀。《自梳女》婉约地表达了潭山乡间过去流行的"自梳女"风俗。展品设一"静室"，设计此板作品的许钜泉，还为静室题字。静室之外，数位姑婆设案盟誓，陈列香花贡饼，对天跪拜，义结金兰。潭山村西北隅有座圣慧庵，村人称为师姑寺，过去为村中自梳女（姑婆）的居所及弥留之地，如今是供奉姑婆神主之所，也是厌倦尘氛者的静修之室。《水乡之家》是过去番禺疍人的生活写照，表现了过去水上人家聚居海濒，业渔为生，结庐为居的生活情景，以及后来政府帮助他们建立新渔村，改善生活的历史变化。《南沙天后宫》采用纸贴、木模、木雕等工艺技巧，以夸张浓缩的手法将亭、台、楼、阁、香案、宫灯融为一体，并灌入文人骚客畅游圣宫的情景，呈现出壮观雄伟的天后宫。

乡民的爱国主义感情则寄托在《威震海疆》作品中。该作品的主体是

① 林晓：《潭山乞巧的"门道"》，《番禺日报》2012年8月26日，A1版。

图4-8 乞巧作品《自梳女》（吕子远摄），背景与下图让村中自梳女安度晚年的圣慧庵相映成趣。

图4-9 圣慧庵（吕子远摄）

中国人民解放军海军由瓦格良号改装的我国第一艘航空母舰，作品巨细无遗地由各种模型——一艘主舰、前后左右各一艘护卫舰、4门大炮、26枚火箭炮、12架飞机和58名海军军人构成，前后费时两个多月完成。据悉，村民最初做了120名海军军人，摆设时以为人偶太多，突出不了航母，故将人偶稍作撤减，遂成今貌。

（4）祭拜仪式

配合日间乞巧工艺品的展览活动，当晚许氏祠堂举行了一场简单而庄重的祭拜仪式。仪式约在晚上8时开始。工作人员先行清场，在广场留出一片空地。接着有11名身着短袄正装的中年妇女在中间陈设香案。香案上置一红色小托盘，备茶三杯、面一碗，又有一碗放置若干颗龙眼的米饭、一碟包点和

图4-10 乞巧作品《威震海疆》（吕子远摄）

饼食、两个苹果。随后，村妇堆放叠好的元宝蜡烛于案前，燃点香烛。游人见火光如昼，纷纷蚁聚。此时村中负责主持仪式的道士已换上一双皮鞋，身披红色道袍，头戴瓦楞帽，手执一小铜钹静立案前。万事就绪，道士敲打铜钹，口中念念有词。妇女绕案而立，合掌祈祷。道士念完一段，令妇女焚烧元宝。一时间，火光闪动，青烟缭绕。此际，道士导一众妇女绕火堆而行。不少虔诚信众见状亦随后效仿。露天仪式毕，道士率众入祠，至神案前，摸出一道神符，继续敲钹念经，众妇女则簇拥其侧。此时，来参加仪式的领导、宾客、村中长老皆手执三支香，立于道士身后。道士念经毕，取符燃以火，合眼念咒。事竟，浸符于碗水之中，以黄皮叶蘸之，洒于神案。仪式至此完结，道士接着四处泼洒符水。领导嘉宾则开始上头炷香，并焚烧冥襁衣纸，后头的民众此时也纷纷争先上香祈福，一片热闹场景。

（5）与民同欢

亲临现场指导的番禺区委领导也参加了仪式，上香拜祭后，在村支书许润强同志陪同下，参观了祠堂内陈列的传统乞巧手工艺品。到场领导高度评价了潭山乞巧的制作工艺，有感而发："当年在看《三家巷》的时候提到过乞巧，描述过一种花，有真有假，观赏者无法区分，就觉得乞巧很特别。来了广东才了解传统文化的魅力。它把中原过去的文化完整保留了下来，任何一种文化很难延续这么久。这跟村书记领导意识有很大关系。表面上是一种工艺，实际上体现我们中国文化的历史内涵。我们很多活动要组织人，这种活动就是群众自发的，有这个爱好，愿意去参与这件事情。"观看《威震海

图4-11　乞巧仪式
（吕子远摄）

疆》后，领导大加赞赏，表示该作品反映了"群众自发表达出来希望祖国疆土完整，人民生活安宁的愿望"。

　　全场最瞩目的作品是获得山花奖的《长生殿》，领导表示："三百六十度每一个角度都可以看到不同的故事，人物栩栩如生，结合到中国古代的传统故事，可以领略到传统文化的魅力和思想精髓。中原文化传到南粤地区以后，就把中原文化的一些民间艺术也传过来，像这个有一定历史文化背景的名村，就把这些东西好好地传承了下来。这点确实是很难得的。上千年的很多东西都发生变化，但我相信这个东西跟500年前、800年前，除了有电动以外，没有大的变化。"我们在现场可

图4-12　祭拜仪式（吕子远摄）

以感受到，政府领导的到场及适度的参与，是对村民举办这类活动的鼓励与肯定。

（6）乞巧节的成本与成就

据当晚向现场有关人员查询，村委共拨3万元作为活动经费，我们也观察到，此次活动花费比较俭朴。首先是每年只制作一件新的作品，余皆旧作，但维护得宜，光鲜如昔；其次是舞狮队伍是村里业余组合，狮身略为残旧，但舞动起来也精神奕奕；最后是工作人员俱在祠堂用餐，是村妇煮的家常便饭。

我们也从"广州市农村党风廉政信息公开平台"发布的潭山村现金收支明细公布表了解到潭山村2010—2012年乞巧节活动支出的具体数字。2010年潭山村乞巧作品参加在东莞望牛墩举办的"山花奖·全国七夕女红手工艺大赛"，村委分别于是年7月30日拨出经费16800元，8月3日再支经费33200元及965元的餐费，10日又下拨30000元。此次活动潭山赢得金奖，村子在9月举行了庆功晚宴，支出16881元。2011年7月27日，村委下拨浩明艺社七月初七乞巧节展演活动经费20000元；2012年7月31日，"支6、7月份接送中学生车费，下拨浩明艺社乞巧节活动经费"的支出是71260元，未说明乞巧活动经费具体数额，但据其他月份接送中学生车费的数据来比较，估计2010年经费较2009年略有出入。据平台数据，2011年潭山村财政总支出为8988974.35元，若以活动经费2万元来看，活动支出仅占0.22%而已。

村委近两年拨给浩明艺社襄办乞巧节活动经费为2万～3万元，而2012年为参加全国性的评奖活动而拨出的经费则几达10万元。也许在现行体制下，用10万元去支持参加一个评奖活动（并且得奖）是换取每年2万～3万元举办常规性活动的重要条件，而比起广州市某些村庄近年的乞巧活动动辄拨用上百万的经费，潭山乞巧所费已算微不足道，但在当下民众要求政府财务公开、建设监督公共财政的机制的呼声下，公共财政支出应投入多少参加评奖活动，实在值得我们三思。

潭山村乞巧节还涉及许多无形成本——村民投入的精力和时间。从上文可见，操办乞巧节的灵魂人物是传承人许冠其、许钜泉，以及一群传承许冠其的技艺和按照许钜泉指示执行祭仪的妇女。事实上，妇女在传承和实践乞巧工艺及相关仪式方面，起到了十分重要的作用。此外，在整个仪式中，摆设神案、指示香客上香、折叠元宝、烧衣上茶，甚至晚上去东莞收回在当地摆放的乞巧扎作，以及其他许多杂务，皆由妇女担当。许多作品的构件，都是她们平时日积月累慢工细作的成果。

（7）潭山村个案的启示

让我们从一百多年前的文字来看当时的乞巧艺术。同治《番禺县志》记载："七月初七夕为七娘会，乞巧，沐浴天孙圣水，以素馨、茉莉结高尾艇，翠羽为蓬，游泛沉香之浦，以象星槎。"[①]即简略记述了乞巧画板的制作主题与素材。再引用一则咸丰年间一位省城士子的日记来看百余年前人们对乞巧艺术的文字描述：

> 己丑（引者注：咸丰十一年七月初三日），小雨，热。……午后愈甚，昏睡。晚饭罢，觉略爽。还宅请安，观乞巧诸戏。画板盈尺，为禹门对峙，竖琉璃柱，缭两升龙，以象河津，门下悬牌灯、扇

---

① 同治《番禺县志（点注本）》卷六《舆地略四·风俗》，广东人民出版社，1998，第44页。

灯、花卉、草虫，纤巧无匹。门中象织"天姬遇董永"故事。左列卤簿，右列仙杖。宝伞雉翠，灿若朝霞。后为飞桥，以象阁道，障以屏风十折。中嵌蝇头金书七夕赋，徽徽可诵。又别为水榭数，两椽轩楹四敞，绮疏十二，皆可开阖。中悬华灯十盏，爇以兰膏，帷幄几榻，制皆精绝。外则朱阑四周，红荷八面，鹊桥数齿，斜啮绿波，牛女遥隔，虹腰盈盈。相望审察之，两渔娃荡小舟芙渠中，如闻莲歌；徐发审察之，则榭耶、轩耶、门耶、柱耶、龙耶、灯耶、灯所绘耶、伞耶、翠耶、屏风耶？几案床榻，窗楹阑栏，舟若桥耶？皆麻米凌空合成，铢黍剔透，无少依傍，而布景设色，具有画工，盖季弟弱妹竭两月之劳，穷诸巧思以成者，殆不啻冠绝一时云。[①]

文中可见，当年画板规格仅仅"盈尺"，按照清代一尺约合今日30多厘米，小巧得似乎可于手中捧玩，故画板上物件皆是"纤巧无匹"，亭台楼阁、花鸟鱼虫、小楷诗赋无所不备。制作素材则为"麻米铢黍"，皆是极微小之物，与今无异。而画板的制作乃系作者未出阁的少女费时两个月完成。乞巧本属女儿闺中之事，或者属于自梳女或姑婆的传统，潭山亦然。

时至21世纪，在政府推动非遗的大气候下，活动不仅得到政策和财政支持，又因为种种原因由男性主导和传承，并在此过程中发明创造了许多新传统。在男性的主导下，开创了许多现代的壮烈恢宏的故事题材。这看似充斥着许多矛盾和悖论的历史与现实，实际上也切合联合国有关保护和传承非遗的呼吁——非遗必须同时是传统的、当代的、活生生的：它不仅代表承袭自过去的传统，还代表当代不同文化群体参与的乡村和都市的社会实践。

许冠其以其年资和经历，曾目睹过村中妇女的乞巧制作，又运用了他演粤剧的经验，得以创制各种乞巧展品；许钜泉以其道士的职业身份，对各种祭祀仪式有所掌握，得以设计了一套在乞巧节晚上施演的仪式程序。更重要的是，许冠其以耆龄为乡中父老，许钜泉以专业知识和文采成为村里的仪式顾问，从各种细节观察所见，他们与村民和睦相处，敬老爱幼，深得村民敬重。许氏出钱出力重修娘妈庙、圣慧庵、许氏祠堂，为各种传统的公共建筑

---

① 梁起：《庚生日记》咸丰十一年孟秋月己丑条，南海图书馆藏书。

撰写对联牌匾，特别是其对"姑婆"的尊重所表现的"子侄之情"，正是乡村社会人情维系之根本。二许，一老大一少壮，通过"浩明艺社"来合作结集人力资源。我们当晚所见，无论是二许，还是参与的妇女，抑或是其他工作人员，无不愉悦满脸，把乞巧视作众人之事做好。当日观礼者，有来自市桥和石碁的居民，说是"探亲戚"，意味着彼此的姻亲或其血缘关系。如果没有像春节或像乞巧这种有展品可看有神可拜的节日，也许这种"探亲戚"的热情会大减。在晚上参观展品的活动中，好些小孩是随祖父母特别是祖母而至，也有非本村村民（估计是居住在村里的外来人口）抱儿来诣，尽管他们未必十分投入。无论如何，"乞巧"为人们提供了一种谈资，一些可供观赏的工艺品，以及一套让人很容易参与的拜祭仪式。它没有抱顽固守，而能与时俱进；它不受太多外力的干预，村民能充分发挥合作精神；它动用的公共财政并不算多，但它以传统之名，调动了村民对社区的认同，可望唤起外来人员对乡村的兴趣与尊重。这种种成效，都十分符合联合国强调非遗须有助于维系"社区"的精神。

2. 凌边乞巧：各自精彩，举村同欢

凌边村的乞巧节并未列入区非遗名录，其中一个原因是凌边并没有像许冠其先生一样懂得乞巧工艺的传承人，然而凌边乞巧不仅保留了较为传统的活动形式，而且在番禺当地也是久负盛名。翻开20世纪90年代中期修纂的《番禺县文化志》，书中特别指出"70年代后期，石滘凌边的拜七夕活动非常活跃"。[①]在禺南一带的村落，每逢乞巧拜七姐，各乡姑娘会凑钱过节，争竞女红。传统"摆七夕"都由各家自办，任由乡内妇女们串门观赏品评。1949年后才逐渐演变到生产队队址或晒谷场摆设。凌边村的乞巧于1973年恢复。该村有10个村民小组，其中有8个在祠堂内集中"摆展"。同时，村里还贴对联、悬宫灯、演大戏，不少红男绿女翩然聚会，赶来观赏一年一度的凌边乞巧。1992年，凌边将静止观赏的"摆七夕"改革为动静结合的民间巡游活动，加入各种表演形式，连演数场粤剧酬宾。[②]

凌边2012年举办的乞巧活动的官方主题为"相约番禺·我们的节日——2012年石碁镇凌边乞巧文化节"。文化节的旗帜插遍了进入村子的公路。此

---

① 番禺县文化志编辑委员会编《番禺县文化志》，第107页。

② 朱光文：《番禺文化遗产研究》，广东人民出版社，2011，第259页。

次文化节的口号是"传承乞巧文化，共建幸福石碁"，主办单位包括区文明办、区文学艺术界联合会、镇委镇政府；协办单位有镇党政办、宣传统站办、创文办、团委、教育指导中心、文体服务中心、派出所、城管、流管、安全办、广电站；承办单位是镇文学艺术界联合会、凌边村委。据报道，8月23日，区委常委、区委办主任简锡波，区委宣传部副部长、区文明办主任、区文联主席边叶兵，区委宣传部副部长黎雪梨，区文联专职副主席潘志超，石碁镇党政领导班子成员出席了乞巧文化节群乐会暨文化节开幕式。①

　　该村乞巧节的展示采取了与潭山不同的形式。潭山只在大宗祠内举办，凌边则由各生产队分别在各自祠堂或酒堂内摆展，并由大队在小学内举办总展览，而且整体气氛似乎远胜潭山，因为七姐诞是凌边年中长幼咸集的节日。凌边举办乞巧文化节活动只针对村子及附近村落的群众。因乞巧工艺展览分别由各生产队分散在各自祠堂中展出，没有地图和指示牌，游人难以知道展场的位置。

　　（1）凌边展场有总有分

　　凌边乞巧展场有总有分。总展场设于凌边小学，展示大队主持制作的乞巧作品，又有各小队的展位，有个人参赛作品。入口有展板介绍凌边八景和乞巧工艺。乞巧作品既有传统的《六国大封相》《郭子仪父子兵》《百花

图4-13　凌边小学乞巧展场（吕子远摄）

---

①　王汉文：《凌边乞巧文化节盛况空前》，《番禺日报》2012年8月24日，A1版。

公主》《断桥会》等，也有介绍凌边八景，或以村牌坊、村小学、地铁四号线为题材的作品，还有手工制作的广州塔模型。个人作品则不拘一格，凡是手工艺作品即可。"凌边八景"包括"樟木参天""茂岭松荫""鲤石通衢""双桥映翠""孖榕古树""翰墨流香"等，村民们巧手摆景，企图还原历史上"凌边八景"的场景。欣赏着这些"重现"的梯田、山丘等景观，老村民边给孩子们描述当年的景致和趣事，边感慨"变化真大"。①一名年近九旬的村民凌先生指着传统工艺品《断桥会》说，这幅作品就是他儿媳和其他村民一起创作的。②

各小队的展场分散在村中各祠宇酒堂之中，走一遍相当于逛遍全村。该村有10个生产队，三队、九队、十队没有参与展示。摆展的祠堂和酒堂分别是：

一队展场，配山凌公祠。

二队展场，耕隐凌公祠。

三队，未见。

四队展场，从志凌公祠。

五队展场，凌氏宗祠。

六队展场，简山凌公祠。

七队展场，凌边七队酒堂。

八队展场，凌祠（北约大街24号）。

九队，未见。

十队，未见。

各分展场皆张灯结彩，展示人偶搭上历史故事，演古劝今，同时也挂起要化给牛郎和织女的纸衣和花盆。一些靠近村口或大路的祠堂观者如堵，一些位置较偏的展场则门可罗雀。询之村民，皆直言不讳地说人偶是别处采买，只有纸扎是村人所做。各展场与潭山不同之处是供品皆有垒起如塔高的

---

① 成小珍：《番禺区"凌边八景"重现"梯田山丘"引回忆》，《信息时报》2012年8月24日。

② 王汉文：《凌边乞巧文化节盛况空前》，《番禺日报》2012年8月24日，A1版。

图4-14　凌边村四队展场（吕子远摄）

图4-15　凌边村六队展场（简山凌公祠）内乞巧摆设（吕子远摄）

香皂，据一老妇云：当年是用爽身粉，节后各户会分取给自家小孩用，现在改为香皂，到时也会分给各家各户。据村民告知，初六晚并无潭山村般的拜祭仪式，只有自发的烧香拜神。

逛村子时，一些村民告诉我们，凌边的乞巧才最传统，各队在各自祠堂里搞，以手艺相竞，而潭山是为了旅游，为了更方便游客和领导观看。既然凌边乞巧更有传统，又比潭山更热闹，为何没列入非遗名录呢？文化馆副馆长谭若锋告诉我们，当年凌边村书记两夫妇会乞巧手艺，后来他们去世了，就没传承人了。我们问道，祠堂里那些人偶是村民做的吗？回答说大部分都是买回来的。我们在小学展馆中看见一张图片，展示了一位老婆婆制作乞巧玩偶。但村民告知，这位老姑婆当年是做乞巧的能工巧匠，但年事已高，已无法从事女红了。

（2）"文化节"下的传统节庆

凌边乞巧的节日气氛浓郁。是日，车子驶近凌边，已见路边挂满了彩旗和横幅，宣布村子正在举办文化节。甫入村口牌坊，便见凌边小学装饰了横额、气球和彩旗，极具节日气氛。村中某处空地摆起临时摊档，贩卖各种玩具、玉器佛珠，还有看相之类。

傍晚，漫步村中，村民见面都互喊开饭，指的是晚上小学操场上举办的盛大筵席。日暮后，不仅小学操场觥筹交错，而且村中四处可见村民自家宴请亲友，有些生产队也自己摆上五六桌。酒香菜香，扑面而来，一片升平景象。早在傍晚时分，便觉得村中遍布奔跑玩闹的小孩子，晚饭过后更甚，不仅小孩子，年轻人也三五成群，或看管四处乱跑的弟弟妹妹，或鹣鲽比目，言笑晏晏，手捧鲜花，盖以七月初七为情人节故也。将近8点，家家户户成群结队径往会堂，挥舞着荧光棒去看大戏。

图4-16　村民聚餐庆祝
七夕（吕子远摄）

8点左右，会堂门前人头攒动，卖零食、牛杂和玩具的小贩忙得不亦乐乎，还有一群18岁左右的年轻人叫卖荧光棒。我们问其中一位女生是否村民。她犹豫了一下回答："我是村民的孙女。"据这位女生告知，一起卖荧光棒的都是堂兄弟妹，因过节回村，相聚一堂，故想通过卖卖小东西增加点社会实践经验。

大戏开始前，全场坐满了人，空地上也围满了观众。粤剧演出是文化节的一部分，村委邀请了佛山（顺德）乐声剧团连唱三晚。初六演出《花田八喜》，初七为《三凤齐鸣金銮殿》，初八为《哀鸣十八秋》。是晚演出第一幕后，村主任上台致辞，表示见到村民反应热烈，决定加开两场，唱到初十。此话一出，掌声雷动。

村民告知，凌边乞巧每年都很热闹，村子会邀请各地凌氏宗亲回村过节，今天还请来东莞麻涌的宗亲，一辆旅游巴士载60多人，此外还有很多"有钱佬"，而村民们则会邀齐亲朋好友回来晚餐，这是年中很重要的一次聚会。今年镇政府还下拨12万元经费支持活动。活动曾经因非典停办多年，近几年重新恢复，热闹不减当年。正如一村妇告诉我们，"旧时村中乞巧都

图4-17 七夕夜村民在会堂观看粤剧（吕子远摄）

图4-18　佛山（顺德）乐声剧团演出《三凤齐鸣金銮殿》（吕子远摄）

图4-19　七夕夜凌边村内一景（吕子远摄）

是村子自己搞，现在则很多人都来看，那些在外工作的后生都会回来，别的村、其他地方的人也会来看"。

　　我们透过信息平台上凌边村2011年度7、8月的数据来看该村举办乞巧文化节收支情况，现将相关各条列入表4-3。

■ 表4-3　2011年度番禺区石碁镇凌边村乞巧收支明细

单位：元

日期	摘要	收	支
7月5日	支七夕购用品		1188.80
7月5日	支七夕购物		537.00
7月5日	支七夕购物		532.00
7月5日	支七夕购物		448.00
7月26日	支七夕手工用材料		85.00
8月5日	支七夕购电线材料、风扇		2640.00
8月6日	麻冲村交七夕贺礼金	1000.00	
8月6日	西山村交七夕贺礼金	500.00	
8月6日	金山村交七夕贺礼金	500.00	
8月6日	低涌村交七夕贺礼金	500.00	
8月6日	板桥村交七夕贺礼金	500.00	
8月6日	白贤堂村交七夕贺礼金	1000.00	
8月6日	深井村交七夕贺礼金	800.00	
8月6日	宦溪村交七夕贺礼金	800.00	
8月6日	南约村交七夕贺礼金	500.00	
8月6日	石井谭村交七夕贺礼金	2000.00	
8月6日	文边村交七夕贺礼金	500.00	
8月6日	收七夕香油款	934.00	
8月8日	支七夕贺礼回礼利是		110.00
8月11日	支七夕购花款		235.00
8月11日	支七夕购水果		101.00
8月15日	支七夕经费		7500.00
8月15日	支七夕用拜神用品		146.50
8月15日	支七夕用文具一批		405.00
8月15日	支七夕人工费		450.00
8月15日	支村下拨七个生产队七夕经费		10500.00
8月16日	支七夕用品		1368.00

■ 续表

日期	摘要	收	支
8月16日	支七夕工作人员用餐		198.00
8月17日	支七夕购用品		28.00
8月18日	支七夕烧衣贡品		329.00
8月18日	支七夕购龙眼		1800.00
8月24日	支七夕大戏清扫会堂工资		715.00
	合计	9034.00	28865.5

注：此表根据广州市农村党风廉政信息公开平台网站信息整理而成。

　　从表3-3中可见，2011年度凌边举办乞巧节的总支出近29000元，拨给每个生产队的活动经费各为1500元。加上礼金和香油收入，全村实际支出与潭山相若。列表中显示村子收到来自十个村子的贺礼金，其中麻冲、深井、宦溪、南约、板桥等村会在端午龙船竞渡时再与凌边互相拜访，公开平台的列表中就有端午前后支付给这些村子的"龙舟贺金"。一场场民间活动维系着村际之间的交流互动。他们和这些友好的村子往往"称兄道弟"，2012年乞巧，我们在凌边从志凌公祠外看到一条横幅"热烈欢迎九宅村表弟来我队乞巧节光临指导"，即一最好说明。

　　凌边乞巧给我们非常有意义的启发。小学展场内的乞巧作品多已突破传统，一方面，既反映广州市城市建设的巨大成就，另一方面也努力展示了村子传统文化底蕴和现代面貌。村中各组的摆设悉数沿袭传统题材，纵使大家心知展品不过是花钱采买的，但至少说明这些人偶是七夕必不可少的摆设。至于乞巧盆等会直接化给神灵的祭品，则仍会坚持手制。官方利用民间的传统文化打造出一个由16个单位主办、协办、承办的艺术节，把官方的活动、剪彩仪式、展览都放在凌边小学内进行，但这却没有妨碍梓里日常的过节风俗，乡庠操场的百围盛宴和村民自家聚会各自精彩。凌边乞巧作为当地传统文化资源，官民共享。另一方面，凌边乞巧也受到商家的青睐，从网上财政公开平台上可见2012年9月30日，凌边收华创动漫产业园交来乞巧文化节赞助款30000元，这笔赞助足足比上一年做节全部经费还要多。

凌边乞巧依旧发挥着为当地社区提供认同和持续感的作用。当现代人感慨如今农村凋敝，壮者散而之四方，而传统节日的巨大凝聚力能号召在外地工作，或已在外地定居的村民回村，与其称兄道弟的村子也在此日受邀相酬，小童在村中奔跑游戏，年轻人三五成群，一起到村子的祠堂里观看摆七姐，晚上到会堂睇大戏，这是比任何校园内枯燥的乡土教育和展板、喷画都要生动有趣的接触乡村传统文化的机会，也让平日宁静的村落一时间充满生气。凌边乞巧给予我们思考非遗保护与维护整个传统社区的重要意义，民间活动往往具有比工艺本身更为丰富的内涵。

（三）飘色案例：潭山飘色与沙湾飘色

1. 潭山飘色：镶嵌在神诞中的新事物

（1）浩明艺社与香港宗亲

潭山飘色也是由上文提及的"浩明艺社"组织的。艺社之所以取名"浩明"，与潭山的香港宗亲许浩彬先生有直接关系。

许浩彬先生是热心家乡公益事业发展的旅港潭山宗亲，据《番禺市志》介绍："许浩彬，祖籍番禺化龙潭山村。香港番禺工商联谊会副主席。许浩彬1981年捐款兴建化龙潭山学校，助建化龙医院、化龙中学和化龙中心小学，修建潭山村公路等，捐赠总计176万元。"[①]

在潭山，许先生大名比比可见。许氏大宗祠的二进挂满了历代许氏族人所获的功名荣誉，其中有一块"荣誉市民"匾，即为许浩彬先生所立，该匾镌有"鉴于许浩彬先生林伟明女士多年来热心家乡各项公益事业番禺区人民政府广州市人民政府授予为荣誉市民二〇〇一年吉日"大字；娘妈庙《重塑天后宫神位圣像碑记》许浩彬捐款列第二位；圣慧庵山门石额"圣慧佛堂"，上款"一九九六年八月扩建"，下款写着"许浩彬题"；2011年纪念许祠重光的《重修许氏大宗祠碑记》捐助姓名"香港同胞"一栏第一位"许林伟明"为捐款最多者列首位。

主持村子各项文化活动的"浩明艺社"，名字便是潭山村民为感谢许浩彬、林伟明伉俪对潭山村的贡献，择其名中"浩""明"二字拼合而成。

---

① 《番禺市志（1992—2000）》，方志出版社，2010。

我们在此提及许浩彬先生，不仅因为许先生的热心乡梓和慷慨捐输，而且因为许先生集中反映了具有"港澳同胞"身份的宗亲在潭山村民心中的分量。潭山每年有不少支出是用以维系与香港同乡的关系的，不仅会邀请香港宗亲回乡，也会主动前往香港拜年。潭山飘色、乞巧这类传统的民间活动，都可看到港澳同胞的身影。如2011年娘妈诞前一日的敬老大会，牌楼上大字写着"潭山村村民委员会、港澳台同胞敬贺"。每年潭山敬老大会都会收到大笔来自兄弟村子及港澳台同胞的敬老款。潭山村非常善于利用香港宗亲的人脉资源来为村子服务，而潭山各项传统活动便是维系和香港宗亲感情最有感召力的方式。

（2）潭山飘色

潭山飘色相传明代由福建传入。万历间，村人许大成高中进士，乡人大排筵席庆贺，更组织飘色游行助兴。然而进士郎在欣赏飘色途中因兴奋至极而猝死，乡民皆以为飘色不吉利所致，故村中族长、父老规定，从此潭山不再出飘色。[①]1979年后，在番禺区政府和化龙镇政府的大力鼓励和支持下，村中一批热爱民间艺术的群众开始搜集资料，准备重新打造"潭山飘色"。1986年，潭山村浩明艺社的社员经多番试制，重新恢复了失传已久的飘色巡游，定于每年农历三月廿三表演。[②]

上述传说似是而非，或许说明了当代潭山人并没有多少直接关于飘色的历史记忆，20世纪80年代钩沉起废的行为只是文化的"再造"。若按照《公约》强调"世代相传"的原则，已被列入番禺区第二批非遗名录的潭山飘色多少显得有点名不符实，不过，《公约》其实也提到非遗的"再创造"，以及为社区和群体提供"认同感和持续感"的作用。若把潭山飘色放入村子的社区脉络中，我们却能发现潭山飘色并非一项纯粹的表演，而是已与村子每年重要的传统神诞活动镶嵌与共。

---

① 此说根据非遗名录项目介绍。又据村民许钜泉介绍："潭山飘色始于明万历年间，断断续续搞了几百年，1946年后停顿了。当年是祭神用的，不是我们那年就没玩，再轮到我们时已经是20世纪50年代，因为政治因素停顿了。再到1992才重新举办。时隔已久，很多器具已坏，传人技艺生疏，需重新发掘出来。"情况属实与否，待考。

② 此说根据非遗项目介绍《潭山飘色》。另，林晓《万人空巷争睹潭山飘色》："潭山飘色重新崛起在1992年末。一班发烧友在村委及许浩彬先生资助下……研制成功。"《番禺日报》2012年4月5日，A1版。

图4-20 潭山村娘妈庙内部（吕子远摄）

官方叙述下，潭山飘色获奖无数，四处表演，为村子争足了脸面：如2005年1月，潭山飘色队应邀参加梧州市旅游艺术节开幕式的表演，获得一致好评；2005年12月，潭山飘色队在参加中山市黄圃镇举行的黄圃飘色文化节，及广东省首届民间飘色艺术表演大赛中荣获银奖；2006年10月5日，在番禺广场举行第八届中国民间文艺山花奖·中国首届民间飘色（抬阁）艺术展演中，潭山飘色队的《争荣弃耻》《七姐下禺山》两板飘色以名列前茅的成绩荣获中国民间文艺最高奖——"山花奖"。[①]

在奖状奖杯光环下，村民却告诉我们，飘色是无法脱离神诞而存在的。调研时，有村民如是说："潭山的飘色恢复后，安排在每年三月廿三娘妈诞时表演。娘妈诞的游神活动在当地根深蒂固，附近村子都形成一句俗语：'三月廿三，到潭山食饭。'如果不是三月廿三出色，就没人来看了，曾经也试过在国庆出色，但没有效果。"

（3）娘妈诞

娘妈诞是潭山的传统游神活动。潭山村以娘妈为村主，供奉在村东天后宫。宫内香火鼎盛，内有嘉庆年间古匾一枚。村委书记许润强先生告诉我

---

① 番禺区非物质文化遗产中心项目介绍《潭山飘色》。

们，娘妈诞是村子的传统节庆，过往就算经济再困难，神诞也一定要照常举办。举办一次神诞，加上飘色表演，村委需投入30多万元。

飘色巡游当天，村民会提早聚集准备，如负责飘色的，要帮色仔化妆、上色。伴随着巡游的还有舞龙舞狮、花篮队、仪仗队，大人和小孩一起参与，有人高举灯笼，有人挽贡品，有人抬烧猪，锣鼓喧天，浩浩荡荡地抬着娘妈围着村内九个坊巡游，历时3个小时左右。各队村民沿途祭拜娘妈，祈求风调雨顺，国泰民安。巡游时，道旁围观者众，舞龙经过，众人会在龙身下穿梭，祈求好运。诞期还会吸引四面八方的善男信女赶去上香祭拜。[①]

神诞共两天，首日举办"敬老大会"，次日游神及表演飘色。此外，全村九个村民小组还会分别自发举行"炮会"。[②]所谓"炮会"，是指过去神诞中，乡人以火铳弹出藤圈，围者争抢，得之可将圣物（实际上是一个镜屏）[③]请回供奉。炮会于20世纪80年代一度恢复，后因安全原因禁止，改之以竞价形式进行。现在，九个村民小组会分别组织炮会，于神诞当日将圣物供奉到娘妈庙，祭祀后请回到自己的炮会过节，晚饭后公开投标，价高者得，次年神诞交还，每年如是。据村委书记介绍，炮会的费用比较大，要过百万元，由村民酬资举行。

娘妈诞是潭山每年最重要的节日之一。据报道，2012年4月13日（农历三月廿三）举办的娘妈诞，筵开1000席，邀请了香港许氏宗亲会、旅港化龙潭山同乡会40多人以及众多港澳嘉宾回乡与家乡各界逾万人参加活动，"为开村以来首创"。正午1时，18板飘色在表演队伍的簇拥下，鸣锣开道，鼓声震天，一支300多人组成的游行队伍，沿着潭山村的主干道浩浩荡荡地开始巡游，沿途的精彩表演，吸引了来自港澳的乡亲以及"村内外数万市民"。盛大的巡游活动后，敬老大会旋即展开。当晚，宴请来自社会各界的嘉宾共聚一堂。同时，逾万宾客一起为村中813名60岁以上的老人贺寿。"区人大常委会副主任苏治邦，化龙镇委书记甘访华、镇长何培添等领导也

[①] 番禺区非物质文化遗产中心项目介绍。

[②] 潭山村九个组，旧为九个坊，按"天、地、玄、黄、东街、天南、西街、山吓、亨尾"顺序标识，九个坊皆姓许。姓许的在潭山占95%。坊和房没有关联，据说潭山有两大房系，曾经在康熙年间出现械斗，当时有一位署名许遽，觉得大家同气连枝，相争不太好，就互相调乱来住，把械斗问题解决了。

[③] 关于这部分的描述，承蒙朱光文先生指正。

出席了当晚的敬老活动。敬老活动中，广州市荣誉市民、香港同胞许林伟明女士为老人家派送利是和寿包，并祝愿老人家们健康长寿。其间，还有助兴节目，高潮迭起，精彩纷呈。"[①]由于飘色声名在外，传统神诞还会吸引都市人前来观瞻。2011年的娘妈诞，有网友专程从广州市赶来，祈望一睹潭山飘色的风采，奈何适逢许氏大宗祠重修将竣，要把飘色表演放在祠堂重光日举办，网友感慨与飘色"失之交臂"。[②]

如上所述，潭山娘妈诞具有动员阖村的力量。活动由村委会主办，浩明艺社、鸿腾舞狮团，以及村中老少皆广泛参与。世界各地的宗亲亦被邀回梓里，联络乡情，也能吸引城市、邻近居民前来观瞻"传统文化"，报刊等媒体对这类热闹之事亦热衷报道。潭山的飘色活动，即使是传统"再造"，却已成功镶嵌在村内重要的传统神诞当中，得到村委、村民共同的维护，得其所哉。需要指出的是，飘色只是整个游神活动中的一个渲染环节，没有飘色的神诞固然失色，然一旦脱离神诞，飘色便无所怙恃，这也是接下来要提到沙湾飘色遇到的困境所在。

2. 沙湾飘色：抽离传统的表演艺术

（1）概况

沙湾飘色历史悠久，溯其起源虽众说纷纭，但称其为番禺最具代表性的民间艺术却并无争议。《番禺县文化志》第五章第五节《出色》，首列"沙湾飘色"，誉为"南国传统民间艺术的一枝奇葩，长期在民间流传，深受群众欢迎，在海内外享有盛名"。[③]其后依次介绍"员岗踱色""市桥水色""紫泥春色"及"马色"。飘色在传统的岭南乡村普遍存在，是配合神诞赛会的娱神活动。正如员岗踱色本来是服务于康公诞，潭山飘色创作出来是为当地娘妈诞表演。沙湾飘色亦不例外，原是每年三月三北帝诞不可或缺的娱神活动。沙湾的东村、南村、北村、西村都各自有飘色表演，都有师傅传承手艺。娱神节庆在1949年后逐渐销声匿迹，最后一次出色在1958年。1979年活动重新恢复，表演开始脱离神诞，选择

---

①　化龙侨办：《潭山盛事炫乡情》，http://qiaoban.panyu.gov.cn/ShowInfo.aspx?id=201208 0116210917367134 8693488750。

②　大众点评网，http://s.dianping.com/topic/4072582。

③　番禺县文化志编辑委员会编《番禺县文化志》，第103页。

在国庆，10月1日至3日连出三天。时隔廿载，盛会重逢，举乡振奋，耆老们忆述当时盛景，如在眼前。20世纪80年代始，沙湾飘色便拥有各种表演机会，1982年在广州市东校场出色；1992年在广州东方乐园出色。时至今日，但凡政府举办大型典礼，都能见到沙湾飘色的身影。1999年，沙湾一度恢复北帝巡游，旋举旋废。2010—2012年每年农历三月初三，沙湾飘色出现在佛山祖庙的北帝诞巡游队伍中。祖庙北帝诞是佛山八图里民的祭祀仪式，随着城市发展，传统神诞的面貌今昔判然，如今的活动是政府为发展祖庙周边旅游文化产业的其中一环。今年的佛山北帝诞上，沙湾出色六板，分别来自沙湾北村和西村飘色队，其中有取材自沙湾本土音乐、民俗文化的《雨打芭蕉》和《赛龙夺锦》，也有以民间传说为题材的《独占鳌头》，还有寄寓世人不惧邪恶的《哪吒伏魔》《净洒人间》《天降麟儿》等。[①] 2012年2月11日，第二届"广府庙会"民俗文化巡游活动在重光后的广州城隍庙举行，沙湾两板色《珍珠宝塔》《双仙赴会》参加了游神活动。

飘色一般由髫龄小童充当，以四五岁左右为宜，大者七八岁，最幼者仅十个月。扮演飘色的孩子称作"色仔"。据区文化馆副馆长谭若锋回忆："记得十几年前，我们去记录选色仔，应征者满屋，唯恐自家孩子落选，今年元旦出色，去年开始挑选，等了两个多小时，至者二三，犹观望不决。难及当年之盛了。"选中的色仔会被装扮成戏曲人物，安置在一个板台上，用"色梗"巧妙支撑，组成一幅生动的画面。凌空撑起者为"飘"，底下站立（或端坐）者为"屏"，固定姿态，并不歌舞。巡游时由人抬行，现多装置在人力车的板面上，徐徐行进，配上八音锣鼓柜，吹吹打打，供人观赏，呼之为"出色"。每个主题内容被称为一个板色。

沙湾飘色的知名程度远胜潭山飘色，周游演出，声名愈噪。沙湾镇政府非常重视飘色活动的发展，人们能在沙湾拿到各种介绍飘色的宣传手册。小册子称："如今的飘色巡游，已从以往狭窄的古巷道转移至宽阔的广场和马路，沙湾飘色已迎来了一次又一次的改革与创新……将原来的'一屏一飘'改为'多屏多飘'……外形大气磅礴而细节精巧奇致，为古老的飘色艺术注

---

① 何洋：《沙湾飘色助阵佛山"北帝诞"巡游》，《番禺日报》2012年3月26日，A2版。

图4-21 2010年在佛山北帝诞巡游中演出的沙湾飘
（吕子远摄）

入了新的活力。"沙湾飘色极力倡导创新，创新板色之一是《赛龙夺锦》，采用"高科技元素"和复杂的力学原理，搭起三个梯级，使飘上有飘，错落重叠，非常壮观。创新板色之二是《古镇神韵》，创意重点在"集本土多种传统民间文艺形象于一体"，把粤剧、广东音乐、民间传说、古建筑、醒狮、奥运等题材熔为一炉。

沙湾飘色之所以锐意创新，据说一个原因是其曾经在山花奖比赛中因"造型不够夸张"而使大奖旁落，得奖者是临时抱佛脚的潭山村。据非遗中心顾问梁谋先生讲述："为什么我们2006年沙湾飘色的表演在全国比赛中失败了，作为番禺人我深感遗憾，应从非遗的角度以及从国家民间文艺的角度来反省。我们沙湾最宽的安宁西街是四米二十几的宽度，飘色本来就在这样的空间来演出，属于近距离欣赏的民间艺术。来自全国的评委，距离100多米来观看表演，自然不得领其神韵，所以我们沙湾飘色落选了。其实把飘色做得规模大点并不难，对于现在的工艺来说是很容易的，我站上去都可以，别说是小孩子，但这就缺乏了原来民间艺术精粹的地方。"[①]化龙镇文体中心负责人对此回应，潭山得奖是"冷手执个热煎堆"，并说："刚才谋叔所说飘色去比赛的事情，马失前蹄，我们却很幸运，当时有去看他们，所以冷手捡个热煎堆。我们也很矛盾，因为飘色是讲求细致的工艺，是近看的，当我们做好三板色准备参加比赛，突然得到消息说在番禺广场那里举行，场地有一百多米，有几个人能看得到？所以我们利用一个月的时间将飘色全部改造，由于时间仓促，工艺各方面都做得不好，很粗糙，但远看确实又有视觉效果，当时专家看了就很喜欢。我们这个热煎堆就是这样捡回来的。"[②]

（2）传承人的担忧

虽然沙湾曾无缘山花奖，但这丝毫无碍沙湾飘色的名气与地位。须区分的是，潭山飘色从无到有是村一级和民间的自发行为，镇里少有干涉。而沙湾飘色则是当地非常重视的一项文化项目，镇一级积极统领各村飘色活动，并在镇文体中心努力下成立了"沙湾飘色协会"。镇政府努力使飘色创新，缮完补缺，使之走出沙湾，让它亮相于各种场合。两者的差异也和化龙、沙湾经济实力有关。据称，化龙经济在全区倒数二三，文体中心亦无业务经费，潭山传统民俗的繁荣景象得益于村书记的大力支持，这也让人担心换届之后活动能否一以贯之。

相较之下，或许会觉得沙湾飘色底气十足，前景无限，但沙湾飘色协会的会长何穗强却觉得飘色表演步履维艰。何穗强目前负责推进沙湾飘色改良和市场化的工作，他曾亲历1979年的飘色活动，充当工作人员，1994年元旦的飘色他也参与其中，何老先生总结沙湾飘色的工艺特点是"飘""巧""艳"，为之感到非常自豪。访谈中，何老除了对沙湾飘色的光辉历史如数家珍，也直言不讳地指出："我觉得沙湾飘色是有危机的。"他说，其实沙湾飘色在21世纪后间举间停，遇政府换届或重大庆典，便偶尔出色。且色板成本殊昂，更换动辄过万，以致长期沿旧不换。不仅如此，以沙湾东村、西村为例，若每村各出两板色赴外地演出，费用起码要6万元。若全村动员，动辄花去十几万元经费。对他们来说，十几万元并非小数目。

---

① 据2012年8月14日"番禺区文化发展战略研究——非遗调研座谈会"录音整理。

② 据2012年8月14日"番禺区文化发展战略研究——非遗调研座谈会"录音整理。

现在劳动力成本增加，雇人帮工，没有一两百块钱根本无人承允。加上色仔和他们的家长也要支付酬金，再有诸多杂费、服装置换，都要纳入成本。如果是村下面集体经济来资助，村民没有积极性是不肯打破悭囊的。

此外，由于长期缺少政府支持和统领，何穗强表示："我都感受到一个问题，如果这个协会再不搞，这个民俗文化遗产就没有了。镇领导对这个问题很敏锐，陈健鹏找了我很多次，一定要成立这个协会。我做得好不好是一回事，但一定要拿个心出来。这件事不一定是政府支持就可以的了，现在也不是没有钱的问题，而是后继无人的问题。这就是困难之二。所以我跟阿鹏说，你一定要找人给我。我一个人，有心无力。我很有心，但后继无人。所以沙湾飘色一定要换一条路，迎合社会、科技的发展。这就是人才培养的问题。再者，飘色做了出来，如何走向市场。不市场化就没有生命力，就没有人请。成本过高怎么会有人请，这和请人舞狮不一样，请我们出一板色要十万八万元。所以一定要市场化。市场化有个问题是'走出去'。不结合市场，就没有出路。人家资助你，不能天天资助，要自己养活自己，有盈余，继续创新。可以帮其他企业宣传他们的产业，做他们的形象大使。现在我们可以随时出色，色板都在，就是传统的沙湾色，但现在我们有科幻，有动漫，结合这些东西，那些公司喜欢，才能传播出去。"①

为了促进沙湾飘色改良和推进市场化，镇政府企图把全镇活动纳入古镇旅游开发当中，成立沙湾飘色协会，统领全镇的飘色活动。镇文体中心主任陈建鹏就沙湾飘色提出以下观点："飘色在我们沙湾是传统的四条村举办的。东村、南村、北村、西村这四个村都有各自的飘色表演，都有师傅传承工艺。各村都会围绕飘色举办一些活动，但碍于没有统揽，各自为政，一些表演团队和艺术节邀请他们，他们就会借机为己谋利，本来可能一板色的成本价是三四千元，他们却要价过万，才肯出色。但作为具有我们沙湾特色的飘色，要价太高，反而让人望而却步。人家不邀请了，他们少了表演，此路只会越来越窄，也不利于他们发展。这是沙湾飘色目前遇到的困难。于是我们找了一位资深的老领导，他也是飘色艺人，在今年成立飘色协会，统领全镇的飘色工作，整合四村的资源，统一培训演出，现在正迈出可喜的第一

---

① 据2012年8月21日"番禺区文化发展战略研究——非遗沙湾调研座谈会"录音整理。

步。各村的传承人能有他们的平台去展示，也不会碍于各村村主任、书记的改变，故意抬高价钱，让他们少了表演的机会。"①

从何穗强先生和陈健鹏主任的谈话中，可见沙湾飘色与潭山飘色实殊途异路。沙湾飘色纯粹是一项表演，早已脱离神诞而存在。作为表演艺术，成本、经费、舞台效果乃至盈利是所有人考虑的重点所在。沙湾飘色虽然演出不断，但面临演出成本过高、手艺后继无人的问题，而且为了演出，如何吸引观众眼球成为保持整项活动生命力的关键所在。市场化很明显是官方和民间的努力目标，但官方层面更注重如何统领全部工作，整合资源，更好地为政府的文化事业服务。有政府撑腰，这自然让沙湾飘色拥有了更多的保障和生存空间。但所产生的疑问也十分明显，这到底是谁的"非遗"？

（四）龙舟案例：上漖龙船基地

1. 龙舟赛会与传统社区网络

番禺乃滨海之地，水网交错，人们生活离不开水，所谓"开门见水，举步登舟"。村庄墟镇依河涌而建，水上疍民以水为生。明清以来，随着商品经济的发展，整个华南地区逐渐形成整合的市场。商品经济的繁荣非常依赖发达的水路运输，而水路运输则依赖天然的河涌网络。珠三角地区的村落无不依靠河涌来与外界进行社会、经济交往，而兴起的墟镇亦以水运网络和传统航运节奏作为崛起条件，番禺市桥墟的兴起就是典型的例子。通过水路运输，村子的农作物、经济作物可以运往墟镇，墟镇作为中转得以把商品集中佛山、省城，再由水路、铁路进入更大的市场体系中去。珠三角地区赛龙舟的民俗活动在此背景下发展，可说是传统水运网络仪式化的体现。

目前龙舟文化的研究一般热衷于追根溯源，争论端午源于纪念"屈原""伍子胥"还是"曹娥"。实际上，龙舟习俗背后是农时、环境生态、社会交往等复杂观念的仪式性表达。同治《番禺县志》内将"端午竞渡"的风俗归入传统"赛会"一类，成长在清末民初的南村人邬庆时对茭塘司的龙舟风俗更有详细的描述：

---

① 据2012年8月14日"番禺区文化发展战略研究——非遗调研座谈会"录音整理。

茭塘司近水各乡，皆置有龙船。每年于五月初一至初五日扒往各处竞渡，谓之龙船景。初一为新洲景，初二为官山景，初三为市头景，初四为新造景，初五则会于省城。省城之景自经悬禁，顿形冷淡，而各乡之景则依然如故。"四月八，龙船到处挖"，此谚今尚实行也。凡龙船每年扒毕，则藏诸泥中，以免裂漏，至次年四月初八日乃起而修理之。起龙船亦曰挖龙船。扒龙船者，皆本乡子弟，不支工金，虽就工于外，届时亦告假而归，极形踊跃，故其速率比寻常增至数倍。所到之乡，率送烧酒，燃爆竹以犒之，乡人或立岸上或坐船上观以为乐，妇人竞取河水洗儿，谓之洗龙船水。①

将之对照今日各乡的龙舟习俗，如《番禺县文化志》、李淑子的《番禺龙舟文化》、范德智主编的《沙滘龙舟文化》所云，大类沿袭若此。文中提到省城曾一度禁止竞渡，可知官方意志与民间活动往往难以和谐，时而关系紧张，自古皆然。对照今日，广州航道上出现的龙舟大赛皆是官方举办的"体育盛事"，而各乡的"龙船景"则自有一片天地。

这段文字还告诉我们一个重要信息，"龙舟景"不是某个地区或某乡某村的个别行为，而是在乡与乡、区域与区域之间交往互动中产生的。②

"五月初一至初五日扒往各处竞渡"是每年各乡扒龙舟的重要环节，名曰"探亲"。各乡的龙舟队往往会在初一至初五安排到附近兄弟村落拜访探亲，并且事先准备一份拜访帖，对方接帖后会张贴在祠堂或村委公告栏。

我们在潭山村调研时，在竹溪公祠外墙上发现了一系列与端午龙船景有关的海报和拜访帖。其中一张海报是《龙船景行程安排》：

龙船景行程安排

初一：西村、山门、大岭；

初二：明经、胜洲、茭塘、龙滘；

① 邬庆时：《南村草堂笔记》卷一，《邬氏家集》，番禺邬氏刻本。
② 茭塘司之外的龙船景介绍及沿革，见《番禺县文化志》第五章第三节《龙船》，第96页。

初三：石楼；

初四：赤岗；

初五：本村；

海报下面还贴满了邻乡所投的拜访帖，包括赤岗、石楼西约、石楼大乌龙、胜洲、茭塘西约、石楼中约、大岭村中约、茭塘东村等。上述各村皆与潭山隔邻，按现在行政区划，包括了化龙镇（西村、山门）、石楼镇（赤岗、石二、胜洲、大岭、茭西、茭东）。这些与潭山交流互动的村落背后存在着何种逻辑？翻阅禺南地区的地图便能发现，这些村落基本分布在石楼河水系周遭。据乡人告知，龙舟从许氏宗祠对开的河涌下水，便能前往这些村落。若再深入查阅史料，则能发现，这些村落实际上部分属于清代番禺县茭塘司冈尾社（一说社址在今化龙镇明经村，一说属于化龙镇潭山村）的"十八乡"。传统维系十八乡村际关系的有一项著名的迎神赛会——"洪圣王出会"。出会由各乡轮值，每至诞期，演戏七日，活动热闹情景仅亚于波罗诞。关于十八乡洪圣王出会，陈铭新先生的《闲话冈尾社十八乡洪圣王出会》利用大量乡邦文献进行详细的介绍，此不赘述。如今十八乡洪圣王出会早因各种原因而废止，但通过潭山村龙舟景海报和拜访帖可以感觉得到即使在新的行政划分下，传统的村际网络还是努力凭借不同载体来维持原有的关系，如通过端午扒龙舟的机会，将这种关系具体地再度呈现。

拜访帖有助我们了解各个村际交往网络，这些网络基本上是水运时代的遗存。在城市化影响下，新城区的开拓和房地产开发，使大量村落急速地转向城镇化或者直接消失，但对扒龙舟习俗最致命的还不是村落景观面貌的改变，而是传统村际交流网络的载体——河涌的陆续消失。

邬庆时介绍龙舟的文字还提到一点，即本乡子弟的积极参与。他们不计工钱，每逢节庆，在外务工者甚至告假回乡，极其踊跃。当时龙舟活动巨大的动员能力可想而知。时至今日，民间自发的龙舟活动绝不亚于古人。龙舟所拥有的号召力并非只是一项"体育运动"，正如同治《番禺县志》把端午竞渡归为迎神赛会，龙舟文化是传统乡村民间信仰的一部分，包含了各种乡人所认同的信仰符号、仪式，如对龙船头种类的讲究，平日龙船头会被放置家中供奉，以期能有镇宅驱邪的作用；船上必定附属百足旗、罗伞、锣鼓、神龛、彩旗、帅旗、招魂幡等，龙船必定在旗帜、船桨、鼓上标明队伍所属群体，或以村名，或以堂号，或以神灵，神龛则一般为每村的村主。一条龙舟从制作完成准备下水开始，就不仅仅是一条木船，而会伴随着人们观念的表达而有一套复杂的仪式行为。李淑子《番禺龙舟文化》对传统仪式进行了很好的梳理，一次活动包括了起龙、请龙、洗龙、龙标、转龙头、采青、龙头祭、散龙嬷、洗龙舟水、吃龙舟饭、藏龙11项程序。这些仪式几乎需要阖乡出动，需要调动乡中头面人物主持筹备，耆老指导仪式，青年人参与竞渡，还包括工具置办和食物烹制，而各场烦冗的仪式极具观赏性，能吸引大量的游人"观以为乐"。过去，甚至妇女都能在竞渡活动中分享欢愉和喜气。

在此须点明的是，龙舟赛会并非可以用现代"体育"一词概括，而是一场民间广泛参与的狂欢节庆，是乡村社会生活的重要组成部分，是村民表达群体观念和维系乡情的渠道。龙舟活动需要被放置在赛会的背景中才能发挥生命力，才能保持其广泛动员民众的能力。

2. 上漖龙船厂的尴尬处境

番禺洛浦街上漖村是历史悠久的手工制作船只和维修基地，据说最早可追溯至清代。近年来，随着水运行业的式微，船厂专事龙船制作，包括制作传统龙和标准龙。上漖船厂驰名省港澳，不仅垄断珠三角地区的龙舟制作，而且订单远至湖南、浙江、港澳乃至东南亚。目前，上漖尚有龙船厂14间，厂区合计面积约4290平方米，集中分布于三支香水道上漖涌沿岸，均为临水而建。鼎盛时期龙船厂一度超过30家，年产龙船约50艘。20世纪初，大石就有三位著名的造船师傅，上漖有黄寮、厦滘有陈龙、大山有阿满，三位师傅造船工艺不分轩轾，一时瑜亮。如今上漖村规模较大的船厂有陈汉慧船厂、兴达船厂及黄氏兄弟（黄寮后人）、上漖船厂（卢载洵）船厂等。造船厂多数为本村人经营，手艺祖辈相传。

陈汉慧船厂的易文师傅自十来岁随舅父学艺始，至今已逾30多年。易师傅告诉我们，龙舟工艺都是经验相传，依靠悟性，无文字理论可言。上漖船厂多属家族经营，一间工厂10余人，每条龙舟制作需时20多天。陈汉慧船厂

图4-22 上漖某造船厂（吕子远摄）

建厂55年，资历与规模咸执当地牛耳。龙舟制作有淡季、旺季之分。易师傅说，上漖还是年桔生产地，淡季时他会栽种年桔，而旺季则非常忙碌，五月节前后要四处出差，为客户修理龙舟。龙舟一般选用杉木和坤甸木为原料，款式有标准龙、传统龙之分。当某村定做的龙舟扎龙骨时，就会派人来做仪式。造好一条新龙，该村要择吉日良辰举行试水仪式，仪式包括拜神、旺龙、试水、谢师多道环节，[1]供上金猪、米酒、果品，燃香烛、放鞭炮，打出自己村族的锦旗罗伞，一路鞭炮不断。[2]

上漖造船厂位处上漖涌边，龙舟一下水，可以直接经水路达广州、番禺、南海、顺德各邑。一条传统龙舟长度可逾40米，因此水运是最便捷的方式。若是近乡所订的龙舟，他们会驾旧船来迎；若是远乡，将新龙拖回时，老龙舟会安排在村子涌口相迎。

所以，上漖的水环境对船厂生存有决定性因素。若河涌填塞，龙舟无法下水，厂房也会随之星散。我们调研时发现，船厂多围绕在涌边搭棚而建，而该处属于农业用地，这些简陋的厂房却有无牌经营之嫌。深入了解当地情

---

① 何平：《阔别9年冼村新龙试水200冼村村民落船热身》，《南方都市报》2009年10月14日，GA19版。

② 王丰：《上漖：龙船制作热火朝天》，《番禺日报》2011年5月6日，A1版。

图4-23　船厂师傅正制造一艘新龙舟（吕子远摄）

况更发现，龙船厂是用很低的租金问村子租用经营的。

　　此外，这些船厂并非没入非遗部门的视线，倒是当地船厂担忧因名惹祸，都希望保持现状，低调生存。另一边，上漖村这片土地已处于城市化的汪洋大海之中。上漖所在的沙滘岛，逾半已发展成洛溪新城。从20世纪80年代末洛溪大桥建成，再到地铁三号线开通，大量广州市民落户番禺洛溪，如今该岛已是新厦林立。立于上漖涌口北眺，高楼重重的海珠区一苇可航。上漖的农业用地据称已经纳入新的规划范围。若新一轮的开发到来，船厂必有犁庭之危。为此，区文广新局、区文化馆、洛浦街的领导和工作人员先后前往上漖龙船厂进行调查，并建议政府保留该地生态及龙船厂。另有消息称龙船厂可能会被迁移至化龙。

　　从调查中发现，就在这样简陋的木棚中，制造出整个珠江三角洲乃至

图4-24　上漖龙船厂皆依上漖涌而建，龙舟造好依靠河涌运走（吕子远摄）

图4-25　上澍涌口新增的建筑物（吕子远摄）

全省、港澳地区的龙舟。龙船厂的造船工艺经世徒传授，操其业者多本地人。若把诸厂迁徙异地，不仅难服其水土，且会使已为续不易的承传纽带雪上加霜。龙船厂的生存与否不只关乎厂主及师傅的生计，这些简陋的棚屋支撑着整个省港澳的龙舟赛会，在"广州龙船论坛"上，我们可以看到来自泮塘、冼村、杨箕、郭村、程界西、大塘、北山等地的村民兴高采烈地分享他们到上澍订制新龙舟，以及抬着新龙舟试水的兴奋经历。每条新龙舟的制造也牵动着其他非遗工艺的延续，包括龙船头尾制作、龙船鼓制作，罗伞、铜锣、彩旗、符咒等制作，所涉及的是一整套与龙舟赛会有关的传统文化实践。可以说，上澍龙船每一条下水的新龙舟都肩负着维护传统的责任。

3. 标榜"龙船文化"的沙滘中学

沙滘中学位于沙滘岛东部，番禺大桥沙滘段南往北方向右侧。该校以传承龙舟文化而知名，校长范德智把"龙舟文化"确立为学校文化建设的价值取向。《广州市番禺区洛浦沙滘中学简介》即强调："多年来，我校结合本地学生纯朴自然以及地处龙舟之乡的地域优势，挖掘龙舟文化的深刻内涵，以'龙舟精神'构建学校的办学理念。以'夯实基础，激发活力'，培养'好习惯，好品德，好能力'为德育理念，打造番禺人的团结拼搏、敢为人先的文化特质。"

步入校园，便会感受无处不龙舟，从各处细节都能发现龙舟的文化

图4-26 上漖船厂得到社会各界的赞誉（吕子远摄）

元素。学校篮球场旁筑有一座腾龙阁，阁内放置了一条身经百战的传统龙舟，阁内四壁贴满海报喷画，宣传学校别具特色的校园文化。海报喷画告诉我们，沙滘中学有许多以龙舟为主题的校园活动，如有"龙腾虎跃跳绳比赛"、"龙舟模型制作"、"龙舟争渡"（田径活动）、"龙舟服装设计"、"粽出巧手"，连校歌首句即起兴"我的家乡是一艘船，守望着母亲珠江"。操场边树立着中国历代治水先贤的塑像，学校的楼层指示

图4-27 与沙滘中学老师访谈
（吕子远摄）

牌、路灯设计成船桨形状，楼梯围栏有繁体龙字雕花。学校以龙舟为主题的校园文化集大成于《沙滘龙舟文化》这一本书，该书由校长范德智担任主编，属于"广东省教育科学'十一五'规划立项课题研究成果"，书的上部"风俗篇"收录了学校老师利用课余时间田野调查龙舟文化的研究成果，梳理了端午节的源流和沙滘地区本土龙舟制作工艺及信仰仪式，下篇"课程篇"介绍学校以龙舟为主题开设的课程与校园文化。范校长的《亚运会龙舟赛项目研究》获得2010年全国综合实践活动第八届研讨会一等奖，此外还有马健辉老师的"沙滘龙舟文化调查"课程，活动是带领学生调查沙滘的龙船厂、村委会等场所，让学生对龙舟制作的传统工艺有初步认识；卢锡源老师的"沙滘龙舟饮食文化探究活动"的课程则带领学生调查龙船饭习俗；周燕萍、林翠兰老师的"龙舟传人调查活动案例"活动带领学生到船厂采访龙舟制作传人，把口述的材料整理成文章。一系列的校园文娱和调查活动，都希望以沙滘龙舟为契机，让学生在了解和认识龙舟文化的同时，提高他们的综合能力。

　　然而从实地调查到各种以龙舟为名号的跳绳、剪纸、体操活动，都只

图4-28　沙滘中学腾龙阁内摆放的传统龙舟（吕子远摄）

图4-29 沙滘中学别具一格的校园龙舟文化

能让学生们以旁观者的角色看待龙舟。当我们在沙滘中学与老师们聊天时，发现许多老师都是番禺本地人，几乎人人都有过参与龙舟竞渡的经历，回忆年少时，趣事一箩筐。虽然此次访问与范校长缘差一面，然而从《沙滘龙舟文化》一书的书序中，我们看到广州市民间文艺家协会主席曾应枫女士提到范校长16岁时，不顾家人反对，硬要参加龙船竞渡，几度被老桡手戏弄抛下水，不断挣扎跃起的趣事。①

而少年时划龙舟的经历塑造了范校长争强好胜的性格，使他考上大学、当了老师，成为校长。但对于新一代的年轻人来说，他们常被认为是娇生惯养，他们不再有范校长年少时的水上豪情，而是靠着跳绳、体操、剪纸来传承着一种叫龙舟文化的东西。"让我们荡起双桨"的行为是不被允许的，没人能担负得起安全责任。在校园侧门一角，挂着一幅标语，上面大字醒目地写着："珍爱生命、谨防溺水；远离危险，平安成长"。沙滘中学对于如何

① 范德智主编《沙滘龙舟文化》，广东教育出版社，2010，曾应枫序言第1页。

能真正延续"龙船文化"的担忧，我们在现实的教育制度和风气中可以感受得到。

三 番禺区非遗工作困境

（一）新概念与老传统

地方的"传统文化"情况复杂，特别是"传统文化"在民间的部分，经过政治运动和时代变迁，每个地方每个种类的民间传统文化都有其特殊的历史发展过程和现状。经过此次实地调研和访谈，我们发现，《番禺区第一、第二批非物质文化遗产项目代表性名录名单》的部分项目，其实在区非遗保护体系形成之前便已自发形成一套自求生存之法，这种方法在镇、街、村与民间力量长期互动中形成。沙湾飘色自20世纪70年代恢复出色，镇政府大力支持沙湾飘色活动，1999年农历三月初三，沙湾镇政府在庆祝13项工程剪彩时，举办了大型北帝巡游民间艺术活动，飘色表演即为北帝巡游的组成部分。近年来，沙湾飘色四处演出，不拘于三月初三，2012年更成立了飘色协会统领全镇飘色工作，大胆改良传统，推陈出新；沙涌鳌鱼舞的传承人江炳贤长年担任村支书，并一直担任沙涌村鳌鱼队队长至今。他说，自任沙涌文化室主任、沙涌鳌鱼队队长始，便多次与文化馆人员研究如何改进鳌鱼舞。鳌鱼舞和沙湾飘色因其具有可观赏性而颇受政府青睐，多次出外参与代表岭南文化、广府文化或番禺文化的文化活动。像飘色这类民间活动，本来就非沙湾一地独有，全国很多地方皆有此俗，在此处消失，又能在彼处重现，韭割复生，有较强的生命力，潭山飘色即因此出现。又如潭山乞巧的工艺作品非常直接地体现了不同力量在"乞巧文化节"中的自我表达，有曾经为乞巧赢得奖项的作品《长生殿》，也有迎合官方意识形态的《过草原地大渡河》《沙家浜》《威震海疆》，这两类作品占据了展览空间最显要的地方，但也不妨碍爱情故事和历史故事题材以及反映潭山村历史题材的作品平分秋色。

在非遗概念引进之前，传统乡村社会的文化活动就已为适应新的时代而对自身做出调整。这为非遗的甄别工作带来非常多的考虑因素，用何种标准定义"传统文化"是一项棘手的问题。

当我们用历史的思维检视《番禺区第一、第二批非物质文化遗产项目代表性名录名单》共29项的项目分类，可以发现冠以非遗名目的项目实际上大部分是传统的延续。若翻阅1996年成书的《番禺县文化志》，当时的学者已仔细梳理和介绍了番禺各项民间文化的源流。书中可见当年番禺官方和知识分子如何对乡邦的民间文化进行分类，胪列出他们认为具有代表性的民间文化项目。将之对照当下的非遗名录，除了发现传统的延续，也可察觉某些传统的消失与新项目的出现，鉴往知来，将有助于我们反思当下整个非遗工作的甄别与分类。现将《番禺县文化志》第五章的目录附录如下：

第五章　民间文艺

　第一节　民歌

　　　一、咸水歌；二、山歌；三、童谣

　第二节　说书

　第三节　龙舟

　　　一、龙船景；二、历年赛龙舟记录；三、龙船习俗；四、有影响的龙舟；五、番禺龙船活动的兴衰

　第四节　民间舞蹈

　　　一、沙涌鳌鱼舞；二、沙湾鳌鱼舞；三、市桥三堂凤舞；四、沙湾舞鳗龙；五、县内的舞龙活动；六、灯色活动

　第五节　出色

　　　一、沙湾飘色；二、员岗跷色；三、市桥水色；四、紫泥春色；五、马色

　第六节　民间工艺

　　　一、广绣；二、雕刻、壁画、泥塑；三、七夕工艺

（二）现代分类割裂传统整体性

非遗名录所涉及的非物质文化遗产包括民俗、传统技艺、传统舞蹈、传统音乐、传统美术、传统体育、游艺与杂技、民间文学等多个方面，具体的

项目涉及不同社会分工、区域差异、历史原因、生存土壤的消失、主导权的分化等因素影响而导致许多特殊性。联合国教科文组织所公布的《公约》和国家2011年实施的《非遗法》并未就非遗保护的方法进行系统性的论述，针对不同的项目保护缺乏详细的工作方法，地方资源也缺乏专业人才来应对项目内容的多样性。

非遗的项目分类存在对传统乡村文化削足适履的影响，现代的分类并不适合传统文化本身的逻辑。从《番禺区第一、第二批非物质文化遗产项目代表性名录》中发现及调研情况来看，许多传统文化活动基本上是乡间神诞的组成部分，但因地区差异和历史原因，不少项目已与神诞活动剥离，如沙湾飘色早在20世纪90年代后便已渐渐剥离北帝巡游，经过改良成为一项传统和现代界限非常模糊的、在政府支持下举行的表演艺术，而当年沙湾北帝诞的娱神活动远不只有飘色一项。据《番禺县文化志》记载，传统的北帝出游"必伴以飘色、鳌鱼，并由'戆龙'开路"，[①]如今戆龙舞已因北帝诞停办而销声匿迹。石碁舞鳌鱼早在1954年就经过当时县文化馆的"提炼美化"成为舞台艺术，参加了"佛山市地区首届民间艺术节"的游行和演出。1986年又取独占鳌头之义新编成"鳌鱼舞"，参加了"全国民间舞蹈比赛"获丰收奖，市评二等奖。1987年应邀参加了广东省"首届民间艺术欢乐节"演出。[②]现代的分类会不会因保护行为进一步的制度化而造成项目与传统文化更快地分道扬镳，反而加速民间传统文化的进一步消失？前景令人担忧。

与非遗传承人访谈中，经常能听到老艺人"后继无人"之叹，而闻者皆沉吟无计。大家都责怪年青一代心浮气躁，好逸恶劳，对枯燥手艺活皆不屑。或感慨经济发展时移世异，人们生活方式改变，审美观念也趋时变异，对传统工艺不再拥有欣赏能力。此类观念表达十分常见，然而易地而视，许多项目本身才是使之式微的始作俑者。打乱传统逻辑代之以新的分类方式，加上自以为可以适应时代的各种"创新"或"改良"，使飘色、鳌鱼舞、乞巧等等成为一项项孤立的传统手艺或表演艺术。这些剥离出来经过改造革新的"传统文化"怪相迭出，悖于传统，亦不属于现代。除了

---

① 番禺县文化志编辑委员会：《番禺县文化志》，第102页。

② 番禺县文化志编辑委员会：《番禺县文化志》，第101页。

给观赏者带来一些感官上的猎奇刺激之外，往往难以传递更多的心灵震撼和文化意义。

（三）"传统文化"的本地再造与外来者

1. 传统再造

《名录》有部分项目早已在民间消亡，却因非遗概念的引进或近年社会打造地方文化品牌、打造文化产业气氛而被重新塑造，其中最典型者莫过于番禺水色。番禺水色原为市桥水色，屈大均《广东新语》、檀萃《楚庭稗珠录》、同治《番禺县志》均有记载。水色之所以出现在市桥，和当年市桥水网交错的生态关系密切。《楚庭稗珠录》所说的"凤船以奉天后"指出，水色是当年天后神诞中举行的一项娱神活动。市桥水色废而不举逾百年，仅见诸文献零碎记载，市桥河涌早已填成马路。也许由于在传扬传统文化和开发文化产业的观念影响下，一些热衷于振兴乡邦文化的人士尝试重新恢复市桥水色，他们根据一些老辈的回忆和拾掇文献中的断章残句进行想象重新恢复，把地点放在宝墨园举行。有人戏言："沙湾飘色摆在水上，就是为水色。"我们对这种利用历史资源进行文化创作的尝试应该采取支持的态度，但无可否认的是，市桥水色仅见于历史记载，与当今社区和群体丝毫无涉，并不属非遗范畴，更无对象可予以"保护"。

简公佛诞在上报为非遗项目时本拟称为"神医简公佛传说"，差点使一则故事成为非遗项目。后经非遗中心工作人员考察，发现此并非仅是传说，而是民间神诞活动的组成部分。据说在"大跃进"时，简佛像鼓翼飞去，村民只好对空庙祭拜；简公佛诞曾盛极一时，民国年间陈济棠的太太专门乘坐飞机前来祈福。经区非遗中心衡量，尽管神像已失踪，但神诞每年例必举行，因此该项目值得保留。此外，东环街的关帝十乡会，十乡是指东沙、坣头、朱坑、左边、榄塘、龙美、樟边、横坑、甘棠、白沙堡十个自然村，而十乡会是近几年才重新恢复举办的。潭山飘色的前身是潭山柜色和员岗跷色，前者的出现得益于村中浩明艺社社员在20世纪80年代的艺术创作，后者在得到镇政府和村委的大力支持下重新出现在人们眼前。

这一系列传统与创新的举措，实缘于非遗定义"传统文化"的模糊。

因为纵使番禺水色是地方文化人士依据文献记载和见过水色实物而创作的一种艺术形式，但在人们眼里，它还是属于"传统的"范畴。亦是由于《非遗法》把非遗定义为"传统文化"的缘故，地方进行非遗保护企图把所有传统文化都考虑纳入保护对象，基本忽略表现形式和社区传统唇齿相依的联系，把带有传统元素的全新艺术创造都纳入非遗保护的范畴。

2. 外来者

除了传统的再造，还有一些项目是外地在番禺设厂，把其他地区的特色带来番禺的，其中包括广彩瓷烧制技艺、香云纱、沙湾广东醒狮等。据悉，广彩瓷烧制技艺传承人余培锡是开平人，属国家级传承人，但已经作古。传承人陈文敏属省级传承人，广彩的保护单位希望借助政府加强其产品推广宣传。香云纱（薯莨布）染制工艺实际指的是顺德一家私人企业在榄核设厂。由于顺德设有香云纱的基地，香云纱给人的印象几乎是顺德专用独享，旧时珠三角地区的薯莨布染制比比皆是，番禺亦不例外，如今将之列入保护项目颇为有理，但保护对象却与本地社区群体无太多联系。据悉，此公司不愿意申报传承人，也不愿将技艺秘方公开。潘高寿传统中药文化项目列入番禺非遗保护名录，也是因为潘高寿在番禺设厂的缘由。潘高寿比较愿意和非遗中心合作，致力于推广岭南传统养肺的知识及其相关产品。沙湾沙坑村的广东醒狮，亦被当地人视为"外来物种"。据老前辈回忆，20世纪50年代，佛山建军用机场，南海沙坑村举村迁徙至沙湾东村。村人周镇隆等就把南海的醒狮带来沙湾，号称南海醒狮，与番禺醒狮互有区别。为此，非遗中心上报时候补了一些有番禺特色的醒狮。

随着南沙发展，番禺区沙湾水道以南的大岗、东涌、榄核三镇将拟划归南沙区。如此一来，番禺区非遗名录上，榄核咸水歌、香云纱（薯莨布）染制工艺、疍家传统小食制作工艺三个项目将同时归属南沙区。[①]

非遗项目的选定受到非遗体系本身以省、市、县（区）行政区划的影响，这种认识除了反映出行政区划的割裂外，也将地方传统看成是在封闭状态下形成的。我们从沙湾飘色的传说中能看到曾经向员岗"偷师"的痕迹，如今员岗飘色的重现也是向沙湾学习的结果。简公佛诞不独局限于石壁屏山

---

① 番禺区东涌、大岗、榄核镇已于2012年12月1日零时移交给南沙区管辖。

村，遍布番禺各地的简氏宗族也多有祭拜，如海珠区小洲村、芳村，天河小新塘还有简佛祖庙。这都说明非遗体系设置忽略了行政区划与文化分布的差异，也忽略了传统社会的人口流动。非遗项目都与其所属行政区域相关，政区调整即改变其属地标签，而地域与地域之间项目各立门户，分庭抗礼。也是由于"传统文化"概念可以无限扩大的缘故，非遗又把一些与番禺地域无太大关系的内容包含在内，当然这其中还有政策规定的属地管理及政府关于经济因素等各方面的考虑。

（四）缺乏专业人才和基础研究

番禺区非遗中心自2006年年底挂牌成立以来，虽然设立了一个机构，但实际上并无人员编制，属文化事业单位。区文化馆主要领导兼任非遗中心的主任、副主任。地方的文化馆本非研究机构，主要履行其社区服务功能，如开展群众文化活动，并给社区文娱活动提供场所。当国家开展非遗保护工作时，地方遂由市、县（区）的文化馆负责收集、整理、研究非物质文化遗产，开展非物质文化遗产的普查、展示、宣传活动，指导传承人开展传习活动。研究工作的顺利开展需要专业人才的配合。2009年7月，文化馆聘请番禺区中学历史老师朱光文担任区文化馆馆员，负责区非遗中心业务指导工作。非遗中心开展非遗的普查、收集和整理的工作需要再与各镇街文体中心合作。镇街的文体中心具有宣传文化、举办文体活动等多种为基层社区服务的功能，平日工作繁杂，亦非研究机构，人员亦不固定，要承担非遗普查工作存在认识和专业水平上的不足。

非物质文化遗产是一项新引进的概念，当然很容易被理解为"传统文化"，但传统文化概念十分宽泛，要进行非物质文化遗产的普查和甄别，亟须对该地区的历史文化进行基础研究，比如说需要弄清楚番禺自身的政区沿革、政治、经济、社会、典故等历史发展过程。可以预料到的一种尴尬是，基础研究工作经常被视为没有必要，是高校及研究机构的学术行为。殊不知，没有基础研究，分辨"传统文化"从何说起？事实不梳理清楚，何谈传承和推广？《非遗法》第三十七条指出："国家鼓励和支持发挥非物质文化遗产资源的特殊优势，在有效保护的基础上，合理利用非物质文化遗产代表性项目开发具有地方、民族特色和市场潜力的文化产品和文化服务。"该条文明确指出开发文化产品需要建立在有效保护的基础之上，达到保护"传统文化"或非物质文化遗产的效果是非遗工作者的工作目标。故此，我们更有必要分清楚何谓带有传统元素的艺术创作和与镶嵌在乡村社会中真正传统的部分，避免项目的认定与其背后整体性的割裂等。

据悉，非遗中心与基层文化工作者在初期面对非遗这个新概念时皆无从下手，后来在区文化馆、非遗中心和地方镇街文体中心的讨论研究下，决定由业务指导朱光文以其专业知识拟订方案，将各镇街负责相关方面比较固定的人员集中起来培训，举办了一场题为《岭南历史文化与番禺文化遗产》的讲座，将番禺地方历史文化的脉络通过讲座大致向基层文化工作者梳理了一遍，使大家增加了对地方文化的认识，提高了对非遗工作的兴趣。由于大伙都是年轻人，他们利用网络聊天工具发布信息和讨论各镇街历史文化等。朱光文的讲座亦引起上级领导重视，建议将内容充实后著书出版，最终该书于2011年1月付梓，名为《番禺文化遗产研究》。全书共分四个部分，"绪言"概述了番禺历史与文化遗产的基本情况；第一章"传统聚落与物质文化遗产"，探讨了番禺地区传统聚落的历史演变及传统庙坛祠宇的建筑特色；第二章"社会精英及其文化遗产"梳理了宋元明清到民国时期番禺精英文化的发展历史过程；第三章"非物质文化遗产"对名录公布的相关项目的非物质文化遗产进行研究综述及历史文献上的论证梳理。该书已成为了解番禺非物质文化遗产情况的必读书目，对非遗工作的进一步展开奠定了研究基础。

目前番禺区非遗中心有主任及副主任各一名、顾问数名、业务指导一名、工作人员一名，具体负责非遗普查、整理和研究的主要是业务指导朱光文，而新加入非遗中心的工作人员陈玉梅，亦是历史学本科毕业生。我们在与沙湾文体中心的人员座谈时，也见到一些大学本科毕业生在从事助理工作。但我们的感觉是，可能由于待遇和前景的问题，本科毕业生似乎对这类工作缺乏热情，也很难想象他们会长期留在这样的岗位工作。我们相信，要建立一支专业的研究团队，必须提高待遇，让大学生认为这样的工作是有尊严的，是能够安身立命的，并且能培养他们真正热爱乡土的精神。在这方面，日本和我国台湾地区的情况就可资借鉴。

（五）经费问题

我们在听取番禺区各镇街文体中心主任分享非遗工作心得时，发现最常提到的一点是政府的经费支持问题。一方面，非遗中心的运作经费捉襟见肘，其年度活动费用支出，需提前一年申请，来年所有开支都在这笔经费当中。以往年经验，这项经费并不固定。另一方面，2012年7月才第一次对非遗保护单位及传承人发放补助。保护单位2000元，传承人1500元。这笔经费并未形成机制，而且统一的金额对不同项目和传承人都有不同意义。对于活动成本高昂的沙湾飘色来说，2000元的补贴聊胜于无。对于能以传统手艺谋生的传承人来说，1500元的补贴权作鼓励。但对榄核咸水歌传承人母女来说，这点钱却可解燃眉之急。她们定居岸上，生活窘迫，并不能通过咸水歌来赚钱。非遗传承人的补贴发放，对订单应接不暇的传承人无关痛痒，但对生活困难的传承人来说，却是一种杯水车薪的生活补助。可见无论对于谁来说，这次难得的直接补贴发放对非遗项目、传承人都没有起到实质的保护作用。

地方镇街也面临经费不足的问题。化龙"经济在全区是倒数第二、第三"，基层政府人员"有时觉得很遗憾和有心无力"，"整个文体中心没有业务经费，每办一个活动就打一份报告，到时就批一笔钱去做那个活动，钱用完了下次再打报告去批"。据悉，化龙镇今年的经济情况欠佳，除了搞春节文体活动之外，在业务方面经费一直见拙，无米难炊，这让他们工作起来不免有心无力。无论举办群众文化活动还是非遗和民间文化的传承，经费问题占其首要。有关人员指出，有些民间艺人帮忙搞活动议论工钱，理所当然，经济社会不能够有工无酬，只不过是怎么收，收多少的问题。[1]

另一些镇街的传统文化活动则因领导的重视而经费充裕。员岗飘色在2008年得到重新挖掘，政府花了200多万元举办了一场大型的飘色活动，又为迎合亚运等新型的题材举办了两场大型的飘色活动，使这些民间艺术可以得到重新发展。而板桥波罗诞、官堂康公出会、市头龙船景等员岗镇政府会组织专门的工作小组去跟进以及提供资金补助。但有关人员最后还是提到："员岗飘色巡游在2008年也举办得很隆重，但也是昙花一现，像烟花散尽就

---

[1]　据2012年8月14日"番禺区文化发展战略研究——非遗调研座谈会"录音整理。

无踪可寻了，很难持续举办，因为耗资甚巨，动用的人力没这么多，资金没这么多。"①

镇街的情况由此可见一斑。虽然员岗飘色等项目大都出现过断层，重生后又基本仰仗体制生存，是否符合传统文化的标准有待商榷，但它却是番禺区认定的非遗保护项目。可见，当一些被抽离传统社区的"传统文化"依赖体制生存后，政府给经费则生，无经费则亡。不过，也有一种情况是政府的资助反而会削弱乡民参与的积极性。相反，化龙在喊穷的情况下，潭山乞巧和飘色都能靠村子的力量维持弦歌不绝，所谓"有神则灵"——"村主"娘妈（大后）也许正是便是凝聚潭山村传统社区力量的核心。

（六）"打造文化产业"的潮流

"打造"是近年社会频繁出现的一个词语。"打造"似乎蕴含着将传统接驳现代的捷径。自2003年9月，中国文化部制定下发《关于支持和促进文化产业发展的若干意见》以及响应文化强省建设的号召以来，地方官员对文化发展的兴趣都在如何走产业化的道路，积极挖掘和擦亮本地的历史文化名片。我们看到一批创意产业园的落成，各种文化资源都被地方政府利用开发，希望经过传统文化的装裱后产生商业价值，如广州市荔湾区的复涌工程，越秀区的城隍庙重光、广府庙会，佛山市禅城区的岭南新天地，等等。从近年深圳文博会上各省市展区所做的宣传可知，恩平正积极发展冯如文化产业、四会推出禅宗六祖文化产业园，各种策划概念层出不穷。

我们在番禺调研、座谈期间，亦听到各级官员不断提到"打造"一词，希望走产业化的道路，盘活传统的、式微的民间文化，使之产生经济效益。区里谈"打造岭南文化名区"，下面也热切思考如何把传统文化"包装打造"。沙湾正积极推动古镇旅游开发，于元旦举行了"广州·番禺—沙湾2012民间艺术文化节暨古镇旅游启动仪式"，大岭村积极邀请"有关单位调研组到石楼镇大岭村调研，探讨如何将大岭村打造成集休闲、旅游、访古、宗教为一体的历史文化名村"。②我们感觉到番禺区委区政府对文化事业发

---

① 据2012年8月14日"番禺区文化发展战略研究——非遗调研座谈会"录音整理。

② 周敏：《石楼镇大岭村将成为番禺区新增旅游景点》，《番禺日报》2008年3月19日，A8版。

展是高度重视的，上至领导干部，下至基层的工作人员都对历史文化如何"古为今用"关注密切，不忍传统文化被城市化的洪流淹没。但是"古为今用"的观念经常只讲究"用"，即其功用效益的一方面，而所谓功用，除了真心为了盘活传统文化，也有各种唯利是图的私心掺杂其中。无论如何，当"文化产业""非遗"概念引入后，一些表演性强，或有宣传价值的传统文化及行业便早被政府相中，挪为己用，有用时一掷千金，没用时则视如敝屣。或者有些领导干部真心想依靠体制解决传统文化问题，努力改良传统使地方的舞蹈曲艺走出去，赚得外面一些空头称赞，却失去了传统受众的参与。

追求经济价值不是许多民间活动举办的目的，飘色、乞巧、舞狮、唱戏等活动最初都是酬谢神灵的行为方式，如有什么商业利润，也不过是副产品。迎神赛会多是传统乡村秩序的表达，极具号召力，既不可用经济价值来衡量，也不可用产业化来代替。比如醒狮，如今在很多村子里还是很有生命力，深得年轻人喜欢，可以薪火相传。此外，龙舟竞渡也是年轻一辈喜欢的项目。在广州地区有个"广州龙船论坛"，全都由年轻人自发组织，通过网络交流与龙舟相关的一切资讯。但是官方对神诞的态度自古便十分消极，聚众巡游、拈香拜神，总脱离不了"怪力乱神"的嫌疑。神诞，在各种运动中被打得支离破碎，被歪曲丑化，面目失其本真。近年有幸借着体制复活，却脱离了当地社区，多为发展旅游业而做给游客看。番禺区向我们提供的资料中，区文广新局主办的《番禺文化》2012年第2期，大篇幅介绍了民间信仰和迎神赛会，间接说明了番禺最大的非遗是民间神诞赛会，它和地方脉络、地方演变唇齿相依，但同时神诞巡游也在去神明化的过程中被贯以另一番政治意义。

地方上很多非遗保护单位，认为有了"××之乡""××名村"之类的名堂，在祠堂挂块匾便门楣增色。有人说，这些名堂得之也易，申报之后，塞钱打点便唾手可得。各种名堂的牌匾虽然高悬，实际毫无保护措施。地方除了自我陶醉，保护措施却只是无酒空瓶。

我们在地方又听到这样的声音："沙湾飘色是很难赢利的，完全是作为政绩需要而存在。飘色经过路网、管线等改造，实际上处于亏本状态。真正觉得有利可图的是领导，举办类似活动，能获得上面认可就可以了。"这类观点指责传统习俗早已脱离社区，并非村民自我经营。当然非遗里面还有很多是民间自发组织，但日趋稀少。往往民间较有活力的活动，政府官员觉得可以挪作己用，便觊觎其利。觉得什么活动可以跟流行的政治口号扯上关系，就在给予经费支持的同时植入大量官方宣传口号。如此一来，许多传统文化容易被异化。比如龙舟，民间龙舟保留有很多民俗仪式，番禺的龙舟可以说是迎神赛会之外最大的非遗，因为番禺拥有河涌密布的地理环境。由体育部门主导，龙舟就变成了一项体育活动。体育部门会认为烦琐的民间仪式与所要弘扬的体育精神格格不入，欲除之而后快，烧爆竹、打锣伞、抬神龛，一切罢歇。公安也很紧张，怕溺水增多，妨碍和谐，故多阻挠禁行，以全身免害，所以民间活动时而招来官方阻力。有人认为，政府把一些认定可为己用的传统文化拿来开发打造，却把一些不太具有发开潜力的项目打入冷宫。只听见重视之声，未见保护之实，或只怪时世变迁，爱莫能助。

若我们站在政府角度来看，在现行体制下，想让政府不干预文化是不可想象的，而且政府主导下发展文化产业不仅在中国，在港澳台地区，乃至世界都是趋势。其实，政府不乏真心想扶持民间传统文化的领导干部。在区文化馆的非遗调研座谈会上，我们听到镇街文体中心各自的真心看法。谈到沙涌鳌鱼舞的情况，有政府人员说：第一是"村民和村干部之间存在很多的矛盾，很多意见不统一，第二是村民的素质问题，这是影响我们沙涌鳌鱼发展很大的阻力。他们素质低的特点是：'等、靠、要'的思想是很明显的，你说要打造，他们喊好，你说给钱去表演，他们喊好，一开口就谈钱，很功利……因为现在村里是村民自治，村主任直选，而且这个鳌鱼中心也是民间力量去组织，所以包括最简单的，这次鳌鱼中心的落成，我们政府都没有太多地去干预，就连最基本的介绍领导和请领导剪彩，我们都无权干涉。就算我们发现了问题向他们提出，他们还会极力反对。所以，如果民间过多参与了，就会使上级政府参与、监督和领导的力量减弱，这并不是一件好事。"①

可见政府正努力地做工作，想整合资源统领传统文化保护和发展的工

---

① 据2012年8月14日"番禺区文化发展战略研究——非遗调研座谈会"录音整理。

作，其目的和初衷也是希望弘扬传统文化。但是上述两个角度都是围绕着资源归属和利益分配的问题。到底是政府在"挪用""巧取"，还是民间太过"唯利是图"，其实并非问题关键所在。只要是演出就涉及成本和经费，不存在单一方面获利或另一方面纯粹义务付出的道理。上述所说的两个项目很早就脱离传统的生存土壤，得依附现行体制生存，一旦有表演邀请和官方讨价还价自在情理之中。

在政府主导下招商引资发展文化产业是现在各地区非常普遍的事情，这一系列过程包括邀标、策划、征地、拆迁、开发、宣传，充满纠纷和争议。当一切都在进行时，有人会说牺牲一些小利益有着"为大局着想"或"从长远来看"等形形色色的理由，把责任抛到未来。其实从事非物质文化遗产的工作者不应该忘记职责所在，非遗工作不应是政府到乡间寻觅可开发的文化资源的借口，也应该与文化旅游部门推动文化产业和旅游开发工作区别开来。应该努力记录保存非物质文化遗产，挖掘更多固有观念下"传统文化"以外更多的文化遗产，以及维护传统文化与社区的关系。

（七）更多政府人员的声音：体制问题

我们在调研过程中，聆听了许多政府人员的肺腑之言。他们认为，现存的体制问题，给地方保护文物和非遗的工作造成了不少阻碍，其中最明显的例子莫过于招标制度。有政府人员指出，招标制度貌似公平公开，但往往是政府怕负责任的掩饰。实行招标制度，是期待合资格的公司才能参与，但实际上很多时候是低价者得，投标方不一定拥有文物修葺资质，甚至中标后外包给下一手的小公司，其水平良莠不齐，不谙本地建筑风格，甚至出品粗糙，如把清初的雕塑做成清末风格的例子比比皆是。沙湾何留耕堂的修复，就遇到类似的问题，修复效果颇有争议。修葺之前的何留耕堂的状态，是20世纪90年代重修后的面貌，当时找本地师傅董其事，为乡人所接受。据悉，也有部分沙湾的古建筑和纪念馆的重修，突破了现有体制，直接找本地的民间艺人经营，效果较好。

另一个体制问题是在各级政府和公务员的业绩考核范畴中，非遗甚或"文化工作"占多大比重。整个精神文明建设对镇、街的考核共占3分，其中"文化"只占零点几分，微不足道，而"文化"中文物和非遗更不占分毫。

这个分值与领导每年15%的绩效挂钩，1分300元。假若在文化方面得分不多，较重视文化的领导可能会偶尔过问，不重视者则置若罔闻，因为文化对他们的业绩无甚影响。文化工作是否受到重视，全视当道者喜恶，重视文化者会把文化工作排得较前，重视体育者又会把更多资源投放到体育上。

此外，众所周知，领导换届也是造成政策不能一以贯之的主要原因。某村级的非遗项目，凡是涉及演出和花费时，前任与现任的村主任、书记理念不一，矛盾丛生，兴废无常。

有政府人员认为，总的来说，各个政府机关普遍越来越重视文化工作，但"重视文化"不能只是行礼如仪，必须体制上有所变通，知行合一。建议成立一个联席会议，由区的主要领导牵头，担任会议的主任和领导小组的成员，整合各方的意见和资源。

四　非遗理念再认识——为了谁的非遗？

造成目前番禺区非遗工作的困境，不仅是番禺区自身的问题，也是由于中国政府在推动非遗工作的过程中，在理念和制度上存在许多误区。中国政府对于非遗的认识，与联合国提出的"intangible cultural heritage"有微妙差异。这些概念上的差异加上某些行政措施的提倡、实践甚至歪曲，很容易制造异化，使得非遗脱离地方社会，与居民无涉，以至于背离了联合国提倡发掘和保护非遗的原意。

（一）定义的分歧

根据联合国教科文组织大会2003年10月17日在巴黎通过的《保护非物质文化遗产公约》（以下简称《公约》），"非物质文化遗产"的定义(中文版)如下：

（一）指被各社区、群体、有时是个人，视为其文化遗产组成部分的各种社会实践、观念表达、表现形式、知识、技能以及相关的工具、实物、手工艺品和文化场所。这种非物质文化遗产世代相传，在各社区和群体适应周围环境以及自然和历史的互动中，被不断地再创造，为这些社区和群体提供认同感和持续感，从而增强对文化多样性和人类创造力的尊重。在本公约中，只考虑符合现有的国际人权文件，各社区、群体和个人之间相互尊重的需要和顺应可持续发展的非物质文化遗产。

（二）按上述（一）项的定义，"非物质文化遗产"包括以下方面：

1. 口头传统和表现形式，包括作为非物质文化遗产媒介的语言；

2. 表演艺术；

3. 社会实践；

4. 有关自然界和宇宙观的知识和实践；

5. 传统手工艺。

《公约》其他条款主要涉及的是一般性的指引和行政事项，对于何谓非物质文化遗产，更具体的定义在联合国教科文组织的英文官方网页有相当详细的阐释（见http://www.unesco.org/culture/ich/index.php?lg=en&pg=00002）。中文官方网页内容则相对简略，对英文官方网页"何谓非物质文化遗产"一栏，并未提供相应的翻译。这番说明别具深意，对于理解联合国教科文组织提出的非遗的本意至为关键，谨全文翻译如下。

何谓非物质文化遗产？

近数十年来，"文化遗产"一词的内容经历了重大的改变，部分是由于联合国教科文组织提出的思考的工具所致。文化遗产不再止于历史遗迹和物品收藏，也包括从我们的祖先传授至我们的子孙也就是代代相传的传统或活生生的表现形式，诸如口述传统、表演艺术、社会实践、仪式、节庆、有关自然界和宇宙观的知识和实践、传统手工艺的知识与技术。

尽管非物质文化遗产不少已属濒危，面对与日俱长的全球化大势，非遗是维持文化多元性的重要因素。认识不同社区的非遗，有助加强不同文化之间的对话，鼓励人们对彼此的生活方式互相尊重。

非物质文化遗产的重要性并不在于文化展现本身，而更在于知识和技术如何能够世代相传。这种知识的传承的社会和经济价值对一个国家中的少数民族和主流社群意义相当，对发展中和已发展的国家亦同样重要。

非物质文化遗产是：

同时是传统的、当代的、活生生的：非遗不仅仅代表承袭自过去的传统，还代表当代不同文化群体参与的乡村和都市的社会实践。

包容的：我们可以共享一些其他社群也在实践的类似的非遗的表述，这可以是来自邻近的村子，可以是来自世界另一端的某个城市，也可以是来自迁移并定居异地的某些人群；这都属非物质文化遗产——它们世代相传，与环境相适应，给予我们一种认同感和持续感，为我们提供联系过去，贯穿现在，迈向将来的链接。非遗不问该种社会实践是否该文化所独有的，其更重要的贡献在于加强社会凝聚力，鼓励认同感与责任感，从而帮助个人感觉自己是一个或多个社区的一分子，同时也感觉自己是社会整体的一分子。

具代表性的：非遗的价值不仅仅在于经比较而突出的独有的文化优胜之处，而更在于其能以社区为基础，传统、技术和习尚的知识因而得以代代相传，在社区中流播，甚至传达到其他社区。

以社区为基础的：非遗的确立必须是得到创造、维护和传承这种传统的社区、群体或个人所认可的；没有他们的认可，旁人是不能为他们决定哪些表述或实践才算是他们的非物质文化遗产的。

在中国，很多人论及非遗或为非遗项目献策时，往往会过分着重濒危的、精致的，或具有文化特色等方面的对象，这些考虑在资源有限、在国内申报非遗要面对一定竞争的情况下，固然相当重要，但如果我们仔细留意，上述联合国教科文组织对非遗具体的定义，反复强调的关键词其实是"社区"和"认同"，循着这样的思路思考，应更能拓宽我们的视野。这样的强调，也尤具现实意义，说它与当前中国政府提倡构建和谐社会的主张不谋而合，更是毫不夸张。

相形之下，《中华人民共和国非物质文化遗产法》对"非物质文化遗产"的定义则是：

　　本法所称非物质文化遗产，是指各族人民世代相传并视为其文化遗产组成部分的各种传统文化表现形式，以及与传统文化表现形式相关的实物和场所。包括：

　　　　（一）传统口头文学以及作为其载体的语言；

　　　　（二）传统美术、书法、音乐、舞蹈、戏剧、曲艺和杂技；

　　　　（三）传统技艺、医药和历法；

　　　　（四）传统礼仪、节庆等民俗；

　　　　（五）传统体育和游艺；

　　　　（六）其他非物质文化遗产。

　　首先，研究者指出，英文"intangible cultural heritage"中的"intangible"是指观念与精神层面的，中国将"intangible"翻译成"非物质"，对应英文为"non-material"，意味着中文翻译存在着"物质"类别的前提。① 在中文的语境中，以"非物质"使之与"物质文化遗产"互相对应，正如《非遗法》所定义的，"文化遗产"的"表现形式"，即以"文化遗产"作为基础。"物质文化遗产"包括了建筑、遗迹、壁画等不可移动文物及工艺品、文献、实物等可移动文物。可见"物质遗产"或"文化遗产"常常指历史发展过程中遗留下来的文物，而中文语境下的非物质性更倾向于指代创造物质遗产或文物的方式和方法。简言之，物质遗产若指"壁画""瓷器"，其非物质性的一面则是"壁画艺术""瓷器工艺"。

　　其次，联合国《公约》定义下的"非物质文化遗产"亦和中国《非遗法》的定义有明显区别。《公约》强调"社区"（communities）、"群体"（groups）所组成的"社会实践"（practices）、"观念表述"（representations）、"表现形式"（expressions）、"知识"（knowledge）、

①　Kim Keun Young，"Intangible Cultural Heritage and Materiality:The Case of the People's Republic of China"，《非物质文化遗产与东亚地方社会》，香港科技大学华南研究中心、香港文化博物馆，2011。

"技能"（skills）以及相关的"工具"（instruments）、"实物"（objects）、"手工艺品"（artefacts）和"文化场所"（cultural spaces）。强调这些非物质文化遗产能为社区和群体提供"认同感"和"持续感"。《公约》的提出是对全球化和社会转型导致传统文化所面临损坏、破坏、消失威胁局面的回应，旨在维护人类文化的多样性。非遗的范围几乎可以囊括现代文明以外的所有人类文化，并无官方、精英、民间、雅俗之分。

中国《非遗法》定义下的非物质文化遗产，省略了《公约》对"社区"和"群体"概念的重视，而更强调"传统"文化的表现形式，或直接等同于各民族"传统文化"。如我们查看国家级和各省、市、区、县级非遗名录，则更能感觉到所谓的"传统文化"似乎直接指代"传统的民间文化"。何谓"传统文化"的界定十分困难。何况"传统/现代"的二元分类，并非历史事实的真正分类和对立，而是一种提供解释作用的分类。事实上，传统与现代不仅同步发生，而且存在相互转化的可能。《公约》又特别重视非遗变动不定的本质："社区与群体回应其环境，及与自然环境和自身历史的互动而不断地再创造（constantly recreated），代代相传"，这指的是一个持续不断的文化实践过程，传统的生命正在于其不断更新。

（二）知不易，行亦难

对比《保护非物质文化遗产公约》和《中华人民共和国非物质文化遗产法》的名目，最明显的区别在于《非遗法》并无"保护"（safeguarding）一词。非遗保护与保存问题一直存在争议，特别是如何"保护"非物质文化遗产有非常多的主张。无论是口头传说、表演艺术还是传统节庆活动，文化皆处于一种不断变化的情景当中，不断地重复并衍生差异。珠玑巷传说的版本成百上千，水浒、三国故事题材的再创作也继不乏人，而社会变迁导致某些文化现象的消失也是自然现象，100多年前人们剪下发辫穿上洋装，谁可逆转？陆路交通发展下内河航运的式微，江上舟舰如梭的景象一去不复。也就是说，我们所面对的保护对象是不断变动的，有些也是会自然消失的。假使我们孤立地谈论保护，必会导致为了"保护"而生硬地创作出实际上已消失得无影无踪，甚至从来没有出现过的所谓"传统文化"，或为了"保护"而使文化的生命力受制于模式化、标准化的条框。

前者出现的情况是把创作当成保护，一些已经消失多年的文化习俗被重新想象和发明后重新呈现，无论怎样完美，也只是今人新的艺术创作。创作本身无可厚非，而是否应列入非遗名录予以保护则存在疑问。后者则是在保护非遗的过程中，忽视社区和群体而对保护对象造成异化、固化的不良影响，使保护对象剥离社区和群体而独立存在，或使之登堂入室成为某学科的专业，或使之依附行政体制而生存，或使之成为纯粹商业运作的文化产业，或使之成为争夺奖项或个人升迁的工具，最终使非遗的"保护"成为"巧夺"，文化实践者沦为帮工。

从联合国教科文组织的《公约》到国家层面的《非遗法》其差异已经显而易见，那么从省级到市、县一级对非遗的认识、识别、保护、保存则存在更为复杂的特殊性和差异性，愈加知易行难。加上"传统文化"本身定义的模糊，基层对非遗的定义更容易受到地方上传统因素、各群体利益分配情况的影响。可以说，地方上对非遗的定义和项目的申报，是官员、基层干部、民间文化人士、非遗工作者、村干部、村民等共同建构出来的。保护项目的选择包括一系列偶然性以及各群体利益之间的平衡。在一些项目的展示上，我们会很容易发现各群体在非遗资源利用、保护和承传行为背后的权利争夺、妥协和平衡。地方上争夺历史文化资源的现象早在非遗概念提出之前即已有之，非遗新概念的提出不仅一方面使官方介入地方传统文化资源多了一条理由，也引起一些在非遗定义下新意识到的文化稀缺资源成为新的争夺对象。换句话说，非遗保护绝非思考项目本身如何保护、如何传承的研究问题，而往往需要与地方上的具体情况进行综合考虑。

中国行政层级划分的影响无孔不入，也使非遗项目的"保护级别"分为"区级""市级""省级"和"国家级"，并与价值、受重视程度、资源投放等许多方面挂钩。在这方面，韩国的认识似乎比我们清醒。在韩国一份检视非遗项目的提名制度机制的报告中，研究者指出，韩国的非遗项目申报机制，虽然也有行政层级之分，但他们认识到，联合国的《公约》绝不认为非遗项目有高低之别、层级之分，只要它是对社区有意义的，无论规模大小，无论是否"主要"，皆值得尊重。与此同时，《公约》提倡称颂和保护的非遗项目，主要是看重其对特定的社区的意义。

经常为中国人所诟病的例子——韩国将端午节申报为其非遗项目，实际上是对彼邦非遗工作的误解，而这个例子，却偏偏反映了韩国对非遗的理解或利用更为符合联合国的期待。韩国致力保护的端午活动，是特指江原道江陵市每年在阴历四月五日至五月七日举办的活动。"江陵端午祭"早在1967年便被韩国政府指定为重要无形文化财第13号，是韩国的代表性庆典之一，1975年起规模扩大并逐渐发展成为大众化的庆典，2005年被联合国教科文组织载入世界文化遗产名录。在为期一个多月的时间里，端午祭活动会在以江陵为代表的韩半岛岭东地区一带展开，举行酒神祭、大关岭国师城隍神祭祀、迎神祭等，还有摔跤、荡秋千、拔河，以及充满地方特色的方言大赛及传统婚礼表演活动。其他还包括让外地访客体验用菖蒲叶泡水洗头发、品尝端午祭神酒等有趣的风俗活动。这套据称可上溯至14世纪的仪式，反映了历史上的高丽对儒教、萨满教和佛教的信仰及传统的不断更新。据研究报告和官方网页介绍，"江陵端午祭"近年被联合国教科文组织载入世界文化遗产名录，并不意味着韩国要与中国争夺"端午节"谁属之名，相关保护机构更重视的是祭祀程序的整全性及其蕴含的社区归属感。[1]

在一定程度上，中国的非遗工作与其他事务一样，受行政层级的界定而有高低之别，在评分评奖的游戏规则下而"力争上游"，在偏离甚至背离了本地居民的认识的所谓学者的定义的影响下而走向异化。非遗工作，到底是为了谁的非遗？到底与社区和居民何干？实在值得握有权力和资源者深刻检讨。

* * *

尽管我们认为中国在非遗工作方面有许多值得检讨的地方，番禺区的非遗工作也正如上文所论，有许多可以改进之处，但在调研的过程中，我们深深感受到基层政府人员和居民特别是传统社区的村民对乡土社会的热爱。我们认为，自上而下的提倡发掘和保护非遗的政令和措施，如果能加以善用，将有助于重建社会的礼仪秩序。

---

[1] 参见 *Final Report of Research Project on Intangible Cultural Heritage Safeguarding System in the Republic of Korea* (Asia Cooperation Program in Conservation Science，2 April-28 June 2001，Mentor:Pang Inah，Senior researcher，Intangible Cultural Heritage Division，Korea)。又据韩国旅游局官方网页，http://chinese.visitkorea.or.kr/chs/index.kto，2012年11月5日浏览。

　　20世纪中国的社会历经政治动荡，近30年在改革开放的大潮下，又受到都市化和工业化的冲击，原来的礼仪秩序几近崩溃。幸得乡村父老的回忆和参与，许多仪式得以延续和更新。上述潭山村等例子，使我们看到了通过延续和再造传统的方式，表现了乡村的秩序，官民间互相尊重的状态，维护和谐社区的可能。所谓"社区仪范"，即通过节庆活动和祭祀仪式的创造和实践，表达社区里的人际关系，使人们知道"该如何做"。曾几何时被认为"封建迷信"的祭祀仪式和程序，在乡村社会有一定的历史基础，如果运用得宜，发明创造得符合现代人的心理，实际上也是一种合情合理的礼仪秩序。

　　在这个前提下，政府机关应该一方面信赖民间社会的能动性和自发性，尊重其既有的传统习惯、社区内部协商的决定，而不轻以评奖或迎合现代传媒制作的需要为理由，粗暴地改变或歪曲既有的做法。政府可以制定适当的行政和财政措施，扶持有助于维系和增强社区认同感的项目，特别是对没有"商业价值"但又值得维护的项目予以适度的补助；但政府的角色更在于善用公帑，财务公开，政务透明。其实，非遗并不能抽离于社会而存在，政府在其他范围的工作，包括城市建设、土地运用（上潋龙舟基地的例子可见一斑），以及意识形态的向导，亦在影响着非遗工作的成效。"社会主义新农村"的美好前景，固然在于农村能分享现代化的成果，干净的食水和厕所，现代的居室，四通八达的公路。但我们能否逆向思维，在城市人感到价值缺失和空虚的当下，乡村社区的惯习和礼仪所体现的归属感，俨如古寺钟声，呼唤着现代人的心理回归？

　　在这次调研中，幸得各方人士的信任，得以聆听到不同的声音，既看到官民之间的和谐共处，又感觉到许多体制改革已经迫在眉睫，与其他政策和事务一样，非遗工作能否突破瓶颈，亦系于此。

第五章 番禺文化产业战略研究

一 文化产业发展现状

（一）文化产业内涵

"文化产业"这一术语产生于20世纪初。英语名称为Culture Industry，可以译为文化工业，也可以译为文化产业。文化产业作为一种特殊的文化形态和特殊的经济形态，人们对文化产业的本质把握不一，不同国家从不同角度看文化产业有不同的理解。

西方马克思主义的法兰克福学派代表阿多诺和霍克海默于1947年在他们联合撰写的文章《启蒙的辩证法》中首次使用"文化产业"一词，之后对文化产业这一概念研究甚多。英国贾斯廷·奥康纳认为文化产业是指以经营符号性商品为主的那些活动，这些商品的基本经济价值源自它们的文化价值。美国学者斯科特认为文化产业是指基于娱乐、教育和信息等目的的服务产出和基于消费者特殊嗜好、自我肯定和社会展示等目的的人造产品的集合。澳大利亚有学者认为文化产业就是在生产中包含创造性，凝结一定程度的知识产权并传递象征性意义的文化产品和服务。日本学者日下公人认为文化产业的目的就是创造一种文化符号，然后销售这种文化和文化符号。中国文化产业总报告课题组认为，文化产业可以被理解为向消费者提供精神产品或服务的行业；北京大学文化产业研究所叶朗认为，文化产业是由市场化的行为主体实施的，以满足人们的精神文化消费需求为目的而提供文化产品或文化服务的大规模商业活动的集合。

可见不同学者对文化产业的定义众说纷纭，但都表达了文化产业的一些核心内涵，如文化产业的内容要素、商业价值、产业属性等。国际上对文化产业仍无统一的定义，表5-1为部分国家对文化产业的定义。

在国内，国家统计局对"文化及相关产业"的界定是：为社会公众提供文化产品和文化相关产品的生产活动的集合。所以，中国对文化产业的界定是文化娱乐的集合，区别于国家具有意识形态性的文化事业。

■ 表5-1 各国文化产业的称谓及官方定义

国家	称谓	定义
联合国教科文组织	文化产业	结合创作、生产与商业的内容，具有无形资产与文化概念的特性，以产品或服务的形式呈现
英国	创意产业	源于个人创意、技能、才干的活动，透过智慧财产权的生成与利用，具有创造财富和就业的潜力
美国	文化产业	通过工业化和商品化方式进行的文化产品和服务的生产、交换、传播
法国	文化产业	传统文化事业中特别具有可大量复制性的产业
加拿大	文化产业	包括以国家社会、经济及文化为主题的广播、电影、电视、图书、杂志、音像等在内的印刷、生产、制作及发行
欧盟	内容产业	指制造、开发、包装和销售信息产品及服务的产业，包括各种媒介上所传播的印刷品内容、音像电子出版物内容、音像传播内容、用作消费的各种数字化软件等
韩国	文化产业	用产业手段来制作、公演、展示和销售文化艺术及其用品，并以此为经营手段的事业
日本	娱乐观光业	暂无统一定义
中国	文化产业	为社会公众提供文化产品和文化相关产品的生产活动的集合

（二）国外文化产业发展现状

国际经验表明，发达国家在完成工业化和城市化之后，开始把发展文化创意产业作为促进经济转型的重要战略举措。各国政府正积极营造适宜产业发展和企业公平竞争的政策环境，在推动文化创意产业发展中扮演着重要角色。

1. 各国文化产业总体概况

（1）美国

美国是当今世界文化潮流的主导者之一，美国文化政策秉持开放、自由、平等、多元的原则，不以官方立场主导策划；尊重各州政府自主特色，鼓励自由发展，在经费方面给予奖励或补助。美国文化产业的产值已占GDP的18%~25%，对其他行业和整个经济产生了显著的拉动作用。美国文化产业位居全球首位，是世界各国发展文化产业争相效仿的对象。

美国文化产业又叫娱乐产业，主要包括文化艺术业、影视业、图书业和音乐唱片业。文化艺术业自从成立以来得到了长足发展，每年拉动经济效益和提供就业机会数相当可观。广播电视机构产业化进程加快，数字电视发展迅猛。电影业发展基本稳定，影视业大都集中在好莱坞地区，好莱坞已成为美国影片的代名词，美国影视产品在全国各地放映，并且全球销售的各类影视录像制品大多数都是美国公司生产。传统报业进入"高原状态"，网络化趋势日益明显。期刊零售业务下降，数字内容业务上升。图书市场成长良好，大出版集团并购趋势明显。美国现有图书出版社约1000家，其中约20家大公司占据主要市场份额。据统计，由美国公司生产的音乐唱片已占世界音乐唱片消费总量的60%。

（2）英国

英国作为世界老牌资本主义国家，在文化创意产业发展方面亦走在了世界前列，各种文化产业都持续较快发展。

英国图书出版产业持续发展，且市场竞争日趋激烈，其大众图书市场由大型出版集团垄断，并不断进行兼并重组从而扩大市场份额；近年期刊也呈上升趋势，主要是互联网、信息技术、远程通信等高科技的出现和应用给期刊业发展带来了发展机遇；英国是世界第二大音乐生产国、第三大音乐市场，从披头士到北极泼猴，从辣妹合唱团到黛菲，英国在流行音乐上不断突破，引领世界音乐形态；在工业设计产业方面，英国已为国际创意之都，在品牌设计、产品设计、室内设计、多媒体和网页设计等方面领先世界，越来越多的跨国公司借助英国的设计创建国际品牌，如三星、诺基亚和雅马哈等，苹果公司和宝马汽车的创意灵感也出自英国设计师之手；广告产业方面，英国拥有全球2/3的广告公司，在数字技术和多元文化启发下向世界输出最优秀的广告创意作品；在传媒领域，英国有全球创办最早的路透社、以多国别语言传播的英国广播公司(BBC)和享誉国际的高质量纪录片以及发行量超过100万份的《经济学家》杂志；在动漫游戏产业方面，英国正在迅速崛起，逐渐受到全球的肯定，销售业绩持续增长，有阿德曼动漫工厂推出的《酷狗宝贝》系列动画、英国动漫工作室参与特效制作的《哈利波特》系列电影以及集创意、娱乐和技术于一体的《侠盗猎车手》等全球知名的游戏产品。

（3）日本

日本是亚洲文化创意产业最发达的国家，日本始终没有对文化产业有统一的界定。从广义的角度来看，日本将文化产业称为"娱乐观光业"。具体包括：文化艺术业：音乐及戏剧演出、电影制作及放映、美术展览；信息传播业：出版、电视、网络；体育与健身；个人爱好与创作：包括历史、文学、摄影、登山及其相关的各种讲座等；娱乐：包括各种游戏、博彩、竞赛等；观光旅游业。

现以日本占主要位置的文化产业为例进行介绍，主要包括新闻出版业、电影业、广播电视业、动漫游戏等，这些领域基本涵盖了日本文化产业中的大部分内容。对于新闻出版业，日本具有独特的报纸作为顶层机构，下设电视台等分支机构的新闻产业构架。电影市场发展良好，本土电影优势显著，日本的电影产业发展历史相对较长，已经形成比较独立的电影风格和特色。近年来，日本电影在满足本国市场的同时，也正积极走出国门，开始向世界市场推广具有日本特色的电影产品。动漫产业在日本有着广泛的消费群体和广阔的市场空间，全球播映的各种动画片中超过半数产自日本，并且形成了完整的产业链，如Hello Kitty、网球王子、蜡笔小新、柯南、美少女战士等动漫形象被制作成玩具、文具或作为图案印刷在各种生活用品和服装上，形成规模效应。其电影产品也具有与众不同的创造风格，如面向国际市场，动画形象国际化，融合了东西方人种的不同特点，面向的观众并不局限于儿童，而是涵盖了各个年龄阶段的人群。

（4）法国

法国政府积极支持文化产业的发展，为其提供了一些优惠政策和资助，使图书出版、影片生产、音像制品、报刊等行业都取得了较好的经济效益。

除此之外，为了限制美国文化的渗透和影响，法国还采取了以下几项具体措施：规定电视台播放比例，大力宣传本国文化，资助本国影视制作业，加强同欧盟国家的文化合作，等等。法国重点发展的文化产业有以下这些：文化基础设施建设、文化设施的管理、旅游业、电影业、图书出版业、会展业、广告业、网游业、音像业。

文化设施的建设是法国最重要的文化产业，法国政府每年都拨出几十亿法郎用于兴建图书馆、博物馆、剧场等文化设施。法国还兴建了一批大型文化工程，如巴士底歌剧院、新国家图书馆、大卢浮宫扩建工程等。法国拥有众多的文化设施，除了国家级重点设施外，各省市均有数量不等的文化设施。这些设施均按企业方式进行管理，设有董事会和财务管理委员会，定期开会，讨论并决定重要问题。旅游业也堪称世界一流，在经济生活中占据重要地位。法国也是图书生产、销售和出口大国，其工业、农业和服务业均居世界前列。法国地处欧洲中心，交通便捷、气候温和、风景秀丽、环境优美，具有世界一流的会展场馆和服务系统。这些得天独厚的优势使它成为世界会展业的领头羊之一。电子游戏是法国四大文化产业之一，亦是法国高科技产品市场的支柱产品。法国音像业目前面临着挑战，政府制定了相应的措施，对本国电视台和电台中播放的欧洲及法国电影、音乐的数量做出了严格的规定，通过控制媒体宣传导向，实现对本国音像产品市场份额的保护。

（5）韩国

首先是韩国电影中的"韩流"现象不容小视，电影产量、观众人数逐步提升，电影发展政策为韩国的电影业发展发挥了决定性作用，本土电影人强烈的民族产业意识也是电影业取得强劲发展的重要动力来源。在韩剧风行的同时，流行音乐也不断扩大世界范围的影响力，音乐产业的结构也明显发生变化，传统唱片产业出现萧条和衰退，而手机铃声、接听音乐、在线下载等数字音乐产业成长较快。韩国流行音乐起步很晚，却锐不可当。由于受到数字化的影响，游戏产业出现了较快增长，凭借IT产业的飞速发展，以在线游戏和移动无线游戏为两翼，迅速扩张，不仅在其国内，而且在全球游戏市场上的影响也日益扩大。与之而来的动漫产业也出现了新的特点，漫画的出版市场、流通市场、租赁市场都取得了较大收获。目前韩国已成为世界三大动画生产国之一。主要包括形象设计、形象商品开发、生产和流通等的形象产业已连续五年呈现上升趋势，消费种类繁多，市场规模巨大。发行行业"两极分化"严重，网络书店生机勃勃，中小书店维持艰难，大型书店"垄断"竞争。本土电影市场占有率不稳。报刊业发展态势稳定，网络广告市场繁荣。随着互联网的高速发展及网络的普及，新兴的网络广告市场打破了传统的广告市场，呈现出了蓬勃发展的局面，成为亚洲乃至世界数字内容产业的主宰者之一。

2. 各国文化产业发展模式

（1）美国——市场主导型

市场主导型演化模式通常是艺术家和技术人才在市场需求的吸引下来某地开始创业，随着市场需求和价格机制的相互作用调节形成创意产业发展的空间格局，进而形成创意产业区。这是一个创意产品生产和市场需求变动，创意人才流动与创意氛围营造相互调整、相互作用的过程。实践证明，这一模式具有广大的发展前景，经济效应和社会效应显著。但由于创意产业是一个高风险的行业，需求具有不确定性，因此创意园区也可能在尚未成长之际就已遭到市场的淘汰。这一模式如图5-1所示。

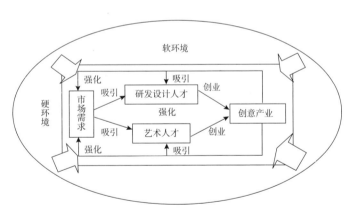

图5-1　市场主导型产业发展模式

美国文化产业正如其整体经济一样，堪称世界第一。但美国对文化产业的态度就是将文化产业与其他产业部门同等对待，即美国施行的是主要依靠市场调节的一种文化产业政策。虽然美国联邦政府中没有设置专门统管文化事务的文化部，更没有专门针对文化产业成立任何管理机构，但是如果从政府对文化艺术的资助体系来说，美国存在着一些对文化艺术所需资金进行审核和拨款的政府性机构，政府在文化领域放松管制的策略为文化相关产业的自由发展提供了法律基础，并且新的产业分类和统计体系体现了对文化产业中"内容"创意的重视。

美国的市场主导型文化产业发展模式得以成功归因于以下几点：首先，放松管制与提倡自由发展。美国文化产业不设文化部来专门管理，坚持"一臂之距"的管理原则，充分发挥法律政策、中介机构、地方政府、市场体制的作用。其次，强化法律法规的制度作用。美国文化产业发展中"弱政府"的调控措施主要依赖于法律法规的管理，法律法规建造了一个较为有序、公平和竞争的市场环境。再次，文化自由贸易原则的推行。在全球化的背景下，美国倡导的自由经济、自由贸易为文化的输出疏通了道路，一大批文化产品在全球化经济流通过程中输入世界其他国家。最后，资本市场对产业发展的支撑。在资本市场上，美国拥有一个庞大而完善的金融市场，从而能够使文化产业发展获得巨大资金支持。

（2）英国、韩国——政府主导型

政府主导型这一发展模式通常是政府作为产业发展的主体与主导推动力，通过制定相关政策措施与发展战略，实施相关的税收、公共服务等优惠政策措施，促使创意产业区在某一地区迅速形成并高速发展，从而实现创意产业的跨越式大发展。相比于市场主导型模式，这一模式有明显的目的性和战略性特征。具体模式演化如图5-2所示。

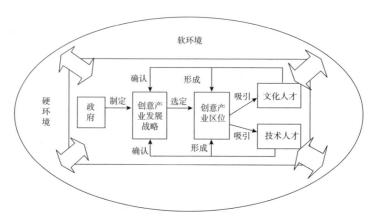

图5-2　政府主导型产业发展模式

英国是世界上第一个以政府名义提出创意产业理念的国家，也是第一个制定政策推动创意产业发展的国家。在英国文化产业主要是政府主导型的发展模式，英国政府强调通过政策的制定推动文化创意产业的发展，政府在创意产业发展中发挥着主导作用。如在组织管理、人才培养、资金支持等方面加强管理，对文化产品的生产、制作、销售各环节提供财务支持，建立了世界上最完整的文化产业政策。英国政府为创意产业提供了相当大的政策空间，通过创意出口推广、教育及技能培训、协助企业融资、税务和规章监管、保护知识产权和推动地方自主权六项文化创意产业推动政策来鼓励市场发展。

英国从早期至今推行了一系列的创意文化产业政策，如设置了文化产业管理机构，在英国政府部门中，有三大部门对文化创意产业进行支持和管理。为了扶持文化产业的发展，政府不仅制定和颁布了各种政策文件，而且还直接采取了各种措施和行动，如成立了创意产业特别工作小组，开发历史文化资源促进文化资源向文化资本的转变，利用社会集资的方式对文化产业进行财政支持，等等。

韩国政府在发展文化创意产业方面遵循"明确重点，集中培育，系统实施"的原则，制定了一整套文化产业扶持政策和措施。通过完善的行政管理机构设置，韩国形成了高度统一的中央政府推动发展文化产业的政策职能体制。

由于韩国文化产业起步较晚，因此在一些过去基础较为薄弱的领域往往能够展现出迅猛崛起的后发优势，政府部门看到了这些领域的良好发展前景，有针对性地做出策划，及时挖掘并培育了这些文化产业的新兴领域。同时也适时地制定战略规划与机构调整策略，如通过韩国经济的五年发展规划提出文化产业内容，明确规划了文化产业发展战略和中长期发展计划，并推出一系列重大举措，并且加强立法和政策制定。韩国政府主导型模式的特点包括下面几个。第一，在提出了"文化立国"战略后，韩国政府全力促进文化产业的发展，颁布了详尽的产业发展规划。第二，韩国建立和完善了文化产业发展的管理机构和相关的行业协会。第三，颁布法律法规，提供制度保障。第四，增加投入，进行资金扶持。第五，实行国际化战略。韩国首先以中国、日本等亚洲市场为重点，再进一步扩展到欧美市场。

（3）日本、法国——混合型

这一模式为前两者模式的混合型，在强调国家和政府在文化发展中的主导作用的同时又充分尊重市场发展的规律。

日本在发展文化产业的过程中，从国家战略高度，先后提出了发展战略和规划构想，这些战略和规划前后贯穿一致，为日本举国上下共同形成统一的发展步调提供了明确的导向。与不断发布的战略思想与规划同步的，是日本大量的法律法规以及相关政策内容。这些法规及政策为产业发展提供行动依据，具有较好的指导性和可操纵性。日本文化产业在投融资方面没有采取由政府"包办"的形式，文化产业的项目都进入市场展开操作，这是日本促进文化产业发展的一条重要经验。日本文化产业的发展资金除了部分来自政府的扶持外，更重要的一部分来自社会和企业，且日本文化产业具有比较成熟的民间投资渠道，政府鼓励个人或企业赞助各种文化艺术活动。

日本在文化产业发展中，实施"产、官、学"的模式，即由政府为文化产业提供法律保障和政策支持，学术和研究机构负责提供文化产业市场预测、发展前景等信息支持，文化企业则在与政府和研究机构合作中谋求发展。具体主要包括以下几个方面：第一，推动文化和市场深入结合。日本的文化产业不是由政府"包办"的，文化产业项目都需进入市场运作。第二，把文化产业发展提升到国家战略高度。第三，对文化产业进行财政支持。首先，中央政府对文化相关项目进行直接投资，日本政府对文化预算逐年增加；其次，日本政府创立各种基金会，引导民间资金共同资助文化产业。第四，对地方文化产业的发展，日本政府明确规定政府支援地区文化活动。第五，重视中介组织作用。日本文化行业协会的作用十分突出，被看作政府职能的延伸。第六，重视内容产业人才的培养。

法国是发达的市场经济体制国家，但是其市场经济体制又有着自己的特点：一是国有经济在国民经济中居于重要地位并发挥着重要作用；二是在市场机制发挥主导作用的基础上实行经济计划；三是国家对国民经济的运行实行强有力的干预，法国政府对国民经济的干预在西方各市场经济国家中是最强的，这主要表现在法国政府通过掌握和支配大量的国民财富对国民经济进行深入、广泛的介入，这使它成为一种独特的市场经济模式。法国市场体制的这三个特点深刻地影响了法国文化产业，使法国政府与文化企业、国有文化单位与私营文化企业、计划调节与市场调节有机地结合在一起，共同发挥着促进文化产业发展的作用。在法国国家主导型市场经济体制下，文化产业的发展也表现出国家主导与市场发展的双重特征的混合发展模式。

法国政府注重以政策法律来保障文化产业发展，如《法国博物馆法》《电台和电视法》等，同时法国也出台了一系列的文化保护政策和文化产业发展促进政策，尤其是在资金扶植上给予了大量的政策支持。政策和法律倾向决定了法国的文化产业管理中，政府发挥了较大的作用，很多产业都依靠政府的扶持和保护，在政府的资金投入上，每年国家列入了约占全部预算1%的资金用于文化方面，为各个文化行业提供补贴。政府对文化的投入采取直接拨款的方式，不同于美国那样通过社会中介组织，而是由文化和通信部对重要文化机构、地方政府有关部门直接拨款，显示了政府在推进文化产业发展过程中的影响和作用。

（三）国内文化产业发展现状

中国文化产业发展大致经历了三个阶段，即1979—1992年的萌芽兴起阶段、1993—2000年的产业形成阶段和2001年至今的产业发展阶段。十七大以来，尤其是党的十七届六中全会召开后，文化产业被提升到前所未有的高度，进入了新的历史起点。文化产业增加值年均增长速度超过20%，在国民经济中所占比例逐步增加，初步显现出成为国民经济支柱性产业的潜力。

近日，上海交通大学"教育部哲学社会科学研究重大课题攻关项目"课题组发布了首个《中国文化产业发展指数报告》，报告根据国家"十一五"期间文化产业发展状况以指数评估的方式将31个省区市文化产业发展划分为三大梯队。北京、上海位于"第一梯队"，指数值在85～90之间，且两地指数差异较小，北京、上海的文化产业发展指数分别为85.69和87.27。第二梯队集中了广东、山东、江苏和浙江四省，指数值介于52～26之间。第三梯队分布着25个省区市，指数值低于26，其中，辽宁、山西、湖南、河南、福建、湖北和天津相对领先。

1. 代表城市文化产业概况

（1）北京

近年来，北京一直积极致力于推动文化产业集团化建设，并实现强强联合、优势互补，走文化产业集团化之路。2000年北京组建了北京日报报业集团；2001年北京歌华有线电视网络股份有限公司上市融资12.05亿元，成为中国文化企业上市第一股；2004年北青传媒股份有限公司在香港主板上市融资11亿元。

在出版领域，北京于2009年成立了北京出版集团有限责任公司。目前拥有6家全资子公司和4家控股参股公司，所辖8家出版社和5家杂志社。还创建了"北京卡通"动漫平台，以《北京卡通》期刊为基础，打造中国原创动漫的新模式。北京还整合了演艺资源，成立了拥有15家企事业单位的北京演艺集团。电影公司新影联院线票房收入首次突破8亿元、全国院线排名第五；集团整体资产规模也由组建时的4.3亿元增至11.74亿元，两年内增加近两倍。此外，在广播影视领域北京还整合北京电视台、北京人民广播电台、北广传媒集团媒体资源，成立了北京广播电视台，壮大了规模，提升了整体实力和竞争力。

北京文化产业积累了丰富的经验，集中体现在以下方面：一是围绕"北京向世界贡献什么"这一卓越主题，立足高阔视野，引领首善之区的文化建设服务全国、融入世界；二是把文化嵌入城市经济和社会发展的肌体，推动深度融合，引导首都改革开放和现代化建设优化升级；三是以产业发展动力机制建设为中心，破解发展难题，逐步实现投资、出口、消费和创新"四轮驱动"；四是正确处理好文化事业与文化产业的关系，体现整体性和协调性，积极营造包容、均衡、有机发展的文化生态；五是科学把握文化硬件和文化软件的关系，体现建设与管理并重，把载体、形式与内容有机统一起来；六是综合平衡商业与艺术的关系，体现包容多元，构建国际城市开放而又独特的文化风格。

（2）深圳

自2003年在全国率先确立"文化立市"战略以来，深圳文化创意产业以年均接近25%的速度快速发展，2010年文化创意产业增加值达726亿元，位居全国大中城市前列。2004—2010年，文化创意产业增加值占全市GDP的比重由4.6%提高到7.6%，成为带动经济快速健康发展的重要引擎。其创意设计业优势地位明显，是中国现代平面设计的发源地，工业设计、室内设计占全国较大市场份额，成为国内第一个被联合国教科文组织认定的"设计之都"。动漫游戏业起步早、发展快，文化软件服务、互联网信息服务、数字电视、数字音乐发展势头良好，涌现出腾讯、A8音乐等一批知名领军企业，会聚了大批文化创意人才。文化旅游引领国内潮流，华侨城集团、华强文化科技集团是中国最具创意和创新能力的知名文化旅游企业。深圳还是中国最大的高端印刷及黄金珠宝生产基地，占据了国内60%以上的市场份额。新闻出版、广播影视、文化会展等行业也都在全国具有重要的影响力。

深圳充分发挥高科技城市、金融中心城市和滨海旅游城市特色，深度挖掘、整合、联动相关产业资源，形成了"文化＋科技""文化＋金融""文化＋旅游"等产业发展新模式。以高新技术创新文化生产方式的"文化＋科技"模式，为文化创意产业高端起步、跨越发展奠定了强大的技术保障。以文化产权交易所、文化产业投资基金为主导的"文化＋金融"模式，不断创新对文化企业的金融支持方式，构建了文化产权交易、文化产业投融资、文化企业孵化的重要平台。以主题公园、文化创意产业园区和基地为依托的"文化＋旅游"模式，有效延伸了文化创意产业链。

在政府的有力引导和推动下，深圳文化创意产业采用行业集聚、空间集中的发展策略，培育建设了一批文化创意产业重点项目，建立了田面"设计之都"创意产业园、华侨城LOFT创意产业园、怡景国家动漫画产业基地、大芬油画村、观澜版画原创产业基地等40多个具有一定规模和影响力的文化产业园区和基地，形成了区域发展特色，构建了较为合理的产业布局。打造了全国唯一的国家级、国际化、综合性文化产业博览交易会，为文化创意产业发展提供高端平台和重要推力。文化创意产业投资呈现多元化的发展格局，涵盖国有、民营、中外合资等多种模式。

（3）香港

有人一直存有一种偏见或误解，认为香港仅仅是经济城市，文化上则是"沙漠地带"，其实大谬不然，只要越深入了解香港，就会越发现香港文化资源之丰厚，亦极具特色。

比如在宗教文化方面，佛教、道教、基督教、天主教、伊斯兰教等世界各地宗教在港多元和谐共存，成就了国际大都会的宗教文化风景线；在民俗文化方面，除太平清醮外，大坑舞火龙、端午龙舟竞渡、盂兰胜会等，均极具特色，展现了本地传统风俗文化的魅力。另外，香港每年举办的大型文化展览、书展、艺术节，更是多姿多彩、不计其数。由此可见，新风旧俗、中西文化在港并行不悖，展现出香港中西荟萃、兼收并蓄的文化特点，这正是香港宝贵的文化资源，是香港大力发展文化产业的肥土沃壤和坚实根基。香港在文化创意产业中最出色的四个方面就是建筑、广告、文艺和影视。香港的建筑、设计、市场推广、广告、影视娱乐业发展蓬勃，在亚洲享负盛名，更多次获得国际奖项。

香港文化产业的发展经验可以归纳为以下几个方面：自由的经济体系、市场主导、政府促进、公正的司法制度和完善的知识产权保护体系、积极有效培养及引进创意人才。

2. 国家文化产业政策

国家对文化产业的发展也逐年重视起来，下面为文化产业在政策方面的发展历程。

自2000年中国共产党第十五届五中全会第一次在中央正式文件中使用了"文化产业"这一概念，将文化产业正式列入国民经济和社会发展战略中以来，中国的文化产业得到快速的发展。

2005年中央明确大力发展文化产业是我国的一项国策，正是在这种大环境下，文化改革和机制创新进入调整、完善和反思的阶段，中国的文化产业得到了飞速的发展，取得了显著的成就。

2009年，我国第一部文化产业专项规划——《文化产业振兴规划》由国务院常务会议审议通过。这是继钢铁、汽车、纺织等十大产业振兴规划后出台的又一个重要的产业振兴规划，标志着文化产业已经上升为国家的战略性产业。几年来，文化部等相关文化主管部门相继出台了一系列配套政策，初步构建了我国文化产业政策体系。

2011年《中共中央关于深化文化体制改革、推动社会主义文化大发展大繁荣若干重大问题的决定》的发布，标志着将文化产业发展成为国民经济支柱性产业首次被中央以文件形式确立。随后中共中央办公厅、国务院办公厅印发了《国家"十二五"时期文化改革发展规划纲要》，提出推动文化产业跨越式发展，实现规划纲要提出的文化产业"逐步成长为国民经济支柱性产业"的目标。

2012年，文化部正式向社会发布了《文化部"十二五"时期文化产业倍增计划》（以下简称《倍增计划》）。《倍增计划》是文化部贯彻落实十七届六中全会精神和《国家"十二五"时期文化改革发展规划纲要》的具体举措，是文化部作为国务院文化行政主管部门履行职责的具体表现，是指导文化系统"十二五"时期文化产业发展的专项规划。《倍增计划》按照十七届五中全会提出的国民经济支柱性产业的定位和党中央、国务院关于文化产业发展的最新战略部署要求，紧扣十七届六中全会关于文化产业发展的最新精神和文化产业发展新趋势，明确了"十二五"时期文化系统、文化产业指导思想、发展思路、发展目标、主要任务、重点行业和保障措施。因此，这一规划的制定出台对"十二五"期间文化系统文化产业发展有着重要指导意义。

现有的国家文化产业政策见表5-2。

■ 表5-2　国家文化产业政策列表

相关政策名称	发布时间
《关于建立第三产业统计的报告》	1985年4月5日
《重大战略决策——加快发展第三产业》	1992年
《中共中央关于制定国民经济和社会发展第十个五年计划的建议》	2000年10月
《中共中央关于"十五"规划的建议》	2005年10月11日
《关于深化文化体制改革的若干意见》	2006年1月
《国家"十一五"时期文化发展规划纲要》	2006年9月13日
《文化建设"十一五"规划》	2006年10月16日
《文化产业振兴规划》	2009年7月22日
《中共中央关于深化文化体制改革、推动社会主义文化大发展大繁荣若干重大问题的决定》	2011年10月18日
《国家"十二五"时期文化改革发展规划纲要》	2012年2月15日
《文化部"十二五"时期文化产业倍增计划》	2012年2月28日
《文化部"十二五"时期文化改革发展规划》	2012年5月10日
《"十二五"时期国家动漫产业发展规划》	2012年06月26日

二 国内外文化产业案例分析

（一）《功夫熊猫》

1. 案例简介

美国梦工厂2008年度动画巨制《功夫熊猫》是西方艺术家以电影为载体，以中国功夫和熊猫为主题，通过对中国文化的理解和领悟，糅合众多中西方文化元素，展示了当代文化多元性的融合共生，是文化全球化时代中西文化融合的典型例证。

这一动画片大致剧情为：阿宝是一只贪吃的熊猫。在鸭子父亲的面馆帮厨的它，心怀功夫梦。年度和平谷比武大会开始了，村民们为了一睹神奇五侠——悍娇虎、灵鹤、快螳螂、俏小龙以及猴王的风采，纷纷抢先占座。倒霉的阿宝被大炮轰到比赛场地，引起轩然大波。原来五侠为了争夺救世主之名号，正在厮杀，没想到被阿宝搅了局。正当混乱之际，浣熊仙人突然驾临，它把阿宝带回了山里收为徒儿，并让五侠教它练习。阿宝没有根基，因此练功时洋相百出。当它欲放弃之时，背叛师门被囚20年的黑豹，突然越狱，前来向浣熊仙人复仇，正义的阿宝决定挺身而出，保护老师，一场正邪较量由此展开……

图5-3　功夫熊猫

2. 发展启示

《功夫熊猫》这一影片在展现"每个人通过奋斗都能成为英雄"的美国梦理念的同时，也倡导了"邪不压正"的中国传统道德价值观，无论在传统的文化精神，还是在价值观、人物形象塑造等方面都体现了中西文化。

（1）重视中国传统文化精神

影片要想在中国有好的市场，首先就得了解中国文化的精髓，把这种精髓反映到影片中。影片中采用针灸、点穴、二胡、书法、汉字、鞭炮乃至包子、筷子、面馆里家传的老汤作为中国传统文化的代表；人物老虎、仙鹤、螳螂、蛇以及猴子这五大武林高手承载了中国拳术精髓；中国哲学"无就是有，有就是无"的禅宗思想，体现功夫至高境界的太极阴阳，神龙秘笈在佛家"空""无"中生发无尽宿命理念，并最终在羽化成仙中完满道家的至高理想，乌龟大师作为智者所吟咏的"没有什么是偶然的""一切皆有可能"，等等，都糅合了中国儒家、道家和佛教的传统文化思想。

（2）注重人物形象的文化融合

美国的历史只有200多年，但是这并没有妨碍美国人的艺术创作，因为他们的创作并没有仅仅局限在这200多年历史给他们带来的文化积累，而是善于从多种文化中提炼素材，运用多种元素进行表现，不分地域和国籍，兼收并蓄，从而创造出自己国家的影视作品。该部影片就是一个典型代表，影片中各种人物都显现出各国文化的融合特征。如影片中阿宝的造型集合了中国熊猫的憨厚、可爱的特点，以及为达目标努力奋斗的精神。浣熊师傅的动物原型来自美洲，却洋溢着中国文化的气息。他身穿长袍，留着长长的胡须，灵巧地使用筷子，还被人尊称为"师傅"，这些都是彻头彻尾的中式风格。

（二）《喜羊羊与灰太狼》

1. 案例简介

国产原创系列电视动画片《喜羊羊与灰太狼》，由广东原创动力文化传播有限公司出品。以羊和狼两大族群间妙趣横生的争斗为主线，剧情轻松诙谐，融入了新时代的各种新鲜名词。这部超强人气的长篇动画以"童趣但不幼稚，启智却不教条"的鲜明特色赢得众多粉丝的喜爱，在国内各项动画比

图5-4　喜羊羊与灰太狼

赛中更是屡获殊荣。

对于国产电影动画片，票房过千万就是个奇迹。然而，2009年春节期间，一部电影动画片《喜羊羊与灰太狼之牛气冲天》却以600万元的投资赢得了超过8000万元人民币的票房收入，创造了一个奇迹。2010年春节期间，电影动画片《喜羊羊与灰太狼之牛气冲天》的姊妹片《喜羊羊与灰太狼之虎虎生威》以1200万元人民币的投资赢得了接近1.2亿元人民币的票房收入，创造了另一个更大的票房奇迹。2011年《喜羊羊与灰太狼之兔年顶呱呱》总票房在1.5亿元左右，超过了上年的《喜羊羊与灰太狼之虎虎生威》。2012年1月12日，电影《喜羊羊与灰太狼之开心闯龙年》全国火爆热映，该片首日票房轻松突破2000万元，这一成绩不仅超越了《喜羊羊与灰太狼之兔年顶呱呱》长期保持的1700万元首日成绩，更是开创了国产动画电影首日票房新的纪录。

2. 发展启示

《喜羊羊与灰太狼》的成功原因包括以下几个方面。

（1）在动漫制作方面，雕琢内容，吸引观众，在"好玩"上很用心思

动漫作品讲求形式的唯美无疑是很重要的，它以视觉冲击力首先给观众带来震撼，但是如果内容贫乏会使这种视觉冲击力难以长久，尤其是动漫连续剧需要观众持久关注。《喜羊羊与灰太狼》的人物造型很有特点，制作者

集结了100多个设计师，用了3个多月时间，创造出了如今广为人知的头上有坨屎的懒羊羊、扎粉红蝴蝶结的美羊羊、头上长棵树的慢羊羊，以及戴破帽有道疤的灰太狼和穿毛皮大衣的红太狼。

（2）在品牌营销方面，长期打造品牌效应

动画电影版《喜羊羊与灰太狼》的热映并非出于偶然。在电影版推出之前,国产电视动画片《喜羊羊与灰太狼》自2005年开播以来,已陆续在全国近50家电视台热播近500集,长盛不衰。在北京、上海、广州等城市,《喜羊羊与灰太狼》最高收视率达17.3%,大大超过了同时段播出的境外动画片。同名漫画书推出后,也立刻成为畅销书,销量超过百万册。这些品牌化、系列化、持续化、高产量、低成本的设计制作,为《喜羊羊与灰太狼》品牌的滚动传播打下了深厚基础。

（3）打通完整的产业链，积极开发衍生产品

在电视剧、电影市场火爆的基础上，投资方也在向美日韩学习他们运作动漫电影的成功经验，积极开发《喜羊羊与灰太狼》衍生品市场。按国际惯例，一部动漫电影能带来票房百分之十几的衍生品收入已算上佳，而《喜羊羊与灰太狼》目前的衍生品已达十几种之多，根据"喜羊羊"目前的销售数据分析，在《喜羊羊与灰太狼》带来的收入中，播出版权收益仅占30%，其余70%来自衍生产品的形象授权等。这一比例今后还会"失调"，出售播映权获得收益的比例会越来越小，而衍生产品授权所占的比例会越来越大。

（三）横店影视城

1. 案例简介

横店影视城建立于1996年，下辖12个影视拍摄基地，总计用地4963亩，建筑面积495995平方米，是目前全国乃至亚洲最大的影视城，已成为目前国内拍摄场景最多，配套设施最全，历史跨度最大的影视拍摄基地。横店影视城共有七大景区：秦王宫景区、清明上河图景区、江南水乡景区、大智禅寺景区、广州街香港街景区、明清宫苑、屏岩洞府景区。

2011年，横店影视城的营业利润高达7.8亿元。2011全年共接待影视拍摄剧组150个，同比增长5%；接待游客1090万人次，同比增长30%；营业收入同比增长50%，利润同比增长70%；全年共使用群众演员25万人次，特约

图5-5　横店示意图

演员6万人次。接待影视剧组的数量和使用群众演员、特约演员的数量,均创下了历史最高纪录。接待游客1090万人次,假设每张门票100元(实际门票有95元、100元、200元……),则仅此一项收入就约11亿元。至今,横店已吸引了430多家影视企业入驻,海内外共有900多个剧组来横店拍摄影视剧25000部(集),占全国古装剧产量的1/3。2011年1月至11月,横店影视产业实验区入区企业实现营业收入32.23亿元,同比增长56.48%。

2. 发展启示

(1)优越的地理位置

横店影视城位于中国浙江中部东阳市被誉为"江南第一镇"的横店境内,距省会杭州160公里,处于江、浙、沪、闽、赣四小时交通旅游经济圈内。

(2)相对低廉的成本

与竞争者花费以千万计的土地征用费用相比,横店土地征用费用相对便宜,建设成本由此大幅降低。

(3)全方位经营

除另辟蹊径将影城定位为旅游区——除了接纳剧组外,亦通过借助影视知名度吸引游客前往参观,影视城还决定向剧组免费提供拍摄场地,并提供设备、服装租赁及经营酒店餐厅来获取利润。

（四）新浪微博

1. 案例简介

方兴未艾的微博揭开了Web 3.0的帷幕，从大众生活、新闻传播到营销管理，其强大的影响力和无处不在的渗透能力将持续地改变这个时代。

微博，即微型博客(Microblog)的简称，是一种基于用户关系的信息分享、传播以及获取的平台。用户可以随时通过Web、Wap以及各种客户端组件登录访问，并发布或更新信息(140字左右)，并实现即时分享。微博的代表性网站和起源是美国的Twitter，这个词甚至已经成为微博的代名词。截至2010年1月，Twitter在全球已拥有7500万注册用户。中国目前最成功的微博代表性网站是新浪网。

图5-6　新浪微博示意图

2. 发展启示

首先，微博运用新技术实现了用户信息即时分享的愿望，满足了当下大部分消费群体的心理需求，而且微博邀请很多明星加入，又满足了粉丝渴望与明星近距离接触的心理，因此吸引众多消费者加入。

其次，利用其大量的客户优势，使得微博成为品牌宣传的窗口，从品牌营销到与潜在用户进行沟通，从完成销售再到维护客户关系，其实都可以通过微博来实现，从而借助微博形成一个完整的营销链条。

最后，在今天的传播领域，虽然传统媒体依然是市场主流，但巨额的广告费却让许多企业望而却步。而微博的出现恰恰改变了这一局面，企业进入微博的门槛很低，通过搜索锁定目标群体，然后将信息传播出去，从一个人的关注，再到人与人的转发，企业及产品就这样，在"弹指之间"便轻松地完成了一次低成本营销。

（五）迪士尼乐园

1. 案例简介

迪士尼是总部设在美国伯班克的大型跨国公司，其创始人是华特·迪士尼，主营业务包括娱乐节目制作、主题公园、玩具、图书、电子游戏和传媒网络（见图5-7）。迪士尼乐园是由迪士尼公司所创立并运营的一系列主题乐园，到今天，全球已建成6座迪士尼乐园，如表5-3所示。

图5-7　香港迪士尼乐园

■ 表5-3　迪士尼乐园分布一览

名称	所在地	建成时间
洛杉矶迪士尼乐园	美国加利福尼亚州	1955
奥兰多迪士尼乐园	美国佛罗里达州	1971
东京迪士尼乐园	日本东京	1983
巴黎迪士尼乐园	法国巴黎	1992
香港迪士尼乐园	中国香港	2005
上海迪士尼乐园	中国上海	2015

2. 发展启示

如今，主题公园可说是迪士尼公司的摇钱树，迪士尼的做大，是文化市场化运营模式强力开拓文化产业领土的成功。迪士尼乐园在全球发展推广，其成功的主要原因有如下五点。

其一，走的是文化之路，其产业属创意产业。迪士尼推广的是文化产业，即讲述"美国式"创造的成功和自我梦想的实现。讲述的是以自由、个人为中心的故事，推销"美国梦"。

其二，满足了人们不断追求新奇、刺激的求新求异心理。乐园不断建造的游乐设施，推陈出新，不仅满足孩子们的求新欲望，而且兼顾到家庭、青年人等各个受众群体的需求，最大限度地挖掘自身的价值，获得最大程度的效益。

其三，实行产业利益链。迪士尼不仅是游乐场，还是集动漫、影视、服装、玩具、出版、电影、网络等于一体的美国文化产业的巨无霸式航母，它背后有广泛的产业链条、资本基础和一个庞大的创意团队。通过不断地复制不同的经典故事，弘扬了一种自我价值的实现和对传统观念的赞美，使创意产业成功地商业化。

其四，全球推广进程较缓慢，增加了游客期待中的情绪积累。漫长的等待、签约、规划、有些项目的不可复制性等，增加了游客的期待感。

其五，融合本土文化，更是吸引了游客的游乐意愿。

三　番禺文化产业概况

（一）产业现有基础

1. 文化资源

（1）传承南国民俗文化

"番禺城"，中原都城文化影响下岭南所建设的最早的都市，是目前已知岭南最早出现的郡治。在公元前204年，番禺被定为南越国国都，已经成为岭南地区的政治、经济和文化中心，先民们在这块土地上繁衍生息，揭开洋洋大观人文史的初页。

历史前进了2000余年，番禺的变化翻天覆地，旧时的古郡已变身为广州市的一个新城区。然而，即使在现代化气息漫天飞扬的今天，在番禺古镇纵横交错的街巷中，依然能寻味番禺文化的古风遗韵。

番禺的民间民俗文化，反映了南粤的地域特色。砖、灰、陶、石、木的雕塑艺术，凝聚着民间艺人的灵感、技艺和审美观；沙湾飘色、沙涌鳌鱼舞、凌边乞巧、龙舟竞渡、舞狮舞龙等民俗活动将南粤豁达开朗、知情义、重进取的风俗民情淋漓尽致地表现出来；沙田咸水歌缠绵而幽怨，演唱粤曲粤剧曼妙清音，遍及城乡；绚丽逼真的广彩、广绣触手可及，散发出迷人的光彩。

雕塑工艺

民间雕刻多用于祠堂、庙宇等建筑做装饰用，有较高的艺术价值。沙湾砖雕的材料是用土质上乘的青砖。沙湾砖雕艺术，还富有雕刻的色彩效果，使人在单色中感觉有色彩调子。

番禺宝墨园中的砖雕、木雕、石雕、陶塑、灰塑、瓷塑等岭南民间工艺精品琳琅满目。巨型瓷塑浮雕《清明上河图》和巨幅砖雕《吐艳和鸣壁》，算得上当今世界吉尼斯之最。

沙湾飘色

沙湾飘色是以游动队式的立体舞台来表演的，有着独特的艺术形式和内容，它荟萃了冶炼、煅打、设计、故事、扮相、音乐等工艺和艺术精华，并集于一色柜之中巡展。演员们通过经过精心伪装的钢枝凌空而立，看不见的色梗支撑，巧妙利用力学原理，营造出"飘"的效果。这声、色、艺组合的表演，粗犷而巧妙的艺术风格，给人以强烈的感染力，成为群众喜闻乐见的民间艺术。

沙涌鳌鱼舞

鳌鱼舞是沙涌村一带群众喜闻乐见的民间舞蹈，它起源于一个美丽的神话传说，音乐节奏明快、铿锵有力，鳌鱼翩翩起舞，它们时而高扬、时而低俯，分分合合，穿插腾挪，让观众仿佛置身海底世界。2012年，鳌鱼舞在韩国丽水世博会惊艳亮相，经过现代艺术形式的改变后，古老的传统舞蹈以其独特的造型、形象的表演大放异彩，赢得了观众的阵阵赞叹。

凌边乞巧

摆七夕的习俗来源于古时吴楚，妇女们在七夕之夜向天上织女求教针黹

图5-8 沙湾砖雕与飘色

图5-9 沙涌鳌鱼舞与凌边乞巧

工艺，是为乞巧。市桥附近的几个村镇都有此类活动，不过以石碁凌边村的乞巧活动最为丰富，每年都会摆七夕、演大戏来庆祝这一节日。

　　龙舟竞渡

　　从源于宋代的大洲龙船开始，龙舟文化就与水乡番禺相依相伴，体现了

图5-10　龙舟与醒狮

河网地带的番禺水乡人民团结拼搏、不甘人后的人文精神，而具体的龙舟民俗工艺又与乡土历史文化脉络紧密相连，展现了区域文化独特的一面。在一个区内集中了龙舟制造、龙舟头尾雕刻，以及丰富多彩的龙舟习俗，在珠三角也是不多见的。龙舟文化已成为番禺非物质文化遗产中的一个闪光点。

沙坑醒狮

番禺区沙湾镇沙坑村的沙坑醒狮，亦称"南狮"，起源于明末清初，距今已经有300多年的历史。分文狮、武狮和少狮三大类。其造型夸张，额高而窄，眼大能转动，口阔、背宽、鼻塌，面颊饱满，牙齿能隐能露。传统南狮技艺有"出洞""上山""巡山会狮""采青""入洞"等，尤以"采青"动作难度最大。

广绣、广彩

广绣有着2000多年的历史，它以色彩鲜明、形象生动、构思清晰著称，绣出的鸟羽、花瓣能露出一丝丝的彩纹，极精致逼真，与苏州的苏绣、湖南的汀绣、四川的蜀绣并称为全国"四大名绣"。

广彩是广州彩瓷的简称，又叫广州织金彩瓷，它是在各种白瓷器上彩绘而烧成的一种具有浓厚的东方特色的工艺品，大都采用我国的织锦图案，以颜色鲜明绚丽而著称，是我国釉上彩瓷的一个独特的品种。

沙湾广东音乐

沙湾广东音乐源于宋代，历经四个朝代，六百余载，以中原音乐为根，以民间艺术、歌谣等为营养，经过数代人的努力，不断地演变，时至20世

图5-11　广绣与广彩

图5-12　"何氏三杰"

20年代末，才独树一帜，成为广东音乐较有影响的一大流派，对广东音乐的发展产生了深远的影响。

　　作为广东音乐发源地之一，沙湾镇一直是广东音乐最活跃的地区，据闻广东音乐第一代大师无一不到过沙湾古镇。这里造就了著名的"何氏三杰"（广东音乐作曲家：何柳堂、何与年、何少霞），更出现过何章（花旦章）、何世杞（新马师曾之师傅）、何福年（粤剧八和会馆师爷）、陈鉴（盲鉴）、飞霞（何求）、燕燕等名扬四方的粤剧曲艺前辈和陈燕莺、何干、陈丽英等曲艺红伶。

　　（2）丰富的旅游资源

　　番禺区旅游资源丰富，美丽的风景构筑了一座城市独特的魅力。番禺拥有一个5A级景区（长隆旅游度假区）和四个4A级景区（莲花山旅游区、宝墨园、广东科学中心及岭南印象园），近年来，这四个景区的接待游客人数及营业收入均排在全市景点中的前列〔如2010年，长隆旅游度假区、莲花山旅游区、广东科学中心、宝墨园分列全市全年游客接待人数第2、第4、第5、第6位；在全市景区（点）营业收入前10名中，长隆旅游度假区、莲花山旅游区、广东科学中心分列第1、第8、第9位〕。

另外，番禺区着力营造休闲文化，开发了一系列具有岭南特色的旅游景点。加快莲花山旅游区、珠江深度游、岭南文化游、亚运主题游等旅游项目开发建设，整合长隆旅游度假区等旅游资源，还加快海鸥岛、草河村都市观光农业的发展，促进休闲旅游业快速发展。

长隆旅游度假区

广州长隆旅游度假区是全国首批国家级5A级旅游景区，拥有长隆野生动物世界、长隆欢乐世界、长隆水上乐园、广州鳄鱼公园、长隆国际大马戏等多个品牌的世界级文化主题公园集群，被称为"都市中心的世界级旅游王国"。

莲花山

莲花山旅游区是集古采石场文化、望海观音祈福文化、荷花文化主题于一体的文化休闲旅游区。

宝墨园、南粤苑

宝墨园、南粤苑是集合了清官文化、岭南古建筑、岭南园林艺术、珠三角水乡特色，融园林建筑、山水自然和文化精品展览等为一体的旅游景区。

图5-13　长隆水上乐园与欢乐世界

图5-14　莲花山与南粤苑

广东科学中心

广东科学中心具有科普教育、科技成果展示、学术交流、休闲旅游四大功能，是广东省重要的公益性科普教育基地，是科学技术、科技产品展示、推广、交易和学术交流的平台，科普旅游休闲的示范景点。

沙湾古镇

沙湾是一个有着800多年历史的岭南文化古镇，民间艺术饮誉南国。祠堂、广东音乐、民间工艺（砖雕）、民俗活动（飘色、醒狮、舞龙）、盆景花卉（兰花）等，都是非常宝贵的物质文化资源和非物质文化资源。

余荫山房

余荫山房是广东四大名园之一，是四大名园中保存原貌最好的古典园

图5-15　广东科学中心与沙湾古镇

图5-16　余荫山房与岭南印象园

林，是全国重点文物保护单位、全国近代优秀建筑单位。

岭南印象园

岭南印象园坐落于广州大学城，是集观光、休闲、娱乐、住宿、餐饮、购物于一体，体验岭南乡土风情和岭南民俗文化的旅游景区。

其他旅游资源

大岭村、海鸥岛、大夫山森林公园、番禺博物馆、屈大均墓、滴水岩、鳌山古庙群、蓝澳体育旅游公园、历奇山庄、化龙农业大观园等。

（3）优良的人才科技条件

人才资源

番禺区教育资源十分丰富，特别是高等院校。其中广州大学城包括了中山大学、华南理工大学、华南师范大学、广东外语外贸大学、广东工业大学、广州大学、广州中医药大学、广东药学院、星海音乐学院、广州美术学院。番禺其他地区有广东工业大学（商学院）、广州番禺职业技术学院（番禺理工学院）、广东女子职业技术学院、广东文艺职业学院、广州科技贸易职业学院（广州大学科技贸易技术学院）。另外，番禺区广播电视大学设置了成人教育。民办学校还有陈文卫会计培训中心、广州番禺伯乐培训学校、番禺智慧培训学校、番禺蓝天培训中心、巴特培训中心等。

番禺教育以"创一流教育、办好让人民满意的教育"为目标，以培养高素质劳动者和创新人才为根本任务，打造全省领先、富有特色、充满活力的番禺教育品牌。其中，广州大学城10所高校每年向社会输送数以万计的毕业生，成为华南高等教育的龙头，也让番禺拥有了得天独厚的人才优势。

科技状况

番禺区充分发挥广州大学城人才和科研优势，规划建设广州国际创新城，广州国际科技合作交流中心揭牌并启动筹建；引进广东省科技风险投资集团、广州红土科信创业投资有限公司等风投机构；在全省率先成立区科技金融促进会，促成广东华南科技资本研究院、广东省科技企业上市培育基地等省级科技金融机构落户；完善番禺节能科技园、国家数字家庭应用示范产业基地等科技园区的设施和功能，提高它们的引领示范作用；全面推进产学研工作的开展，通过举办产学研论坛、开展产学研调研等方式，促进高等院校、科研院所技术成果与企业的合作对接，鼓励高校资源向区内企业开放。

另外，番禺区鼓励和扶持民间资本投资建设民营科技园，全区9大民营科技园区进驻中小科技型企业1000多家，拥有企业研发中心111个。全区新增上市企业1家，重点培育上市企业对象20多家。推动创新资源集聚，支持企业开展自主创新，全区市级以上科技型企业255家，其中省高新技术企业105家，2011年产值437.52亿元。参与研制国家、行业标准、地方标准及联盟标准增至222项，专利申请量4184件，增长33.5%。人才优先发展战略深入推进，人才保有量达到10万人。2011年被评为全国科技进步先进区（县）。

2. 发展环境

（1）增长的经济实力

番禺经济稳步快速增长，产业结构调整优化大力推进，实施先进制造业和现代服务业"双轮驱动"战略，推行"龙头企业+创新中心+产业园区+专业市场"的"四位一体"发展模式，加快发展汽车及配件、船舶及配套、数字家庭等主导产业，积极提升珠宝首饰、输配变电和灯光音响等传统优势产业，推动产业从劳动密集向科技创新、从分散向集聚、从高能耗向低能耗的优化升级，努力构建结构高端化、发展集聚化的现代产业体系。

2011年实现地区生产总值1235.78亿元，增长13.1%；地方财政一般预算收入70.84亿元，增长20.1%；工业总产值2105.46亿元，增长17.4%，完成固定资产投资351.99亿元，增长10.2%；社会消费品零售总额741.88亿元，增长18.1%；进出口总额167.69亿美元，增长10.9%；实际利用外资3.87亿美元，增长8%。

公共财政用于民生的支出87.88亿元，增长16.8%。城镇居民年人均可支配收入31745元，农村居民年人均纯收入17428元，分别增长12.5%和16.9%。城镇登记失业人员就业率72.7%，高于全市平均水平。

（2）良好的文化环境

番禺文化事业蓬勃发展，分别成功举办了首届中国飘色艺术展演、第十届中国合唱节暨第二届"星海国际合唱节"、"十全十美看番禺"、首届中国龙舟文化节暨莲花杯禺山杯龙舟赛等活动，充分展现"星海故乡、广州新城"形象。广彩、广东醒狮、潘高寿被纳入国家级非物质文化遗产项目，2007年石楼镇大岭村成为广州市唯一的中国历史文化名村。成功实现"市双拥标兵区"四连冠。

近年来，番禺区积极构建公共文化服务体系，星海文化广场、体育公园等文体设施投入使用。目前，全区已建有19个文化站，文化站场室总面积7.63万平方米，建成社区(村)文化室(农家书屋)339个，覆盖率达100%。镇（街）级以上文化广场23个，社区(村)级广场191个。区、镇街、社区（村）三级公共文化设施网络实现全覆盖，形成了"10分钟文化圈"和农村"十里文化圈"的格局。

另外，在过去的数年时间里，番禺创造性地开展"双百共建文明村"活动，统一安排100个文明单位与100个村结对共建，区财政投入1.2亿多元，带动社会投入10亿多元，在全区247条村共建设文明卫生项目1600多项，其中，公共文化基础设施500多项。同时，番禺以"农家书屋"为抓手，搭建文化信息平台，全区50多万农民共享文化发展实惠。

（3）优越的区位条件

番禺区位于广东省中南部、珠江三角洲腹地，位于穗港澳"小三角"的中心位置，北与广州市海珠区相接，东邻狮子洋与东莞市相望；西与南海区、顺德、中山市（区）相邻；南接南沙区，距香港地区38海里，距澳门地区42海里，地理位置得天独厚，是广州深圳经济走廊上的一个重要的县级市。

番禺区水陆交通便利，客货运输发达。通过京珠高速、南沙港快速、105国道、华南快速、新光快速可便捷通往广州其他区、市以及周边地区；通过陆路、水路可快速到达港澳地区；广州地铁2号、3号、4号线可方便到达广州市其他地区。

（二）产业发展现状

文化产业为21世纪的朝阳产业。国家"十二五"规划中，文化创意产业被列为重点支持发展产业，动漫游戏行业赫然在列。目前，广东正进入经济社会转型发展的关键时期，迫切需要寻求经济社会发展的新增长点和科学发展的支撑力，从而全方位提升国际竞争力和影响力，这无疑为广东推动文化大发展大繁荣、通过文化展示对外良好形象提供了千载难逢的机遇。动漫游戏产业作为广东省重点文化产业之一，也将进入高速发展时期。

广州市已拥有国家级文化产业试验园区1家（北岸文化码头创意产业园），国家级文化产业示范基地8家（广州长隆集团有限公司、TCL文化发展有限公司、广东省广告股份有限公司、广东中凯文化传媒有限公司、广州珠江钢琴集团股份有限公司、羊城创意产业园、广东奥飞动漫文化股份有限公司、广州漫友文化科技发展有限公司），省级文化产业示范基地14家，其中番禺区拥有国家级文化产业示范基地1家（广州长隆集团有限公司）。现就番禺现有的产业进行简要分析。

1. 动漫游戏产业

（1）概况

番禺是国内各大动漫游戏主题乐园、大型购物中心、高级百货商场采购动漫游戏机的首选地。番禺动漫游戏产品已占据全国60%、全球20%以上的市场份额，产品大量销往海外，包括中东、东南亚、欧洲、美国、俄罗斯、日本等地。在东南亚地区，2000平方米以上的电子游戏厅，所采用的游戏设备基本是"番禺制造"。全区现有动漫游戏企业1200多家，其中，产值上亿元的企业达10余家。从业人员超过10万人，其中研发人员3000多人，2011年行业生产总值超过100亿元，已初步形成动漫游戏产业的完整产业链，建立了天安节能科技园、星力动漫游戏产业园、华创动漫产业园等大型园区，行业影响力与日俱增，研发技术已接近日本水平甚至呈现赶超趋势。

（2）知名企业

番禺动漫游戏龙头企业包括广州华立电子科技有限公司、广州市希力电子科技有限公司、中山世宇集团、广州市雄翔动漫科技有限公司、广州市华吉冠动漫科技有限公司、广州千机动漫科技有限公司、广州华泰动漫科技有限公司等企业。

其中，创建于1991年的番禺华立电子科技有限公司，经过10多年的开拓和拼搏，已建起完整的游戏产品体系和"环游嘉年华"大型动漫游戏主题乐园连锁化品牌，被国内许多动漫游戏主题乐园、大型购物中心、高级百货商场等场所列为首选合作伙伴。

2. 灯光音响产业

（1）概况

番禺区作为国内最早发展灯光音响行业的地区，集聚了国内40%左右的灯光音响生产企业，占全国灯光音响设备产值的50%份额，位于全国同行业首列。番禺当时凭借全国演艺设备行业最早的专业批发市场之一的易发商场，率先在区内集聚了一大批演艺设备企业，从而形成了演艺设备行业在番禺的最初聚集。近年来全国举办的各种大型活动，如北京奥运会、广州亚运会等主会场音响以及大部分灯光产品均为番禺企业制造。

图5-17　广州华立电子科技有限公司

　　番禺区灯光音响产业基地是首批"广东省外贸转型升级专业型示范基地"。截至2012年4月30日，全区演艺设备行业共拥有核心企业532家、企业自主品牌395个，申请专利200多个、注册商标117个，获国家高新火炬计划5项，从业人员5.2万人，2011年度营业收入150亿元，企业主要分布在18个镇街，其中以市桥、石碁、南村、东环、大石、钟村等镇街最为集中。

　　产业分散是番禺区演艺设备行业面临的一大问题。目前，在区贸促会演艺行业专业委员会的倡导和协调下，以锐丰音响公司牵头的10多家国内外龙头企业，就如何在南村镇坑头村建设500亩演艺设备文化产业园的项目洽谈合作已达成初步共识。项目总投资超过20亿元，将可吸引国内外演艺行业3000多家企业入驻。

　　（2）知名企业

　　目前，番禺区的灯光音响行业在全国已具有较大的影响力，灯光音响"番禺制造"成为行业内最有价值的全国知名品牌之一。锐丰音响、珠江灯光、三雄极光、浩洋电子、河东电子、雅耀灯光、威之发舞台、惠威音响、CAV音响、皇冠音响、巨大音响等全国知名品牌的崛起，特别是锐丰音响的自主品牌LAX成功打入2008年北京奥运会，成为主会场开幕式的音响设备，标志着番禺区灯光音响行业的整体水平迈上了一个新台阶。

珠江灯光科技有限公司

　　珠江灯光科技有限公司1984年成立，是一家专业从事智能化舞台灯光、建筑灯光和LED产品的研发、生产和销售的国家高新技术企业，注册资金5000万元，拥有占地10万平方米的珠江灯光高新科技园，500多名员工，是中国规模最大的专业灯光企业，国内灯光行业的领导者，在国际上具有重要影响力。以珠江公司为代表的演艺灯光享誉全球，其设备先后被2008年北京奥运会开闭幕式、2010年上海博览会开幕式及中国馆、2010年广州亚运会开闭幕式，以及中国中央电视台等采用，50%以上的产品出口至欧、美、亚等60多个国家和地区，销售网络和服务中心遍布世界各地。

　　珠江灯光贯彻"技术领先战略"，坚持以技术创新领先行业发展，积累了雄厚的技术实力，现已发展成为全国最大的舞台灯光行业企业技术中心。企业技术中心拥有全套国际最先进的机械、电子、光学设备等仪器，企业拥有大量具有国际视野、具备国际研发水平的灯光技术专家和研发人才，广泛开展技术交流与合作,与上海戏剧学院、华南师范大学、广州大学、暨南大学等高校建立了良好的合作关系,并从国内、国际舞台灯光权威部门、科研院所聘请了一批知名专家担任常年技术顾问,不断加快技术创新步伐,提高了公司的技术水平。

广州市锐丰音响科技股份有限公司

锐丰音响创建于1993年,是从事系统性专业音响及灯光事业的大型综合企业,集研发、生产、推广、设计、销售及专业咨询服务于一体。锐丰音响成立以来一直坚持打造国际一流专业音响的信念,已成为国产专业音响业界的标杆企业,在市场开拓、技术研发、品牌建设等方面起楷模作用。经过十多年的发展,锐丰音响以及自创品牌LAX的产品已被应用到国内外上千例大型工程项目当中,包括:国务院办公厅、国家大剧院、中共中央宣传部、中国最高人民法院、广东省委办公大楼、北京故宫博物院、颐和园、雍和宫,以及国家一些重点保密单位的专业音响灯光工程。在场馆扩声及演出系统方面,更成功应用在中国九运会主场馆、中国十运会开闭幕式演出、第八届全国少数民族运动会开幕式、广东佛山省运动会主场馆音响系统等众多国内大型专业音响工程项目中。近年来,继一系列国际化场馆扩声工程的成功安装(北京2008主场馆国家体育场"鸟巢"、奥体中心体育场、奥林匹克公园射箭场、奥林匹克公园曲棍球场、老山小轮车赛场、非洲喀麦隆雅温得首都体育场等),锐丰音响又先后成为第一届亚洲沙滩运动会所有场地音响系统供应商、2010年广州亚运会扩声系统独家供应商,以及2011年世界大学生运动会扩声系统独家运营商。

3. 旅游文化产业

（1）概况

番禺旅游业从20世纪90年代起步,发展到今天已经具有一定的规模,在珠三角乃至广东省都具有很高的知名度。丰富的旅游资源加上优越的地理位置、深厚的文化淀积,使得番禺成为名副其实的"文化水乡、旅游乐园"。近年先后获得"中国县域旅游品牌百强县(区)""中国最佳休闲旅游区""中国旅游文化示范地""2008中国最佳旅游品牌目的地""中国生态旅游百强区""国际旅游名区""中华民族文化生态旅游最佳目的地""国家精品旅游区""2010最具国际影响力旅游城区""中国最具魅力文化旅游休闲名区"等称号。

2011年番禺接待游客人数1910万人次，旅游总收入达到87亿元，旅游经济成为全区经济的重要组成部分。在政策利好因素的带动下，番禺旅游业转型升级步伐加快，旅游景区（景点）创A和酒店评星积极性提高，精品旅游项目增多。2011年上半年旅游市场继续保持平稳增长，全区接待游客949.18万人次，旅游总收入45.34亿元，分别比上年同期增长4.8%和8.6%。上半年，番禺新增1个国家4A级旅游景区——岭南印象园，1家三星级酒店——光华假日酒店。经过精心打造推出市场的沙湾古镇，受到市民和游客热捧，成为旅游新亮点。

据番禺区旅游协会资料调查得知，目前协会会员有140个，包括13个旅行社、20个景点景区、67个宾馆酒店餐馆、40个康体娱乐及其他公司机构。

图5-18　精心打造的沙湾古镇

（2）知名企业

番禺区较出名的旅行社有广之旅旅行社番禺营业部、番禺中国旅行社、南湖国旅番禺营业部、广州番禺交通旅行社有限公司等。

知名的旅游区开发公司包括广州长隆集团、广州市沙湾古镇旅游开发有限公司等。

■ 表5-4　番禺区旅游协会入会旅行社名单

序号	单位名称	序号	单位名称
1	广州番禺交通旅行社	8	广州欢畅旅行社
2	番禺游踪旅行俱乐部	9	广州南沙国际旅行社
3	广中旅行社番禺市桥营业部	10	广州市丽景国旅市桥营业部
4	广东粤侨国际旅行社番禺营业部	11	广州市日龙彩虹旅行社
5	广东中妇旅番禺市桥部	12	旅游总公司国际旅行社
6	广之旅旅行社番禺营业部	13	快事达旅行社
7	广州国之旅番禺门市部		

广州长隆集团是一家集旅游景点、酒店餐饮、娱乐休闲于一体的大型企业集团，广州长隆旅游度假区是广州的城市"名片"，全国首批国家5A级旅游景区，最受欢迎的旅游度假胜地，地处番禺迎宾大道繁华地段的幽静绿洲。茂密的绿荫掩映下，游客步入的是一个专门售卖欢乐的王国，高耸的游乐设施随处可见，长隆欢乐世界、长隆国际大马戏、长隆野生动物世界、长隆水上乐园、广州鳄鱼公园、长隆酒店、香江大酒店、香江酒家和长隆高尔夫练习中心9家子公司同气连枝，毗邻而建，又各占鳌头，共同组成"都市中心的世界级旅游王国"，曾被评为国家级"文化产业示范基地"。

4. 产业园及产业基地建设

（1）华创动漫产业园

概况：位于广州市番禺区石碁镇金山村，项目总投资80亿元人民币，总占地面积1118亩，总规划建筑面积达160万平方米，是目前国内最大的动漫游戏产业基地、番禺区重点项目、番禺区"百亿工程"五大亮点产业之一。园区规划分三期进行，一期、二期占地面积408亩，建筑面积约40万平方米，包括54栋四层企业总部基地大楼、14栋两层创意研发中心、一栋七层创业中心、一栋商务酒店等。项目三期占地710亩，规划包括40层研发大厦、动漫生产研发中心、动漫展览交易中心、国际会议中心、大学生创业中心、创意中心、动漫商业街、星级酒店、国际经理人公寓等功能区域。目前，园区一期工程已经基本建成并投入使用，包括54栋动漫企业总部基地大楼、14栋研发中心、3栋社区生活服务中心和1栋商务酒店，已成功引进企业113家，其中已入驻投产的企业及研发机构57家，已经签约准备入驻企业56家，已成为全国最大的动漫游戏产业集群。目前园区一期28栋企业总部基地已全部招商，一期14栋研发展示中心即将面向全球隆重招商。

四大功能区：分别是以动漫主题研发中心、科技研发孵化器、创意中心为平台的研发创意区；以动漫博物馆、文化创意体验中心、博览互动展示中心为载体的展示交易区；以企业总部基地、生产力中心为平台的衍生品生产制造基地；以产业工人公寓、高级经理人公寓及商业服务业为载体的配套生活区。

三大服务平台：作为全国最大的动漫游戏产业基地，华创动漫产业园致力于打造创意研发、资源整合、推广交易三大服务平台，引领动漫游戏产业走向自主研发道路，巩固番禺动漫游戏产业在全国的领导地位，确立其在全球的竞争优势。

政府扶持：项目得到广州市、番禺区、石碁镇各级政府的高度关注，除获得番禺区特别扶持的"发放牌照、租金贴息、税收优惠"等三大政策外，华创动漫产业园将有望成为广州市申请"国家网络游戏动漫产业基地"的重要组成之一。

融资亮点：华创首创银企合作贷款最大优惠——与东莞银行签订战略合作协议，由银行为入园企业提供无抵押全额租金贷款和无抵押流动资金贷款等融资新品种，有力推动入园企业发展升级。比如每月租金为15元/平方米的厂房，如果企业通过银行贷款方式一次性支付三年租金，可享受八二折优惠，即每月12.3元/平方米租金，而企业只需以每月13.68元/平方米的价格还银行贷款，可以更轻松入园。

入园企业：目前园区一期28栋企业总部基地已全部完成招商，包括广州华立电子科技有限公司、中山世宇集团等动漫游戏龙头企业、广州市雄翔动漫科技有限公司、广州市华吉冠动漫科技有限公司、广州市希力电子科技有限公司、广州千机动漫科技有限公司、广州华泰动漫科技有限公司均已入驻，一期14栋研发展示中心即将面向全球隆重招商。

华创经过两年多的开发和运营，集聚了113家企业，成为动漫游戏产业非常重要的集群基地，受到政府和社会各界的日益关注和广大好评。政府授予华创"2012年广州市中小企业创业示范基地""2012年度广州市级科技企业孵化器"等荣誉称号。

（2）星力动漫游戏产业园

概况：星力动漫游戏产业园于2007年11月开始建设，园区前三期开发用地面积约6万平方米，总投资6亿元人民币。其中，一期、二期商用游戏机及配套产品专业市场已于2009年6月、12月相继开业,总经营面积约5万平方米，已入驻来自日本、韩国、中国香港、中国台湾等地的知名企业逾百家。园区三期工程于2010年8月投入使用，首层为动漫游戏大品牌区，二层为动漫游戏衍生、配套、零部件产品展销区，三层为研发、创意、设计、配套服务专区。三期的投入使用将促进产业园形成动漫游戏产业链条雏形，是动漫游戏产品及衍生产品的研发、生产、交易等多功能集约化的动漫创意园地，也是一个150多家游戏生产厂家集聚的园区，并相继被列为广州市2008年重点建设项目、广东省2009年重点建设项目、广东省2010年重点建设项目，相继被授予"国家网络游戏动漫产业发展基地广州番禺园区""广东动漫游戏游艺产业集群番禺基地""优秀游戏机综合服务平台"等称号。

位置：广州星力动漫游戏产业园坐落于广州番禺迎宾路中段，紧靠南沙、中山、珠海、顺德等珠三角地区城市交通枢纽，毗邻"天安节能科技园"和"星海青少年文化宫"，距离"白云国际机场""南沙港""广州新火车站"等重要交通枢纽均在1小时半径圈内，交通十分便利。

园区规划：产业园规划以商用游戏专业市场、动漫游戏及衍生产品市场、研发中心、国际动漫街、会展体验中心、动漫主题公园、星力家园、国际行业会所、仓储物流区九大功能构成，以"国际动漫街"为商业链贯穿整个园区，有机联合各功能分区，引导商业人流的活动，活跃整体商业气氛。

（3）天安节能科技园

概况：天安·广州番禺节能科技园位于番禺区东环街迎宾路730号，规划用地面积50万平方米，总建筑面积76万平方米，是经国家经贸委、科技部联合批准的全国第一家以"节能环保、生态"为主题的科技园区。其发展定位是致力于打造拥有品位超卓的建筑、完善的产业配套、浓郁的创业氛围,拥有一流科技企业,具有强大示范效应与集聚效应的华南首屈一指的创新发展中心。未来发展重点是加快建设园区三期、四期工程,大力引进科技研发机构及优秀民营科技企业。依托广州大学城、清华科技园的技术、人才优势,推进星力动漫游戏产业园建设,形成区域整体品牌影响力和园区联动力。

产业环境:园区30公里半径范围内的高等院校、科研院所密集。中国科学院广州分院、华南农业大学、华南理工大学、中山大学、广州工业大学、广州外语外贸大学、广州大学等国家重点院校和科研单位近50所都在园区附近,为园区持续发展提供源源不断的人才和技术。

紧邻省内最大的制造业加工配套中心——东莞、顺德、中山。番禺产业配套完善,已形成完整的产业链,旅游、房地产、钟表、电子、五金、机械、化工、首饰等行业更是成行成市。超过3000家外商投资企业的40多万员工正在这里安居乐业。广州市番禺节能科技园生态环境优良,拥有70亩的公共绿化广场,实现人工绿化与自然生态的有机结合。

配套设施:广州市番禺节能科技园是一个具有全新理念的科技园区。整合各方资源,充分考虑创业者的需求,集合了研究开发、会议展览、成果交易、风险投资、信息传播、社区服务等完善的配套功能。该园建设园区智能化网络信息系统,为园内单位提供信息现代化平台。具体包括:主干线宽带系统、计算机网络系统、物业管理系统。

特色:这是由民营企业投资创办的高科技企业园区,走出了一条"集聚创新平台、集聚总部经济、集聚高端产业"的新路子。科技园走上了一条土地占地少、科技含量高、环境污染低、综合效益好的现代产业发展之路,实现了地产资本、工业资本、金融资本、科技资本、人才资本"五资融合",吸引中小企业进驻,使园区可持续发展。

(4)南方文化产业中心

2011年3月30日,"南方文化产业中心"项目拟落户广州市番禺区亚运村北面地块。南方文化产业中心项目拟建面积逾50万平方米,总占地25万~30万平方米,总投资预算超15亿元,主要包括广东新华文化中心、数字出版中心、培训中心、图书配送基地、出版物资供应基地、印务基地六大部分。

2011年10月15日，南方出版传媒与广州市番禺区人民政府在广州番禺大厦，就投资南方文化产业中心项目签订了投资意向书。南方出版传媒努力将南方文化产业中心打造为广东省乃至全国领先的文化创意产业基地和国家级数字出版示范基地。签订协议后，番禺区将根据南方出版传媒的需要和项目开发的进展，分期提供约350亩项目用地。

（5）番禺中颐创意产业园（海伦堡创意产业园）

概况：项目规划用地总面积为205727.7平方米，总建筑面积为480909平方米，位于番禺区禺山西路329号，紧邻番禺绿肺"大夫山"，旧城区成熟配套近在咫尺；拥有极尽完美的交通配套，快速连接广州新客运站、地铁、城市快速干线、高速公路、机场、客运港口，便捷辐射珠三角、全国及世界各地；紧握广州新客运站黄金商机核心区位，前景无可限量。

产业环境：依托广东良好的经济基础和强大的辐射能力，契合珠三角经济转型的迫切需求，紧握广州新客站黄金商机。项目将针对高新科技、信息技术、创意设计、文化娱乐等研发类、设计类和服务咨询类的创意企业，引入全新的"创意总部经济＋EOD生态产业园＋一站式产业服务平台"复合产业园理念，为创意企业提供订单式的创意空间、公园式的创意环境和完善的商务及生活配套。同时在政府的指引下，联动教育机构、金融机构和行业协会，为创意企业提供全程无忧的一站式产业服务平台，帮助企业从诞生迈向卓越。

四大主题功能组团：海伦堡·创意园在对中国创意产业进行深刻理解的基础上，将整个园区科学地划分为四大功能组团，各组团以其合理的行业归类及高度的专业化，分别吸纳着各自的细分产业，构筑现代科技创意产业综合发展平台。

创意设计组团：主要包括工业设计、产品设计、建筑设计、室内设计、环境设计、广告设计、品牌策划等创意设计产业；

创新科技组团：主要包括新能源、新材料、生物科技、智能科技、激光光谱等高新技术产业；

创新娱乐组团：主要包括动漫、报刊出版、音乐及影视制作、艺术品及古董拍卖、文化传播、传统手工艺等文化娱乐产业；

信息产业组团：主要包括互联网、软件服务、数据处理、无线通信、多媒体信息服务等信息技术产业。

（6）其他创意产业园及基地

除了中颐创意产业园，番禺还有广州巨大设计创意产业基地、清华科技园广州创新基地、金山谷创意产业基地及花城创意产业园。

广州巨大设计创意产业基地：占地面积18万平方米，建筑总面积约25万平方米，总投资9亿元人民币。项目规划五个主体部分，分别是设计创意总部基地区、创意SOHO区、设计创意展贸商务区、创意休闲区、创意精英居住区，形成一个代表南中国最高设计创意水平的设计创意策源地。2009年1月11号举行了隆重的奠基仪式，第一期7万平方米建筑于2012年正式投入使用，第二期已进入报建审批阶段。

清华科技园广州创新基地：占地1300亩，建筑面积近百万平方米，预计8～10年建成。园区是由广州市番禺区政府、清华科技园（启迪股份）及招商地产聚集各方资源，共同支持、携手共建的大型创新科技社区。园区分七期开发，建设包括企业研发楼、中小企业孵化器、留学人员创业园、独栋写字楼、定制办公楼、技术研发中心等创新载体。2008年3月起正式动工，现园区首期2.6万平方米启动区研发楼和配套楼已投入使用，二期10万平方米也于2011年底封顶，三期进入产品设计阶段。

金山谷创意产业基地：自启动概念规划设计起，得到了广州市、番禺区各级政府的高度关注：在2009年初，被列入"广州市重点建设项目"；2010年1月12日，由广州市番禺区委、区政府主办的"创经济强区、迎亚运盛会"百亿经济项目庆典活动暨招商·金山谷创意产业园奠基仪式在金山谷北部商业地块现场顺利举行，旨在打造高端产品吸引高端创意文化类，如建筑设计、室内设计、广告创意、文化传媒等企业入驻，形成国际化产业聚集区。

花城创意产业园：花城创意产业园位于番禺市桥大北路，为连接番禺和广州、顺德、中山、东莞、珠海、深圳等地之枢纽，占据番禺的核心位置，商务氛围浓厚，为番禺商务首选之地。产业包括广告业、贸易业、商务服务业、科技业、摄影业、展览馆、设计业、工艺美术、文化教育、影视音乐等。

（三）政策分析

近年来广州市对文化产业和文化事业的建设也逐步重视起来，制定了多种政策，番禺也越发重视文化产业的建设，主要的政策措施有以下几个。

1. 《广东省建设文化强省规划纲要（2011—2020年）》

文化建设是中国特色社会主义事业总体布局的重要组成部分，是保障人民基本文化权益的根本要求。改革开放以来，广东省高度重视文化建设，特别是通过实施建设文化大省战略，文化建设取得重大成就，为推动全省经济社会发展提供了强有力的文化动力。

今后10年，是广东加快转变经济发展方式、实现经济社会转型的关键时期，也是推动文化大发展大繁荣的重要阶段。站在新的历史起点上，面对日益激烈的国际国内文化竞争和文化与经济加速融合发展的新趋势，我们必须充分认识文化建设在凝聚民族精神、提升公民素养、促进社会和谐、推动加快经济发展方式转变中的重要地位和作用，进一步增强紧迫感、责任感和使命感，全面推进文化建设，实现由文化大省向文化强省的跨越。

本纲要所指的文化建设，主要包括公共文化服务和文化产业、精神文明建设、社科理论、文学艺术、新闻出版、广播影视、网络新兴媒体和对外文化交流等方面。纲要指出促进文化产业集聚发展，打造战略性新兴文化产业，并着力从三个方面实现：构建现代文化产业体系、优化文化产业布局、完善现代文化市场体系。

2. 《番禺区文化强区建设规划纲要（2005—2010年）》

建设文化强区是番禺区全面建设小康社会、率先基本实现现代化的一项主要任务和系统工程，是全面提高人的综合素质和区域综合竞争力的重大举措。为贯彻落实省、市和区文化建设工作会议精神，完成番禺区第十次党代会提出的"努力建设文化强区"的目标任务，特制定本纲要。本纲要所指的文化，主要包括思想道德、教育、科技、文化、卫生、体育、旅游、新闻、广播电视等。

根据广州市城市建设总体规划及"南拓"战略的部署，适应建设现代化大都市新中心城区的发展要求，按照全面规划、突出重点、体现特色、配套发展的原则，到2010年，政府着力规划建设好了"一河""二区""三馆""四园"等重点文化设施，重点打造四大品牌，树立文化番禺新形象。

3.《番禺区国民经济和社会发展第十二个五年规划纲要》

《番禺区国民经济和社会发展第十二个五年规划纲要》是根据《中共广州市番禺区委关于制定全区国民经济和社会发展第十二个五年规划的建议》编制的，是"十二五"时期番禺区经济社会发展战略性、纲领性、综合性的总体规划，是政府履行经济调节、市场监管、社会管理和公共服务职责的重要依据。

规划指出要加快建设文化强区，提升文化软实力，打造文化产业品牌，实施文化精品工程，积极打造星海艺术节、星海合唱节、龙舟文化等活动品牌，扩大星海文化品牌的影响力。加快发展特色文化产业，着力发展文化创意、文化博览、动漫游戏等新兴产业。发展一批具有引导性和带动性的重大项目，提高文化产业规模化、集约化水平。完善公共文化基础设施，努力打造集图书、音像、报刊、音乐、电影、数字阅读等多种产品于一体的大型文化产品集散地。

4.《关于加快番禺区科技园区建设促进现代产业发展的若干扶持措施》

根据《中共广州市番禺区委广州市番禺区人民政府关于优化产业结构加快经济发展的若干措施》的有关精神，加快番禺区科技园区建设、优化产业结构，加快招商引资工作，经区政府常务会议审议通过《关于加快番禺区科技园区建设促进现代产业发展的若干扶持措施》。

措施适用的园区包括：番禺天安节能科技园（含番山创业中心）、清华科技园广州创新基地、沙湾珠宝产业园、广州华创动漫产业园、海伦创意园、广州巨大设计创意产业基地、金山谷创意产业社区。具体措施包括鼓励园区开发管理机构加强与高等院校、科研院所合作，在园区内建立科技创新、科技服务平台和公共服务平台，每年区科技计划优先立项扶持相关平台建设，区财政给予相应的资金配套支持。同时，支持园区内企业加强自主创新能力建设，对承担上级科技计划项目的园区内企业，经区科技部门审核后，每年在区科技三项费用中，按上级部门扶持项目补助金额的50%给予配套扶持，并且鼓励大学毕业生、海外留学人员、科研人员等到科技园区进行自主创业，并给予一定的补助措施。

5. 《关于支持番禺节能科技园先行先试加快发展的若干措施》

为支持番禺节能科技园先行先试，做大做优，进一步加强科技创新，促进产业转型升级，努力建成全国一流的科技金融示范园区，《关于支持番禺节能科技园先行先试加快发展的若干措施》已经区政府常务会议审议通过。

该措施确立了番禺节能科技园的发展定位，支持园区大力发展战略性新兴产业，完善政务服务、自主创新、科技金融、配套保障、圆梦文化五大平台建设，致力于将园区打造成为科技企业总部基地、科技金融示范区、上市企业集聚区、科技人才圆梦园。

6. 《关于市区联动支持番禺节能科技园先行先试进一步加快发展的若干措施》

为贯彻落实广州市有关促进番禺节能科技园区发展的文件精神，进一步支持番禺节能科技园先行先试，集聚高端创新要素，探索新模式新机制，强化创新服务功能，构建创新集群，建设一流的示范性科技园区，广州市科技和信息化局制定《关于市区联动支持番禺节能科技园先行先试进一步加快发展的若干措施》。以下为具体扶持措施。

明确发展定位，引导园区建设科技创新产业集群；支持园区提升创新服务功能，优化园区发展环境；支持园区聚焦主导产业，建设低碳、智慧的战略性新兴产业，做强做大广州市低碳经济示范园区、物联网产业示范园区和国家动漫游戏网络基地；支持园区进一步探索科技与金融结合，打造成为国家科技金融试点城市示范区；支持园区进一步提升产学研服务功能和创新成果转化功能；支持园区内企业申报认定各类科技型企业，提升技术创新能力支持园区；进一步提升科技人才服务水平；建立工作会商机制等。

7. 《关于促进广州华创动漫产业园科技研发孵化器发展的若干扶持措施》

在推进动漫游戏企业自主创新，加快动漫游戏产业和动漫企业科技研发孵化器发展方面，番禺区政府同意通过《关于促进广州华创动漫产业园科技研发孵化器发展的若干扶持措施》。措施主要内容如下：

在华创动漫产业园设立规模为5万平方米的动漫企业科技研发孵化器，鼓励动漫游戏企业在动漫孵化器内设立研发机构，开展自主研发业务。进入孵化器的动漫研发机构，自入驻交纳租金之日起，第一年免除租金，第二年免除75%的租金，第三年免除50%的租金。三年内研发机构在研发创新方面获得国家授权发明专利的，一次性给予5万元的奖励；科研成果获得国家科技进步奖及省科学技术一等奖的，一次性给予10万元的奖励；科研成果获得省科学技术二、三等奖的，一次性给予5万元的奖励。进入动漫孵化器的动漫研发机构自取得经市级以上有关部门鉴定的自主研发技术成果的年度起，三年内按企业在本区所缴税收地方留成部分额度的50%给予奖励。由区科技和信息化局牵头，在动漫孵化器内设立公共实验室，建立动漫游戏公共服务平台，区财政将给予一定比例的资金配套支持。

8.《关于加快番禺区旅游业发展建设旅游强区的若干意见》

加快番禺区旅游业发展，建设旅游强区是落实《珠江三角洲地区改革发展规划纲要》战略，建设"首善之区"、幸福番禺，构建现代产业体系，推进现代服务业跨越式发展的重要举措；是优化调整经济结构，加快转变经济发展方式，实现"三促进一保持"的有效措施；是推动扩大内需，增加就业机会，促进城乡协调发展的必然要求。

具体措施包括：优化旅游发展规划布局，推进旅游产业集聚化、城乡一体化、业态多元化；打造旅游产业产品大品牌，充分利用广州亚运会的名牌效应，围绕"文化水乡、旅游乐园"的主题，推进旅游业品牌化发展，着力塑造以番禺新八景为主要内容的旅游四大品牌，加快中南部万亩农业生态旅游区建设，打造现代观光农业旅游品牌，大力发展"亚运文化"旅游，形成"后亚运"文化体育商务旅游新亮点；通过提高旅游企业品质、从业人员素质、信息化水平和公共服务质量提升旅游业竞争力；加大旅游政策扶持力度，如设立旅游发展专项资金，从2012年起，区财政每年安排1000万元设立旅游发展专项资金，主要用于对旅游的规划修编、品牌宣传、市场推广和评比奖励；加强旅游组织领导，完善旅游业管理机制，建立协调高效工作机制等。

四 番禺文化产业调研及SWOT分析

（一）产业调研

近年来文化产业已处于国家战略性产业的关键位置，为满足人们日益增长的精神文化需求，番禺区政府正努力加快文化产业的建设。为此，应对番禺的文化产业现状进行调研，主要是针对现有番禺区文化产业现状及未来市场对产业的需求情况进一步了解，并分析相关产业的发展趋势，对今后产业的发展方向做出明确定位。

本次调研分为网上调研与实地调研两个阶段。

网上调研时间为2012年8月12—17日，主要是对番禺现有文化产业资料进行归档整理，对其进行初步认识。了解现有产业的地理位置、发展环境以及发展现状，明确番禺地区重点发展的产业资源。根据网上调研的情况，我们了解到番禺文化产业的龙头主要是动漫游艺业、灯光音响业，另外旅游文化业也是重要的组成部分，进而就这三部分龙头产业的基本概况、主要成绩以及突出问题进行资料查找与分析，对于不确定性问题做出标记，并拟定调研表为下一步的实地调研做准备。

实地调研分两天。2012年8月22日上午，中山大学邓院昌副教授及其研究生、番禺区文广新局何科长及其他人员一起前往番禺区沙湾古镇旅游开发有限公司，对沙湾古镇进行进一步的访问与调查。沙湾古镇旅游开发有限公司推广部部长及行政部人员安排座谈及走访，讲解了有关沙湾古镇的概况以及进一步发展计划，并就中山大学调研人员提出的问题进行了详细的解答。

沙湾古镇旅游开发有限公司推广部人员提到，沙湾镇是一个积淀了800多年的珠三角岭南历史文化旅游名镇，沙湾具有丰富的物质文化资源和非物质文化资源，是"中国民间艺术之乡——广东音乐之乡""飘色之乡""中国龙狮之乡""广东省民间艺术之乡——民间雕塑之乡""广东省古村落"。2005年，沙湾被评为"中国历史文化名镇"。2011年，沙湾镇再次通过国家文化部的评审，荣获2011—2013年度"中国民间文化艺术之乡——飘色之乡、广东音乐之乡"的荣誉称号。沙湾古镇目前投入旅游运营已有一年半，是以保护为主、开发为辅的旅游基地。在这半年投入运营期里，共计有60多万游客来古镇游玩，目前开放的园区大约为2300亩，正开展古镇的二期、三期建设，努力打造国家4A级文化旅游基地。在宣传方面，沙湾镇通过中央电视台、广州市旅游展、中航天下、珠三角旅游卫视、星快报、人民网等媒体形式进行宣传。

古镇力争打造集宗教文化、岭南古民居文化、展馆、旅馆于一体的旅游文化基地。但在某些细节上存在一些问题：古镇现有街道太窄，大部分街道只可通行摩托车，这无疑给古镇的开发、扩建带来一定的难度；目前古镇的收入主要为门票、租金收入等，支出主要为园区建设、园区清洁、维护设施、民间艺术演出等，古镇一直处于亏损状态；古镇现有的民间艺术演出如飘色、乞巧、鳌鱼舞、龙舟、醒狮等还未形成优势文化展现出来，如飘色演出专业人员稀缺、演出耗资巨大、所需人力资源也多，目前飘色在古镇采取一年举行一次、免费观看的形式。由于表演无盈利，目前还未获得任何经济收益。因此沙湾古镇旅游开发有限公司目前对于古镇建设感到压力较大。

座谈会结束后，调研人员接着进行了古镇的实地走访。进入古镇先走过一片过渡区，过渡区为旅游公司建设的仿古式建筑，目前已商业化运作，由私人商户承包。通过过渡区后进入古镇，镇内有100多家祠堂，部分村民仍居住在镇中，镇内商店较少，各展馆采用套票的形式开放。

8月22日下午，调研人员前往番禺星力动漫游艺产业园，对动漫游艺业进行进一步的访问与调查。接待人员包括广州市动漫游艺行业协会会长、副会长及相关行政人员，副会长同时兼任星力动漫游艺产业园董事长和华创动漫游艺产业园董事长。接待人员采用座谈及走访的形式讲解了有关动漫游艺行业及其产业园的概况，并就中山大学相关人员提出的问题进行了详细的解答。

协会会长及副会长讲解了番禺动漫行业从开创到现在的发展历程、产业园现状及政府有关的扶持政策等。番禺现有动漫企业1200多家，动漫游艺协会170多家，园区生产总值占全国动漫产业的60%～70%。起初，业内的企

图5-19 在沙湾镇的旅游公司座谈访问

业较为分散、普遍规模较小，企业家投资信心不足，大部分企业并没有一个长远的发展规划。经过一段时期的发展，才逐步建设成这样一个集展示、销售、推广、研发于一体的产业园，目前已形成较完整的产业链，其中包括星力动漫游戏产业园、华创动漫产业园等大型园区，行业影响力与日俱增，研发技术已接近日本的水平，甚至呈现赶超趋势，各园产品均远销国外。其中星力产业园主打销售、展示平台，华创产业园主打研发、生产平台。对方谈到目前这两个产业园都只做室内的商务游戏机，星力产业园已成功做完一至三期建设，目前正筹建第四期；而华创也成功完成第一期建设，二期也将接踵而至。会长讲到产业园的迅速发展，得益于企业的早期投入、产品开发等的创新及与日本、中国香港等多个国家和地区有长期沟通合作，另外，政府的大力支持也起到了关键性作用。目前动漫游戏技术委员会也申请到制定国标标准的权力，与高校的合作也正处于磨合阶段，同时会长也提到希望政府能给予一定的补贴，更加重视动漫游艺行业，这样市民们能够更加了解动漫游艺业，转变惯有的消极态度。

随后调研团来到销售展示中心，参观了园内龙头企业：华立科技和希力电子科技。向销售中心人员了解公司及游戏机等的现状及发展情况，参观并体验了多款游戏机。

8月23日上午，调研团前往番禺的另一个龙头产业——珠江灯光科技有限公司，对其进行访问与调查。对方公司副总裁及相关人员热情接待，首先指引调研人员走向荣誉墙，讲解了企业从创办至今的发展历程、所获得的奖

图5-20　参观龙头企业及游戏体验

项及开发出的新产品。之后来到会议室召开座谈会，以丰富的PPT向调研人员展示了企业的概况及今后的发展，随后播放了震撼人心的灯光秀，接着就调研人员提出的问题进行了详细解答。会后，工作人员带领调研人员参观了公司的生产部门等，并向调研人员讲解了灯光的相关知识。

　　对方提到该公司主要生产舞台灯、户外照明、LED灯等一系列产品，是一家与香港合资企业，灯光产业从设计、研发、加工、组装到销售等都由公司自己承担，产业链的相对齐全为企业的发展带来了一定的好处。企业2000年已打入国际市场，售后服务也相对较完善，在各省都有相应的售后服务点。企业很早就采取"产学研"模式进行发展，与多所高校如广州大学、华

图5-21　访问珠江灯光科技有限公司

图5-22 访问锐丰音响科技股份有限公司

南师范大学、上海戏剧学院等有合作，同时也高薪聘请国外专家进行产品的研发，政府也划拨上千万的研发费用支持企业发展。

但公司副总裁提到企业发展依然存在较多问题，首先是这一行业本身就难以纳入文化厅，项目申报等存在困难，最近一两年才归属于文化厅；目前灯光的高端零件依旧是从国外进口，增加了产品的成本；企业的发展离不开土地，该企业现有土地已全部使用，另想扩建场地存在困难，希望政府能给予一定帮助。公司对于入驻产业园颇为同意，并积极支持。

8月23日下午，调研团前往番禺的另一龙头产业——广州市锐丰音响科技股份有限公司，对其进行访问与调查。公司政务总监及相关人员热情接待了调研团，首先向调研团讲解了公司从创办至今的发展历程、所获得的奖项、参与的项目以及开发出的新产品，等等。之后来到音响体验区，首先以PPT+音响模式向调研团展示了企业的发展历程，接着试听了各种音响音量、音质问题，并向调研团介绍了有关音响方面的知识。然后参观了音响测试重点实验室，如抗压力测试台、抗震实验室、无回音实验室等，相关研发人员向调研团讲解了实验室相关设备及使用方面的知识。最后以座谈的形式与调研团就音响企业存在的问题及发展的前景进行探讨。

对方提到，该公司发展迅速，国内上千例大型工程项目当中都用到该企业的音响产品，并已有部分产品售往国外。公司非常重视产品质量以及产品技术的研发，但企业研发投资多，企业资金不充裕；企业仍属于中小型企业，并未上市，融资有问题，贷款有难度，导致收购产品零部件厂商或买地扩建存在一定的困难；行业本身所属部门不清晰，也是最近一两年才归属文化厅管辖；企业对于与高校进行"产学研"模式合作有一定的顾忌。

（二）调研数据分析

1. 文化及相关产业GDP

初步测算，2010年，番禺区文化产业增加值是43.59亿元，占GDP比重的4.1%。

2. 文化及相关产业现状

（1）第二产业方面

初步统计，2010年，番禺区规模以上文化制造业实现工业总产值202.19亿元，同比增长41.3%，占规模以上工业总产值的12.1%。

（2）第三产业方面

从商业活动情况分析，初步统计，2010年，番禺区限额以上文化批发零售业实现销售额17.98亿元，同比增长51.7%。

从服务业活动情况分析，初步统计，2010年，番禺区限额以上文化服务活动实现营业收入13.27亿元，同比增长26.6%。

根据国家统计局发布的《文化及其相关产业分类》可知，文化产业共分为两个部分十大类。第一部分是"文化服务"，是文化产业的主体部分，其中包括新闻服务、出版发行和版权服务、广播电视电影服务、文化艺术服务、网络文化服务、文化休闲娱乐服务和其他文化服务等七类；第二部分是"相关文化服务"，是文化产业的补充部分，包括文化用品、设备及相关文化产品的生产和销售两类。

图5-23和图5-24为番禺区2011年文化产业资产总额与营业收入调查统计图。

由统计数据可知，番禺区的文化用品、文化设备生产优势明显，发展良好，在国内外市场上具有较强竞争力。但我们也要清醒地看到，与发达区域相比，番禺文化产业从质量到数量均处于弱势地位，尤其是作为主要部分的"文化服务"还有很大的发展潜力，因此番禺区在稳步发展"相关文化服务"的基础上，可将重心放在新闻服务、出版发行等方面。

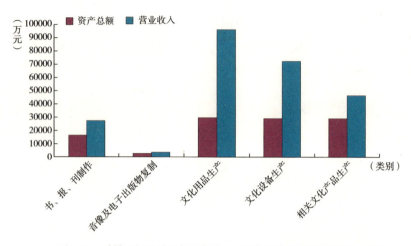

图5-23　番禺区规模以上文化制造业2011年资产总额及营业收入情况

注：规模以上文化制造业企业指年主营业务收入在2000万元及以上的工业法人企业。

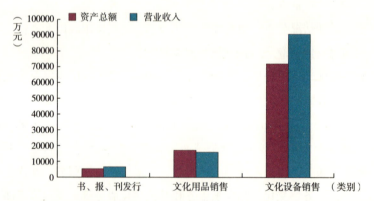

图5-24　番禺区限额以上文化批发零售企业2011年资产总额及营业收入情况

注：限额以上文化批发零售企业是指批发年销售额2000万元以上、零售年销售额500万元以上的法人单位。

　　综合分析调研数据，依托番禺文化产业发展现状，宏观上可以给出如下建议。

　　第一，发展重点文化产业。要以文化创意、出版发行、印刷复制、广告、演艺娱乐、文化会展、数字内容和动漫等产业为重点，加大扶持力度，完善产业政策体系，实现跨越式发展。文化创意产业要着重发展文化科技、音乐制作、艺术创作、动漫游戏等企业，增强影响力和带动力，拉动相关服务业和制造业的发展。

出版业要推动产业结构调整和升级，加快从主要依赖传统纸介质出版物，向多种介质形态出版物的数字出版产业转型。出版物发行业要积极开展跨地区、跨行业、跨所有制经营，形成若干大型发行集团，提高整体实力和竞争力。

第二，培育骨干文化企业。要着力培育一批有实力、有竞争力的骨干文化企业，增强我国文化产业的整体实力和国际竞争力，在重点文化产业中选择一批成长性好、竞争力强的文化企业或企业集团，加大政策扶持力度，推动跨地区、跨行业联合或重组，尽快壮大企业规模，提高集约化经营水平，促进文化领域资源整合和结构调整。要鼓励和引导有条件的文化企业面向资本市场融资，培育一批文化领域战略投资者，实现低成本扩张，进一步做大做强。

第三，加快文化产业园区和基地建设。要加强对文化产业园区和基地布局的统筹规划，坚持标准、突出特色、提高水平，促进各种资源合理配置和产业分工。要对符合规划的产业园区和基地，在基础设施建设、土地使用、税收政策等方面给予支持。要建设若干辐射全国的区域文化产品物流中心，建设一批文化创意、影视制作、出版发行、印刷复制、演艺娱乐和动漫等产业示范基地，支持和加快发展具有地域及民族特色的文化产业群。

第四，不断加大文化领域各类人才培养力度。要牢固树立人才资源是第一资源的观念，加快完善体制机制，培养和吸引优秀人才，突破人才瓶颈，为推动社会主义文化大发展大繁荣提供有力的人才支持。要按照"四化"方针和德才兼备原则，加强领导班子建设，把那些思想政治坚定、组织领导能力强、具有开拓精神、熟悉文化工作的优秀干部选拔到领导岗位上来。要创造条件、完善措施，继续推动文化领域人才培养工程，努力造就一批名家大师、一批各专业领域的领军人物、一批懂经营善管理的文化经营管理人才、一批掌握现代传播技术的专业技术人才。

（三）产业SWOT分析

SWOT分析方法是一种企业战略分析方法，即根据企业自身的既定内在条件进行分析，找出企业的优势、劣势及核心竞争力之所在。其中，S代表strength（优势），W代表weakness（弱势），O代表opportunity（机会），T代表threat（威胁），其中，S、W是内部因素，O、T是外部因素。按照企业竞争战略的完整概念，战略应是一个企业"能够做的"（即组织的强项和弱项）和"可能做的"（即环境的机会和威胁）之间的有机组合。SWOT分析法产生后，就已扩散到其他领域研究。现就番禺文化产业进行SWOT分析研究，以便更加清楚地掌握产业概况。

1. S（优势因素）

（1）优越的地理位置和交通条件

番禺区位于穗港澳的地理中心位置，水陆交通便利，客货运输发达。通过京珠高速、南沙港快速、105国道、华南快速、新光快速可便捷通往广州其他区以及周边地区；通过陆路、水路可快速到达港澳地区；广州地铁2号、3号、4号线可方便到达广州市其他地区。

（2）发达的经济优势

番禺经济稳步快速增长，产业结构调整优化大力推进，实施先进制造业和现代服务业"双轮驱动"战略，推行"龙头企业+创新中心+产业园区+专业市场"的"四位一体"发展模式，加快发展汽车及配件、船舶及配套、数字家庭等主导产业，积极提升珠宝首饰、输配变电和灯光音响等传统优势产业，努力构建结构高端化、发展集聚化的现代产业体系。

（3）政策优势

广东市政府及番禺区政府较早就意识到了文化产业发展的重要性，适时地推出了一系列相关政策，鼓励、支持和引导番禺文化产业发展，如《番禺区国民经济和社会发展第十二个五年规划纲要》《番禺区文化强区建设规划纲要》《关于促进广州华创动漫产业园科技研发孵化器发展的若干扶持措施》等等。

（4）丰富的产业基础优势

番禺拥有悠久的民俗文化、丰富的旅游资源和大量的高科技人才，飘色、龙舟、醒狮、乞巧等传统民间艺术大放异彩，拥有一个5A级景区和多个4A级景区，位于番禺区最北端的小谷围岛的广州大学城进驻了十所高校，拥有了得天独厚的人才优势。

（5）文化产业集团初具规模

番禺目前拥有已具规模的动漫游戏产业园和创意产业园，天安节能科技园、广州星力动漫游戏产业园、华创动漫游戏产业园、中颐创意产业园和花城创意产业园的建设不断发展壮大。

2. W（劣势）

（1）文化产业开发刚起步，产业资源挖掘不够

番禺文化产业的发展还处在初级阶段，对文化的开发还刚刚起步，众多文化遗产和文物古迹、独特的文化品味、美食手信等仍未得到充分的挖掘和利用。现代化进程加快，政府及相关部门对文物古迹和文化遗产的保护力度不够，非物质文化呈现出逐渐消失的趋势。

（2）部分文化企业融资渠道不畅通

虽然文化体制改革的步伐在加快，但是对于涉及国家意识形态和国民价值观念的文化产业并没有也不可能完全放开。相关法律法规限制了民间资本和境外资本的进入，政府拨款和商业贷款是文化企业主要的资金来源。文化产业投融资渠道单一，且投资对象以大中型文化企业为主，小企业特别是新兴文化企业融资难，在成长阶段缺乏资金支持。

（3）部分企业规模小，产业链不完整

文化企业大都以中小企业为主，规模小，在资金来源、技术研发、产品创意和营销等方面都受到限制，文化产品缺乏有力的物质支持，很难形成规模效应，文化产品的影响力有限，不能形成规模效应，衍生产品开发后劲不足，不能形成完整的产业链条。

3. O（机会）

（1）党和政府的高度重视

党的代表大会一直都明确提出发展文化事业和文化产业的目标。国家强有力的政策支持，为番禺文化产业的发展营造了良好的环境。政府把文化产业作为重点产业发展，出台多项政策，为其提供了统一的思想和发展方向。

（2）文化产业的需求越发明显

需求是拉动经济增长的内在动力，文化消费需求是文化产业发展的内在

动力。全球金融危机之后，文化消费不降反升，文化需求的增强，为文化产业的发展提供了广阔的空间。随着经济发展水平的提高，人均GDP的增加，居民的文化水平和受教育层次不断提高，对文化、信息和服务的需求量不断增加，文化需求得以释放，文化消费潜力巨大。

（3）科学技术不断发展

文化创意产业对技术的依赖性很强，发达的技术在提高文化产品创作水平、提高产品制造效率、丰富传播渠道和优化消费方式方面发挥了重要作用。番禺大量高等院校和科研机构的存在、科技人才的会聚为番禺提高科技研发能力奠定了基础。临海的地理优势和开放的社会环境也为番禺即时引进高科技提供了便利。

4. T（威胁）

（1）周边城市文化产业冲击力大

广东邻近地区对番禺文化产业形成一定的竞争环境，如灯光音响业有恩平的麦克风工业园区、佛山的三水音响产业园、花都的中国电子音响之都、东莞的娱乐休闲文化产业以及深圳的国家LED产业研发中心五大演艺设备产业集群，各有优势和特色；文化旅游有香港的迪士尼，深圳的欢乐谷及锦绣中华，等等。

（2）文化产业的发展成本会日益上升

文化产业作为一个新兴产业，发展成本较大。一是用工成本的不断上涨，二是原材料价格的不断上涨，三是随着人民币的升值，在一定程度上削弱了产品海外市场的竞争力。

（3）泛文化化、庸俗化

文化创意产业的发展带来了许多可喜的成果，如促进经济增长、刺激居民消费、提供就业机会等。但是其中的问题也层出不穷，主要表现在文化的泛化和文化创意产业的功利化、庸俗化。一是文化消费方兴未艾，商家和投资者纷纷以"文化"为关键词，"酒文化""饮食文化""茶文化""景观文化"等充斥着消费者的眼球，文化的含义被放大。二是各地政府为了"建功立业"，"文化搭台，经济唱戏"现象普遍。三是为了实现利润最大化，文化企业片面迎合消费者的低级趣味，文化商品低俗化现象严重。

■ 表5-5　番禺文化产业SWOT矩阵

	优势（S）	劣势（W）
	优越的地理位置与交通环境 发达的经济优势 政策优势 产业基础优势 产业集团初具规模	产业资源挖掘不够 企业融资不畅通 企业规模小，产业链不完整
机会（O）	SO	WO
党和政府的高度重视 文化产业需求愈发明显 科学技术不断发展	优化制度环境 挖掘产业资源潜力 发挥区位优势	培养创意人才 强化政府服务职能
威胁（T）	ST	WT
周边城市文化冲击力大 文化产业发展成本上升 泛文化化、庸俗化	形成自身特色 开发多元化文化产品	增强自主创新能力 加强品牌建设

根据上述分析可以看出番禺文化产业具有良好的产业优势。技术先进、资源丰富、政策优越为番禺文化产业发展奠定了基础。广东及番禺政府应进一步更新观念，转变政府职能，加强对文化企业的支持和服务，引导文化企业在发挥优势的同时克服缺点和不足，抓住机遇加快发展。进一步推动文化体制改革，放开文化市场。加强基础设施建设，完善文化产业投融资渠道，解决中小文化企业融资难的问题。采取政策和法律措施，为文化生产经营活动提供政策支持和法律保障，促进文化产业又好又快发展。

五　番禺文化产业发展对策

文化产业是市场经济条件下繁荣发展社会主义文化的重要载体，是满足人民群众多样化、多层次、多方面精神文化需求的重要途径，也是推动产业结构调整、转变经济发展方式的重要着力点。通过对番禺文化产业现状的深度调研我们发现，要抓住机遇发展文化产业，充分发挥文化产业在调整结构、扩大内需、增加就业、推动发展中的重要作用。

（一）四个发展战略

番禺文化产业的发展应定位为番禺第三产业的支柱产业，由番禺区的"十二五"规划主要指标可知，"十二五"期间将继续巩固三、二、一产业布局。要实现这一发展定位，首先要明确战略思想，即以科学发展观为统领、立足番禺中心城区，通过科学规划，有效整合全区各类文化资源，实施产业特色文化战略、产业聚集战略、人才发展战略、品牌跨越战略，优先发展动漫产业、文化旅游、休闲娱乐，尽快形成一批发展前景好、产业规模大、竞争能力强的文化产业群和文化骨干企业，使番禺文化产业的发展大跨越。

■ 表5-6　番禺区"十二五"规划主要指标

		2010年	2015年	属性	监督落实部门
经济结构	第一产业比重	4.3	4	预期性	区发改局、区统计局
	第二产业比重	41.23	41	预期性	区发改局、区统计局
	第三产业比重	54.47	55	预期性	区发改局、区统计局

1. 特色文化战略

我国城市文化产业的发展仍然面临着诸多传统产业发展的体制性、机制性障碍等深层次的矛盾和问题，产业发展规划长期积累的结构性矛盾和粗犷性规划模式尚未得到根本性改变。产业同构、目标趋同、功能重复、形象单一、特色危机等深层次问题依然存在，给番禺"十二五"发展带来的不利影响不可低估。而文化是产业发展的灵魂，发展特色文化是促使番禺文化产业稳步提升的基础和核心。加快培育魅力独特的番禺文化，是提升品质、增强竞争力的迫切需要。

通过实施特色文化发展战略，把差异性发展战略规划放到番禺文化产业建设中最重要的层面上加以重视，将其纳入整个产业发展战略规划的发展体系中。这种具有特质性、系统性、创新性的特色文化发展战略，既可以解决番禺文化产业发展的方向问题，又可以解决番禺建设中差异化发展战略的问题。

2. 产业聚集战略

文化企业具有个性鲜明、创新性强、科技含量高、单体规模不大的特点。只有把性质接近的文化企业聚集在一起才可以形成产业，进而放大聚集效应，辐射周边房地产、餐饮等其他产业。目前，番禺区有特色的文化企业散落于各街镇，如珠江灯光音响实业有限公司、锐丰音响科技股份有限公司等，这些企业普遍存在一定的发展瓶颈，无法形成更大规模。因此，要实施产业聚集战略，建立现代的文化产业创新、示范、孵化基地，真正发挥其产品创作、技术研发、产业化试验和推广的作用。以科学发展观为指导，以项目集聚为载体，调动一切积极因素，通过规划整合，有效聚集大小文化企业，可以形成统一规划、科学布局、合力发展的局面，这将会有效促进番禺文化产业快速发展，为番禺"十二五"文化产业发展做大做强奠定坚实基础。

目标定位明确后，我们就要在如何实现这一目标任务上下功夫。一是要借助规划在星海文化品牌旗下集聚各类行业文化企业，其中涉及文化会展、艺术创演、影视出版、人才培训、文化娱乐、文化产品生产、文化旅游等传统行业。二是健全有形和无形的文化市场，促进物流通畅高效，同时基本建立客观有效的文化产业统计体系。三是基本形成番禺特色的文化产业园区体系框架。要着力培育一个国家级的文化产业园区、多个省级文化产业园区和十个左右的市级文化产业示范园区（基地）。

3. 人才发展战略

人才是强区之基、富民之本、发展之源，人才问题是关系番禺文化产业发展的关键问题。当前，番禺正处于加快转变经济发展方式、推动文化产业结构优化升级、不断提高自主创新能力的重要时期，如何在经济全球化的激烈竞争中抢占先机、赢得主动，关键在于坚持人才发展战略，充分发挥人才在文化产业发展中的先导性、战略性作用，把高精专人才队伍的建设既作为当务之急，也当作百年大计来抓。未来十年将是广东省人才事业发展的重要战略机遇期，番禺区要抓住时机，把人才工作置于更加突出的重要位置，逐步实现打造人才强区的目标。

人才发展战略指导思想是高举中国特色社会主义伟大旗帜，坚持以邓小平理论和"三个代表"重要思想为指导，深入贯彻科学发展观，尊重劳动、尊重知识、尊重人才、尊重创造。紧紧围绕加快番禺区文化产业发展，建设新型产业体系的目标要求，扎实推进人才强区战略，以提高自主创新能力为核心，以高端引领、引育并进为重点，统筹推进各类人才队伍建设，全面促进区域人才工作一体化发展，为文化产业跨越式发展提供强有力的人才保证和智力支持。

人才发展战略的基本原则包括服务发展、人才优先、高端引进、以用为本、创新机制、高端引领、整体开发。深化改革，推动人才发展，充分发挥各类人才的作用，同时坚持人才培养与引进相统一，创新人才培养模式，拓宽人才引进渠道，努力营造出以德为先、唯才是举、见贤思齐的人文环境，鼓励创新、容许失误的工作环境，待遇相当、无后顾之忧的生活环境，公开平等、竞争择优的制度环境，逐步形成开放、创业、法治的社会氛围。

4. 品牌跨越战略

发展文化产业是市场经济下繁荣社会主义文化、满足人民群众精神文化需求的重要途径。品牌是文化企业的形象和标志，更是文化产业的形象和标志。因此，实施品牌跨越战略乃大势所趋，树立品牌意识，塑造文化产业品牌，保护品牌文化产业发展是繁荣和发展文化产业，提高文化产业和文化核心竞争力的关键环节，是文化产业发展的生命线。

相比发达国家，文化产业之所以能成为支柱产业，与其品牌发挥的带动作用密不可分，国内文化产业快速发展的经验也印证了品牌战略对于加快文化产业发展、提高核心竞争力的巨大作用。现代社会，文化品牌通常具有高技术、可复制、可持续利用、再生产能力强等工业化特点，是文化生产力和竞争力的浓缩，是文化产业发展所需要的重要推动力。

实施品牌跨越战略，将产生四大效应：促进资本集聚、指引消费导向、形成产业示范和实现利润增值。建立知名品牌的企业或产业，获得社会认可，资本、人才甚至政策都会倾向名牌企业或产品，从而使企业聚合人、财、物等资源，形成并很好发挥名牌集聚效应。一直以来，品牌作为一种快捷、有效的索引方式，简化了购买选择，成为影响消费者购买决策的一个关键因素，品牌战略的实施将进一步降低消费者购买风险，便利购买决策。在文化产业刚刚起步的时期，培育具有产业示范效应的龙头企业，实现带头效应特别重要。品牌的建立不仅能为企业的竞争发展做出巨大贡献，更能通过其在市场上的巨大成功，从而引起整个产业的强烈关注，进而成为研究和模仿的对象与标准，最终起到规范产业的作用，以此带动整个产业的发展。同时，品牌作为企业无形的资产，决定了企业乃至产业的竞争实力和发展潜力，对文化企业的利润起着重要的支撑作用。对于诸多企业而言，品牌跨越战略将使企业产品占有更高的市场份额，甚至垄断某种产品某个细分市场，从而获得更为丰厚的利润。

（二）三个抓手

1. 提升现有产业优势

番禺区经过多年的发展，文化产业得到了显著的发展，并且根据本区条件，发展形成了一系列优势产业，包括动漫游戏、灯光音响、旅游业等。番禺目前拥有了三个已具规模的动漫游戏产业园：天安节能科技园、广州星力动漫游戏产业园、华创动漫游戏产业园，"番禺创造"的品牌已走出中国，远销海外；灯光音响企业占全国灯光音响设备产值的一半份额，位于全国同行业首列；拥有一个国家5A级景区、三个4A级景区，近年来接待旅客人数及营业收入均排在广州市前列。

未来，番禺区将继续稳固现有产业优势，把番禺特色品牌做得更大更强。

第一，制定行业标准，规范行业发展方向，将行业标准积极向国家标准推进，对达标企业给予荣誉、政策及资金等方面的重点扶持。引导企业规范经营，加强市场整治监管，逐步建立市场监管的长效机制。同时制定相应的扶持策略，为企业的发展提供良好的政策环境，达到政企合作，互利共赢的态势。

第二，注重产品创意研发，加大对企业自主创新能力的培育，给予研发企业更多资金上的扶持，带动整个行业的研发积极性。以自主研发为产业链核心，完善升级产业发展链条，做好产业延伸服务。

第三，开展产学研模式，发挥大学城人才科技优势，加强企业与高校之间多领域交流，构建规范的产学研合作平台，在高校里开办相关专业，建立创新培育基地，为企业输送优质人才资源。

2. 培育文化创意产业

番禺区在提升番禺现有优势文化产业的同时，立足未来，将积极利用高新技术改造传统文化产业，大力引导和培育设计创意、手机电视、网络电视、新闻出版、动漫游戏、影视制作等文化创意产业，推动文化创新与科技创新结合，提高文化产业数字化、信息化水平，把番禺建设成新兴文化业态的引领基地；重点培育新一代网络游戏、数字电视、新型媒体终端等高增长性战略产业，发展一批具有引导性和带动性的重大项目。

番禺区着力促进文化与创意的融合，一方面，通过大力扶持和引进长堤文化园等具有一定规模、实力雄厚的文化企业，开设文艺展览活动，搭建优质展示平台，畅通产品流通渠道，打造番禺文化贸易交流平台，实现文化"走出去、迎进来"。另一方面，深入开展人才培训和指导工作，通过开设动漫、美术、舞蹈、摄影、音乐等类别培训班，搭建专业研究、技术交流、产学研合作平台，为文化创意产业发展储备优质的人才力量。

番禺区抓住珠三角打造世界级城市群、广州"南拓"发展以及建设南沙国家级新区等机遇，提出加快"创新活力区、高端服务区、时尚文化区、品质生活区"建设，把番禺着力打造成为宜业、宜居、文明、价值凸现的广州时尚创意都会区。积极打造广州时尚都会区智核，重点建设规划面积约73平方公里的广州国际创新城。其中，广州国际创新城启动区建设规模为总面积10.02平方公里，包括广州大学城、广州大学城南岸地区及生物岛（含广州国际科技交流中心项目），总投资37.2亿元，预计2014年建成。

创新城除了发展新一代信息技术、新材料、新能源、生物技术之外，还集中推动包括网络游戏、动漫设计、数字影视制作等文化创意产业的集聚发展。

大学城作为华南地区最具影响力的高校聚集地，拥有较为丰富的教育、科技和人才资源，是南中国未来的"信息港"和华南地区的"智力中心"；自然环境优美，拥有数量众多的文化体育设施，常年举办有各种各样的文化活动。但是大学和大学城文化对城市发展的引领功能尚未凸显，政府主导、社会共同促进大学城文化发展的局面尚未形成。而广州大学城拥有最具活力和想象力的大学生群体，只要建立良好的协同组织模式与运作机制，大学城绝对有条件成为广州最出色、最响亮的文化品牌。

创新城建成后，一方面，将改变广州大学城单一本科教学基地的现状，强化大学城的协调创新能力，促进多种创新资源的有效融合，有效提升大学城的科技辐射和带动能力，从而推进番禺文化产业升级，加快番禺文化产业发展。另一方面，创新城搭建大学生创意产品交易和互动平台，集聚原创人才，将艺术与商业进行结合，提升商业竞争力，提升商业艺术品位，增加商业附加值，形成差异化经营。形成文化创意品牌，进行文化产业链的延伸开发。同时为大学生创业提供支持、样板和就业机会，促进岭南文化创意产业的发展。

3. 加速传统历史文化产业化

番禺城历史悠久，文化积淀深厚，文化资源丰富，番禺区以此优势为基础，开发了一系列文化产品，包括以岭南特色为主的文化旅游和以星海品牌为主的一系列文化活动等，为番禺带来了新的经济增长点。但目前番禺区对传统历史文化挖掘有限，产业化速度缓慢。为了突出"千年古邑、岭南水乡"的文化特色，加快传统历史文化产业化进程，番禺区将在重点保护的前提下，深入挖掘传统文化资源，加强岭南特色历史文化遗产的全面开发、整合利用。

第一，坚持"保护为主，抢救第一"的方针和"有效保护、合理利用、加强管理"的原则，加大历史文化名城、名镇和历史文化保护区的保护力度，做好文物古迹的普查、发掘、抢救和保护工作。争取更多的文物古迹成为省、市、区文物保护单位。

第二，加强番禺优秀历史文化研究，形成以冼星海、何氏三杰、屈大均及醒狮、飘色、广绣、龙船、乞巧、鳌鱼舞等优秀历史文化名人或番禺传统民俗文化为代表的学术研究中心。

第三，以文化旅游为重要抓手，促进传统民间文化与时尚文化、文化创意、文化旅游等现代文化元素融合发展。制定非物质文化遗产保护扶持政策，从土地使用、税收等方面给予扶持，挖掘龙舟、飘色、广彩、广绣等岭南特色非物质文化遗产的市场潜力，让其走向市场化、产业化，成为本地区的文化软实力。

第四，将文化人才的培养纳入全区人才培养规划，把番禺打造成为富有吸引力、竞争力和创造力的文化人才聚集地，重视基层文化队伍建设，鼓励支持各类民间文化团体发展，培养非物质文化遗产技艺传承人才。

（三）三个重点领域发展对策

番禺重点打造的产业链有动漫游艺业、灯光音响业、旅游文化业等。现就番禺现有的文化产业进行发展对策分析。

1. 动漫游艺产业发展对策

根据对动漫游艺业的调研情况可知，番禺动漫游艺业发展较成熟，行业发展起步较早，在番禺发展已经有20多年，从开始的小作坊式的经营，到近年来形成产业园式的规模。在发展初期，企业就确立将"番禺动漫"打造成国际知名品牌，逐步实现由"番禺制造"到"番禺创造"的转变。尽管产业园建设得较好，但还有很多需改进的地方。

（1）制定行业规范标准，走向健康发展方向

为了实现动漫游艺行业的规范化与标准化，为动漫产品的产、供、销、存业务分类和管理提供科学有效的工具，为消费者购买产品提供科学、规范、方便、易用的指导手段，为动漫游艺行业的信息传递与利用创造条件，推动我国动漫游艺业的信息化建设和提高企业的经营效益，动漫协会等相关单位应尽早制定行业标准。

（2）引导企业规范经营，加强市场整治监管

以经认定进入各园区发展的动漫游艺企业及该行业龙头企业为重点，严格执行《关于整治优化番禺区动漫游戏行业经营环境的工作方案》，进一步探索促进全区动漫游戏企业规范经营的长效机制，逐步建立动漫市场监管的长效机制。

加强动漫游戏行业内容监管，净化市场环境，确保动漫游戏行业健康持续发展。目前，番禺区仍有部分企业视利润高于一切，非法生产赌博机以及危害社会公德和民族优秀传统文化等内容的动漫游戏产品，对于这类企业要严肃查处，彻底整治。加强知识产权保护力度，建立动漫游戏知识产权维权部门，为企业及个人合理解决产权相关问题提供咨询援助服务。完善知识产权保护赏罚机制，对保护知识产权业绩突出的单位或个人给予表彰奖励，对侵权者严惩不贷。

（3）完善产业发展链条，做好产业延伸服务

企业自主研发位于整个产业链的上游，是产业链形成的核心，而人才则是核心中的关键。通过产学研交流平台，让更多高校学生了解动漫游戏，通过产业聚群的方式将企业展示给大众，让更多的优秀人才愿意加入这个行业，只有解决了人才问题，才能让创意、生产、销售环环相扣，从而形成完整的产业链。目前，大型游戏机行业仍停留在单纯的休闲娱乐层面上，缺少文化内涵、没有品牌形象，高科技含量低、附加值不高，很难适应以互动体验为游艺形式的高科技游艺产业发展，更难以汇入文化产业大潮。结合番禺区现有动漫游戏行业的资源和优势，弥补上述不足，应优化产业结构，搭建精准平台，积极引导企业树立品牌战略思想，进一步加深行业发展，实现产业链完善升级。目前番禺动漫业已形成三大产业园：星力、华创、天安。其中星力产业园主打销售、展示平台，华创、天安产业园主打研发、生产平台。但产业链依然可进行进一步扩展，如建设主题公园、成立社区文化中心等，以此丰富市民娱乐生活，也使市民更好地认识动漫游艺业。

（4）发展小型产品体验区，招揽更多企业入驻

如星力动漫游戏产业园内设立了华立、希力等公司的产品体验区，体验区是展示产业的一个良好平台，也是动漫企业发展的策略之一。小型产品体验区在各个方面更加容易招揽企业进驻，也对打击假冒伪劣产品起到一定的积极作用。同时也可使产业园进一步的扩大，企业间互相竞争意识变强，有助于提高产品质量或降低产品价格。为此，产业园可加大销售体验区建设，丰富产业园企业。

（5）行业与协会自律检查，重新思考定位市场

文化市场需要不断培育，动漫行业内发展各种高、低端产品，不同产品都有各自的发展空间，各有创新，这样才不会形成恶性循环。同时协会也可举办各种有关动漫产品的活动，改变观众对动漫产业的认识。如可尝试将动漫机与居民区内体育器材一起，方便市民进一步了解动漫游艺业。企业在对动漫产品研发设计时可加入新元素，打造自己独有的知名品牌，如可加入健康、运动的元素，达到寓教于乐的效果，也真正达到由"番禺制造"到"番禺创造"的转变。

（6）制定行业发展政策，提供良好的企业环境

动漫游艺产业为新兴产业，目前已享受资金补贴等优惠，但还无国家扶持政策出台。相关政府部门可制定相应的扶持策略，为企业的发展提供良好的政策环境，同时达到政企合作，互利共赢的态势。

（7）注重产业研发保护，实现产业真正集聚

时至今日，在番禺游戏动漫整个行业中，大部分企业仍然只是靠代理销售或购买日韩研发成果生存，从事研发的企业比例较小。政府应加大对企业自主创新能力的培育，给予纯粹研发的企业更多资金上的扶持。与此同时，各职能部门更要针对制售假冒伪劣产品的行为采取专项整治，维护自主研发企业的合法权益，带动整个行业的研发积极性。

2. 灯光音响产业发展对策

番禺为国内最早发展灯光、音响行业的地区，目前番禺有灯光音响企业100～200家，国内灯光、音响企业有60%~70%在广东，而广东70%~80%的灯光、音响企业坐落于番禺。番禺的灯光、音响产业还处于产业分散阶段，企业规模小，各企业之间交流合作少，产业链条短。即使对于像珠江灯光、锐丰音响这一类的龙头企业，仍存在很多问题，对于产业的发展急需大力改进。

（1）制定行业标准，规范行业发展方向

早在2009年11月，锐丰音响就曾发表过《网络销售的严重声明》，如今仍有众多不法厂商欺世盗名，冒用LAX品牌，售卖专业音响产品，低价诱惑欺骗用户。2010年成立的番禺区贸促会演艺行业专业委员会为行业整体化及规范化管理提供了保障，同时，作为灯光、音响行业龙头企业的珠江灯光和锐丰音响也做出表率，强调带动示范作用，协助行业协会充分发挥职能，制定行业标准，引导其他企业走合法规范经营的道路。

对于发展到今天的番禺灯光、音响产业，迫切需要政府组织相关力量成立标准起草委员会，尽快草拟并出台行业标准体系，并与质监部门合作，将行业标准积极向国家标准推进，为产业发展获得话语权。大力推行名牌战略，引导企业走品牌化发展道路，同时在行业内部设立名牌标准，进行名牌评选，对达标企业给予荣誉、政策及资金等方面的重点扶持，从而在行业内形成良性竞争的和谐氛围。

（2）建立产业集聚区，推动区域产业提升

产业园的建立可增加产品产业链的长度。创建产业园，可从小规模做起，可先做产品的展示、销售方面，以体验区来拉动产品生产，进而再逐步扩大。目前番禺的龙头企业珠江灯光企业的高端零件依旧是从国外进口，这无形中增加了产品的生产成本。组建文化产业园，完善产业链长度，把灯光、音响业做大做强，实行全新的管理模式及人员分配机制，可有效降低产品生产成本和质量的提高。

建设演艺设备文化产业园区，需要政府诸多部门的通力合作和统筹安排，建议区政府成立工作小组，专门负责产业园区规划、相关部门与各单位资源整合、政策制定实施等。园区集研发、生产、展示和销售四大功能为一体，由政府制定相应政策对园区建设进行扶持。对于规模较大、实力雄厚的行业巨头，加大支持力度。针对珠江灯光、锐丰音响这类已建有产业基地的企业，鼓励其在产业园设立展示销售区、研发生产分部。

锐丰音响曾计划对行业下游企业进行兼并或购买，园区对于这种完善产业链条的企业行为应给予最大的扶持，帮助企业做大做强，对于入园的并购企业可以实行前期免租等优惠政策。位于灯光产业链上游的光源生产、光学镀膜等领域在番禺区尚处一片空白，产业园区可以在此方面多做文章，利用优越的区位条件和强大的经济实力，引导相关产商前来投资落户。简而言之，产业园不仅要做生产销售的平台，更要从幕后走到台前，建立完整的产业链，成为综合性的灯光、音响产业运营商，实现产业链延伸，巩固番禺灯光音响在全国的领导地位，确立番禺灯光、音响产业在全球的竞争优势。

产业园的建立，在土地方面可能会遇到阻碍。相关部门可从现有产业园中选一个作为灯光、音响产业入驻园区，解决土地利用问题。

（3）政府牵头举办各种传播会，号召企业积极参与

注重优势产业的展览，政府与行业协会互相沟通，主办优势产业展览会，做到文化产业与会展结合起来，打造番禺会展品牌，同时也使参展企业间竞争意识增强，从而进一步提高产品质量等。技术研讨会的创办也有助于行业水平的提高，创造企业间互利共赢的发展局面。此外，也可定期举办演艺文化艺术节活动，提升产业知名度和影响力。

锐丰音响于2008年5月创办了第一期企业内部刊物《锐志》，作为企业

品牌文化建设的一部分，其内容涵盖企业的发展历程、企业文化的梳理和企业内外沟通平台的打造。虽然期刊编者自谦"穷其所能，为读者展示出来的也只是企业品牌建设的冰山一角"，但无可否认其在传播企业文化过程中担负的重任。建议整个演艺设备行业打造公共信息服务平台，以番禺演艺设备行业网的建立为基础，对外展示本地区产业投资环境、行业动态，同时依托产业园设立展览展示交易中心，对园区企业的产品、服务进行集中对外推广，引领产业未来的发展方向。

（4）建立多元化资金投入，筹建产业发展基金

企业的发展离不开资金的投入，政府部门或社会行业可通过多种渠道为企业赢得资金。如可设立文化产业发展基金，主要用于文化产业建设的补助等，从而更多地动员社会力量，吸引社会资金投入；或对符合一定条件的企业进行认定，授予"番禺区文化创新企业"称号，资金上给予奖励；对于部分中小企业，由于融资渠道窄，贷款困难，政府部门可鼓励其上市并给予帮助，对于企业上市方面政府给予具体政策。

（5）突出企业特点，展现企业特色

锐丰音响从创办开始便以打造世界一流音响企业和品牌为发展目标，制定了"让世界听到我们的声音"的企业口号，2011年11月29日LAX被中国工商总局商标局认证为"中国驰名商标"，现已被应用到国内外上千例大型工程项目当中，该企业成为国产专业音响业界的标杆企业。珠江灯光是中国规模最大的专业灯光企业，是国内灯光行业的领导者，以"做世界的灯光企业"为企业长远发展目标，从2000年开始推出自主品牌"PR"，全面实施国际品牌战略，在国际市场具有极高的品牌影响力。

作为专业的灯光音响企业，独特的行业属性决定了其产品不能像其他行业轻而易举走进千家万户，也不能通过铺天盖地的广告堆砌品牌，只能通过一个又一个成功的案例踏踏实实积累自己的品牌，全方位展示企业的特点，才能在国际舞台上赢得尊重，成就卓越。目前，番禺演艺设备行业若干龙头企业在自主研发、品牌效应、市场拓展、企业管理等方面已形成明显的示范效应，但仍应加快发展步伐，提高行业凝聚力，打造行业的对外形象，由单一的企业特色逐渐形成统一的地方行业特色。而对于整个行业的低端链条企业，则要充分发挥其效率高、成本低的特点，为灯光音响

行业提供更多的支撑。

（6）制定产业扶持政策，促使产业快速发展

产业的发展少不了政府的相关政策支持，民营企业搞研发、发展等所需费用太昂贵，在政府投入相对不足的情况下，对灯光、音响业可提供一定程度的政策倾斜，并且优化环境，以更多地吸引银行信贷资金和社会投入。据调查了解，目前对于锐丰音响公司，还没有文化局方向的扶持政策。

（7）产学研模式逐步开展，加强多领域交流

因为专业限制，目前灯光音响企业只与大学城内为数不多的几家高校有过合作，其中甚至有一些合作流于形式，未能取得任何成效。如今产学研一体化已得到企业、学校、科研机构三方认可，成为一种趋势，如何使其结合方式更加紧密、传播手法更加简单成为当务之急。学校可组织学生参与行业活动，与灯光音响的文化主题形成互动，在校园释放行业信息，同时也可将来自学校的创意渗透到行业。构建规范的产学研合作平台，成立监管机构，促使企业与学校、科研机构的合作公正透明，最大限度地发挥三者的优势。也可在企业建立创新培育基地，同时作为高校实训基地，不但有利于推动校企合作，使政府政策扶持达到事半功倍的效果，而且能够打造出具有番禺特色的企业，增强国际竞争力。

3. 文化旅游产业发展对策

番禺在旅游文化产业方面已初具规模，形成五大旅游片区：以莲花山、珠江一日游等为代表的东部高端休闲旅游度假片区；以沙湾古镇、宝墨园为代表的西部岭南文化生态旅游片区；以广州大学城、广东科学中心、长隆集团等为代表的北部现代游乐科教旅游片区；以余荫山房为核心的中部岭南古典名园、名迹、名胜旅游片区；以一村二岛（草河村、大刀沙岛和观龙岛）为核心的中南部现代农业生态旅游片区，图5-25为这五大片区分布位置图。目前番禺正重点建设西部岭南文化生态旅游和北部现代游乐科教旅游区，而北部现代游乐科教旅游区已发展相对成熟，因此现只对西部岭南文化生态旅游做重点分析。

根据调研可知，沙湾古镇作为西部岭南文化生态旅游片区的一部分，是一个有着800多年历史的岭南文化古镇，历史文化资源丰富，民间艺术饮誉南国。目前古镇力争打造文化与旅游全面结合，文化吸引带动旅游的特色景

图5-25 番禺文化旅游产业分布

资料来源:《广州市番禺区城乡发展规划2010~2012年》。

点,至今开放只有半年时间,还有很多地方需要改进。

(1)成立旅游产品创意研发中心,开发特色旅游纪念品

在沙湾古镇,调研组了解到有关旅游纪念的产品相当少,游客前往旅游买不到有纪念意义的东西。古镇内只看到唯一一家骨雕店,主要产品为牛角雕、牛骨雕、牙雕、椰壳雕。而像诸如沙湾特色飘色、乞巧等无旅游产品,如旅游产品研发中心可把飘色制作成DVD光碟出售,让没机会见到真实飘色表演的游客可通过购买DVD的形式进行观看。

并且对于特色旅游商品开发经有关部门认定并获得相关专利的可给予一定的奖励。传统民俗文化加入创意可衍生出特色鲜明、附加值高的旅游商品,如龙狮、龙舟、鳌鱼、广绣、广彩、乞巧等传统民俗文化元素可结合民间艺人传统技法和创意产业专业设计人才的再创造。

(2)特色表演采取收费形式进行演出,增加古镇收入

民间艺术如飘色在古镇采取一年举行一次,免费观看的形式。而每次准备节目大约得花百万元,演出专业人员稀缺、所需人力资源也多。为了保持演出继续进行下去,可采取适当收费的方式,如对于飘色上妆、排练部分可

采用体验区收费的形式。

（3）加强民间艺术的挖掘整理，为旅游文化业提供源泉

加大非物质文化遗产的保护力度，积极做好国家级非物质文化遗产的申报工作，开发和保护好非物质文化遗产项目，如广东音乐、砖雕等。沙湾为广东音乐发源地，广东音乐为纯音乐、纯乐器表演的形式，目前并未发展起来，市民对这些也不太熟悉，相关单位可适当地打些广告进行宣传。

（4）力争使古镇生活化，达到吸引游客的目的

让古镇居民居住在内，避免古镇过于荒凉，保护和维护现有古镇风貌的完整性、独特性，这是沙湾吸引游客的核心。镇内街道狭窄，居民入住虽不可开车入内，但至少得保证居民可上网等一切现代化设施齐全。按照沙湾古镇旅游开发公司的统一规划，将一期开放区域定位为核心保护区，在此区域内，所有房屋及街道布局都要严格按照修旧如旧的原则进行整治，并与老房子的主人洽谈，说服他们安排人员入住，恢复古镇安然舒适的生活场景，让置身其中的游客感受小桥流水人家的古镇人的安逸生活，从而身心得到放松。

（5）旅游与饮食文化相结合，带动旅游消费

番禺饮食文化丰富多彩，如古镇中姜埋奶、别茨鹅、爬金山等特色美食种类繁多，相关部门可通过开展如番禺十大特色名菜、名点评选活动等来宣传古镇饮食文化，从而带动旅游消费。树立沙湾美食品牌，也可开设一条特色小食街，店铺的内置要在统一规划中做到有差异，让游客大饱口福的同时也赏心悦目。

（6）出台相应政策，扶持旅游业发展壮大

相关政府部门应尽快出台有关电、水、税、金融服务等的优惠政策，从而多渠道地增加旅游投入，使旅游投入与经济增长速度相适应；整合行政管理资源，提高办事效率，达到事半功倍的效果；促进旅游协会健康发展，实现政府与企业之间、企业与企业之间的良好沟通；推进旅行社健康快速发展，培养本地专业导游，制定具有吸引力的旅游路线；推进旅游信息化建设，提升番禺旅游产品推广力度；主要景点定期面向公众开展优惠活动，提高居民对旅游项目的认同感和参与度。

（7）加强旅游营销策略，打造番禺品牌优势

尤其是对于沙湾古镇，该镇文化旅游业投入才一年半时间，应着力强化营销活动，对现有的旅游资源进行整合包装，充分利用电视、网络、报刊、广播等传播媒体进行大力宣传，注重产品的文化内涵；也可增加宣传的种类，例如进行纪念品评比活动等。政府、新闻单位、旅游企业、纪念品生产企业也应努力创造出代表番禺形象的名牌产品，提高自身品牌在省内外乃至国内外的影响力和竞争力，以更好地推动当地景点、购物、饮食、娱乐的发展，促进当地旅游经济效益的提高。根据古镇现状，为了在旅游开发中不破坏原有村落风貌，也可组建民间旅游合作社，开发"庭院旅游"业务，选择一批具备条件的"定点户"，按一定标准配置服务设施，开辟"庭院旅馆""民居客栈""庭院商店"、餐饮茶吧、手工作坊等，带动广大居民参与旅游，增加收入。

（四）文化产业发展保障机制

1. 注重文化产业与文化事业协调发展

树立文化科学发展的意识，在推动文化事业全面繁荣的同时，不断推动文化产业发展。要把文化事业和文化产业的发展放在同样的地位来看待，把覆盖全社会的公共文化服务体系建设与推动文化产业成为国民经济支柱性产业放到一起，整体规划、协同发展。要统筹文化事业与文化产业的发展，要统筹公共文化服务体系与产业服务体系的建设，要统筹基本文化需求与多样化文化需求的满足，要统筹公益性与市场性的要求，努力做到相互促进。

推进文化体制改革，构建起文化事业与文化产业共同发展的机制。在构建公共文化服务体系的过程中，可以更多地采用市场机制的方式，采取政府采购、项目补贴、定向资助、贷款贴息、税收减免等政策措施鼓励各类文化企业参与公共文化服务，这样一来，就会使越来越多的文化企业在获得收入的同时推动了文化事业的发展。

建立面向文化事业与文化产业共同的文化产品的评价体系和激励机制，坚持把遵循社会主义先进文化前进方向、人民群众满意作为评价作品的最高标准，把群众评价、专家评价和市场检验统一起来，形成科学的评价标准。建立以文化事业发展培育消费能力的机制，带动文化产业发展。增加文化消

费总量，提高文化消费水平，是文化产业发展的内生动力。除了要创新商业模式，拓展大众文化消费市场，开发特色文化消费，扩大文化服务消费，提供个性化、大众化的文化产品和服务，培育新的文化消费增长点，还应当发挥文化事业发展的资源优势，实施诸如普及高雅艺术工程，通过政府补贴或单位赞助，低价向群众售票，培育群众的消费意识和习惯。

2. 文化体制改革创新

文化体制改革，是解放和发展文化生产力的根本途径。加快文化体制机制改革创新，才能在文化事业建设和文化产业发展上取得新进展。不深化改革，就无法加快文化发展方式转变，无法推动文化内在活力进一步迸发。文化体制改革可以让大批文化企业焕发出新生机和活力，使文化产业成为番禺新的经济增长点。

改革开放以来的一系列实践告诉我们，加快发展文化产业，推进转企改制，建立现代企业制度，完善法人治理结构，推动跨地区跨行业兼并重组，是打造合格的文化市场主体的关键。加快文化体制机制改革创新，是解放和发展文化生产力的迫切需要。切实推动文化改革发展，必将对文化产业发展发挥巨大的引领、支撑和推动作用。

转企改制使文化单位摆脱传统事业体制的束缚，成为真正意义上的市场主体。打造一批有实力、有竞争力和影响力的国有或国有控股的文化企业和企业集团，成为文化体制改革的更高目标。拓宽文化产业发展的融资渠道，必须多拳出击。比如在动漫游戏业、传媒业、网络业、影视业、出版发行业等重点文化产业选择一批改革到位、成长性好、竞争力强的大型国有或国有控股集团公司，推动上市融资，做优做大做强。提升现有公益性文化单位与设施的服务功能和服务水平。加快建设市县文化馆(群艺馆)、图书馆及室内影剧院，并达到国家标准；加快建设乡镇综合文化站和城市街道文体中心；加快建设行政村和城市社区文体活动室，不断加强和完善全省公共文化服务体系。继续推进文化惠民工程，实行演出季、演出周制度。坚持公益性定期送戏、送书、送电影下乡，促进全省城乡公共文化服务均等化。引导社会资金投入公共文化建设，鼓励企业和个人捐赠兴办公益性文化事业。

3. 人才发展对策

广东省教育基础薄弱，人才产量不高。改革开放之初，作为经济发展前沿阵地的广东曾一度是人才向往的地方，孔雀东南飞，短暂性弥补了基础上的缺陷，但随着开放城市的增多以及内地的发展，广东现在的优势不复存在。外来的优秀人才缺乏"根"的意识，加之经济环境的变化，生活成本居高不下，人心浮躁，逐渐流失。

打造番禺文化强区，人才发展战略是核心。相比较广东省的劣势，番禺区拥有雄厚的教育科研资本，大学城每年向社会输出数万高素质人才，如何培养创新型人才，留住人才将成为重点。

提升番禺区文化竞争力，首先要建立健全的人才选录机制。一是破除"论资排辈"，把机会尽量留给优秀的年轻人；二是破除僵化模式，不以学历文凭工作经验论英雄，树立新的人才选录考核机制；三是树立用人所长的观念，实现人才与岗位的合理配置。

其次优化现有人才队伍，提高文化管理队伍素质。一是要积极发现和保护民间文化艺人，培养非物质文化遗产技艺传承人才，发挥他们在传承民间文化艺术中的作用；二是培养和引进具有创新能力的文化名家，建立文化人才专家队伍和专业管理者队伍，培育基层优秀文艺工作者，组成一支强大的文化名家大军；三是要培养现代文化企业家，形成一支具有开拓创新精神和经营管理才华的优秀文化企业家队伍；四是教育、管理和培训三管齐下，努力锻造一支政治强、作风硬、业务精、纪律严的文化管理队伍。

最后要通过构建良好的工作环境吸引人才，解决人才的后顾之忧，让人才扎根番禺。完善的产业链条、特色产业文化都能给人才发展创造良好的机遇，给予他们充分展示的平台，而高端人才往往又受制于硬件、资金和团队，番禺区可以利用强大的财力物力在这些方面为人才的招引铺平道路，创造合适的工作环境。此外，还应考虑人才的生活环境，如家人就业、子女培养等，政府企业以及相关组织机构都应给予相应扶持。

第六章　文化与旅游结合发展

一　结合发展的现状分析

（一）旅游经济总体发展状况

番禺自20世纪90年代中期开始大力发展旅游业。1994年，当时的番禺市相继开发和建设了一批旅游新景点，以莲花山望海观音、飞龙世界游乐城的建成和易发商业场为代表，吸引到大批外地游客。

1996年，沙湾宝墨园建成开放，并且共同形成莲花山—飞龙世界—宝墨园这样一条重点旅游线，受到国内和港澳旅游人士的欢迎，其中莲花山旅游区和飞龙世界被评选为"广州地区十佳旅游景点"。

1997年，香江野生动物世界在大石镇建成开放，并且在近10年内陆续增建了国际大马戏、欢乐世界、水上乐园、鳄鱼公园、长隆主题酒店等核心项目，共同构成了目前已成为国家旅游局颁布为5A级景区的广州长隆旅游度假区。

2000年以来，余荫山房的修葺完善以及岭南印象园、广东科学中心、南粤苑等景区的开发建设，更使番禺成为游客青睐的目的地。2011年，番禺区旅游接待1960.15万人次，旅游总收入89.58亿元，分别比上年增长25.1%和17.8%，荣获"中国最具魅力文化旅游休闲名区"和"2011年度（首届）中国旅游竞争力百强区"称号。

"十一五"期间，番禺区旅游接待共7265.07万人次，旅游总收入达339.66亿元，年均增长为18.1%和18.0%。总体上，番禺旅游产业规模不断扩大，产业结构日趋完善。从产业体系方面看，番禺已形成了融食、住、行、游、购、娱为一体的旅游接待系统，旅游产品结构和旅游服务设施档次逐渐完善，多元化、多层次的综合接待能力进一步加强。旅游景区景点、酒店、旅行社三大旅游子行业的规模不断壮大。

通过对番禺旅游业1998—2010年的旅游统计数据加以分析，可以清晰地看出，在此期间，番禺旅游接待总人数由501万人次增长到1567.37万人次；旅游总收入由27.55亿元增加到76.03亿元。除2003年受"非典"影响，游客数量和旅游收入有所减少外，游客数量和旅游收入基本保持增长趋势（见表6-1）。

■ 表6-1 番禺区旅游业1998—2010年发展基本情况

年份	接待游客		旅游收入	
	总人次（万人次）	增长率（%）	总收入（亿元）	增长率（%）
1998	501	24.32	27.55	32
1999	526	5	30.77	11.7
2000	558	6.2	34.1	11.2
2001	594	6.5	36.2	6.2
2002	621.50	4.6	37.40	3.3
2003	550.3	−11.5	32.4	−13.4
2004	648.56	17.9	33.52	3.5
2005	610.95	4.6	29.16	8.3
2006	771.08	26.2	37.01	26.9
2007	1155.26	35.5	52.14	33.6
2008	1208.57	4.6	56.76	8.9
2009	1373.72	13.7	65.15	14.8
2010	1567.37	14.1	76.03	16.7

资料来源：由番禺市和番禺区年鉴整理。由于行政区的变化，番禺区成立前（2006年之前）的数据采用原番禺市的统计数据，2006年之后采用番禺区新的统计资料。

根据《2010年广州旅游业统计分析报告》，近三年广州接待游客人数前十名的旅游景区（点）中，番禺的长隆旅游度假区、莲花山旅游区、宝墨园、广东科学中心上榜（表6-2）。再从近三年广州旅游景区（点）营业收入的前十名来看，番禺的长隆旅游度假区、莲花山旅游区、广东科学中心也名列其中（表6-3）。

■ 表6-2 广州十大热门旅游景区（点）接待游客人数排名

序号	2008年	2009年	2010年
1	白云山风景区	白云山风景区	白云山风景区
2	长隆旅游度假区	长隆旅游度假区	长隆旅游度假区
3	越秀公园	广州动物园	广州动物园
4	广州动物园	莲花山旅游区	莲花山旅游区
5	莲花山旅游区	广东科学中心	广东科学中心
6	宝墨园	宝墨园	宝墨园
7	华南植物园	华南植物园	南海神庙
8	南海神庙	南海神庙	陈家祠
9	黄埔军校旧址纪念馆	百万葵园	华南植物园
10	百万葵园	陈家祠	十九路军抗日将士陵园

■ 表6-3 广州旅游景区（点）营业收入排名

序号	2008年	2009年	2010年
1	长隆旅游度假区	长隆旅游度假区	长隆旅游度假区
2	白云山风景名胜区	广东科学中心	白云山风景名胜区
3	碧水湾温泉度假村	白云山风景名胜区	九龙湖旅游度假区
4	九龙湖旅游度假区	九龙湖旅游度假区	芙蓉度假区
5	麓湖高尔夫俱乐部	芙蓉度假区	广州动物园
6	广州动物园	麓湖高尔夫俱乐部	麓湖高尔夫俱乐部
7	南沙高尔夫球会	广州动物园	南沙高尔夫球会
8	莲花山旅游区	南沙高尔夫球会	莲花山旅游区
9	广州客轮旅游公司	碧水湾温泉度假村	广东科学中心
10	海洋馆	莲花山旅游区	碧水湾温泉度假村

从文化与旅游结合的角度看，莲花山旅游区、广东科学中心、宝墨园分别代表着宗教文化、现代科技、传统民俗与旅游业的"无缝对接"。更重要的是，这些景区都主要是面向"旅游者"而非本地居民的日常休闲活动，这是它们与白云山风景区、广州动物园、华南植物园等同样位列榜单前茅的其他景区（点）的显著差别。由此可以初步认为，番禺的文化旅游已经在整个广州市旅游格局中占据了举足轻重的地位。

（二）文化与旅游结合发展状况

文化与旅游的结合发展主要体现于文化旅游产业，扎实的步伐和稳定的发展，使番禺的文化旅游产业具备了良好基础。

1. 政策层面的关注与推动

早在2005年颁布的《番禺区文化强区建设规划纲要（2005—2010）》中，番禺区就提出了"文化古邑、水乡新城"的目标定位，并提出实施"文化基础、文明创建、文化产业"三大工程，计划打造星海艺术、岭南民俗、生态旅游、城市商贸四项文化品牌。

在2006年的《番禺区"十一五"规划纲要》中，目标定位调整为"星海故乡、广东音乐发源地"，特别强调对番禺星海故乡和广东音乐发源地历史文化资源的挖掘，计划建设一批以"星海"命名的文化设施。此项工作在"十一五"期间得到了较好的落实，体现为星海艺术节、星海合唱比赛、番禺博物馆专设的冼星海展厅等文化活动或文化设施项目。广东音乐、沙湾飘色等民俗民间艺术也得到前所未有的重视，在沙湾古镇民居保护与旅游开发过程中纳入了何少霞旧居、三稔厅（私伙局）等项目建设工作。

2010年初，为体现城市整体建设发展的变化，特别是亚运会与广州新城建设所带来的新机遇，《政府工作报告摘要》中提出了"星海故乡、广州新城"的新目标定位，并以"激发文化活力，全力打造岭南文化传承区"为核心实施战略。新目标定位强调了番禺的文化建设工作要融入全广州市的大格局中，第一要着力挖掘自身传统文化内涵，突出"千年古邑、岭南水乡"文化特色；第二要着力完善文化基础设施体系，贯彻落实《广州建设文化强市和世界文化名城规划纲要》，进一步完善公共文化设施建设和管理工作，亚运场馆和景观遗产的保护、利用和开发第一次明确提上政府工作日程；第三是通过丰富多彩的宣传教育工作，着力提升全区整体文明程度。

2011年完成的《番禺区"十二五"旅游发展规划》中，提出"文化水乡、旅游乐园"的口号，以及"把番禺打造成亚太区域旅游休闲中心"的宏伟目标。全区旅游工作继续保持高标准、高起点、高质量，着力构筑北部现代科教文化游乐购物、东部高端休闲旅游度假、西部岭南文化精品旅游、中部名园古迹旅游和中南部现代农业水乡生态等重点旅游片区。其中，岭南文化旅游、生态休闲旅游、现代游乐及科教旅游，以及后亚运康体旅游、文化美食旅游等项目，有望率先成为番禺旅游的精品。其中，《莲花山港湾休闲度假区项目方案》的推出，将世界名花主题公园、观光休闲渔船项目、渔人码头建设、珠江一日游"番禺莲花山祈福之旅"项目整合在一起，是近期番禺文化旅游项目开发的一个最大亮点。

2012年以来，番禺委托中国社会科学院有关专家组建了"番禺区定位与发展战略研究课题组"。在充分调研和讨论的基础上，《广州番禺区定位与发展战略研究（沟通稿）》中提出，将番禺打造成为宜居、宜业、时尚、文明、价值凸显的"广州时尚创意都会区"。课题组注意到了番禺在多年的社会经济发展建设中，不但继续保持了大量的优秀传统文化，还具备了成为"广府文化新标签"和"时尚文化区"的良好基础。近年来，从传统文化角度看，莲花山、宝墨园等传统文化空间已发展为国家4A级旅游景区，而沙湾古镇的文化旅游开发也在紧锣密鼓地进行；而时尚文化、精英文化、生活文化通过万博购物中心、亚运城、大学城的进驻和日渐成熟，也将为番禺带来丰富多元、特色鲜明的现代文化魅力。因此，番禺区应围绕"集聚时尚创意要素、打造时尚创意高地、营造时尚创意环境、构建时尚创意网络、培育时尚创意产地"的核心要求，重点建设五大主导功能：国际时尚创意中心、国际教育合作示范区、国家级科技创新基地、珠三角新兴时尚商圈、广州智慧宜居示范城。

2. 现有文化旅游项目

番禺区文化旅游产业有集中体现岭南文化、人文历史的主题旅游项目，有集购物美食、自然生态、娱乐购物于一体的大型综合旅游区，配套的旅游产品较为丰富。

沙湾古镇文化旅游项目

沙湾古镇旅游项目综合建筑（祠堂）、广东音乐、民间工艺（砖雕）、民俗（飘色、醒狮、舞龙）、盆景花卉（兰花）等。沙湾是一个有着800多年历史的岭南文化古镇，民间艺术饮誉南国。沙湾文化是以传统历史文化和民间文化为主体的水乡文化，具有丰富的物质文化资源和非物质文化资源，是"中国民间艺术之乡"（广东音乐之乡、飘色之乡）、"中国龙狮之乡"、"广东省民间艺术之乡"、"民间雕塑之乡"、"广东省古村落"。

非物质文化遗产方面，沙湾拥有国家级非物质文化遗产狮舞、广东音乐，省级非物质文化遗产沙湾飘色、砖雕，非物质文化遗产传承人有何世良（砖雕）、周镇隆（龙狮）、黎汉明（飘色）。此外，还有许多传统文化活跃在民间，如北帝诞、鳌鱼舞、扒龙舟、养兰、私伙局等。饮食文化方面，沙湾姜埋奶享誉广东省及港澳地区，传统的菜肴如鸡丝酿芽菜、沙湾别茨鹅、豉椒碌鹅、狗仔粥、牛奶宴等也远近驰名。

余荫山房

余荫山房是广东四大名园之一，是四大名园中保存原貌最好的古典园林，是全国重点文物保护单位、全国近代优秀建筑单位。余荫山房保护开发工程将重点开发建设二期、三期项目（二期项目西华苑工程目前暂缓建设），其中三期项目占地约216亩，将规划复建海云寺，建造岭南文化博物馆、岭南园林环境等项目。

宝墨园、南粤苑

宝墨园是国家4A级旅游景区，是一个集合了清官文化、岭南古建筑、岭南园林艺术、珠三角水乡特色，融园林建筑、山水自然和文化精品展览等于一体的传统文化旅游景区。园内有赵泰来艺术馆，岭南画派的赵少昂、杨善深书画馆，包公文化展览馆等。南粤苑与宝墨园位置毗邻，旅游资源相近，可视作宝墨园项目的延伸和拓展。

岭南印象园

岭南印象园坐落在广州大学城，提供观光、休闲、娱乐、住宿、餐饮、购物等设施和服务，可供游客体验岭南乡土风情和岭南民俗文化。岭南印象园中富有特色的街巷、宗祠、民居和店铺等，充分展现了岭南传统文化的精华。

莲花山旅游区

区属国有企业，是集古采石场文化、望海观音祈福文化、荷花文化主题于一体的文化休闲旅游区。其中望海观音高40多米，是珠江口区域最负盛名的宗教文化旅游地标。

此外，莲花山旅游区所在的石楼镇还有36平方公里的大沙田海鸥岛，正在发展农业观光、休闲、环岛绿道游；有2.87平方公里的亚运城，正在开发健身活动新城游；有获国家"大禹奖"的砺江水闸砺江河沿岸的亲水活动游；以及大岭历史文化名村的岭南文化游、石一村的陈氏大宗祠（善世堂）、赤岗村的清颖祠堂街的访古游等。根据近年来区委区政府的指导意见，石楼镇正计划把莲花山观音祈福、亚运城、大岭村历史文化、黄大仙信仰等整合为"莲花福地"文化。

长隆旅游度假区

国家5A级旅游景区，拥有长隆野生动物世界、长隆欢乐世界、长隆水上乐园、广州鳄鱼公园、长隆国际大马戏等多个品牌，已成为世界级的主题公园集群。

（三）文化旅游的社会认知分析

1. 文化旅游的总体认知度

运用网络调查和网页内容分析是网络时代进行探索性研究的手段之一。通过查询搜索引擎百度（www.baidu.com）和谷歌（www.google.com.hk），可从总体上了解番禺旅游与周边具备文化旅游开发潜力的主要地区的相对地位。考虑百度和谷歌的搜索结果有时呈现比较大的差异，这里取各地区所得结果排名的平均数来进行综合排名。[①]

查询结果表明，番禺文化旅游在所比较的7个周边地区中综合排名为第

---

① 采用基于网页搜索结果的"网页内容分析方法"。考虑到互联网检索系统较为复杂的技术问题，本节根据互联网检索资料对旅游形象所做的分析只能在基本近似的水平上进行，作为一项初步分析来看，这里所做的是对番禺旅游形象与其他相关事项进行对比分析，其结果的可信度仍然是较高的。

二位（表7-4）。这一结果能够反映出番禺在珠三角区域范围内的"文化旅游"目的地形象潜在竞争中处于一个不错的位置。最大的竞争对手是佛山市的南海区。

■ 表6-4　番禺文化旅游网络查询：总体认知度

城市	查询所得页面数				综合排名
	百度		谷歌		
	页面数	排名	页面数	排名	
番禺区	5610000	2	6140000	2	2
从化市	5540000	5	372000	5	5
增城市	5610000	2	636000	4	3
南沙区	5570000	4	66600	7	6
顺德区	5530000	6	5950000	3	4
南海区	5650000	1	25000000	1	1
虎门镇	5530000	6	268000	6	7

注：①查询时间：2012年10月13日；②查询方法：按"地区+.文化旅游."来进行，"文化旅游"多加一套引号是为了避免搜索系统自动将"文化"与"旅游"拆开来查询。

2. 番禺文化旅游认知要素分析

为了进一步分析番禺文化旅游认知的构成要素、明确未来形象传播中的主题内容，下面选择了79个关键词进一步展开网络查询（表6-5），并将查询结果按照所涉及的方面，大致分为6组。结果表明：

第一，从"主要特征"来看，"城市""文化"的社会认知度要高于"乡村"与"历史"或"自然"的认知度。

第二，从"旅游类型"来看，"度假"的社会认知度排名第一，而"休闲""体验""观光"三项分列一至四位，彼此差距也并不大。值得注意的是，"活动"的社会认知度也不低。综合判断，目前番禺旅游类型的社会认知度可能受到长隆旅游度假区所提供的产品及其营销宣传的较大影响。

第三，从"特色评价"来看，令人略感意外的是，"创意"成为认知

■ 表6-5　番禺旅游的认知要素及其认知程度的网络查询

类别	查询词	查询结果（千项）	占主查询词页面项数的比重(%)	类别	查询词	查询结果（千项）	占主查询词页面项数的比重(%)
	"番禺 旅游"	3150	–		莲花山	849	26.95
总体特征	城市	1700	53.97		亚运村	185	5.87
	乡村	1100	34.92		大岭（古村）	77.4	2.46
	文化	1850	58.73		余荫山房	220	6.98
	历史	1060	33.65		长隆	2000	63.49
	自然	947	30.06		宝墨园	580	18.41
旅游类型	观光	1780	56.51	主要旅游资源	南粤苑	90.5	2.87
	度假	2760	87.62		岭南印象园	410	13.02
	休闲	2090	66.35		大学城	1650	52.38
	活动	1630	51.75		冼星海	35.6	1.13
	娱乐	589	18.70		沙湾古镇/沙湾	208/907	6.60/28.79
	参与	652	20.70		鳌山古庙	4.1	0.13
	体验	1810	57.46		番禺博物馆	52.4	1.66
特色评价	传统	1390	44.13		星海公园	118	3.75
	民间	1330	42.22		广东科学中心	161	5.11
	深厚	456	14.48		钻汇	32.7	1.04
	底蕴	351	11.14		茂德公草堂	33.7	1.07
	文化遗产	506	16.06		美食节	155	4.92
	现代	1210	38.41		飘色	44	1.40
	流行	620	19.68		鳌鱼舞	4.91	0.16
	悠闲	430	13.65		水色	58	1.84
	动感	597	18.95		龙船鳢/龙船	0.006/59	0.00/1.87
	新奇	314	9.97		乞巧	10.4	0.33
	创意	1460	46.35		广彩瓷	0.017	0.00
	丰富	1300	41.27		香云纱	2.95	0.09
资源特征	珠江	2730	86.67	非物质文化遗产	姜埋奶	27	0.86
	河涌	185	5.87		醒狮	55.5	1.76
	沙田	241	7.65		咸水歌	37.2	1.18
	广府	103	3.27		拳法	1.73	0.05
	广东音乐	61.3	1.95		梅郎（布娘）	0.026	0.00
	美食	2060	65.40		十乡会	0.003	0.00
	民俗	1330	42.22		方帅诞	0.01	0.00
	节庆	323	10.25		简公佛诞	0	0.00
	节日	2080	66.03		姑嫂坟	1.05	0.03
	会展	1940	61.59		灯芯草	0.413	0.01
	时尚	1120	35.56		广绣	30	0.95
	动漫	254	8.06		水牛奶	19.2	0.61
	手工艺	166	5.27		砖雕	113	3.59
	珠宝	1460	46.35		潘高寿	0.484	0.02

注：①查询时间：2012年10月23日；②查询所用搜索引擎：百度搜索；③查询方法：在所得到的"番禺旅游"的页面中，继续搜索包含相应对象的页面数量。

度最高的要素。不过考虑到"创意"并不只针对那些全新的现当代文化产品的设计与开发，亦可成为传统文化资源以更合理的形式适应现代人精神需求的手段。此外，并不令人意外的是，"传统""民间"的认知度也很高，这与番禺多年来围绕传统岭南文化打造旅游项目的努力分不开。而"现代""丰富"这两组关键词也表现上佳，似乎在提醒决策者：番禺文化旅游多元化的潜力不容忽视，传统文化并不是唯一。

第四，从资源特征来看，"珠江""美食""节日""民俗""会展""珠宝""时尚"等关键词都有很好的表现，再次体现了番禺较为复杂的、多元化的认知现状。但值得深思的是，"沙田""广府""广东音乐"这三项是最为当地文化部门看重的地域文化要素，却只有很低的社会认知度。此外，另一个有趣的现象是，"节日"远远优于"节庆"的社会认知，这里可能存在的主要原因是：节日是一种偏资源指向的名词，节庆是一种偏产品指向的名词，这说明番禺对资源宣传得较多，但对产品宣传得不够，从节日资源向节庆产品的转化也还做得不够。

第五，从"主要旅游资源"来看，"长隆"受到最明显的追捧，接下来依次是"大学城""莲花山""宝墨园""岭南印象园"。虽然不能把"大学城"在这里的良好表现完全理解为是直接与"旅游"有关，但也能在一定程度上显示出以它为依托来发展未来的新型文化旅游产品的潜力。值得留意的是，"余荫山房""冼星海""沙湾古镇""番禺博物馆""星海公园""美食节"这些在一般印象里应该有很高知名度的景区、人物或活动，却在一定程度上遭到冷遇。

第六，"非物质文化遗产"的社会认知情况最不乐观，几乎所有已经成为省级以上非物质文化遗产的项目，都很少能够从旅游的角度获得较为明确的社会认知度。当然也能看到，"飘色""水色""龙船""醒狮""姜埋奶""广绣""砖雕"等项目具有明显的相对优势。

综合上述初步分析，可以对番禺文化旅游的社会认知情况有如下一些基本总结：

第一，在毗邻珠江口的周边地区中，番禺"文化旅游"的总体知名度仅次于佛山市南海区。这主要源于番禺传统文化特别是民俗文化的丰富积淀，能够成为广府文化的优秀代表，也使番禺在区域旅游同质化竞争中获得一定优势。

第二，番禺在旅游者或潜在旅游者中的总体认知，主要呈现为一个有着悠久历史文化的城市型旅游目的地，能够为旅游者提供休闲、体验、度假、观光等多种旅游产品，传统和民间的特色与现代和创意的特色并存。

第三，资源类型丰富，一些新兴资源如"时尚""会展""科普"等的影响力已经初步显露，但从资源向产品的转化工作还有待加强。

第四，非物质文化遗产与旅游业的结合发展，亟待提上日程。目前已经形成对于"飘色""水色""醒狮""广绣""砖雕""龙船"的基本社会认知，因此近期文化旅游工作中应当着力考虑如何尽快而合理地实现其由资源向产品的转化。

二 结合发展的资源条件

对于"旅游资源"的较为严格的理解，强调的是那些能够形成较为明确的"旅游吸引力"的资源，这些吸引力能够激发人们的旅游动机，并且转化为实际的出游活动。对旅游资源的合理利用，能够导向稳定的、一定规模的经济收益，使人们在精神上愉悦、放松、满足。因此，"旅游资源"应该与一般意义上的"文化（或人文）资源""自然资源"相区别，"旅游价值"也就不同于"文化价值"或"自然价值"。一些资源有着很好的文化价值、历史或考古价值、建筑（美学）价值、生态价值、环境价值、教育价值，但它们或者不能带来稳定的、一定规模的经济收益，或者不能让人们在参观体验的过程中获得精神上的愉悦、放松、满足，因此也可能并不具备真正意义上的旅游价值。

当然，旅游价值并不排斥其他价值，相反，有些时候旅游价值是以这些价值为基础的，同时也能辅助其他价值得以更为充分的展示，使人们更容易亲近它们、了解和接受它们，从而带来更为正面的、积极的、影响广泛的社会效益。综上所述，本节将以旅游价值为基础，对番禺市文化与旅游结合发展的资源赋存加以分析。

（一）现有旅游资源总体情况

番禺区旅游资源丰富，其旅游业在广州市旅游业中具有举足轻重的地位。番禺拥有首批国家5A级旅游景区——长隆旅游度假区，四个国家4A级旅游景区——莲花山旅游区、宝墨园、广东科学中心、岭南印象园，还有全国重点文物保护单位、广东四大名园之一的余荫山房。最近广东省第三次文物普查，番禺紫坭糖厂作为工业遗产的重要意义也被挖掘出来。

《番禺区"十二五"旅游发展规划》中对番禺区旅游资源进行了统计分类。以此项工作为基础，本书对个别资源类别加以调整、补充或重新归类，作为一种常规[①]的旅游资源分类方案，整理为表6-6。

■ 表6-6　番禺区旅游资源常规分类

主类	亚类	基本类型	主要资源代表
A地文景观	AA综合自然旅游地	FAA教学科研实验场所	莲花山风景区
	AE岛礁	EBA历史事件发生地	海鸥岛
B水域风光	BA河段	EAA人类活动遗址	珠江主航道、珠江后航道
C生物景观	CA树木	CDA水生动物栖息地	大夫山森林公园、滴水岩森林公园
	CC花卉地	CCA草场花卉地	花花世界
	CD野生动物栖息地	CAA林地	鳄鱼公园
E遗址遗迹	EA史前人类活动场所	BAA观光游憩河段	莲花山古采石场
	EB社会经济文化活动遗址遗迹	AEA岛区	广州市游击二队司令部旧址

① 所谓"常规"，是因为这里的分类工作是根据《旅游资源分类、调查与评价》(GB/T18972—2003)这一国家标准来整理的。该标准颁布于2003年，至今已有10年之久，其间旅游界对于该标准的涵盖力、标准化都产生了一些争论。目前，越来越多的研究者认为应该以更为开放的态度将以往被忽视的资源、现象都纳入旅游资源的范畴，用一个更为动态、灵活的眼光去对待旅游资源，去满足焕发多样化的旅游需求。但为工作规范考虑，此处仍先按照这个体系来分析番禺区旅游资源的"常规"类别，后文中再补充说明需要增补但难以归并在这个标准化体系中的其他一些旅游资源。

主类	亚类	基本类型	主要资源代表
F建筑与设施	FA综合人文旅游地	AAA山丘型旅游地	广东科学中心、大学城
		FAB康体游乐休闲度假地	长隆旅游度假区（欢乐世界、水上乐园、长隆大马戏）、莲花山高尔夫球会、小瀛洲
		FAC宗教与祭祀活动场所	鳌山古庙群、眉山寺、仙庙风景区
		FAD园林游憩区域	余荫山房、岭南印象园、宝墨园、南粤苑
		FAE文化活动场所	番禺博物馆
		FAH动物与植物展示地	长隆野生动物世界、化龙农业大观园
F建筑与设施	FB单体活动场馆	FBB祭拜场馆	莲花山观音阁
		FBC展示演示场馆	广东中医药博物馆
		FBE歌舞游乐场馆	丽江明珠歌剧院
	FC景观建筑与附属型建筑	FCB塔形建筑物	莲花塔、大岭村魁星塔
		FCC楼阁	观音阁、大岭村魁星塔
		FCH碑碣（林）	番禺人民英雄纪念碑
		FCI广场	番禺广场
	FD居住地与社区	FDA传统与乡土建筑	余荫山房、留耕堂、宝墨园、南粤苑、大岭古村、沙湾古镇、屈氏大宗祠、群园（市桥）、蝴蝶楼（东涌）
		FDC特色社区	榄山农民新村、亚运城
		FDD名人故居与历史纪念建筑	何小静故居、植地庄抗日战斗烈士纪念碑、冼星海出生地、屈大均墓
	FE归葬地	FEB墓（群）	屈大均墓、刘王冢
	FF交通建筑	FFB车站	广州南站
		FFC港口渡口与码头	莲花山渔港经济区

主类	亚类	基本类型	主要资源代表
G旅游商品	GA地方旅游商品	GAA菜品饮食	沙湾姜埋奶、谭州甘蔗、疍家传统小食制作工艺、沙湾水牛奶传统小食制作工艺、市桥王瑞华凉茶
		GAE传统手工产品与工艺品	广彩瓷烧制技艺、广绣（新造）、乞巧公仔、香云纱（薯莨布）、广东砖雕（沙湾）
H人文活动	HA人事记录	HAA人物	冼星海、何氏三杰、岭南画派
	HC民间习俗	HCA地方风俗与民间礼仪	关帝十乡会、简公佛诞、谢村方帅诞、沙亭龙船鳎崇拜、龙船饭、沙头七乡会、华光诞
		HCB民间节庆	潭山乞巧、凌边乞巧、端午龙舟竞渡活动（各镇街）
H人文活动	HC民间习俗	HCC民间演艺	广东醒狮（沙湾、新桥）、员岗飘色、沙湾飘色、潭山飘色、沙湾水色、员岗跷色、沙涌鳌鱼舞、咸水歌（榄核）、广东音乐（沙湾）、沙头马色
	HD现代节庆	HCD民间健身活动与比赛	黄啸侠拳法
		HDA旅游节	旅游文化美食节

　　将本章第一部分的文化与旅游结合发展现状与这一部分对番禺旅游资源的类型体系加以对照分析，可以发现岭南文化是番禺文化的核心和内涵。总体而言，番禺独具水乡特色和岭南文化的宝墨园、莲花山、沙湾古镇等传统旅游景点，余荫山房、留耕堂和其他散布在各个村镇的古民居群，以及龙狮、龙舟、鳌鱼、广绣、广彩、乞巧等传统民俗文化，都很好地体现了岭南文化的特色，具有浓厚的本土气息，完全能够通过整合和宣传，逐渐构筑起番禺文化旅游的吸引力。

　　但也要看到，进入20世纪以来，随着人们物质生活条件的极大改善，也越发迫切地渴求丰富的精神生活，因此在"文化旅游"概念下所涵盖的内容必须既有量的增加又有质的提升，才能满足人们日益增长的需求。但是从番禺区目前文化旅游资源的挖掘和产品开发的现状来看，其广度、深度上还存在明显不足。一些独具特色的潜在文化旅游资源未能得到合理的利用，而一些类型化资源的整合包装也还没有提上日程。下面几个小节将分别对此加以评述。

（二）传统文化旅游资源[①]

番禺作为岭南历史最为悠久的古邑，从秦汉时期直到民国初年，一直是广东政治、经济、文化中心。这里至今仍有保护完好的祠堂古庙、村落古巷、亭塔古墓、古采石场和传承发展的广彩、广绣，以及飘色、醒狮、民谣、民歌、民风遗俗。同时，番禺又是岭南画派、广东音乐的发源地，是屈大均、冼星海等历史文化名人的家乡，还是当代的经济文化名人霍英东、何贤等港澳海外侨胞的故乡等。正是这些丰富文物承载的历史和文明，造就了番禺民间深厚的文化底蕴，形成了番禺农村至今仍有的丰富的传统文化资源。

1. 物质文化方面

古代遗址。包括：古窑遗址、庙宇遗址、城寨、烽火台遗址、炮台遗址、古采石场遗址等。其中沙边窑遗址是宋代番禺民间窑场大量生产外贸瓷的代表，海云寺遗址曾经是粤中四大名寺之一，莲花城是清初海防的哨所，康熙年间所建的小谷围炮台、光绪十年建成的沙路炮台，则是世界海防史重要的历史文化遗产。而在番禺境内多处古采石场遗址中，以莲花山古采石场遗址最有名气，其规模大，延续时间长，可上溯至2000多年前的西汉时期，在国内罕见。该遗址2001年被国务院公布为全国重点文物保护单位，是闻名遐迩的4A级旅游区。

古墓古陵。散布在番禺广大农村的古墓古陵数量多，延续时间久。最早的有沙头龟岗、钟村屏山的东汉墓群，规格最高的有小谷围南汉国"康陵""德陵"。其中较有影响的是清朝爱国诗人屈大均之墓，该墓1983年被定为广州市文物保护单位，1989年被定为广东省文物保护单位。

---

① 本节主要参考"番禺农村文化生态调查研究"课题组编《番禺农村文化生态调查研究》，《番禺职业技术学院学报》2007年第4期，第59～64页。

古建筑。番禺古建筑种类繁多，有寺庙、祠堂、书院、书室、家塾、社学、庭园、民居、牌坊、门楼、碉楼、亭、塔、井、桥等，承载着丰富的历史内涵。如"何氏大宗祠"（留耕堂），堂宇宏敞，气势雄伟，其木雕、砖雕、石雕、灰塑、壁画工艺精湛，至今仍是有名的旅游文化胜地。另如屈氏大宗祠，始建于宋末，2002年被定为广州市文物保护单位。

近现代建筑。涉及府第、学校、纪念亭、炮楼等。如1942年建于市桥的"群园"，是一处规模很大的庭园建筑群，其特点是以中国古典建筑手法为主，同时又融合西方建筑艺术，中西合璧，颇具特色。又如东涌镇的蝴蝶楼，为民国时期建造的两层碉楼式住宅，其楼梯外墙砌成半圆形直通楼顶，墙身开有不同角度的多处射孔，楼顶天台四角筑墙垛，以便于防御，很有建筑和历史研究价值。

古镇古街。以沙湾镇为代表。沙湾镇已有800多年的历史，面积约7万平方米，建筑风貌有具传统的岭南水乡风格，且种类齐全，既有以留耕堂、三稔厅为代表的祠堂建筑，又有以安宁街、车陂街为代表的经贸型街巷建筑，还有笃生名宦、鳌山古庙群、水绿山青塔、清水井等明清建筑。

历史古村。以大岭村为代表。大岭村占地3平方公里，早在北宋初期，这里已成村落，至明朝嘉靖年间更名为大岭村。村内民居多为独家的小型住宅——"明"字屋和三间两廊建筑。村内祠堂、庙宇、牌坊、古泉、拱桥、文塔及部分古民居保存完好，现已被定为全国历史文化名村。

石牌古塔。雕琢精美的石牌坊在番禺各村镇极为常见。建于里巷入口的门楼，门额上的石匾，传递着古巷及过去居民的历史，也是村民凝聚的标志，如钟村、南村、石基、石楼等镇都在镇头竖立有具鲜明特色的牌坊。古塔中最为著名的是莲花塔，此塔雄踞于狮子洋西岸，有"省会华表"之称。

名人故居。番禺的名人故居主要以清代建筑为主。其中南村镇的"余荫山房"最为著名，该园于清同治十年（1871）建成，为庭园式住宅，建筑精巧，被誉为广东四大名园之一。此外还有沙湾镇的广东音乐"何氏三杰"中何少霞的故居、"三稔厅"旧址、国画大师关良的故居等。

古桥。处于珠江水网中的番禺，是全国著名的"桥乡"。现存既有历史久远的红石桥，也有坚固耐用的白石桥，其中以单孔或多孔拱桥最为常见，也有平铺的石板桥。这些古桥既是番禺历史发展的最好见证，又构成了番禺水乡文化的特色。

雕刻。上述古建筑中，还融汇了大量丰富精湛的古代雕刻和碑刻。建筑雕刻中砖雕是番禺久负盛名的传统民间工艺之一，特别是在清代乾隆、嘉庆年间，番禺建祠堂和庙宇的风气日益盛行，砖雕艺术也广为普及，人们将砖雕艺术广泛应用于祠堂、庙宇、民居当中。如沙湾的何氏大宗祠（留耕堂）、石楼的陈氏大宗祠（善世堂）、大岭村的陈氏大宗祠（显宗祠）、石碁的傍东村古氏大宗祠（流芳堂）、沙湾的鳌山古庙群、市桥的眉山寺、石碁的官涌古庙等都有类型题材相似的砖雕艺术作品，给人的视觉冲击力极强。

2. 非物质文化方面

广彩。即广州彩绘瓷器的简称，又称广州织金彩瓷，以"绚彩华丽，金碧辉煌"而闻名于世，清代已深受欧美等国人的喜爱，成为各国皇家、贵族等上层社会人士欣赏和装饰的日常用瓷，同时又是清代地方官员进贡皇家的特种工艺品。石楼"广彩"现在仍是一枝独秀，2004年2月，广东省文化厅命名石楼镇为"广东省民族民间艺术之乡（广彩瓷艺）"。

广绣。广绣是我国"四大名绣"之一，誉满中外。广州刺绣名师在唐顺宗永贞元年（805）已扬名。番禺被誉为广绣的发源地之一，历史上，新造、南村、钟村、化龙、大石、石楼、沙湾等地都成立有"绣花社"，主要产品有粤剧戏服、旗袍、喜帐、被面、台围、条幅绣画等。番禺的广绣几度兴衰，20世纪90年代，名扬全国的女艺人陈少芳回到故乡番禺，使番禺的广绣重现辉煌。如今小谷围街的北亭村绣花社再次复兴了这一技艺，广绣得以发扬光大。

灯芯花。灯芯花（球）的制作工艺繁复而精湛。制作灯芯前，要先把干草浸湿，再用一个三角形的"草挑"（雕）把草的皮（壳）与"芯"分离开来，分类放好；随后，要把挑出的灯芯捆扎好，弄直，再用薄口锋利钢刀切成约长10厘米的一小段，最后用红纸片上浆糊把约20根左右的灯芯段卷成一小扎便可上市出售。制作药用的灯芯球，要先用灯芯草的外皮缠绕成球心，再以灯芯并排处包一层，最后用一根长灯芯横绕十数圈，扎成一个药用灯芯球，既实用又美观。这种工艺十分讲究眼熟手快，需要长年操作才会熟能生巧。

飘色。散见于番禺农村的飘色，历史久远，其中以沙湾飘色和潭山飘色为代表。发源于沙湾一带的飘色，至少有300多年历史。2000年5月，文化部授予沙湾镇"中国民间艺术之乡"的称号。化龙镇潭山村的飘色艺术始于明代。2006年，化龙镇被授予"广东省民间文化传承基地"。在番禺区委、区政府的重视下，飘色这项流传已久的民间艺术近年来得到了长足的发展。2006年10月，全国首次飘色（抬阁）会演在番禺举办，番禺派出的沙湾、潭山、员岗等代表队在全国数十支代表队中脱颖而出，获得了好名次，由此也提高了番禺民间文化在全国的知名度。

跷色。番禺南村镇员岗村，历史上与沙湾、石楼同称番禺三大名乡。崔氏宗族于南宋时从江西迁到员岗，并传来"跷色"，形成了"员岗跷色"，这是一种民间艺术，与飘色有些接近，但人物造型较简单粗糙，色柜的人像造型通过色梗再益加较小的人物造型，俗称"人上人"。经过创新和改造，2006年，员岗在番禺参加全国飘色大赛，打出了"员岗跷色"的名称。

醒狮舞。从南海县迁到沙湾定居的沙坑村民喜爱舞狮活动已近300年。沙坑村1993年成立"安良社"武术馆，作醒狮技艺的训练场地。1997年5月成立沙坑醒狮团（2003年改名沙坑醒狮艺术团），醒狮团成员经过多年刻苦钻研，练就了集观赏性、艺术性、竞技性于一体的狮技，成为远近闻名的民间艺术奇葩。1998年，广东省文化厅授予沙坑村"醒狮艺术之乡"称号。2004年12月，中国民间文艺家协会授予沙坑村"中国龙狮之乡"的殊荣。

广东音乐。广东音乐（原称粤乐），起源于清末民初的广东珠江三角洲地区，是在国内外均有影响的广东民间音乐乐种。从20世纪20年代起，广东音乐就已风靡全国，并流传到国外，被誉为岭南文化瑰宝之一。沙湾是广东音乐的发源地之一，沙湾镇何氏家族孕育了早期广东音乐典雅派，其代表人物是中国近代优秀民族音乐家何柳堂、何与年、何少霞。他们不仅是演奏家，而且是博学多才的作曲家，被誉为"何氏三杰"。他们创作了近百首广东音乐，其中如《赛龙夺锦》《雨打芭蕉》《饿马摇铃》等一批作品脍炙人口，蜚声中外。新中国成立后，沙湾群众自发组成粤曲"私伙局"，又曾改名为"柳堂乐社"。"何氏三杰"故居（早年集聚在一起玩音乐的）"三稔厅"按原状修复，成为沙湾广东音乐创作和演奏的重要基地。2000年5月，文化部授予沙湾"广东音乐之乡"称号。

鳌鱼舞。番禺石碁镇的沙涌村，以鳌鱼舞扬名。鳌鱼舞是带道具的民间舞蹈，源于明初江浙的鱼灯舞，沙涌村江姓始祖是浙江省奉化县丹桂乡金鳌村人氏，他们以鳌鱼为图腾，明朝洪武八年（1375）来番禺沙涌定居，鳌鱼舞遂由浙江传至沙涌村。传入以来历经数百年而不衰，至今已成为当地独特的群众喜闻乐见的民间艺术。村中的祠堂瓦脊往往有鳌鱼灰塑，梁架上有鳌鱼木雕，村口牌坊上有鳌鱼石雕。2005年，沙涌被文化部授予"中国民间艺术之乡"殊荣。

咸水歌。番禺位于珠江三角洲的中部、珠江八大入海口区域内。生活在这一地区的群众大多是农民或水上居民（以前称为疍家），日常劳动生活中多水网相隔，形成了他们在生产、生活中多以民歌抒发情怀、传递信息、悠闲自娱，被统称为"咸水歌"。咸水歌是"口传心授"流传至今的，没有歌谱，歌词也只是手抄本，多数是即兴演唱（俗称"爆肚"），成为民间口头文学。20世纪60年代民歌普查时，音乐工作者深入群众，向歌手请教，经过收集、记录、整理，这才有了记录词曲的歌谱。咸水歌是珠江三角洲民间艺术的宝贵财富。

端午节赛龙舟。番禺水乡的自然环境促使番禺龙舟习俗特别盛行。清初屈大均在《广东新语》中，就详细描述了当年番禺附近龙舟竞渡的盛况。解放前，大石南浦东乡的沿沙船，化龙沙路村的侯王宫船，化龙柏堂村、钟村屏山村等龙船均在广州城获得"通海第一""东海第一"等殊荣。新中国成立后，1956年广州举办过一次大型龙舟赛，钟村屏山村和石楼大岭村分别夺得分组赛第一名。进入21世纪，番禺龙舟活动不断发展、壮大，每年端午节前后区、镇、村都会举行不同类别的龙船竞技活动，相关部门还专门组织海外侨胞回乡观看。

重阳节登高。番禺人历来习惯于重阳节登高转运，青少年放风筝，小孩买风车，祈求转好运，步步高升，以"冲高"运气。解放前，登高人不多，解放后，番禺登高习俗日益盛行，莲花山每年重阳登高数万人以上，个别企业单位、学校还有组织地发起登山，成为番禺一大景观。

3. 名人资源

文化名人、地方名人如何氏三杰、冼星海、岭南画派中的陈树人等。

目前对何氏三杰的介绍还停留在故居实物陈列的简单开发阶段，虽然有现场的导游解说和音乐欣赏，但其人生行迹和优秀作品很难得到游客的深入了解、赏析。

冼星海及其艺术得到了地方政府的重视，星海艺术节、星海合唱节等活动，营造出一定的文化氛围，但毕竟是邀请性的官方文化活动，演出者与参与者均比较受限，也还没有具备主动吸引观众和游客的意识，在当地未形成足够的社会影响。

（三）民俗礼仪与民间节庆资源

在番禺区公布的第一、第二批共29项区级以上非遗代表性名录中，民俗（X）就有10项，占了1/3以上的比例。单独将民俗与节庆文化旅游资源拿出来加以分析的意义在于，民俗活动与节庆事件目前越来越成为一种综合地、集中地展现地方文化特色的良好载体，对于旅游者具有越来越强烈的吸引力，与旅游业结合发展的空间巨大[①]。

1. 传统礼仪

主要是以宗族、神明、传统节日、传统公共建筑（祠堂、庙宇）为依托而产生的，也包括人生礼仪习俗。这一类民俗节庆涵盖面广，情况较为复杂，一些公共性、娱乐性、展示性的项目具有较好的文化旅游开发潜力，而一些仅限于或适合于家庭、私人意义的项目，则不应受到旅游者的干扰。这是需要在文化旅游开发过程中特别加以分辨和处理的。

（1）祭神礼仪、迎神赛会

如社诞、北帝诞、天后诞、关帝诞、康公诞、张天师诞、华光诞、方帅诞等，各类娱神巡游，以及作为礼仪一部分的出色、打醮、抢花炮、投灯、搭棚演戏及其相关的文化空间（神明影响的传统社区及其巡游路线、神明所在的庙宇）。如传承至今的员岗飘色是康公诞上的必备项目、沙湾飘色是祭祀北帝时的精彩演出、市桥水色乃海神天后的水上仪仗队。

近年来在开放的文化政策导向下，一些有利于社区团结、社会和谐的民俗利益活动也逐渐得以恢复，如市桥十乡会、钟村康公出巡等。

---

① 本节主要参考朱光文的《番禺民俗的主要类型、遗产价值、现状与当代传承——以迎神赛会为例》《番禺文化》2012年第1-2期，第29～37页。

市桥街的"十乡会"由十个村乡组成，含朱坑村、白沙堡村、甘棠村、莖头村、榄塘村、樟边村、横坑村、左边村、东沙村和龙美村。"十乡会"起源于清末，当时清朝腐败无能，匪顽横行。十条村为保家园联盟起来抗击土匪，各村请来武术教练训练村勇抗敌，并定于每年正月初十组织各村舞龙、舞狮、担花榄、舞麒麟等，同时抬着"关帝公"像巡游十村，抬轿式巡游表示忠、义、仁、勇、智、诚和礼，并由十条村轮流把"关帝公"停放一年以保佑村里风调雨顺、国泰民安，停到哪个村就由哪个村做主。也定于每年农历五月十三为十乡老男节，只请60岁以上男人到做主的那个村吃饭，直至1949年解放，该活动停办。改革开放后的1986年，十乡会由榄塘村的垣叔重新组织起来。

钟村"康公出巡"正月十八会由钟村境内十大姓轮流主办。钟村内较大的姓氏被编为十甲，一年轮一甲。轮到某一甲时，该甲需主持康公出巡全部大小事宜。按习俗，康公出巡的游行队伍每年只能走同一路线，不能走回头路。每走到一个姓氏宗祠，都烧几声大铳，以示庆贺，互颂吉祥。"钟村出会"时至今天的巡游队伍有：旗阵方队、鲜花、洒净方队、金龙方队、醒狮方队、八音锣鼓方队、主帅方队、护卫方队等。近几年还增加了秧歌方队、腰鼓方队，民族服饰舞蹈方队等。巡游队伍由800多名村民组成，延绵近一公里长，穿梭在钟村、胜石、汉溪的大街小巷。现在出会亦按以前巡游路线一样行走，沿途的人群驻足争相观赏，"康公"所到之处，厂企、商铺、民宅燃放彩炮相互辉映、热闹非凡。村妇更是一早将准备好的肥鸡、烧猪、烧鹅摆在门前，而男人们则点燃鞭炮抛到空中，恭候"康公"大驾。

钟村龙狮文化先后获得"广东省龙狮文化之乡""中国龙狮文化之乡"等称号。2010年1月，钟村龙狮团应邀参加在北京人民大会堂举行的"百花迎春中国文学艺术界2010春节大联欢"，其精湛的技艺、新颖的创意和富有岭南特色的民间艺术，赢得专家和广大观众的好评。钟村龙狮团还舞出国门，2006年龙狮队在多哈亚运会开幕式上亮相，2010年2月赴法国尼斯参加狂欢节，倾倒了无数观众。可见，钟村龙狮文化驰名海内、蜚声国际，是番禺文化颇具亮色、不可或缺的一部分。

（2）家族祭祀礼仪

一般依托祖先崇拜和祖墓、祠堂而产生。祭祀礼仪在时间上，主要分为春秋二祭，按照地点的不同，又可分为祠祭（春分、秋分、冬至）和墓祭（清明和重阳）两大演示空间，仪式上，如三跪九叩礼、颁胙肉（俗称"太公分猪肉"）等礼仪。此类活动，对于一部分人群如家族成员、同姓后裔，具备"认祖归宗"的参与价值，一般不适宜做面向公众的旅游开发。

（3）人生礼仪

如婚、丧、嫁、娶的各种仪式，除了上灯、入学、婚嫁、丧葬等体现生老病死礼仪的普通礼仪外，还有如自梳、不落家、守清等具有地方特色的婚俗。这类活动的家庭私人意义较重，不宜做参与性、观光性的旅游开发。

2. 地方节庆

虽称为"地方节庆"，但很多时候是通过地方特有的方式去度过全国性的传统节庆。如围绕端午节产生的龙舟的习俗和工艺，元宵节期间的春色、夜色，七夕节期间进行的"拜七姐"习俗和乞巧工艺品制作技艺等；围绕龙舟形成的综合性龙舟文化遗产，如考古发现、龙舟习俗、特色龙舟、龙王崇拜、龙船饭、龙船制作雕刻技艺等一系列文化现象。

出于旅游开发的目的，最好的展现手法就是充分利用节庆场合的人气。但现在所观察到的情况通常是，民俗技艺表演往往与某个单一的传统节日相结合，规模较小，场所固定，程式简单，主要参与人也只是本地居民。尽管在宝墨园等少数景区对这些民俗技艺有比较积极的借用和展示，但总体的旅游价值还未得到充分的挖掘。节庆活动虽然日期是固定的，但节前筹备、节庆期间的各种适合于游客的参与性活动，都还有不少可供挖掘打造的空间。

（四）具有开发价值的新兴资源

"旅游"行为，特别是"文化旅游"行为，其社会建构特征非常明显，旅游者或潜在旅游者都普遍具有一种模仿和跟从的体验需求与消费心态。在条件合适的情况下，需要开发建设者积极主动地整理、包装，并进行合理的市场引导。作为文化旅游开发的基础性工作，解放思想、打开思路，将传统上不被看作文化旅游资源的对象纳入视野，进行主动的、在尊重其文化底蕴基础之上的开发，或更为积极地整合当地支柱产业和正在浮现中的未来的特色产业，都是进一步丰富番禺新兴文化旅游资源的有效办法。

1. 动漫产业

动漫产业已经被很多国家和地区视为文化产业中的重要组成部分。番禺以动漫游戏软件平台、游戏软件等开发及其衍生的产品和服务的动漫产业，已经具有较大的行业影响力和市场知名度。据统计，全区现有各类动漫游戏企业1200多家，产值上亿元的有30多家，年产值达100亿元，从业人员达10多万人。

目前，番禺区的动漫企业主要集中在星力动漫游戏产业园、华创动漫产业园、天安节能科技园，并已形成规模。其中天安节能科技园占地750亩，总投资约5亿元，入驻的动漫企业主要集中在网络游戏、动漫软件开发、动画制作、电子通信技术等领域，以创意研发为主。星力动漫游戏产业园总投资约6亿元人民币，产业园总规划占地810亩，前三期已经完工并投入使用，目前已有近160多家来自日本、韩国、中国香港及国内的诸多著名企业进驻。华创动漫游戏产业园定位为南中国一站式动漫研发、生产、展销、销售、旅游航母基地，为商家提供体验式采购、休闲一体的新型商务生活园区。项目总投资80亿元，占地总面积1118亩，建筑面积160万平方米，目前已有110多家企业进驻。

目前国内外动漫与旅游业的结合主要以如下两种方式实现：

第一，举办动漫展或动漫节。珠三角地区的动漫展，香港、深圳、广州已经走在前列，其中深圳动漫展已经成为全国动漫迷和动漫上下游产业的年度必到的盛会。番禺如果现在起步做动漫展，需要首先考虑区域竞争问题，争取另辟蹊径。

第二，启动体验式旅游，即向游客开放设计工坊或生产车间，实现消费者与动漫产业核心人士的亲密接触，构筑产品忠诚度。这种做法，类似于常规的"工业"旅游，但因为动漫产品的更新换代速度快，特别是网络游戏的新品推出周期越来越短、竞争压力越来越大，动漫企业普遍都有很强的多元营销、充分利用现场活动方式来拉近与终端消费者距离的冲动，并从而吸引媒体关注、延续营销效果。番禺因动漫生产基地的集聚，在这一方面已有很好的基础。

2. 创意设计与制作

广州大学城数字家庭与数字电视产学研孵化基地、中颐创意产业园、清华科技园广州创新基地、天安番禺节能科技园等具规模的工业园（区）。

以珠宝设计制作和销售的珠宝产业在番禺区形成区域珠宝产业集群，呈规模化、专业化的产业聚集发展。主要有沙湾珠宝产业园、大罗塘珠宝一条街、钻汇广场。

事实上，传统工艺美术也在当今的产业分类中进入了"创意设计"和旅游体验的视野。国内外不少文化产业园、创意产业园，都是因为有著名艺术家包括工艺美术家的进驻，才得以汇聚人气、迅速成长。就番禺而言，非物质文化遗产代表性传承人较多（见第三章表3-1、表3-2），而其中莲花山陈文敏的广彩制作、南村陈少芳和新造梁秀玲的广绣制作、潭山许冠其的乞巧公仔制作，都是具有观摩与参与体验等旅游价值的民间技艺，特别对于广东地区的旅游者有着较强的认同感和吸引力。

此外，以岭南画派和广东音乐为代表的岭南文化艺术在番禺区有广泛的群众基础和发育空间。随着广州南拓发展趋势的影响，以占有相当高素质白领为代表的消费人群在华南板块落户，在番禺北部接邻中心城区一带已形成一个人口众多而成熟的高消费群体，并形成一个立体且层次丰富的巨大商圈，有力地助推了番禺区文化消费市场的发展。为满足群众多层次、多方面、多样化精神文化需求，电影、书城、画廊、收藏和文化教育等文化消费的份额不断扩大，并逐渐呈现出区域化聚集和园区化发展的态势。

3. "亚运"或体育休闲

亚运会结束之后，毋庸讳言，"亚运城"及其周边的人气一时难以为继。但可以预见的是，这一区域空间区位良好，生态环境保持情况良好，已具备发展成为新型城市生活空间的基础。

体育将是未来人们走向更为健康的生活方式的主要参与型、消费型活动，如近年来在大城市的健身俱乐部、健美班、瑜伽班、舞蹈班的不断涌现和稳健运营，已经预示了这样的趋势。因此，对于以亚运为标志的体育休闲活动的发展，反映当地居民乃至广州市民对于健康生活方式、运动休闲文化的追求，或可为番禺文化旅游产品的开发打开一种新思路。

4. 演艺娱乐业

目前已经产生巨大影响的是长隆国际大马戏。该项目已经被国家文化部、国家旅游局纳入《国家文化旅游重点项目名录（旅游演出）》，产生了强大的旅游吸引力，带来了丰厚的经济回报。

此外还应重视的是另外一些惯常以来被视作"小众"的演艺娱乐项目，那就是目前正浮现于大学城区域的音乐酒吧①、创意集市、小型剧场等文化活动空间。大学城区域日渐成熟，人气旺盛，高等学校所营造的浓厚的求知、求新的氛围与青年学生所带来的创新热情、充沛活力，为时尚文化、创意文化的发展奠定了良好的基础。

目前大学城周边已经自发聚集了一些流行音乐、本土音乐、现当代绘画、雕塑与装置、摄影、话剧、工艺品、展览等领域的青年艺术工作者，这将为番禺营造出一个新型的文化空间。正是他们在大学城里开辟了诸如"黑铁时代"这样的音乐酒吧，并且在整个广州的表演艺术爱好者和普通青年人群体中都受到了一定追捧。

数万年轻人学习、居住在大学城这个区域，课余与工作之余的文化生活应该得到更充分的满足，以音乐酒吧为代表的演艺娱乐业，将会提供给他们更多的选择，并且让番禺区整个文化旅游——特别是面向本地人的文化休闲——的产品体系更为丰富。

三　结合发展的影响因素分析

（一）积极因素分析

1. 国家战略层面的方针指引

（1）文化产业方面②

2011年10月18日，中国共产党第十七届中央委员会第六次全体会议通过了《中共中央关于深化文化体制改革推动社会主义文化大发展大繁荣若干重大问题的决定》（以下简称《决定》），标志着我国文化产业的发展

---

① 英文对应于pub或livehouse。这是起于西方并在近年来逐渐传入我国大城市的一种方式，通常利用小型室内演出场地（如酒吧、咖啡厅、餐厅、画廊、鸡尾酒会等），以独立歌手或小型乐队为表演者，音乐类型主要包括爵士、民谣、轻摇滚等，也有少数表演重摇滚的地方。有时也会邀请已普遍知名的独立乐队来演出，一般收取较低的门票费用。北京的Mao Livehouse、愚公移山、麻雀瓦舍，上海的育音堂，广州的踢馆，香港的艺穗会，已经成为此类音乐演出空间的成功代表。

② 有关文化产业方面的内容，还可详细参见本书第五章相关内容。

进入一个新的时期。《决定》要求各地加快发展文化产业，推动文化产业成为国民经济支柱性产业，大力发展公益性文化事业，保障人民基本文化权益。

当然，在理解文化产业发展规律、科学发展文化产业的过程中，首先要解决一些基本的理论问题。第一个问题就是"文化产业"如何界定。联合国教科文组织曾试图对文化产业给出一个界定，即指可以由产业化生产并符合四个特征（即系列化、标准化、生产过程分工精细化和消费的大众化）的产品，如书籍报刊等印刷品和电子出版物有声制品、视听制品等及其相关服务，但不包括舞台演出和造型艺术的生产与服务。然而，世界各国和各地区的文化产业实践，往往超出了这样的刻板界定。这充分反映了文化产业本身随着人类科学技术发展和文化价值观念变化而呈现的多面性、动态性等基本特征。

由于文化产业往往与文化内容及其载体的创造性的设计、生产、销售、消费等环节紧密相关，也因此与"内容""创意"等名词连用，成为"内容产业"或"文化创意产业"。虽然世界上不同国家和地区对文化创意产业的界定都不太相同，但大体可分为四类：文化创意产业，如中国大陆的北京和上海等地、中国台湾地区；创意工业，如中国香港地区；创意产业，如日本、英国和新加坡；版权产业（或内容产业），如美国和澳大利亚。

■ 表6-7　不同国家和地区对文化创意产业的命名、定义和分类

命名	国家/地区	定义	分类
文化创意产业	中国大陆部分地区		9类（以《北京市文化创意产业分类标准》为例）：文化艺术、新闻出版、广播/电影/电视、软件/网络及计算机服务、广告会展、艺术品交易、设计服务、旅游/休闲娱乐、其他辅助服务类
	中国台湾地区	源自于创意或文化积累，透过智慧财产的形式与运用，具有创造财富与就业机会潜力，并促进整体生活提升之行业	13类：视觉艺术、音乐与表演艺术、文化展演设施、工艺、电影、广播电视、出版、广告、设计、品牌时尚设计、建筑设计、创意生活、数字休闲娱乐

命名	国家/地区	定义	分类
创意产业	日本	暂无	内容制造产业、休闲产业、时尚产业
	英国	源于个人创造力、技能和才华的活动，通过知识产权的生成和利用，使这些活动发挥创造经济效益和就业的产业	13类：广告、建筑、艺术及古董市场、工艺、设计、流行设计与时尚、电影与录影带、休闲软件与游戏、音乐、表演艺术、出版、软件与电脑服务业、广播电视
	新加坡	基本上采用英国定义	3类：艺术与文化、设计、媒体
版权产业	美国	系指所有以版权为基础的产业部门	4类：核心版权产业、交叉产业、部分版权产业、边缘支撑产业
	澳大利亚	生产具有创意特性的以数字格式、有知识产权内容的数字内容和信息通信应用产品，可以分布在网络和非网络媒体	7类：制造（出版、印刷等）、批发与零售（音乐、影视与书籍等）、财务资产与商务（建筑、广告与其他商务）、公共管理与国防、社区服务、休闲服务、其他产业
创意工业	中国香港地区	一个经济活动群组，开拓和利用创意、技术和知识产权以生产并分配具有社会及文化意义的产业服务，更可望成为一个创造财富和就业的生产系统	13类：广告、建筑、漫画、设计、时尚设计、出版、电玩、电影、艺术与古董、音乐、表演艺术、软件与咨询服务业、电视

（2）旅游产业方面

2009年12月出台的《国务院关于加快发展旅游业的意见》，首次把旅游行业提升到国民经济发展的战略性支柱产业的地位。在金融危机和低碳产业成为全球化发展新趋势的今天，旅游产业的结构变革、资源整合、产品提升已经渐次启动，中国旅游产业的新一轮快速发展时期即将全面到来。

2010年7月23日国务院办公厅印发《贯彻落实国务院加快发展旅游业意见重点工作分工方案的通知》，就加快发展旅游业各部委"总动员"做出了具体部署。7月底召开的全国旅游局长研讨班上明确提出，旅游业要与第一、第二、第三产业加快融合，建设"全产业链"的现代旅游业。

据国家统计局的分析，我国人均消费从目前到2020年，将以每年10.8%的速度递增，居民消费将由实物消费为主走上实物消费和服务消费、精神消费并重的轨道，旅游将是消费升级的主要行业之一。传统的观光旅游市场将继续保持，而休闲度假市场正在迅速增长，新的旅游消费高峰即将来临。

2. 地方政策层面的推进落实

（1）文化产业方面

文化产业发展成为广东省全省产业转型升级战略的新推手。随着人力成本的提升，加上招工难，珠三角产业结构被迫沿着代工制造环节向技术创新环节上升，部分低附加值加工制造企业开始向低成本地区外迁，空置了不少旧厂房和旧仓库，这些旧厂房和旧仓库通过改造提升为文化创意产业园，如广州太古仓和顺德创意产业园。

腾笼换鸟后的广东文化产业园，成为推动珠三角产业结构调整升级的一道亮丽的风景线。广东省2010年文化产业增加值为2524亿元，占全国文化产业的比重超过1/4，已连续八年位居全国各省区市首位。

2008年广东被文化部命名为对港澳文化交流合作基地，目前广东已经与120多个国家和地区开展了文化交流与合作。在《珠江三角洲改革发展规划纲要》与最近一系列在中央、地方的战略性、纲领性文件指引下，广东将加快转型提升文化软实力，建设惠及全民的公共文化服务体系。

2010年签订的《粤港澳文化交流合作示范点工作协议书》确定了粤港澳三地32个交流合作示范点。三地还联合成功申报"粤剧"进入联合国人类口头及非物质文化遗产代表作目录。2010年开展了"台湾·广东周"文化交流系列活动，在台湾举办活动近20场次。广东将积极鼓励文化企业产品和服务出口，设立办理文化出口的专门机构和"绿色通道"。加强与东盟各国的文化交流与合作，在境外定期举办广东文化周。

在十七届六中全会《决定》出台之后，广东省各级政府更加明确：建设"幸福广东"与文化密切相关，这不仅包括物质文化也包括精神文化，发达的文化生活自古以来就被当作国富民强的标志。文化产业成为国民经济支柱产业，既是转变经济发展方式的关键点，也是转型升级的目标。

深圳文化产业增加值占GDP的比重早在2006年就超过5%，并因此在全国率先将文化产业列为国民经济发展的第四大支柱产业，说明深圳转型升级走在全省乃至全国前列。随后广州也奋起直追大力发展文化产业，珠三角其他城市当然也不甘示弱，广东2010年文化产业增加值占GDP的比重超过5%，虽未明确提出文化产业成为广东的支柱产业，但在一定程度上间接支持了广东的产业转型升级。

（2）旅游产业方面

为贯彻落实《国务院关于加快发展旅游业的意见》（国发〔2009〕41号）、《贯彻国务院关于加快发展旅游业意见的若干意见》（粤府〔2010〕156号）、《珠江三角洲地区改革发展规划纲要》和《中共广州市委、广州市人民政府关于加快我市旅游业发展建设旅游强市的意见》（穗字〔2009〕15号）精神，番禺区政府已于2011年明确提出加快旅游业发展、建设旅游强区，相继出台了《关于加快番禺区旅游业发展建设旅游强区的若干意见》及配套实施细则。

2008年11月，中共广东省委、广东省人民政府发出《关于加快我省旅游业改革与发展，建设旅游强省的决定》，该决定提出建设全国旅游综合改革示范区等决定，随后提出国民休闲旅游计划等措施，这些都将推动番禺区的旅游发展。广东建设成为亚太地区具有重要影响力的国际旅游目的地和游客集散地，广州自然当仁不让是中心，而番禺区又是广州旅游的重心，因此，番禺的旅游发展定位可与广州一起提升为亚太地区旅游休闲中心。

番禺区目前的主要政策导向以服务基层、建设重点旅游项目、扶持优势旅游企业、提高行业素质为重点，力求进一步增强番禺旅游业的竞争力，实现旅游经济的持续稳定发展。政府宏观调控旅游业发展，协调旅游业与其他行业有机发展，如修编番禺旅游总体规划，抓好队伍建设和市场管理，提高服务质量，抓好旅游市场宣传促销，引导资源开发等工作。另外，也正由于政府的大力支持以及企业对旅游业的投资，番禺区的旅游开发建设与促销资金充裕，使全区旅游业具备了进入新一轮快速发展期的坚实基础。

3. 区位与基础设施条件

（1）交通区位

番禺区水陆交通便利，客货运输发达。通过武广高铁、G4（京珠）高速、南沙港快速、105国道、华南快速、新光快速可便捷通往广州其他地区以及周边地区，通过陆路、水路可快速到达港澳地区。

番禺的交通网络四通八达，从番禺到珠三角任一城市车程均在2小时以内，是名副其实的珠三角的心脏枢纽。区内还有便捷的无人售票空调专线车，每天直通香港和澳门的往返豪华空调客车分别超过40和20班次。

莲花山港和南沙港两个客运港每天往返香港共10个航班，乘坐的高速双体客轮最快仅需1小时15分钟。广州地铁3号、4号线可方便到达广州市其他地区。

此外，联结番禺各个景区及整个珠江三角洲地区主要景区的绿道系统也在不断建设完善之中，未来能为区域性的休闲旅游活动提供更多便利的、更为健康的交通方式选择和线路组合。

（2）市场区位

番禺位处广州市南部，广州市整体布局的"南拓"战略近年来进展顺利。"番禺"与"广州（市区）"在行政边界上虽依然有区分，但是在普通市民的感知当中，番禺却已经越来越明显地成为日常休闲活动所优选的目的地。这就为番禺文化与旅游产业的结合发展提供了可以充分依靠的本地市场。

番禺又是珠三角的腹地，且临近港澳。粤港澳是全国三大经济区域之一，粤港澳区域经济背景优势是番禺旅游发展的主要因素，高经济发展水平和大流量的客流驱动番禺旅游发展。经济促动当地居民生活水平提高，出游欲望增长，旅游需求增加。因此，粤港澳区域经济背景，为番禺文化旅游业的发展提供了更为广阔的空间和客源保障。

番禺未来的文化旅游客源市场也应该主要来自广州以及周边城区，这些地区经济相对发达，社会结构完善程度较高，旅游观念深入人心，旅游消费已经成为大多数人日常生活支出中的一个必要部分。

广东是我国改革开放的前沿省份，往往是国家新出台政策的试点地区，国民休闲计划的推行实施一直走在全国前列。从市场类型上看，番禺与整个广州市存在很大程度上的重叠，作为会议、商务、休闲度假旅游目的地的特征非常鲜明，因此完全可以与广州市旅游部门和机构展开更为深入的合作，特别是在联合对外营销以及经营地接业务等方面。

（二）消极因素分析

1. 在发展理念上有待突破

根据前面的分析综合来看，番禺文化与旅游的结合发展，在理念层面存在如下三个主要问题：重文化、轻旅游；重无形、轻有形；重传统、轻现代。

（1）重文化、轻旅游

番禺文化产业的发展得到了来自政府方面的极大重视，在机构设置、政策配套、资金投入等方面，比之于旅游业都具备更多优势。文化固然是"文化与旅游结合发展"题目中的前提、基础、保障，但两者的结合发展需要平衡与协调。任何一方面有显著缺失，都可能影响最终的发展效果。目前的问题可能在于：虽然政府已经做了细致高效的文化资源普查、文化遗产保护、文化产业调研、社区文化建设等基础性工作，但是促进文化资源向旅游业或其他相关产业充分转化利用的工作，还未得到足够重视。

比较而言，因文化产业近期的蓬勃发展，体现着国家对于思想工作、宣传工作、精神文明建设工作的高度重视，所以在一定程度上延续了很长时期以来"文化事业"的政治任务倾向，"出身"更好，政府依然有大量的资源可以用于具体的文化建设工程或项目；而旅游业自20世纪90年代末以"黄金周"休假制度以来，国内游市场日益壮大，作为一个纯粹服务业部门的定位也越发明显，因此更多的时候是交给市场本身，政府不直接参与具体项目的经营与管理。

事实上，旅游业尽管能够极大地促进地方就业，是一个连带性很强的产业系统，但是也同时是一个相对脆弱的产业部门。如2003年的"非典"、2007年以来的金融危机，各种突发事件都能对行业正常运转带来显著干扰，因而需要政府层面更多的关注与支持。

（2）重无形、轻有形

同是文化旅游的潜在资源，近年来受到重视的多是无形的非物质文化，而有形的物质文化多处于保护而未开发利用的状态。在番禺区非物质文化（遗产）接连获得省市乃至国家级称号与荣誉、得到充足的资金支持的同时，物质文化（遗产）的保护与利用却往往陷入沉寂。

如石楼大岭村，尽管该村在2007年被批为广州市境内唯一的国家级历史文化名村，拥有始建于明清两代的"两塘公祠""显宗祠"以及精美的木雕、砖雕、石雕和灰雕等艺术品，但目前仍然只是一个普通的、知名度较低的民居村落而已，更深层的文化价值、社会经济效益则没有得到挖掘利用。又如化龙镇制定了历史文化遗产的保护规划，着手修缮屈氏大宗祠并做好全镇古建筑的保护宣传工作等，但受经费等各种因素制约，在传统物质文化方面至今无论是规划还是实施都还只能止步于保护，未能展现传统文化在当今社会的"活"的价值。

究其原因，可能主要有如下两个方面：

第一，这与一直以来人们对待物质文化遗产的实践态度有关。总是担心有形的物质文化载体一旦被破坏，就很难恢复，从而在利用方面受极大束缚，不能解放思想、大胆创新。特别是在中国，因为对当前古建改造技术的不放心、对于开发机构的不信任、也受到各种"政治正确"的所谓公共舆论的道德压力，物质文化（遗产）项目的开发利用大多数时候始终停留在观光旅游的浅层次上面；

第二，这与现实中物质文化经常面临各种各样的产权分割、难以推动统一规划和利用有关。番禺的物质文化（遗产）同样面临此类问题，以古民居区域为例，私人的、集体的、政府有关部门都可能对同一地块内的不同单体建筑、街道等公共空间甚至是古树名木、池塘河涌等拥有产权，资源性质与定位极为细碎，因此要协调各利益相关者的意见与态度，进而就开发利用的方式达成相对统一的决策，是一件非常困难的事情。

然而，从提出"文化遗产"概念的西方发达国家来看，原本推崇的就是"活态的文化遗产"，大量的古建筑、纪念建筑都还发挥着其本身具有的日常功能，如作为普通民居、开设为餐厅或精品旅馆、开设商店等，为了现代人的需要甚至可以在确保建筑整体结构与风格的前提下，加以局部改造，引入新的电路系统与给排水和通风系统，等等。古建筑只有充分用起来，与现代人的生活产生直接联系，才能避免被孤立、静止地对待，才能避免陷入

"博物馆化"的怪圈，发挥其真正的价值、体现其独特的魅力。

值得一提的是，沙湾古镇在开发中，已经有意识地将一些古民居改造为高质量的家庭旅馆，提供给游客一种体验古镇生活的、接近原真状态的空间，已经走出了转变观念的第一步。①

（3）重传统、轻现代

虽然传统文化是地方文化发展的基石，在延续地方文脉、构筑地方特质方面有着不可取代的重要地位，但是现代文化特别是与商业紧密结合的文化消费活动，更加体现了这个时代的总体发展趋势。这里面当然会存在"传统"与"现代"之争、"精神文明"与"精神污染"之争、"文化原真性"与"过度商业化"之争，但应该看到，随着人民群众精神生活的不断丰富，选择文化消费的自由度不断提高，其文化理解力、对于优秀文化的辨识力和欣赏力，也在不断进步。纯粹的商业炒作，已经越来越不能影响人们的文化消费决策。因此，文化与旅游的结合发展，也就不必局限于传统文化，而要更为积极主动地去利用现代商业社会所提供的更为多元的文化资源。

这一点实际上已经从国家政策层面和国内主要城市的实践中得到了肯定。从国家政策层面，积极引导人民群众的文化生活一直是文化工作的主要精神，这种引导既包括内容上的引导，也包括在具体形式上的引导。面对在市场经济条件下的文化市场的蓬勃发展，顺应市场经济、顺应商业机制将是"形式引导"所不能回避的重要课题。从国内城市实践方面，例如北京、上海、杭州、成都、深圳、广州等发达地区的中心城市，都已经将代表现代文化典型运作方式的文化创意园的发展作为重点工作来抓，798艺术区、莫干山50号、Loft 49、东区音乐公园、华侨城创意产业园、太古仓等都已经成为集聚现代文化生活内容、展现现代文化消费方式的新型城市空间。

对于番禺而言，重点并不在于去模仿上述中心城市而大量投入建设自己的创意产业园，而在于借鉴这种立基于充分掌握现代文化产业发展规律——特别是现代文化消费趋势——之上的文化产业发展路径，将一直以来几乎只

---

① 当然也需要指出：古民居改造开发为特色家庭旅馆，其收入的保障和经营的维持，还有赖于整个古镇旅游业的发展。特色家庭旅馆作为单体，在市场竞争中往往处于孤立无援的弱势位置。只有当整个社区的旅游业发展起来，能够吸引更多游客来到沙湾，才能带来较为稳定的住宿客源。

关注传统岭南文化、强调传统文化挖掘整理的工作方针，调整为平衡处理传统文化与现代文化关系的新思路，在适当的时候积极推动落实那些更能反映现代文化需求的重点项目，或抓住时机引导建设现代文化消费的相对富集区（如大学城、亚运城等）。

2. 产业整体能力有待提升

（1）政策导向性不够鲜明

番禺已经有了一整套从国家宏观层面到区级操作层面的文化产业、旅游产业发展政策框架，但还有完善余地，其中最关键的就是进一步明确政策的导向性。一个文化特区的良性发展，需要有一整套体现出明确导向的产业政策，包括远期发展目标、预期产业结构、重点支持项目、空间区位分布等，这样才能让有意向的投资方更加准确地判断出其发展前景。

（2）人才瓶颈问题较为严重

文化产业发展的根本在于拥有优秀的人才，尤其是需要既懂经营又懂文化发展的复合型人才。国内文化产业发展的主要问题就在于：不缺乏优秀的文化（创作）人才，但却缺乏优秀的经营管理人才。丰富的文化资源由于得不到有效的开发而闲置，也由于开发混乱而使文化资源受到严重的破坏，更不能让中国文化产品参与激烈的国际文化产业竞争。据估计，中国文化机构中的文化专业人才众多，但文化产业人才却不足总量的1/50。

文化产业经营人才的缺乏是制约中国文化产业发展的重要因素，也是优秀文化得不到有效传播和认同的根本原因。这也是番禺所面临的一个棘手问题。从某种程度上说，番禺目前最缺乏的，并不是高水平的文化创作人才、原汁原味的民俗演出队伍或精妙的民间手工艺作品，而是优秀的文化经理人或有实力的文化商业机构。

从旅游业角度看，番禺所面临的主要问题在于：从业人员素质参差不齐、流动性强，高级专业人才不足。旅游从业人员大多为高中及中专学历，本科及以上学历人员较少。旅游局对人才的培训和提升教育的支持力度不够；旅游企业由于员工流动性大等原因，大多不愿出资对企业经营管理人员进行培训，特别是普通的基层员工。从业人员缺乏系统的专业知识和专门培训，素质普遍不高，难以应付番禺大旅游的发展需要和国际旅游的激烈竞争。

（3）综合接待服务能力不足

文化与旅游的结合发展，主要落实为对旅游消费者的接待与服务，这之中既包括了对本地或周边休闲游客的接待，也包括了对外地中远程旅游者的接待。虽然近些年来番禺区旅游经济呈现出可持续的增长态势，但是在经济效率和综合服务能力方面还存在着某些问题。具体体现在游客的人均天花费不高和游客停留天数不长。这直接影响了旅游整体收益的提高。

"进得去、出得来、散得开"，这是旅游地吸引游客的先决条件。但当前旅游业发展的核心问题是不仅要实现"进得去、出得来、散得开"，更重要的是要让游客"留得住"，只有更长时间留下来了，才能更深入地体验地方文化的独特魅力，才能产生更多的旅游消费，从而真正体现文化旅游的社会经济双重效益。

目前游客之所以在番禺停留时间不长，除了旅游产品本身吸引力的挖掘还不够之外，现有旅游综合服务能力无法满足游客多样化的需求也是一个重要影响因素。例如，从酒店经营来看，长隆酒店的主题化经营，提供了别具一格的综合接待服务体验，就能够比一般酒店更能吸引游客住下来，甚至使之成为"回头客"和酒店口碑的义务宣传者。

此外，旅游服务质量也有待提高，旅游企业需要进行管理规范化、操作程序化和服务标准化建设。旅游大环境有待进一步优化，包括市容环境卫生的整治、交通指示路牌的增设、旅游交通路线的完善等。

3. 区域竞争格局日益复杂

（1）区域文化旅游竞争态势加剧

一方面，广东省内旅游资源的开发缺乏宏观调控，旅游产品雷同，重复建设严重，产业结构协调从未成为自觉行动，造成城市间的竞争激烈。而近期的新一轮滨海旅游、红色旅游、文化旅游等领域的政府直接投资项目已经启动，将使得上述竞争态势更加严峻。

另一方面，广州市利用其区域中心城市优势大力发展旅游业，已成为全国主要的旅游中心城市；深圳利用其对外开放窗口的特殊效应，不断创造旅游业的奇迹；珠海、佛山、中山、东莞、江门等旅游城市纷纷崛起。

番禺周边的城市目前都在大力发展旅游业，各城市都在不断推进旅游规划和项目建设，城市间的竞争愈演愈烈。尽管番禺已经与佛山市南海区、顺德区建立了"南番顺"旅游联盟，但从实施效果看，意愿的表达比实质性的合作来得更为明显，毕竟三个地方的文化旅游资源存在高度的同质性和可替代性。

（2）本地文化消费群体的流失风险

以广州南站、地铁轨道交通、城际轨道交通以及快速公路干线的建设开通为标志，番禺作为一个近郊城区与主城广州的关系更加密切。这种交通格局变化带来的改变，可能是一把"双刃剑"。一方面，它能使番禺融入广州，特别是融入广州市民的日常生活圈和消费圈，成为有吸引力的新的消费空间；另一方面，由于番禺长期以来本地没有大型集中的中高档消费场所特别是文化消费场所，华南板块拥有较高私家车比率的"新移民"已经形成"番禺居住，广州购物"的消费习惯，中高档以上的消费则在广州市区完成，因交通改善带来的商机并未真正得到充分利用。

基于此，番禺区也在努力寻求突破，例如，对万博-长隆商圈的开发建设。万博-长隆商圈范围包括万博、汉溪、长隆三个片区，跨大石、南村和钟村三镇。目前万博-长隆商圈已经开业的大型商业设施，包括万博中心的天河城奥特莱斯（outlets）和吉盛伟邦以及沃尔玛山姆会员店，约23万平方米；正在建设和规划的主要项目包括正在招商的海印又一城，已经开业的万达广场和敏捷广场，以及广州友谊商店与长隆合作的长隆友谊购物公园奥特莱斯项目。在建的大型商业面积达33万平方米，而商业面积预期总存量将达到约60万平方米，可奠定番禺成为广州南部区域商圈的核心地位，增强其应对南沙新区开发挑战的硬实力。

四　结合发展的理论基础

（一）文化旅游者的识别

国外学者麦克切尔（Bob McKercher）和克罗斯（Hilary du Cros）区分了五种类型的文化旅游者（见图6-1），所依据的标准是文化旅游在关于访问目的地的总决策中的重要性及其体验的深度。横轴线体现文化旅游在访问目的地的总体决策中的核心性。它识别出文化旅游在选择旅游目的地过程中发

图6-1 文化旅游者类型

资料来源：麦克切尔、克罗斯：《文化旅游与文化遗产管理》，朱路平译，南开大学出版社，2005，第150页。

挥的作用是不同的，从主要的或唯一的理由，到不发挥任何作用，尽管旅游者可能还会参加一些文化旅游活动。纵轴线代表的是体验的深度。理论上，存在着一系列不同的体验，从深刻的或有意义的文化体验到以娱乐为取向的或基本上是娱乐性的文化体验。

这五种类型特征依次如下：

（1）目标明确型文化旅游者——文化旅游是其访问某一目的地的首要理由，而且获得深刻的文化体验；

（2）观光型文化旅游者——文化旅游是其访问某一目的地的首要的或主要的理由，但是体验较前者肤浅；

（3）意外发现型文化旅游者——不是为文化旅游的原因而旅行，但是在参与文化旅游活动之后却获得深刻的文化旅游体验；

（4）随意型文化旅游者——文化旅游是其访问某一目的地的弱动机，产生的体验是肤浅的；

（5）偶然性文化旅游者——不是为文化旅游的目的而旅行，但是参加了一些活动，获得了肤浅的体验。

识别出这些不同类型的文化旅游者，对于旅游产品开发的成功具有重要意义。目标明确型和观光型文化旅游者，即那些主要受文化和遗产旅游原因驱动的人，他们会在目的地区域内寻求体验；但是对构成文化旅游参与者的绝大部分的偶然型、随意型和意外发现型文化旅游者来说，文化旅游仅仅是一种辅助活动或附加活动。他们的消费决定主要以便利性和简单性为基础，他们不会为寻找某种文化体验而大规模地出游。

还要认识到，绝大多数文化旅游者似乎都在追求一种易于接触、易于理解、易于消费的体验。归根结底，他们主要是为了来休假和娱乐，是在寻求脱离日常生活常规的短暂休息。这就意味着必须以某种恰当的方式来为目标参观者开发文化旅游产品，过于沉重的、系统化的、授课般的产品可能并不会受到潜在市场的青睐。

（二）创造文化旅游产品的基本方法

1. 提供核心文化吸引物①

公共部门往往需要承担起提供核心层次的文化旅游吸引物的职能，因为对于私人部门的投资者而言，这样的责任面临着打造旅游吸引物所需的费用、日后持续性的保护资金以及经济上可能极为有限的回报和政策变化（如政府对于文化资源使用权的政策出现变化）等风险。

对私人部门投资者而言，他们会更倾向于对具有遗产特色的专门建造的主题公园或一些特色区域（例如古村落）进行投资。进入这一投资领域所依据的是商业理性、利润以及财务可行性。在这些项目中，开发者可以更加全面地从满足旅游者角度出发来进行建设。虽然这些项目在一些方面显然缺乏"文化真实性"，但专门建造的吸引物却能够比未经处理的"原型"提供更高质量的旅游体验。

遴选和提供核心旅游吸引物的立足点当然是前面已经介绍过的文化旅游者的不同类型划分，特别是考虑到了绝大多数文化旅游者追求的都是表面化的、新奇的、愉悦的文化体验这一关键行为特征。对于地方文化保护和传承者、政府部门管理者而言，这样的特征也许并不能令他们满意，也可能使他们因为感觉自身宝贵的文化遗产只是被旅游者所肤浅地认识和体验而产生不满，但必须要承认，旅游者的文化消费行为与整个社会经济的

---

① 在旅游研究领域，"吸引物"概念比"资源"的含义更为丰富。相对于"资源"概念往往指向那些自然与人文景观类的、具备物质实体的、可视化的对象，"吸引物"还可以涵盖上述对象的空间组合方式、共有的形象特征、旅游地的环境氛围、本地人的友善与热情等相对抽象，但是同样能够成为游客决策考虑因素的一些内容。

发展水平有密切联系。那些追求高质量的、深刻的、全面的文化体验的旅游者固然也存在,但在目前的旅游市场中毕竟是极少数。地方政府和企业可以为这些极少数的深度文化旅游者预留一些空间。当前的工作重心,应该是满足和应对很可能蜂拥而至的大众旅游者:既为他们提供符合其消费心理、体验偏好的文化旅游产品,又确保文化资源保护工作能够落到实处。

2. 实现单一产品的多元组合

产品组合是很多地方可以灵活运用的一项更具现实性和符合成本-效益原则的选择。不同的产品组合在一起形成一种更有吸引力的新产品,无论是消费者还是对供给方都更为高效。实际上,包价团队旅游就是这样一种最典型的旅游业产品组合,它将旅游交通、住宿、餐饮、门票以及旅游保险和导游服务等组合在同一个合同所囊括的行程中。

在文化旅游领域,组合的典型做法是将一些相似主题的产品和体验捆绑起来,然后向旅游者宣传这些产品的综合消费或"一站式"消费。这一策略鼓励旅游者全面游览旅游目的地,而不是仅仅访问某一两处文化景点、参加一两项文化活动。这样,旅游的经济效益将分布得更为广泛,旅游者的文化体验也将更加丰富。更重要的是,组合往往能给每一个地方营造出不同的主题,通过调用许多别具一格的素材,旅游者就能建构起更明确的关于目的地的感知和认识,这对促成他们的重游以及引导他们向其他人推荐当地旅游,都具有奠基性的意义。

3. 构筑文化旅游区

文化旅游区的开发,例如文化艺术区(如集合了大量剧场、歌剧院、博物馆、画廊或美术馆的地区)、历史街区、民族聚居区等,通常也是一种组合,而且往往被认为更加有效,因为它可以为旅游消费者和供给方提供更丰富的交易机会,创造覆盖面更广的利益空间。

4. 发挥节事活动的功能

节事(Festival & Special Events)是近年来受到从政府、业界到学术界越来越多重视的一个新领域,狭义上它包含了会议、展览、节庆、赛事四大领域,广义上也囊括了所有人们出于某种良好目的而设计规划的事件(Planned Events),例如一般的婚庆与小型聚会等。

相对于文化旅游区立基于"空间"概念，综合性的节事活动可以看作立基于"时间"上的集约化开发手段。特别是一些起源于地方历史和文化传统，并且依然为本地人所喜爱的现代节事活动，往往最大限度地吸纳和展现着本地人的各种文化要素，且越来越强调现场氛围和亲身参与，特色鲜明且高度浓缩，对于大众旅游者和深度文化旅游者都具有越来越明显的吸引力。

节事旅游作为一种新兴的旅游产品，具有如下基本特征：

（1）旅游者在相对短暂的时间内汇聚到特定旅游地；

（2）一般具有明确而吸引力较强的主题。严格来说，一个能够成为旅游产品的"节事"活动应该足够激发旅游者的出游动机；

（3）节事活动可分为重复举办和一次性举办两种类型。前者更需要与地方传统文脉、地脉相结合，并有必要也有条件成标志性旅游吸引物。

节事旅游可以在场所（venue）、社区（community）和目的地（destination）三个层面上为旅游地赢得竞争优势、获得独特的市场卖点（USP，Unique Selling Point）。

随着时间的推移，标志性的节事活动与节事旅游产品将逐渐与目的地融为一体。这也正是人们一提到戛纳就想起它蜚声国际的电影节、一提到里约热内卢就想到它的狂欢节、一提到凉山彝族就想到它的火把节、一提到青岛就想到它的啤酒节的关键原因。

5. 创建线状或环状的旅游网络

具有相似性或互补性文化资产的多个目的地之间存在着为其共同利益而相互合作的可能性。开辟把不同社区联结起来的线状或环状旅游线路，能为许多目的地提供另一种低成本的选择。区域性社区越来越认识到，如果集合在一起，其文化资产的总和比一个社区内的个体资产会具有更大的吸引力。将不同的吸引物组合成一条主题化的游览线路，能制造出富有魅力的吸引物。

举例而言，加利福尼亚文化旅游联盟是美国洛杉矶、旧金山和圣地亚哥三市的艺术界与旅游业之间的合作机构，它启动了13条主题自驾车旅行线路，就如促销材料所描述的那样，这些线路带领旅游者踏上异国都市与乡村的历险道路，历经剧院、博物馆、美术馆、民族社区、节日、历史资产、建筑、参观和商店的不同体验。其中每一条线路都锁定一个主题，有突出各种民族的主题（如非洲裔美国人遗产、拉丁美洲文化和亚洲文化），有历史主题，有科学和自然历史主题，以及工人和博物馆、建筑、文化等方面的游览线路。

对于很多文化旅游地而言，从概念上寻找到这样的线路或网络并不难，但成功的关键在于采用何种方式将这些线路串联起来。特别是，当这些线路恰恰囊括了当地的核心文化吸引物时，如何串联、展现它们并提供丰富的旅游体验，值得当地旅游供给方加以周到而有创意的考虑与设计。

（三）核心文化吸引物的营造技巧

1. 讲述一个故事

故事可以通过多种方式、在多种程度上来叙述，所以消费者可以自行选择在哪种程度上参与到目的地当中。对外来旅游者而言，一个地方的历史与文化可能原本没有多少意义，除非它们能够以某种吸引人的方式被传达出来。

图6-2　杭州宋城主题公园为游客讲述了与杭州和南宋有关的一系列故事

说明：由左至右依次是仿南宋街头的食肆、拖着板车匆匆过市的小贩、舞台化的"梁山伯与祝英台"。

因此，围绕某一地方、某一物质或非物质的文化旅游资源来编织（注意，不是"编造"）故事，能够为这些资源注入某种意义，使它活起来。它还能激发消费者直接倾听故事叙述的兴趣。

2. 使资源"生动化"

旅游者想要发现的是历史中"人类戏剧",而不仅仅是一堆名字、地点、日期。介绍历史与解释文化是重要的,但是使这些介绍和解释富有创意和激发力也同样重要。提供适当的娱乐活动是多数文化体验活动的重要组成部分。享受愉快的体验能提高游客的满意度,而同样重要的是,它能创造使旅游者直接地或间接地学习的机会。如果旅游体验是愉快的、引人入胜的,那么旅游者就会产生在某处延长逗留时间的动机,这会增加他们在更深层次上消费的可能性,例如,产生强烈的购买旅游纪念品的想法。相反,如果文化旅游的资源展示干瘪乏味、拒人千里,那么游客很可能意兴阑珊,不会产生任何的亲近感和继续为它消费的动机。

图6-3　浙江乌镇的黄酒作坊

说明:游客首先看到左上图的柜台,然后顺着游览线路,能够依次了解到黄酒的整个酿制过程,这就是乌镇为游客提供的"传统工艺景观"。

3. 使产品具有可参与性

旅游就其本质而言是主动的、参与的经验性活动。多数文化旅游吸引物，如博物馆、美术馆、历史街区或建筑、演艺中心、节庆活动等，在本质上都应该积极鼓励旅游者的直接参与。

实现"可参与性"的基础就是让文化旅游吸引物与将要消费该吸引物的人建立起相关性。也就是说，展示它们的方式必须使其与旅游者的知识和参照系发生联系。因此，文化（遗产）管理中的好方法不一定是文化旅游管理中的好方法，因为文化旅游中的"文化"内容必须与旅游者建立更为直接的联系，且便于他们消费。从这一角度考虑，那些传统的文化（遗产）管理中的做法，例如，在考古遗址立上一个牌子，并用大段包含了复杂、生僻术语的文字来进行解说，所起到的作用只能是疏远旅游者而不是吸引他们。相对而言，在文化旅游中如果也想要坚持达到一种文化解说的目的，那么比较好的方式是培养一些熟悉、热爱地方文化的本地导游。

当过去与现在之间能建立起直接的联系时，历史就复活了。文化（遗产）主题公园、经过旅游化改造的古镇古村，近年来成为深受欢迎的旅游目的地，是因为它们展现了一个地区从历史起源到目前状况之间的直接联系。

图6-4 云南丽江努力营造的"现场感"

说明：左图是在一处酒吧门口长年扮演门卫的老人；右图是在四方街每天都会上演的纳西老人集体舞。他们都满足了人们已经建立起来的对于丽江及其历史文化的想象，具备了所谓"与旅游者的相关性"。

这种展示把不同的历史时代或事件集中于一个封闭的空间之中，因而它通常是理想化的或虚构的，所谓"古镇古村"可能也只是在某些方面忠实于历史和地方文化。但是它们很受欢迎，因为它们让旅游者能够在某一场所之内消费那些特别为他们设计的一系列不同的体验，也满足了旅游者尽量迅速地了解历史、唤起记忆、获得知识、感受愉悦的普遍需求。

4. 突出质量和真实性

突出质量和真实性应该成为所有文化旅游吸引物都必须关心的重点问题。文化旅游者是高端消费市场，他们受过良好的教育，富有旅行经验，并且是成熟老练的、寻求独特而又有趣体验的旅游者。虽然他们关于特定历史背景或特定文化传统的知识可能是有限的，但是他们仍然比以前的任何旅游者都更富有文化意识。

更进一步，由于越来越多的社区已经意识到文化旅游的潜力，对文化旅游收入的竞争将会更加激烈。面对很多选择的一位成熟的旅游者，将会综合质量和价格因素来选择最有价值的旅游目的地。那些以低质量即能满足轻信的旅游者的时代已经完全、彻底地过去了。

5. 使文化资源成为景观

文化节庆活动能够获得成功，是因为它们创造了一个景观。几乎每个城市都有亚文化在蓬勃发展，但是大多数人对它们并没有意识，除非有某种理

图6-5　云南大理洱海边村里一位艺术家向游客开放他的私宅

说明：艺术家的居所往往能对文化旅游者构成强烈吸引，但以开放的心态来对待游客的艺术家却很难遇到。

由需要去关注它们。例如，在大多数城市，每周夜晚都可以欣赏现场音乐，但是它们往往都很分散、演出场所空间有限、观众也并不多，但是一场露天音乐节的出现就能达到完全不同的效果。

如前文所述，节事活动所发挥的效用就是把人们的注意力集中在一个有限的时间框架之内，并发展产品组合，从而把节事活动转化为一种可视化、可接触、可消费的文化景观。使某种东西成为"景观"意味着参与者会获得特别的体验，同样重要的是，那些没有出席的人会在不断的"口碑传播"中认识到自己错失了某种特殊的东西，从而产生在未来加以弥补的深层动机。

6. 使体验有趣、轻松和愉快

文化旅游不能是说教的、令人感觉压抑，或者至少是不必如此。绝大多数文化和遗产旅游吸引物的访问者，并不追求深刻的学习体验。许多人要求得到娱乐，而许多其他人也仅仅是在寻找趣事来作为他们度假过程中一项附带性的活动。

使文化旅游体验变得有趣、轻松、愉悦身心，对很多旅游者而言都是重要的。这也是为什么尽管经常受到诸如"相互模仿""千篇一律""西化"的种种批评，但是那些能够满足旅游者轻松与愉快的个人享受的主题餐厅、酒吧、艺术风格的小商店总是出现在文化旅游目的地的重要原因。

图6-6　有格调的餐厅、酒吧成为文化旅游地不可或缺的"标准配置"

说明：左图是云南丽江的河边餐厅，右图是昆明创库艺术区颇具艺术气息的餐厅。

五 结合发展的战略体系设计

（一）战略体系设计

番禺区文化与旅游结合发展的战略体系包含五大战略（见图6-7）。整个体系的设计思路是：以科学发展观为指导，坚持政府引导、企业为主、市场运作的原则，紧密结合广东省和广州市的国民经济与社会发展总体战略部署，按照国务院颁布的《珠三角地区改革发展规划纲要（2008—2010年）》的精神，以及其中对广州市以及珠三角地区旅游业发展的目标与要求，充分结合番禺区的文化资源赋存状况与开发价值、旅游产业发展现状与市场前景，进行系统地整合与规划，积极顺应休闲度假旅游的国际化发展趋势，依托番禺文化资源与旅游区位的各方面优势，大力发展文化体验、活动参与、休闲度假、民俗节庆、文艺展演等主题旅游，通过文化旅游的全面提升，带动番禺区相关产业的共同发展。

1. 文化与旅游"全产业链"战略

"全产业链"是当前产业融合时代越来越突出的趋势。番禺区应进一步努力调整文化产业结构，不断创造满足旅游业需求的产品体系，扩大文化旅游产业的总体规模，大力推动高星级酒店、特色精品旅馆、特色餐饮、购物娱乐场所、康体健身场所、工艺品制作的配套发展和开发，加快推动旅游业

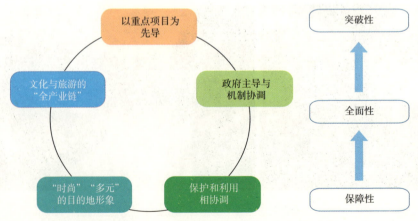

图6-7 番禺区文化与旅游结合发展的五大战略示意图

与第一、第二、第三产业的融合发展，反过来进一步促进"十二五"期间民俗展演、民间技艺、节庆会展、文化创意为主导的文化产业发展。

推进文化旅游产业的主动转型，大力开放文化旅游市场，吸引国内外大型旅行服务机构进驻，全方位提升旅游产业素质。旅游产业具有明显的外部性和综合性的特征，旅游产业诸要素隐含于其他产业，为了增加旅游产业的综合竞争力，通过产业的共生带动推进旅游业发展。

农业、工业、林业、交通运输业、文化产业、建筑业、房地产业、体育业等相关产业的规划应考虑旅游规划的意见，相关产业的发展应留有旅游产业发展的空间，相关产业的建设应展示旅游的功能与旅游产业协调发展。

2. 以重点项目为先导的战略

番禺区曾经尝到过重点项目先导的甜头，无论是当初的香江野生动物世界到今天的长隆旅游度假区这样的纯粹旅游项目，还是宝墨园这样的文化与旅游结合型项目。番禺区既有的文化旅游资源与产品基础，以及地处珠江三角洲核心地带所承接的特大本地市场和国际化发展平台，都为创建文化与旅游的进一步融合营造了充分的、成熟的内外部条件。

因此，番禺区必须自觉地以区域性国际文化旅游目的地的大格局、大视野为发展背景和努力方向，坚持打造国际高端文化旅游品牌，继续努力挖掘文化旅游资源的优势和整合的方式，增加旅游产品的文化内涵和商业价值，提高旅游产品的参与性和吸引力，全力塑造番禺区文化旅游品牌的独特优质形象。

重点项目先导战略的背景是，目前番禺区文化旅游开发存在多点开花、力量分散的常见弊病。如在某年同一时段的旅游促销中，长隆旅游度假区推出了"世界花花嘉年华"、《魔幻传奇Ⅱ》、"乘车穿越五大洲"自驾游；莲花山旅游区开展了莲花旅游文化节、"金龙聚福莲花山"主题游园活动；宝墨园、南粤苑举办了"丝路展文明，水色扬国粹""龙年龙狮呈瑞气，南粤杂技献吉祥"表演节目；广东科学中心举办了"世界地球日""詹天佑诞辰150周年纪念日"展览；岭南印象园有"一日游百年""岭南水果节"等活动……这样的集中旅游促销宣传，项目扎堆，看似热闹，但反而只能起到分散潜在旅游者注意力，使其陷入选择焦虑的负面效果，最终也影响了每一个具体项目的预期收益。

3. 政府主导与机制协调战略

加强与番禺区经济社会发展规划的紧密衔接，进一步强化政府各部门的组织协调和跨部门合作，充分调动各方面的积极性，在全社会尽快形成部门联动、齐抓共建的局面，从而不断增强番禺在广佛都市圈乃至整个珠江三角洲区域的文化旅游目的地格局中的优势地位，在资源开发、产品设计、线路培育、市场开拓上注重区域内的横向联合与区域外的优势互补，实现双赢和多赢。

在坚持政府对旅游经济起主导作用的同时，充分重视市场机制的作用，实现市场资源的合理配置和优化组合。番禺区应抓住机遇，有效发挥政府在发展旅游业中的组织协调作用，如加快推进全区文化旅游综合规划和重点项目、景区景点的详细规划，把文化宣传工作经费与旅游行业管理经费纳入统一财政预算，对基础设施建设如交通、通信、重大景区建设等方面要给予必要的导向性投入，鼓励民间资金在规划的指导下积极参与文化旅游项目的开发与经营。

4. "时尚" "多元"的形象战略

继续深入挖掘资源和产品的特色，高效利用各种现代传播渠道和技术，使"核心形象长期稳定、内容方式不断创新"成为旅游形象传播和旅游宣传促销的工作常态。在新时期的发展背景和条件下，要对番禺区乃至广州市的城市经济、社会、文化各方面发展的新趋势、新定位有敏感的认知和积极的响应，不能过分迷恋和盲目信任既有核心形象的"万有引力"，必须充分突出时代感，在传播内容和传播方式上走创新发展之路。

番禺区以往主要强调的核心形象要素是"民俗之乡""水乡""岭南文化""休闲旅游"等，近年来随着文化产业的不断壮大、旅游产品的推陈出新而开始强调"文化""时尚"等，并且如前文分析所述，"城市"特色的社会认知度也已经胜过传统的"乡村"形象。因此，番禺区应该进一步凸显其城市地理区位优势和时尚、多元的文化资源赋存，找到与周边地区潜在竞争对手的差异，树立自己的目的地形象特色。

5. 保护与利用相协调的战略

文化部门相对而言可以调动更多资源，因此可以由文化部门牵头，率先在旅游和文化资产管理——特别包括文化遗产管理——之间找到平衡，也就是在旅游者对其外在价值的消费和文化资产管理者对其内在价值的保护之间找到平衡。这种平衡的实现可以通过政策手段、地方法规等多种渠道来实现。

文化作为一种事业而言，其最终目的也是要让更多的普通公民感受到文化的宝贵价值、提高文化修养和个人素质，而不是将所有文化资产特别是物质文化资产全都僵化地保存起来。保存与记录只是文化工作的一个方面，或者说是文化事业乃至文化产业的基础。旅游体验需求是一种正当的需求，它不过是更多地倾向于商业经营的模式、倾向于以营利为目标。文化部门应当更为主动地寻找到充分利用并发挥文化资产综合价值的新途径。

（二）重点项目的建设

1. 建设支撑性的文化旅游复合功能区

复合功能区（complex）概念近年来在城市规划、旅游规划中得到越来越多的使用。它能够充分整合和发挥区域内的优势资源，并形成不同类型资源的互补，最终成为一个具有相对完备的设施和服务配套、有较强的自我更新机制、对外有较强竞争力的社会经济功能区。复合功能区概念与游憩商业区（recreational business district）、企业集群（cluster）、产业区（industrial area）概念有一定重叠，但更加强调空间上的相对集聚、内部产品和服务之间的多样化互补与配套、充足的旅游接待能力。

国内已经成熟且较典型的文化旅游复合功能区包括北京的传统中轴线（前门-天安门-故宫-景山公园-鼓楼及什刹海地区）、上海的外滩-陆家嘴（租界建筑-金融区-商业文明）、杭州的西湖及其周边。

从复合功能区视角来考察番禺文化旅游业，可以发现两个主要问题：

第一，近年来番禺文化旅游项目在空间上比较分散，最优质的项目如宝墨园与莲花山之间并无直接的产品线路联系。这些空间上彼此独立的项目也就不能带动周边地区的上下游产业配套发展，因此无法形成适应力更强、认知度更高、竞争力更强的复合功能区；

第二，已经具备复合功能区的空间尺度的地区，如长隆旅游度假区，虽然分布了大量的旅游资源，但是又相对缺乏明确的文化定位。

根据前文对现状、资源、发展影响因素的综合分析，建议番禺区利用

"十二五"期间或更长的时间，着力打造如下三处文化旅游复合功能区。

第一，莲花山–渔港码头片区：以莲花山旅游区和渔人码头为基础，结合游艇和游轮项目的开发，强化文化休闲的项目特色。该区域迫切需要解决的问题是，有意识地突出国际性、高端化的休闲文化主题，并且要形成有视觉辨识度的标志性场所或建筑（如酒店建筑等，包括建设游艇或游轮码头）。这样与大学城–小谷围片区也能实现功能互补。

第二，宝墨园–沙湾古镇片区：这一区域完全具备在空间上打通、合作的可能性，除常见的公路穿梭巴士交通等方式以外，还可以考虑开通珠江后航道的水上连接线、通过城市绿道开通自行车越野线，这样就将集中展演型的景区（宝墨园）与生活体验型的景区（沙湾古镇）有效地连接在一起。

第三，大学城–小谷围珠江主航道片区：以极具现代文化气息的滨水休闲、生态休闲、时尚生活、文化创意等为核心吸引物，打造有视觉冲击力与辨识度的番禺滨水文化旅游带。同时，这一区域还具备建设游轮码头的条件。

这些区域都不乏有较强带动力的文化旅游项目，并且地域尺度相对较大，能够形成不同资源、产品、服务的互补，内外部交通组织条件基本成熟，可以最大限度地激发它们对潜在客源市场的号召力，迅速构建起较高的认知度，尽快成长为创造旅游经济效益、连带配套产业发展的支柱性区域。

为文化旅游复合功能区的迅速发展考虑，最关键的任务有两方面：其一，需要积极的外部政策支持，例如，在可控的资金投入和重要项目的选址上，尽可能向这些区域倾斜；其二，需要区域内部形成宣传营销的长期合作机制，以不断强化区域整体意识和潜在市场的辨识度，尽快建构市场认知度和口碑，例如，可分别由区级领导主管协同各景区或项目的开发主题。

2. 营造代表性的城市文化风貌标志

文化风貌标志（icon of cultural landscape）是一座城市让人过目不忘的独有的具有突出文化价值的标志性建筑物、构筑物或区域，它可以让人立刻将其与其他任何城市区分开来，并且突出地展现这座城市的历史积淀与时代风貌。简言之，文化风貌标志必须既有视觉冲击力，又有丰富的文化内涵。

一座城市往往只有一处文化风貌标志，它也往往能够因其具备城市公共开放空间的属性而成为旅游复合功能区，例如，前面提到的北京中轴线（或

图6-8　巴黎、巴塞罗那、剑桥（剑桥大学）的城市文化风貌标志

故宫）、上海外滩–陆家嘴（或和平饭店及其周边建筑群、东方明珠电视塔）、香港的维多利亚港南岸（会展中心，或中银大厦周边建筑群）。绝大多数城市只有一处最具象征意义的文化风貌标志区，极少城市例外。因此，着力营造城市文化风貌标志，往往也是塑造城市形象、展现文化底蕴、构筑城市精神的有效途径。

改革开放近30年来，番禺区似乎并未着力推出过一种代表整个地区形象的城市文化风貌标志。比较而言，莲花山观音像似乎有成为番禺城市文化风貌标志的价值，经常出现在一些对外宣传材料中。在2008年确立的番禺"新八景"中，"莲峰观海"与欢乐长隆、宝墨生辉、夫山叠翠、大学新城、余荫留光、沙湾粤韵、番禺翰映一起入围，尽管也并不具备独一无二的形象优势。在寻找番禺真正的城市文化风貌标志时，需注意如下一些问题：

第一，体量与位置。如莲花山观音像高达40.88米，即便置之于广阔的珠江口水域背景之下，也能显示出一定的视觉冲击力。[1]然而，由于位置相对偏僻，不能频繁地进入旅游者镜头或成为摄影爱好者热衷的取景点，要成为风貌标志也还不太具备充分条件。

第二，具象。"文化风貌标志"最好是一种具体的、形象化的对象，拥

[1]　可资比较的是：以圆雕、纪念碑、铁塔、电视塔、塔楼等直立建筑为城市风貌标志的，体量（或尺度）都比较大，如美国自由女神像高达46米（连基座93米），华盛顿方尖碑169米，而塔式建筑的尺度更为惊人，如巴黎埃菲尔铁塔320米，台北101大楼438米，吉隆坡双塔452米。

有一种过目难忘的独特视觉属性。从这一标准出发来判断，欢乐长隆、宝墨生辉、夫山叠翠、大学新城、余荫留光可能多少都存在问题：很难说有一种具体的、形象化的对象就能代表这些景观，并从而代表整个番禺的风貌特色。

第三，时代感。这一点值得引起注意。当一个对象无法与人们正处于其中的现代生活产生"谐振"，只能模糊地寄托人们对于过去的一些想象时，往往在形象感知中不会引起特别的注意。换言之，从发展的和长远的视角看，莲花山观音像的内涵较为单一，在现代社会的形象衍生潜力与辨识度、认同感、吸引力可能会越来越低。

从构建城市记忆和紧贴时代脉搏的双重角度出发，寻找并营造新的文化风貌标志区，并赋予它统领城市时代精神的丰富内涵，应当成为番禺区建设文化旅游名城的关键任务。

3. 提升和培育系列性的节庆活动

（1）原则：三个优先

创意优先

节庆旅游产品层出不穷，但能够真正把握市场主流的，还是那些充分激发了潜在旅游者出游动机的有吸引力的节庆主题和节庆活动，这就需要有极佳的创意。节庆旅游者与一般旅游者的最大差别，就在于前者更需要"激发需求""引导消费"，其旅游市场的发展往往要经历从无到有、从小到大的过程，并且一旦创意滞后或者停止，客源市场的萎缩并非耸人听闻。即便是曾经成功的节庆旅游，也需要有不断滚动更新的创意。

精品优先

虽然已经举办过一些地方性节庆，但是总体来看，番禺区目前的节庆旅游远未达到优化旅游产品结构的作用，对于番禺文化旅游的结合发展贡献甚微。为此，有必要首先推出几个能够形成较强市场号召力与媒体关注度的精品节庆活动。这些精品节庆活动的主题最好能够有所关联，以便形成一个系列，最终使番禺获得"节庆活动胜地"的新形象。

营销优先

节庆旅游是很多旅游地都已经逐渐重视起来的新兴旅游类型，在一个机遇较多但是竞争局面复杂的领域，最先抓住潜在市场眼球的旅游产品或旅游地，将通过不断的宣传、推广、刺激，继续扩大知名度，提高关注度，从而占据先发优势。在此，营销的重要性首屈一指。

（2）节庆活动建议一：番禺国际民俗狂欢节（民俗文化类）

中国并没有真正意义上的"狂欢节"，但是中华民族的传统节庆文化中不乏狂欢的元素，例如元宵节的闹花灯、抢花炮以及西南民族地区的泼水节、火把节等。结合沙湾古镇的开发，将民俗技艺、曲艺、手工艺等多种文化活动齐聚一起，可打造一个广纳国内外民间艺术家、展现多民族多元文化特色的"番禺国际民俗狂欢节"。

狂欢节的日期可选在每年中国的传统元宵节前后。这一日期，广东地区天气开始转暖，但温度不会太高，特别适合户外活动。同时，本地自古就有元宵节迎神闹会的习惯，很多村落自己就会组织一些社区节庆活动，节日气氛浓郁。

前期可由广东省文化厅作为主办方，番禺区人民政府、广州市文化局和旅游局、沙湾古镇作为主要的承办方。省厅可协助邀请重要嘉宾并负责对外宣传方面的统一调度，地方政府和企业共同承担节庆的具体筹办工作，并按照议定的比例分担经费。当项目成熟之后，各级政府和相关机构可以渐次退出，交由企业独立运作。这一节庆活动预期将提升沙湾古镇旅游的社会认知度与产品认同度。

狂欢节中的具体活动项目安排应紧紧围绕"民俗"文化主题，同时考虑到世界各国民俗传统的不同特点，可以创造性地推出一些新型的参与性活动项目，包括举办同类民俗技艺的赛会形式，等等。

为确保民俗狂欢节的持续性吸引力，可以由省文化厅等担任指导机构和支持机构，发动广东省各个名镇、名村共同参与狂欢节的花车、花船巡游竞赛活动。目前广东省已经有多项与岭南文化、潮汕文化、客家文化有关的非物质文化遗产，但普遍缺乏一个鲜活的、传播面广的展示平台，通过借鉴巴西里约热内卢狂欢节的竞赛机制，组织各省市制作和选派能够展示各自文化精髓的花船参与一年一度的海上巡游活动，并采取现场观众票选、场外微博或短信票选等方式进行评比，与颁奖晚会综合会演的卫星电视直播形成高潮，进而将之确立为番禺民俗狂欢节的固定节目，可获得多方面的社会经济效益。时机成熟，还可以提升为国际范围的充分展现优秀非物质文化遗产的国际性花车竞赛活动，使之成为一项有吸引力的、一年一度的国际性民俗节庆盛事。

（3）节庆活动建议二：公路自行车挑战赛（体育文化类）

近期最容易启动的自行车赛事是联合广东省内各高校自行车协会，举办面向大学生群体的公路自行车挑战赛。后期可考虑向专业运动队伍的赛事拓展，例如，承办广东省、华南、全国性的公路自行车挑战赛。需要注意的是，这类挑战赛不同于国内目前最有影响的"青海湖公路自行车挑战赛"，那是依赖青海湖高原湖泊的壮美景观而开展的已经有国际号召力的多日赛事。

番禺所能提供的"自行车挑战"的公路线路还有待设计，例如将大学城的道路与珠江水道（甚至可延伸至莲花山）结合起来，开发一条有一定长度、坡度而沿途景观变化多样的骑行线路。这条线路恰恰能够满足前文所说的对文化吸引物进行一种"生动的"、全面的展示需要。

总体上来说，近期番禺能够吸引的是面向省内或华南地区这两个区域层次的自行车运动爱好者或专业运动员，走向全国暂时还有困难。

以下是面向大学生群体的公路自行车挑战赛组织形式设计：

主办单位：番禺区人民政府、各高校团委/学生会。

承办单位：番禺区旅游局、体育局、交通局、大学城各高校自行车协会。

比赛场地：近期可以在大学城内部举办，远期可延伸并与珠江水道沿岸相接续。

主题活动可包括：自行车计时赛、争先赛；自行车极限运动赛、表演；自行车训练营。

主要客源将由如下群体组成：广东地区高校自行车爱好者及普通大学生旅游者；国内外速度赛自行车厂商、极限运动专用自行车厂商，以及销售机构市场营销人员；国内外户外运动用品厂商与销售机构市场营销人员；国内外户外运动杂志、时尚杂志、大学生杂志记者；其他自行车爱好者及普通旅游者。

（4）节庆活动建议三：广东番禺·草根音乐节（艺术文化类）

音乐节，尤其是露天音乐节，是一种越来越受大众特别是年轻群体欢迎的文化艺术活动。类似伍德斯托克音乐节和格拉斯通伯里（Glastonbury）音乐节这样的音乐节，甚至已经成为有全球性影响的文化事件，充分展示了一个国家的年轻群体的整体风貌和文化精神。

草根音乐节（Grassroots Music Festival）和独立音乐节（Independent Music Festival）是国际上近年来逐渐兴起的一种面向普罗大众的音乐艺术活动形式。草根音乐和独立音乐的创作者和表演者都是相对游离于被演艺公司、唱片公司包装起来的所谓"主流艺人"之外的民间艺术家。他们是真正意义上的现代"民间音乐"、现代"民间艺术"的代表。他们的作品往往只能在酒吧或私人聚会上听到，或者在网络上找到分享的资源，但是被越来越多的人（尤其是年轻人）所关注和欣赏。

目前国内成气候的露天音乐节不多，只有北京迷笛音乐节、摩登天空音乐节、草莓音乐节、喜力动感节拍、张北草原音乐节、丽江雪山音乐节等少数，其中前四者都以北京为基地（少数时候会延伸到外地举办，如2010镇江迷笛音乐节、2012贵州迷笛音乐节等）。北方城市举办露天音乐节的最大优势在于气候干燥、清爽少雨，适宜于人们的户外活动，同时也能确保音乐器材保持较高性能。当然，南方地区只要能够避开某些特定季节的气候影响，也能举办大型的露天活动，包括音乐节。

广州市实际上已经有过"独立音乐节"（2008年）和"本土音乐节"（2009年），但由于组织方式、经费投入问题始终得不到较好解决，此类节庆往往只能举办一届，影响力始终有限。但是从高校和年轻人所关注的网络音乐论坛所反映的情况看，独立音乐节的潜在号召力是非常强大的。这类音乐节的主要成本在于场地、设备租赁以及水电费用上面，其余包括表演者交通费用、餐饮与住宿费用在内的所有消费都基本上由表演者自理。他们所看重的是这样一个表达自己的平台。音乐节主场地可能是不收取门票的（除非组织方实在是需要平衡开支），持续多日的音乐节可以吸引到大量的音乐爱好者和普通游客，他们的食宿与交通费用是主办地主要的收入来源。

一般而言，这两类音乐节都有一个大概的演出场次安排，但是，最成功的草根音乐节或独立音乐节，是那些表演者主动要求延长表演时间或者增加表演场次的音乐节。时间延长，实际上表明观众的喜好程度在增加，观众本身也愿意在举办地逗留更长时间，这就意味着本地所提供的各种餐饮、住宿、娱乐等旅游接待服务可以有更多的创收空间。

图6-9　环法自行车大赛的海报与热情的参观者

图6-10　法国St. Marlo世界民间音乐节的海报与排练者

组织方式上面有如下考虑：

组织机构：草根音乐节与独立音乐节的组织机构可以是著名的音乐酒吧（往往是草根音乐艺术家与独立音乐艺术家的表演场所）、著名的草根音乐和独立音乐的创作者和表演者，也可以是这些音乐家们合作，甚至还可以是草根音乐和独立音乐的网络论坛。总之，组织者的号召力来源于潜在市场对于草根音乐和独立音乐的认知和喜爱程度，谁是实质上的组织者似乎并不特别重要。

支持机构：番禺区文化局、旅游局。政府在这两类音乐节里的主要功能包括维持现场秩序、辅助宣传营销（如联系媒体）、辅助筹措经费等。

图6-11 北京2010年迷笛音乐节盛况

说明：北京2010年迷笛音乐节在"五一"期间连续举办三天，地点在海淀公园。现场分为数个主题舞台，观众席地而坐或自带帐篷。演出者或团队来自世界各地，以摇滚、民谣等音乐风格为主。

赞助机构：由于无法绕开举办音乐节的费用问题，有必要采取半商业化的形式，由政府有关部门牵线搭桥，吸引到一些企业作为音乐节的赞助商。

举办地点：海鸥岛、渔人码头、大学城、大夫山森林公园等地都是不错的选择。特别是海鸥岛，可以为草根音乐节提供一个与众不同的，具有岭南水乡特色的海岛环境，这样的选址条件在全世界其他地方都是不多见的。此外，一般来说，灯光与音响效果良好的夜场演出，最能充分调动表演者和观众的热情，这也需要纳入选择演出地点的考虑因素。

主题活动可包括如下几点：

分期、分场次的草根音乐演出；

分期、分场次的独立音乐演出；

著名草根音乐家、独立音乐家专场演出。

主要客源由如下群体组成：

国内外草根音乐、独立音乐的创作者与表演者。

国内外草根音乐、独立音乐的爱好者，尤其是珠三角地区的青年人群体。

普通音乐爱好者以及其他旅游者。

（三）政策配套的落实

1. 展开文化资产普查工作

番禺区应组织文化、旅游、城建、园林、水利等部门，并结合科研院所、民间热心人士的力量，对全市文化资产进行一次专题普查，为继续丰富和强化番禺作为事实上的历史文化名城的底蕴打下良好基础。

文化资产普查的范围，应该全面覆盖自然遗产、文化遗产、非物质文化遗产、文化景观等多种类型。其中的"遗产"概念不应局限于"世界遗产"中的严格定义，在强调搜集或登录那些具有极高品质的代表性遗产的同时，也要"眼光向下"，关注番禺的社会民生和时代新貌，关注普通人、普通家庭的历史及其与重大历史事件的关联，从宏大与细节两个角度充分反映番禺的文化资产全貌。

加强对番禺区文化资产的科学研究和社会宣传。遵循文化发展的基本规律，整合各方面力量，确定研究与发展课题，有组织有计划地进行文化研究。充分运用摄影、书法、美术、文学、戏剧、电影、电视、体育、网络等各种文艺形式或载体，营造浓厚的文化名城氛围。

2. 强化公共部门在文化旅游建设投入中的角色

从旅游市场发展来看，过去十多年，广东省旅游业已成为吸引私人投资服务业的最活跃的行业之一，而旅游基础设施的投资则以政府投资为主体。从一般旅游投资的特征来看，宾馆、度假区以及其他相关设施的投资需要高额的资本投入，风险相对较大，而商业和娱乐设施等与旅游有关的其他设施的投资及运营成本，可以通过当地居民的消费得以部分弥补，这些设施更多是作为城镇基础市政设施和生活设施而存在的，因此，应重点关注宾馆、度假区以及其他相关设施等嵌入型旅游资产投资。

对番禺区而言，文化旅游的全面发展是一项系统性的工程，一项需要多部门共同关注和支持的长期工程，因此在继续积极开放市场准入、扩大私人投资（尤其对现代旅游服务类投资项目）所占比重的同时，也应设法从不同渠道强化公共部门在滨海旅游相关项目投入中的角色。具体方式可包括如下几点：

直接投资。运用财政资金或者通过政府控制的投资公司直接对旅游基础设施投资，包括旅游公路、绿道系统、休闲码头、休闲体育设施、游憩设施等。番禺区地方政府应该在提供包括城市休闲旅游基础设施方面的公共产品上肩负更多责任，各部门的资金、人才的投入使用以及规划、设计的编制应主动考虑到文化旅游发展的切实需要，将文化旅游发展与城市社会经济的总体发展充分结合起来。

整合资源。番禺区政府与有关主管部门应该更加明确而积极地向上级政府各主管部门申报文化产业与旅游业重大建设项目，并且在其他社会经济重点项目的申报中明确地指出文化旅游发展的重要意义与投入需求，对重点投资区域、重点投资项目、重点推广项目进行多种形式的资助，形成投资合力，充分发挥政府资金的杠杆效应。

专项支持。在文化资产普查的基础上，建立专项资金或申报专项项目，对保护现状不佳或濒危的古祠、古庙、民间技艺、民俗传统、曲艺、手工艺等予以落到实处的直接支持。此外，还应注意引导民间投资的方向和内容，从推动社会经济和谐发展和获取整体经济利益最大的角度，吸引民间资本对文化旅游业的持续的、有效的建设投入。

专业经营。对于政府拥有产权但短期内没有退出计划的文化场馆或设施，在明确保护范围和权责的基础上，可引入专业化管理公司，或对现有管理机构进行市场化机制改造，实现文化资产的资源管理与经营管理分开，逐步提高资产利用水平。

3. 编制能够反映新趋势的各层次旅游规划

组织编制《番禺区文化旅游总体规划（2013—2020）》，以充分反映出《中共中央关于深化文化体制改革推动社会主义文化大发展大繁荣若干重大问题的决定》（2011年）、《国务院关于加快发展旅游业的意见》（2010年）、《珠江三角洲地区改革发展规划纲要》（2009年）等文件颁布以后对于一系列重大宏观政策的指导性意见及其对于重大建设发展项目的全局性影响。

组织编制《番禺区文化旅游结合发展政策专项研究》。

组织编制《番禺区民俗与节庆旅游产品专项规划》。

4. 保护文化资产和满足游客体验

虽然文化资产服务于旅游者的需求，但是这并不意味着旅游者有权做任何他想做的事情，同时也不表示所有的旅游者都享有同等的访问权。旅游业依赖市场营销的方式使资产管理者能够按照自己的主张来定义核心产品，同时确定其心目中所期望的参观者类型。这样，文化资产的展示方式可以使其对资产管理者所期望的参观者类型显示出最大的吸引力，而对其并不期望参观者的吸引力则会弱得多。

采用市场营销方式可能需要禁止部分活动，例如，在某些季节关闭和采取预约才能进入的方式，但这一点却有可能增加文化资产的感知价值。向旅游者解释清楚为什么不允许做某些事情，可能会反过来让他们感觉到文化资产本身的珍贵与体验机会的难得，从而在事实上强化他们的旅游体验。因此，让参观者了解到某一场所为什么要对公众关闭，有助于强化其总体体验，它可以彰显该项文化资产的精神意义，并增强许多文化旅游者未来重游或成为义务"口碑宣传员"的可能性。

5. 推进文化旅游形象支撑体系建设

通过投资建设多功能的游客中心，集中满足旅游形象宣传的本地硬件支撑需要。游客中心可分不同级别，在主要门户如沿主要公路干线入口和广州南站，或在沙湾古镇、莲花山景区等处，可设立大型的、完备的游客中心；而在其他地点如旅游区入口、一般城市广场、交通站场等地，应该设立专题性的游客中心。

完整的游客中心应建有问讯处、导游接洽室、礼品商店、票务服务部门、投诉中心、交通服务部门、餐厅（或快餐店、咖啡厅、茶座）、卫生间等设施，这些游客中心应该向游客免费提供旅游印刷物，供游客随身携带；同时还可以放置大型的电子屏幕，播放旅游目的地的自然历史和文化介绍。

游客中心的资料必须要包括以下细节内容：可游览的地点与可参与的活动；怎样找到想要了解的东西、可向谁询问；游客正在看的是什么材料；在旅游过程中遇到困难可以联系谁帮忙，等等。

通过全球公开招标竞赛方式，正式设计"番禺旅游形象标识系统"，并将提炼和体现番禺文化特色为核心评选指标。在设计竞赛过程中，重复利用事件营销的传播效应。同时，标识一旦确定，就应尽快全面融入全区所有的旅游宣介资料以及道路标识系统、景区导览系统中去。

6. 引导文化艺术与普通游客的亲密接触

（1）绘画写生创作行动

番禺区美术家书法家协会已经多次组织艺术家们到乡间地头举办写生活动，目前已先后吸纳了60多名队员。艺术活动不单是满足艺术家自己的艺术追求，而且也是为了丰富平民百姓的生活元素。让艺术家走出去，去到民间，一边与陌生的游客随意交流，一边从事艺术创作，这是让文化艺术更加亲近普通人的有效做法。

事实上，番禺区本来就是"岭南画派"的诞生地，如果有一批艺术家能够长期坚持此项行动，逐渐形成地方风格和一种"文化符号"，完全有可能将番禺塑造成类似巴厘岛、海地那样的艺术旅游胜地。

（2）为表演艺术家提供认同空间

粤剧、广东音乐的传承，目前主要收缩在专业人士群体中。事实上，表演艺术家需要观众来获得认同与动力，而观众也特别需要表演艺术家来丰富精神生活并满足艺术兴趣。

传统剧种很大的问题就是：其内容本身已经脱离现实生活，而在演出形式上又长期脱离群众基础、回避市场机制。广州市内各大戏院因运营成本高而长期经营不景气，这与广州市区范围内地价高昂、商业业态转型挤压有着密切联系，也与市区规划发展中没有考虑到文化艺术所需要的传承空间和传承形式有关系。

番禺区现在有传统、有民间基础，更不缺能够满足小型现场演出的场所，完全可以尝试去吸引优秀的艺术家，"借力"丰富自己的文化底蕴。例如，沙湾古镇或其他古村落在旅游开发过程中，可以将一些民居屋舍整理出来，提供免费的小型表演空间，邀请广州乃至周边的表演艺术家到番禺来，一方面可以"驻场"演出，为当地人和游客带去丰厚的艺术营养，另一方面也可以形成集聚的力量，促进艺术本身的切磋和发展。

（3）提供动手参与手工艺的机会

番禺民间手工艺制品众多，其中列入各种非物质文化遗产名录的手工艺也不在少数。从旅游发展的角度看，游客对于这些手工艺品传承人的个人经历、具体作品的制作方式及其技巧，通常都抱有浓烈的好奇心。这也是很多文化旅游发展得比较好的地方，特别推崇"参与式""亲自动手"的旅游体验活动的重要原因。

从民间技艺或手工艺品的常规用途看，一般在民俗节庆场合使用比较多，通常也不会长年生产，而一些制品（如梅山村的民间艺术纸通、木通公仔）的制造材料成本比较高，也一定程度上限制了传承人和制作者保持其工艺技巧并在此基础上不断创新的条件。通过旅游开发过程中提供参与式体验的方式，让乐于埋单的游客承担大部分所用材料的成本，同时在此过程中又扩大了特定手工艺爱好者的队伍、培养锻炼了未来的传承人，可谓一举多得。

（4）让"私伙局"到Livehouse里跨界合作

音乐文化中"跨界"（fusion），在现代音乐生活中已经是屡见不鲜的事物。它将不同音乐风格结合在一起，通过艺术家的默契配合，为听众提供多样化的、新奇的音乐享受。最著名的例子莫过于"世界三大男高音"中唱抒情美声的帕瓦罗蒂，20世纪90年代因参与一系列公益演唱会，偶然与多位流行音乐界的好友跨界合作，收到了意料之外的良好演出效果，从而一发不可收拾，不但继续在多个演出场合继续合作，还出版了唱片，受到全球音乐爱好者的欢迎。

以上案例给番禺的启发就是，可以牵线搭桥，设法将一些民间音乐爱好者正在逐步恢复起来的"私伙局"，与大学城和周边地区出现的现代音乐（主要是轻摇滚与现代民谣）演出团体组合起来，为他们提供通常演出合作的机会。演出地点既可以固定设在某个古村落，也可以设在大学城现有的或未来即将开张的Livehouse或Pub，还可以在整个番禺区选择几个比较有人气的地方进行巡回演出。

"私伙局"本质上就是民间音乐爱好者的自由聚会与小型狂欢，其社会功能主要是愉悦身心、和谐家庭、稳定社会，普通民众的参与是"私伙局"开展的前提。"私伙局"所传承的广东音乐，与青年团体所热衷的现代音乐，在纯粹愉悦身心方面有充分的对话空间。而双方合作到一定程度，则可以考虑偶尔进入真正的音乐演出场所，将这种新兴的音乐艺术推向市场，例如，在沙湾古镇或宝墨园等地，为满足游客需求而开辟定点、定时的专场演出。有了需求稳定的演出市场，就更有可能激发出表演艺术的真正活力。

附录一 番禺县建置沿革表（增订版）

时期	文献纪年	公元纪年	置废移改及县治	隶属及县称	境域变动	备注
春秋		前770—前477年		百越之地		
战国		前475—前221年		百越之地		《山海经》作"贲禺""贲隅"
秦	秦三十三年	前214年	略取岭南，设桂林、象郡、南海三郡。南海郡治番禺	南海郡治番禺		番禺建县自此始
汉	高祖三年	前204年	南海尉赵佗自立为南越武王，后称南越武帝，定都番禺	南越国番禺		据出土文物，汉初书作"蕃禺"
汉	元鼎六年	前111年	汉军平南越。番禺城毁于火。复置南海郡，治番禺	南海郡番禺县		《读史方舆纪要》载：由于赵佗城夷为平地"汉筑番禺城于郡南六十里为南海治，今龙湾、古坝之间是也"。据考，不确
汉	元封五年	前106年	置州。南海郡属交趾州。交州治广信（今封开）	交（趾）州南海郡番禺县		
汉	建安六年	201年			析番禺、博罗地置增城县	
汉	建安二十二年	217年	吴交州刺史重建番禺城。交州治所从广信移番禺			
三国吴	黄武五年	226年	划合浦以北为广州，辖南海等四郡。广州州治及南海郡治均设番禺	广州南海郡番禺县		"广州"之名自此始

■ 续表

时期	文献纪年	公元纪年	置废移改及县治	隶属及县称	境域变动	备注
东晋	咸和六年	331年			析番禺、博罗地置东官（东莞）郡	
	隆安四年	400年			析出怀化县	怀化，略同今之从化，宋齐有县，梁陈无考
隋	开皇九年	589年	置广州总管府，废郡	广州总管府番禺县		
	开皇十年	590年	撤番禺县改为南海县	广州总管府南海县		南海建县，一说在南朝梁天监六年（507）
	仁寿元年	601年	广州为番州	番州南海县		
	大业三年	607年	罢州复置郡	南海郡南海县		
唐	武德四年	621年	复置广州总管府、复置番禺县、移治江南洲	广州总管府广州番禺县		一说于长安三年（703）才复置番禺县。江南洲在今广州河南
	武德七年	624年	置广州都督府	广州都督府广州番禺县		岭南45州分属广州、桂州（桂林）、容州（北流）、邕州（南宁）、安南（今越南河内）5个都督府。五府皆隶广州
	贞观元年	627年	置岭南道	岭南道广州都督府广州番禺县		
	长安三年	703年	置岭南五府经略使，由广州刺史兼，总管岭南五府	岭南道南海郡番禺县		
	至德元年	756年	改经略使为节度使	岭南道广州番禺县		
	咸通三年	862年	岭南分东、西二道	岭南东道广州番禺县		岭南分东、西自此始
	乾宁二年	895年	改岭南东道为清海军	清海军广州郡番禺县		

■　续表

时期	文献纪年	公元纪年	置废移改及县治	隶属及县称	境域变动	备注
五代南汉	乾亨元年	917年	改广州为兴王府	兴王府番禺县		
宋	开宝四年	971年	宋平南汉，改兴王府为广南东区	广南东区广州（都督）府番禺县		
宋	开宝五年	972年	再废番禺并入南海县	广南东区广州府南海县		
宋	至道三年	997年	改置广南东路	广南东路广州府南海县		
宋	皇祐三年	1051年	复析南海县地置番禺县，县治在城东紫泥港（巷）	广南东路广州府番禺县		广州东城为番禺地，西城为南海地
宋	祥兴元年	1278年	改广州府为翔龙府	广南东路翔龙府番禺县		
元	至元十七年	1280年	元军占广州后改称广东道。县治在东城内	江西行省广东道广州路番禺县		至元三十年（1293）曾改为"广东道上路"，九年后恢复原称
明	洪武二年	1369年	置广东行省	广东行省广州府番禺县		
明	洪武九年	1376年	置广东布政司	广东布政司广州府番禺县		
明	弘治二年	1489年		广东布政司广州府番禺县	析番禺、增城地置从化县	
清	顺治四年	1647年	清军占广州后设两广总督。地方政区分省、道、府、县四级	（两广总督）广东省广肇罗道广州府番禺县		
清	康熙二十五年	1686年		（两广总督）广东省广肇罗道广州府番禺县	从番禺、南海等县析地置花县	析出番禺狮岭司五堡

时期	文献纪年	公元纪年	置废移改及县治	隶属及县称	境域变动	备注
民国	民国元年	1912年	裁府。全省划为六道。粤海道辖广州府、肇庆府罗定州属三十县。省、道治均设番禺	广东省粤海道番禺县		粤海道又名广肇罗道。1920年撤道
	7年	1918年	广州设市政公所			
	10年	1921年	广州正式建市		县辖的捕属（广州东片）及河南市区划入广州市	
	14年	1925年	7月，在广州成立中华民国国民政府。广东省政府改组。全省划为6个行政区。番禺属广州行政区	广东省广州行政区番禺县		6个政区为：广州、北江、东江、西江、南路、海南
	21年	1932年	12月，县治从广州迁至新造			原县署在德政北路口
	25年	1936年	广东设9个行政督察区，番禺属第一区			
	26年	1937年		7月，县属公和乡、敦和乡、沥滘乡、彬社乡（今海珠新滘）、崇文二十四乡（今芳村区）、龙洞堡、石牌堡、冼猎扬、车陂堡（今天河黄埔区）划属广州		抗日战争期间，为动员民众抗日，左列各乡于1938年10月暂归番禺管辖。胜利后，1946年12月，复归广州市
	27年	1938年	11月，广州、番禺先后沦陷。县政府流徙于钟村、灵山、北兴及沙坪、三水一带			
	28年	1939年	广东省政府迁韶关。全省划为9个行政督察区，番禺属第一区	广东省第一行政区番禺县		
	29年	1940年	汪伪县政府成立。伪署一度设南村，后移至广州东山	广东省番禺县		汪伪县政府接管原划归市属各乡，并一度代管花县

时期	文献纪年	公元纪年	置废移改及县治	隶属及县称	境域变动	备注
民国	34年	1945年	8月，抗战胜利。9月，县署移至市桥	广东省第一行政区番禺县		县署初设先锋巷祠堂，1949年初移至市桥海傍路
中华人民共和国		1949年	10月23日，番禺解放。于市桥成立军事管制委员会	广东省珠江三角洲军事管制委员会番禺县		
		1950年	置珠江行政公署，治中山县石岐。4月，成立番禺县人民政府，治市桥	广东省珠江行政公署番禺县	禺北的北兴乡划归花县。南海县的上恩洲乡划入番禺。禺东十五屯级划东莞县。禺南九如乡沙亭、南涌、乌洲划归顺德县。禺北嘉禾乡的江夏、陈田和佛岭乡的萧岗、黄田及新市划归广州市	
		1953年	改隶粤中行政公署（治江门）	广东省粤中行政公署番禺县	禺东的茅岗、员村、新塘、观音约、珠村、石宦龙、车陂、棠下、长、沙浦、双岗、文冲、横沙、逻岗、东圃、鱼珠等村及禺南彬社乡的长洲岛划归广州	

■ 续表

时期	文献纪年	公元纪年	置废移改及县治	隶属及县称	境域变动	备注
中华人民共和国		1956年	改隶佛山地区	广东省佛山地区番禺县		
		1958年	9月，成立番禺人民公社。一县即为一社。12月，番禺、顺德合并为番顺县，县治设大良镇	广东省佛山地区番禺人民公社。合县后为广东省佛山地区番顺县番禺人民公社	1月，禺北禺东的南岗、萝岗、黄陂、石井、江村、嘉禾、神山、岗楼、鸦湖、蚌湖、同文、太和、龙归、良田、竹料、钟落潭、九佛等17乡划归广州	
		1959年	6月，复置番禺顺德二县。番禺沿治市桥。撤销番禺人民公社	一度改隶广州，不久，仍隶佛山地区		万顷沙、南沙在新中国成立前属东莞
		1975年	1月，改隶广州市	广东省广州市番禺县		
		1992年	5月，撤销番禺县，设立番禺市，由省直辖。省委托广州市代管	广东省番禺市		
		2000年	5月，撤销番禺市，设立番禺区，由广州市管辖	广东省广州市番禺区		
		2005年	4月，设立南沙区	广东省广州市番禺区	原属番禺区的南沙街、万顷沙镇、横沥镇、黄阁镇以及灵山镇的庙南村、七一村和庙青村，东涌镇的庆盛村、沙公堡村、石牌村划出	

时期	文献纪年	公元纪年	置废移改及县治	隶属及县称	境域变动	备注
中华人民共和国		2012年		广东省广州市番禺区	国务院批准将本隶属于番禺的东涌镇、榄核镇、大岗镇等地一并划入南沙区。至此，番禺区下有16个镇（街），分别为市桥街、沙头街、东环街、桥南街、大石街、洛浦街、钟村街、大龙街、石壁街、小谷围街以及沙湾镇、石碁镇、南村镇、新造镇、化龙镇、石楼镇	

附录二 番禺区文物保护单位一览表

序号	名称	年代	地址	级别
1	余荫山房（园）	1871年	南村镇北大街	国家级
2	莲花山古采石场	西汉	石楼镇莲花山旅游区	国家级
3	南汉二陵（德陵、康陵）	五代南汉	小谷围街北亭村	国家级
4	莲花城遗址	明、清	石楼镇莲花山旅游区	省级
5	莲花塔	明	石楼镇莲花山旅游区	省级
6	何氏大宗祠（留耕堂）	元	沙湾镇北村承坊里	省级
7	屈大均墓	清	新造镇思贤村	省级
8	八泉亭	1929年	新造镇思贤村	省级
9	屈氏大宗祠	清	化龙镇莘汀村	省级
10	瑜园	近代	南村镇余荫山房	市级
11	黎氏宗祠（板桥村）	明	南村镇板桥村	市级
12	植地庄抗日战斗烈士纪念碑	1956年	南村镇里仁洞	市级
13	沙头东汉墓群	东汉	市桥街区博物馆院内	市级
14	孔尚书祠与厥里南宗祠	明	石碁镇大龙村	市级
15	陈氏大宗祠（善世堂）	明	石楼镇石一村	市级
16	广游二支队独立中队队部	1938年	沙湾镇涌边村	市级
17	鳌山古庙群	明	沙湾镇三善村	市级
18	群园建筑	1941年	市桥街海傍路	市级
19	沙边窑遗址	宋	南村镇沙边村	市级
20	穗石村炮台遗址	清	小谷围街穗石村	市级
21	陈元德将军墓	南北朝	石碁镇水坑村	市级
22	曾豫斋夫妇合葬墓	明	小谷围街北亭村	市级
23	李宗礼家族墓群	明	化龙镇水门村	市级
24	黄炎章夫妇合葬墓	清	石楼镇菱塘西村	市级

■　续表

序号	名称	年代	地址	级别
25	刘仲达、刘廷光家族墓	清	化龙镇柏堂村	市级
26	李忠简祠	明、宋	沙湾镇东村	市级
27	后山黄公祠	明	化龙镇塘头村	市级
28	大魁阁塔、龙津桥	清	石楼镇大岭村	市级
29	黄氏大宗祠	明	钟村镇萍二村	市级
30	鉴湖张大夫家庙	清	沙湾镇龙岐村	市级
31	林氏宗祠	清	小谷围街穗石村	市级
32	崔氏宗祠	清	小谷围街北亭村	市级
33	永锡堂（"文学流芳"牌坊）	清	沙湾镇东村	市级
34	练溪村古建筑群	清	小谷围街练溪村	市级
35	跨龙桥、圣母宫庙	明至清	石碁镇新桥村	市级
36	跨龙桥	清	石楼镇茭塘西村	市级
37	渭水桥及石门楼	清	小谷围街北亭村	市级
38	沙路炮台	1884年	化龙镇沙路村	市级
39	红巾军祭旗起义烽火台遗址	元	化龙镇大奶岗	市级
40	梁氏宗祠	清	小谷围街北亭村	市级
41	蒋氏宗祠	清	南村镇市头村	市级
42	何少霞故居	民国	沙湾镇北村	市级
43	仁让公局	清	沙湾镇北村	市级
44	惠岩何公祠	民国	沙湾镇北村	市级
45	三稔厅	民国	沙湾镇北村	市级
46	何文可、何子霆夫妇墓	明	沙湾镇北村	市级
47	古氏大宗祠	清	石碁镇傍东村	市登记
48	贞寿之门	清	石楼镇大岭村	市登记
49	龙门桥	清	化龙镇水门村	市登记
50	日泉、月泉	清	市桥镇蔡边一村	市登记
51	清水井	不详	沙湾镇安宁西街东端	市登记
52	何柳堂故居	清	沙湾镇北村	市登记

■ 续表

序号	名称	年代	地址	级别
53	何与年故居	清	沙湾镇北村	市登记
54	文峰社学	明	大石镇植村	市登记
55	培兰书院	明	南村镇罗边村	市登记
56	松露小学	民国	石碁镇朗边村	市登记
57	胡氏宗祠	清	石碁镇石岗西村	市登记
58	陆氏宗祠	明末清初	小谷围街穗石村	市登记
59	怀爱堂	清	小谷围街穗石村	市登记
60	关氏宗祠	清	小谷围街南亭村	市登记
61	襟湖李公祠（含李襟湖墓）	明末清初	钟村镇谢村	市登记
62	何树享住宅	1947年	沙湾镇南村	市登记
63	洪圣庙	清	石楼镇茭塘西村	市登记
64	方帅庙	明	钟村镇谢村	市登记
65	文昌阁	民国	钟村镇石壁一村	市登记
66	镇东楼和镇西楼	民国	石楼镇胜洲村	市登记
67	陈存诚家族墓	南宋至清	石楼镇坟前岗龙窟头	市登记
68	蒙熙家族墓	明	化龙镇明经村蒙山	市登记
69	陈捷云墓	1936年	石楼镇大岭村小学内	市登记

图书在版编目（CIP）数据

番禺文化发展战略基础研究／中山大学，中共广州
市番禺区委宣传部编. -- 北京：社会科学文献出版社，
2017.1

ISBN 978 - 7 - 5097 - 8008 - 4

Ⅰ.①番⋯　Ⅱ.①中⋯　②中⋯　Ⅲ.①区（城市）-
文化事业 - 发展战略 - 研究 - 广州市　Ⅳ.①G127.651

中国版本图书馆 CIP 数据核字（2015）第 208964 号

番禺文化发展战略基础研究

编　　者／中山大学　中共广州市番禺区委宣传部

出 版 人／谢寿光
项目统筹／宋荣欣
责任编辑／黄　丹　孔　军　宋　超

出　　版／社会科学文献出版社·近代史编辑室（010）59367256
　　　　　地址：北京市北三环中路甲 29 号院华龙大厦　邮编：100029
　　　　　网址：www.ssap.com.cn
发　　行／市场营销中心（010）59367081　　59367018
印　　装／北京盛通印刷股份有限公司

规　　格／开　本：787mm × 1092mm　1/16
　　　　　印　张：24.75　字　数：403 千字
版　　次／2017 年 1 月第 1 版　2017 年 1 月第 1 次印刷
书　　号／ISBN 978 - 7 - 5097 - 8008 - 4
定　　价／128.00 元

本书如有印装质量问题，请与读者服务中心（010 - 59367028）联系